KB069930

디자인과 인간 심리

이 책은 2014년도 전북대학교 저술장려 경비지원에 의하여 연구되었음.

도널드 노먼의

디자인과
인간 심리

Donald A. Norman 저 | 박창호 역

THE DESIGN OF
EVERYDAY THINGS

학지사

역자 서문

『디자인과 인간 심리』는 1988년 초판이 출간된 이래 25년 이상 널리 애독되어 왔으며, 이제 디자인 분야의 고전으로 인정받고 있다. 또한 이 책은 일상용품과 일반 심리학에 관한 대중서로도 큰 인기를 끌었는데, 예컨대 제대로 쓰기 어려운 '문(door)'은 Norman's doors라고 명명되었을 정도다. 노먼(Norman)은 2013년에 발간된 개정증보판에서 초판의 재미와 유익함을 놓치지 않으면서도 지난 25년간의 경험과 통찰을 한 권의 책으로 녹여 넣었는데, 그것이 바로 『디자인과 인간심리』(개정증보판)이다.

노먼은 닐센(J. Nielsen)과 함께 사용자 경험 및 사용성 컨설팅 회사인 닐센 노먼 그룹(Nielsen Norman group)을 세워서 여러 유명 회사의 제품 개발 컨설팅을 해 왔다. 그리고 애플사의 부사장, 휴렛패커드사의 이사, 혁신 디자인으로 유명한 IDEO의 임원 그리고 일리노이 공과대학(Illinois Institute of Technology) 디자인 연구소의 이사 등으로 일해 왔다. 이런 이력에서 짐작할 수 있듯이 제품 개발과 디자인에 대한 노먼의 풍부한 실전 경험은 이 책 여기저기에서 빛을 발한다. 디자인 분야에 뛰어들기 전에, 노먼은 캘리포니아 대학교 샌디에이고 분교(UCSD)의 교수로서 인지심리학과 인지과학 분야에서 여러 중요한 연구를 수행했다. 인간의 마음과 행동에 대한 깊은 이해를 바탕으로 한 이 책은 디자인에 대한 사례집이나 경험담이 아니라, 인간과 디자인의 관계에 대한 폭넓은 이해와 깨달음을 준다는 점에서 특별하다.

『디자인과 인간 심리』는 초판의 틀을 어느 정도 유지하면서도, 초판 이후 25년 동안 일어난 기술과 산업 발전을 반영하여 현대적인 사례들과 새로운 이슈들을 가지고, 그동안 경험과 숙고를 종합하여 제시한다. 변경된 내용은 저자 서문에 구체적으로 언급되어 있는데, 전반적으로 보면 초판에 제시된 디자인 원칙을 개정하였으며, 디자인에서 감정(정서)의 역할과 문화의 비중을 크게 강조하였으며, 인간 중심 디자인 과정과 디자인계 현장의 문제 그리고 비즈니스의 복잡한 국면을 구체적으로 다루었다. 노먼은 그동안 저술한『생각 있는 디자인(Things that Make us Smart, 1993)』,『감성 디자인 (Emotional Design, 2004)』,『미래 세상의 디자인(The Design of Future Things, 2007)』, 『심플은 정답이 아니다(Living with Complexity, 2011)』 등에서 논의한 주요 아이디어를 이 책의 요소요소에 통합하여 넣었다. 이러한 개정과 증보를 통해 이 책은 평범한 개정판이 아니라 괄목상대할 만한 저서가 되었다.

저자가 생각하는 디자인은 전체적 체험이며, 일상생활의 어디에서나 발견할 수 있고 즐길 수 있는 것이다. 그런 점이 이 책에 잘 드러나 있다. 디자인의 고전인 이 책은 문, 온도 조절기, 자동차 등 일상용품을 통해 인간의 행동과 심리를 이해하게 도와주는 대중심리서로, 그리고 디자인의 심리학적 원리와 실제의 복잡성을 스케치해 주는 디자인 입문서로도 가치가 높다. 그러면서도 노먼은 디자인의 주요 논점을 명쾌하게 제시함으로써 디자이너와 관련 종사자들에게 인간 행동과 심리의 이해가 좋은 디자인의 출발점이 된다는 것을 깨우쳐 준다. 또한 디자인을 중심으로 심리학, 공학, 경영학 등 여러 분과가 융합되는 종합과학으로서 디자인학의 비전을 제시한다.

한국에서도 디자인에 대한 관심은 날로 높아지고 있으며, 디자인은 한국 산업의 경쟁력을 한 차원 높여 줄 영역으로 인식되고 있다. 그러나 디자인에 대한 학제적 혹은 종합적 연구는 그다지 활발하지 않았는데, 이는 디자인의 체계적인 개발과 혁신에 걸림돌이 되어 왔다. 디자인의 다양한 학문적 기반에 대한 포괄적 이해와 융합적 탐구가 필요한 상황이다. 이 책은 사례 위주나 특정 영역에 한정된 접근을 넘어서서 디자인에 대한 다분야적인 조망을 제공함으로써, 디자인에 관심을 두는 여러 분야의 사람들에게 자극이 되고, 통섭적 생각을 엿보는 재미를 줄 것으로 기대된다.

끝으로 번역과 관련하여 몇 가지를 언급하고자 한다. 노먼은 이 책에서 사물뿐만 아니라 사태나 일에 대하여 'things'란 표현을 포괄적으로 사용하는데, 본문에서 이것이 가리키는 바가 분명치 않을 경우에는 주로 '일(들)'로 번역하였다. 종종 실수라고 번역되기도 하는 'error'는 이 책에서 실수(slips)나 착오(mistake)의 상위개념인 '오류'로 일관되게 번역하였다. 저자는 종종 괄호를 써서 부연 설명을 했는데, 역자 주는 '*'표를 써서 본문 아래쪽에 따로 표시하였다. 책 뒷부분의 '읽을거리와 주'에서 책과 논문의 이름은 글의 흐름에 필요하거나 번역서가 있는 경우에만 번역을 하고 나머지는 그대로 두었다. 노먼의 재치 있는 구어체와 함축적 표현을 역자가 일일이 살리지 못한 점을 아쉽게 생각한다.

초판을 함께 번역하였으며, 이 책의 역사보다 더 오래 역자에게 후의와 격려를 베풀어 준 아주대학교 심리학과 김영진 교수께 감사드린다. 또한 초판 역서의 출판(사실상 스테디셀러가 되었다)에 이어 개정증보판의 번역까지 함께한 학지사에 감사드린다. 번역하고 편집하는 동안, 역자의 게으름을 인내하고 까다로운 교정사항을 처리하며 원고를 세심하게 다듬어 준 학지사 김순호 편집부장님과 여러 담당자께 감사드린다.

2016년 7월

박창호

개정판 서문

당시 POET라고 불린 이 책의 초판, *The Psychology of Everyday Things*('디자인과 인간 심리'로 출판)은 이렇게 시작한다. "늘 쓰고 싶어 했으면서도 이를 깨닫지 못했던 책이 바로 이 책이다." 지금 나는 그것을 알고 있기 때문에 "이것은 내가 늘 쓰고 싶었던 책이다."라고 간단히 말한다.

이 책은 좋은 디자인을 위한 스타터 키트(starter kit)다. 모든 사람, 즉 보통 사람, 전문가, 디자이너와 디자이너가 아닌 사람 모두가 즐기고 그들에게 도움이 되도록 썼다. 한 가지 목적은 터무니없는 디자인, 즉 현대 생활, 특히 현대 기술장치에 많은 문제를 불러일으키는 나쁜 디자인에 대해 독자들이 훌륭한 관찰자가 되도록 하는 것이다. 또한 독자들이 좋은 디자인, 즉 우리 생활을 더 쉽고 더 부드럽게 만들기 위해 사려 깊은 디자이너들이 일해 왔던 방식에 대해서도 관찰자가 되도록 할 것이다. 좋은 디자인은 실제로 나쁜 디자인보다 알아차리기가 훨씬 더 힘들다. 좋은 디자인은 우리 필요에 잘 들어맞아서 디자인이 보이지 않으며 그 자체에 대한 주의를 끌지 않으면서 우리에게 봉사하기 때문이다. 반면에 나쁜 디자인은 그 자체가 매우 눈에 띄어 부적합성을 고함쳐 알린다.

이런 이야기를 하면서 나는 문제를 제거하고, 일상적인 것들을 즐거움과 만족을 주는 즐거운 제품들로 바꾸는 데 필요한 기본 원칙을 펼쳐 놓는다. 좋은 관찰 기술과 좋은 디자인 원칙의 조합은 강력한 도구이며, 전문 디자이너가 아닌 사람도 포함해서 모든 사람이 쓸 수 있다. 왜? 우리 모두가 우리 생활, 우리 방 그리고 우리가 일하는 방식을 의도적으로 디자인한다는 의미에서 우리 모두 디자이너이기 때문이다. 우리는 기존 기기의 결함을 극복하는 방식으로 제2의 해결책도 디자인할 수 있다. 그래서 이 책의 한 가지 목적은 당신 생활에 있는 제품에 대한 통제권을 돌려주는 것이다. 즉, 사용이 용이하고 이해 가능한 것을 어떻게 선택할지를 아는 것, 사용하기 어렵고 이해하기 어려운 것을 어떻게 고칠지를 아는 것이다.

이 책의 초판은 오랫동안 건강한 삶을 살았다. 원 제목이 *Design of Everyday Things*(DOET)로 바뀌어 귀여움은 덜하지만 더 묘사적으로 되었다. DOET는 대중과 디자이너에 의해 읽혔다. 강좌의 읽을거리가 되었으며, 여러 나라에서 필독서로 배포되었다. 초판이 나온 지 이십 년이 더 지난 지금도 이 책의 인기는 여전하다. 나는 이 책과 관련해 나와 연락을 하고, 생각 없고 어리석은 디자인에 대한 추가 예들과 뛰어난 예들을 보내 준 사람들로 인해 즐겁다. 많은 독자가 이 책이 자신의 삶을 바꾸었으며 일상의 문제와 사람들의 필요에 더 민감해지도록 만들었다고 말해 줬다. 어떤 사람들은 이 책 때문에 경력을 바꾸어 디자이너가 되었다. 독자의 반응은 놀랍다.

왜 개정판을 썼는가

이 책의 초판이 출판된 이후 지난 25년 동안 기술은 거대한 변화를 겪었다. 이 책을 썼을 때에는 휴대전화도, 인터넷도 널리 쓰이지 않았다. 홈 네트워크에 관해서는 들리지도 않았다. 무어의 법칙(Moore's law)은 컴퓨터 프로세서의 성능이 2년마다 거의 두 배로 증가한다고 주장한다. 이것이 의미하는 것은 오늘날 컴퓨터는 이 책이 처음 쓰였을 때보다 오천 배 더 성능이 좋다는 것이다.

비록 *Design of Everyday Things*의 근본적인 디자인 원칙은 초판이 쓰였을 때만큼 여전히 들어맞고 중요하지만, 그 예들은 아주 시대에 뒤떨어졌다. "슬라이드 프로젝터가 뭐지?"라고 학생들이 묻는다. 아무것도 바꿀 필요가 없었다 하더라도, 예들은 업데이트되어야 했다.

효과적인 디자인 원칙 또한 업데이트되어야 했다. 인간 중심 디자인(human-centered design: HCD)이 초판 이후 등장하였는데, 부분적으로 이 책이 영감을 주었다. 현재의 이 책은 제품 개발의 HCD 과정에 온전히 한 장을 할당하였다. 이 책의 초판은 제품들이 이해 가능하고 사용이 편리하게 만드는 문제에 초점을 두었다. 한 제품에 대한 총체적 경험은 그것의 사용(편의)성 이상의 훨씬 많은 것을 포괄한다. 심미성, 즐거움 및 재미가 결정적으로 중요한 역할을 한다. 이전에는 즐거움, 향유 또는 정서에 대한 아무 논의가 없었다. 감정은 아주 중요해서 나는 디자인에서 감정이 하는 역할에 관해 『감성 디자인(Emotional Design)』이라는 책을 한 권 쓴 바가 있다. 이런 이슈도 개정판에 포함하였다.

산업계에서의 경험은 실제 세계의 복잡성, 비용과 일정이 얼마나 결정적인지, 경쟁에 주의를 줄 필요성 그리고 다분야적(multidisciplinary) 팀의 중요성에 대해 가르쳐주었다. 성공적인 제품은 고객에게 호소력이 있어야 한다. 그리고 놀랍게도 고객이 무엇을 살 것인지를 결정하는 데 쓰는 기준이 그것을 사용하는 동안에 중요한 측면과는 거의 일치하지 않을 수 있다는 것을 배웠다. 가장 좋은 제품이 항상 성공하지는 않는다. 눈부시게 새로운 기술은 수용되는 데 수십 년이 걸릴 수 있다. 제품을 이해하기 위해서 디자인이나 기술을 이해하는 것만으로 충분하지 않다. 비즈니스를 이해하는 것이 매우 중요하다.

무엇이 바뀌었는가

이 책의 이전 판에 친숙한 독자들을 위해 바뀐 내용을 개관한다.

무엇이 바뀌었는가? 많지 않지만, 한편으로는 전부 다 바뀌었다고 할 수 있다. 개정판 작업을 시작했을 때 기본 원칙은 여전히 들어맞고, 내가 할 일은 예들을 업데이트하는 것뿐이라고 짐작했다. 그러나 나는 모든 것을 다시 썼다. 왜? 비록 모든 원칙이 초판 이후 25년 동안 여전히 적용되지만 많은 것이 학습되었기 때문이다. 나 역시 책의 어떤 부분이 어려웠으며 그래서 더 좋은 설명이 필요하다는 것을 알고 있다. 그동안 관련 주제에 대해 많은 글과 여섯 권의 책도 썼는데, 그중 어떤 것은 개정판에 포함해야 할 만큼 중요하다고 생각했다. 예를 들면, 초판에는 사용자 경험(user experience)이라고 불린 것에 대해 아무 말도 없었다. 이것도 이 책에는 언급될 필요가 있다. [이 말은 내가 1990년대 초 애플에서 책임을 맡았던 그룹이 '사용자 경험 건축가 사무소(the User Experience Architect's Office)'라고 자처했을 때, 처음 사용하기 시작한 것이다.]

산업계에서의 경험을 통해 나는 제품이 실제로 배치되는 방법에 대해 많은 것을 배웠기 때문에 예산, 일정 및 경쟁적 압력의 영향에 대해 상당한 정보를 추가했다. 초판을 썼을 때 나는 학술 연구자였지만 지금의 나는 산업체 이사(Apple, HP 및 몇 개의 스타트업 회사들)로, 여러 회사의 컨설턴트로, 여러 회사의 이사회 멤버로 활동해 왔다. 나는 이런 경험에서 배운 것을 포함해야 했다.

마지막으로, 초판의 한 가지 중요한 성분은 간결성이었다. 그 책은 기본적·일반적 입문서로 빨리 읽힐 수 있었다. 나는 그런 특징을 바꾸지 않고 두었다. 나는 전체 길이를 똑같이 유지하려고 더한 만큼 삭제하려고 했다(그러나 실패했다). 이 책은 입문서로 의도된 것이다. 중요하지만 더 고급인 많은 주제뿐만 아니라 주제에 대한 고급 논의는 긴밀성을 유지하기 위해 제쳐 두었다. 이전 판은 1988년에서 2013년까지 지속되었다. 만일 이 개정판이 그만큼 오래, 2013년에서 2038년까지 지속된다면, 나는 지금부터 25년간 유행을 타지 않을 예들을 선택하기 위해 조심해야 했다. 그 결과 나는 특정 회사의 예를 제시하지 않으려 했다. 누가 25년 전 회사를 기억할 수 있겠는가? 어떤 새로운 회사가 등장하고, 어떤 회사가 사라지며, 어떤 새로운 기술이 다음 25년 동안 등장할지를 누가 예측할 수 있을까? 내가 확실하게 예측할 수 있는 것은 인간 심리학의 원칙이 그대로 유지될 것이라는 점이며, 이것은 심리학, 인간 인지, 정서, 행위 및 세상과의 상호작용 본질에 기초하여 여기에 제시된 디자인 원칙이 변하지 않고 남아 있으리라는 것을 뜻한다.

장별로 바뀐 내용을 간단히 요약하면 다음과 같다.

제1장 생활용품의 정신병리학

기표(signifier)는 이 장에서 가장 역점을 두고 추가한 것인데, 내 책 『심플은 정답이 아니다(Living with Complexity)』에서 처음 소개한 개념이다. 초판은 행위 지원성(affordance)에 초점을 두었는데, 비록 행위 지원성이 물리적 대상과의 상호작용에 대해 뜻이 통하지만, 이것은 가상적인 대상을 다룰 때에 혼동이 된다. 그 결과 행위 지원성은 디자인 세계에서 많은 혼동을 야기했다. 행위 지원성은 어떤 행위가 가능한지를 정의한다. 기표는 사람들이 그런 가능성을 어떻게 발견하는지를 명시한다. 기표는 될 수 있는 것에 대한 기호이며, 지각 가능한 신호다. 기표는 행위 지원성보다 디자이너에게 훨씬 더 중요하다. 그래서 더 많이 다루었다.

HCD에 대해 아주 간단한 절을 추가했다. 이것은 초판이 출판되었을 때 존재하지 않았던 용어이지만, 되돌아보면 책 전체가 HCD에 관한 것이었다는 것을 알 수 있다. 그 외에는 똑같다. 비록 모든 사진과 삽화는 새롭지만, 예들은 꽤 동일하다.

제2장 일상 행위의 심리학

이 장은 초판과 비교하여 주요하게 추가한 것이 있는데, 이것이 바로 감정(정서)이다. 행위의 일곱 단계 모형은 영향력이 있는 것으로 드러났는데, (내 책 『감성 디자인(Emotional Design)』에서 소개한) 처리의 세 수준 모형도 마찬가지다. 이 장에서 나는 둘 간의 상호작용을 보여 주는데, 다른 단계에서 다른 감정이 일어난다는 것을 보여 주고, 세 수준의 처리 각각에서 어떤 단계가 주로 위치하는지를 보여 준다. ('본능적'은 운동 행위 수행과 지각의 초보 수준을 가리키고, '행동적'은 행위 명세 및 결과의 초기 해석 수준을 가리키고, '숙고적'은 목적, 계획 및 결과 평가라는 마지막 단계를 가리킨다.)

제3장 머릿속의 지식과 세상 속의 지식

더 좋아지고 업데이트된 예들 외에도, 이 장에서 가장 중요하게 추가한 것은 문화에 관한 절이다. 문화는 '자연스러운 대응'에 관한 논의에서 특히 중요하다. 한 문화에서 자연스럽게 보이는 것이 다른 데에서는 그렇지 않을 수 있다. 이 절은 다른 문화들이 시간을 보는 방식을 검토하는데, 아마 당신을 놀라게 할 논의가 될 것이다.

제4장 할 일 알기: 제약, 발견 가능성 및 피드백

실질적 변화는 거의 없지만 더 좋은 예들이 있다. 강제 기능을 두 가지, 즉 안잠금(lock-in)과 바깥잠금(lockout)으로 다듬었다. 목적지-제어 엘리베이터에 관한 절도 있는데, 변화가 더 좋은 것을 위한 것이었음에도 어떻게 해서 전문가에게조차 극도로 당황스러운 것이 될 수 있는가를 보여 준다.

제5장 인간 오류? 아니, 나쁜 디자인

기본적인 것은 변하지 않았지만, 이 장 자체는 크게 개정되었다. 오류의 분류가 초판 출간 이후의 발전에 들어맞게 업데이트되었다. 특히 실수를 두 개의 주요 범주, 즉 행위-기반 과실 및 기억 과실로 나누었고, 착오를 세 범주, 즉 규칙-기반, 지식-기반 및 기억 과실로 나누었다. (이 구별은 이제 평범하지만, 나는 기억 과실을 다루기 위해 약간 다른 방식을 소개한다.)

비록 초판에서 제시한 실수의 여러 분류는 여전히 타당하지만, 많은 것이 디자인에 대한 함축이 거의 혹은 전혀 없으므로, 개정판에서 삭제했다. 디자인에 더 적절한 예를 제시하였으며, 오류, 실수 및 착오의 분류가 행위의 일곱 단계 모형과 갖는 관계성을 보여 주는데, 이는 개정판에서 새로 제시한 것이다.

이 장은 『미래 세상의 디자인(The Design of Future Things)』에서 다룬 자동화에 의해 제기되는 어려움 그리고 인간 오류를 없애거나 최소화하도록 디자인을 다루는 가장 좋고 새로운 접근이라 생각되는 탄력성 공학에 대한 짧은 논의로 끝을 맺는다.

제6장 디자인 생각하기

이 장은 완전히 새롭게 쓴 것이다. 나는 인간 중심 디자인의 두 가지 견해를 논의하는데, 그것은 영국디자인위원회의 이중 다이아몬드 모형과 관찰, 착안, 시제품화 및 시험으로 되는 전통적인 HCD 반복이다. 첫째 다이아몬드는 적절한 문제를 결정하기 위한 가능성의 확산과 그다음의 수렴이다. 둘째 다이아몬드는 적절한 해결책을 결정하기 위한 확산-수렴이다. 나는 여러 상황에서 HCD의 더 적절한 변형으로서 활동 중심적인 디자인을 소개한다. 이 절들은 그 이론을 다룬다.

그다음에 급격한 입장 변화를 취하는데, '방금 내가 말한 것? 실제로 그런 식으로 작동하지 않아'라는 제목의 절로 시작한다. 여기에서 나는 '어떤 제품 개발 과정이 시작하는 날, 그것은 이미 일정에 뒤처졌으며 예산을 초과한다.'라는 노먼의 법칙을 소개한다.

나는 한 회사 안에서 일정, 예산 및 여러 부문의 경쟁적인 요구 조건 모두가 달성 가능한 것에 대해 심각한 제약을 주는 디자인이라는 난제를 논의한다. 산업계 독자들은 그들에게 가해지는 실제 압력을 잡아내서 보여 주는 이 절들을 기꺼이 받아들인다고 나에게 말해 주었다.

이 장은 표준의 역할에 관한 (이전 판과 비슷한 논의에서 수정된) 논의와 몇 가지 일반적인 디자인 지침을 추가하며 끝을 맺는다.

제7장 비즈니스 세계의 디자인

이 장 또한 완전히 새로운데, 실제 세계에서 디자인 문제를 다룬 제6장에서 시작된 주제를 뒤잇는다. 여기에서 나는 '특징 병', 즉 새 기술의 발명으로 우리에게 강요되고 있는 변화와 점진적 및 급진적 혁신 간의 구별을 논의한다. 모든 사람이 급진적 혁신을 원하지만, 진실은 대부분의 급진적 혁신은 실패하며 그것들이 성공할 때조차 수십 년이 걸려서야 수용될 수 있다는 것이다. 그러므로 급진적 혁신은 비교적 드물고 점진적 혁신이 흔하다.

HCD 기법은 점진적 혁신에 적절하지만, 급진적 혁신으로 이어질 수 없다.

이 장은 앞으로 올 경향, 책들의 미래, 디자인의 윤리적 의무 그리고 아이디어가 개념화되고 시장에 도입되는 방식에 혁명을 일으키고 있는 '스스로 하는' 작은 제작자의 등장에 관한 논의로 끝난다. 나는 그것을 '작은 것의 등장'이라고 부른다.

요약

시간이 지나도 사람의 심리학은 그대로이지만, 세상에 있는 도구나 물체들은 변한다. 문화도 변한다. 기술도 변한다. 디자인의 원칙은 그대로 유지될 것이지만, 그것들이 적용되는 방식은 새로운 활동, 새로운 기술, 새로운 의사소통 및 상호작용 방법을 설명하기 위해 수정될 필요가 있다. *The Psychology of Everyday Things*는 20세기에 적절하였다. *The Design of Everyday Things*는 21세기를 위한 것이다.

돈 노먼
실리콘 밸리, 캘리포니아
www.jnd.org

차 례

생활용품의 정신병리학

생활용품의 정신병리학

만약 내가 제트 비행기 조종석에 앉아서 여러 기기를 능숙하게 조작하지 못한다고 해서 놀라거나 신경 쓰이지는 않는다. 그러나 왜 출입문이나 스위치, 수도꼭지 또는 레인지 같은 것에 곤란을 겪어야 하는가? "문이라니요? 문 여는 것이 어려워요?"라고 말할지 모른다. 그렇다. 나는 밀도록 된 문을 당기고, 당겨야 할 문을 밀고, 또 밀거나 당기지도 않는, 옆으로 미끄러지는 문으로 돌진한다. 다른 사람들도 이와 같은 쓸데없는 곤란을 겪는 것을 본다. 문에 대한 문제는 널리 알려져서 혼란스러운 문은 종종 '노먼의 문'이라 불린다. 제대로 작동하지 않는 문들로 유명해지는 것을 상상해 보라. 그것이 부모님이 나에게 계획한 것이 아니라는 것은 아주 분명하다. 〔당신이 잘 쓰는 검색엔진에 '노먼의 문(Norman doors)'을 입력해 보라. 따옴표를 반드시 넣어라. 흥미로운 읽을거리가 생길 것이다.〕

문처럼 간단한 것이 어떻게 그렇게 혼란스러울 수 있을까? 문은 이보다 더 간단할 수 없는 장치인 것처럼 보인다. 문에 대해 할 수 있는 것이 별로 없다. 문을 열거나 닫을 뿐이다. 당신이 사무실 빌딩 안에서 복도를 따라 걸어간다고 생각해 보자. 당신은 문 앞에 왔다. 어떻게 열지? 밀어야 하나 당겨야 하나? 왼쪽 편을 혹은 오른쪽 편을?

아마 그 문은 옆으로 열릴지 모른다. 그렇다면 어느 쪽으로? 나는 왼쪽으로, 오른쪽으로, 심지어 천장 쪽으로 열리는 문을 본 적이 있다. 문의 디자인은, 시행착오는 말할 필요도 없이 그리고 어떤 기호도 필요 없이 어떻게 문을 사용할 것인가를 나타내야 할 것이다.

친구 한 사람이 유럽의 한 도시에 있는 우체국 출입구에 갇혔던 이야기를 해 주었다. 출입구에는 앞뒤로 여닫히는 여섯 개의 유리문이 한 줄 있었으며, 그 안쪽에 똑같은 여섯 개의 문이 한 줄 더 있었다. 그것은 표준적인 디자인이다. 공기의 흐름을 줄여 건물의 실내 온도를 유지하는 데 도움이 된다. 거기에는 어떠한 시각적인 장치가 없었는데도, 명백하게도 문은 앞뒤 어느 방향으로든 여닫을 수 있었다. 사람이 해야 할 일이라곤 문의 측면을 밀고 들어가는 것뿐이었다.

내 친구는 바깥문의 한쪽을 밀었다. 문이 안쪽으로 열려 친구는 건물 안으로 들어갔다. 그다음 문으로 가기 전에 딴 생각을 하며 잠시 뒤를 돌아보았다. 이때 그는 의식하지 못했지만 조금 오른쪽으로 이동했다. 그리고 다음 문으로 가서 밀었지만 움직이지 않았다. "음, 잠긴 모양이군." 하고 그 옆의 문을 밀어 보았으나 마찬가지였다. 당황해서 친구는 밖으로 다시 나가기로 했다. 돌아서서 문의 한쪽을 밀었으나 열리지 않았다. 옆에 있는 문을 밀었다. 열리지 않았다. 방금 들어 왔던 문이 더 이상 작동하지 않았다. 다시 한 번 돌아서서 안쪽 문을 다시 시도해 보았다. 역시 열리지 않았다. 걱정이 되고, 그다음 약간 공황에 빠진 기분이 들었다. 그는 갇혔다! 바로 그때 출입구에서 (내 친구의 오른편에) 다른 편에 있는 일단의 사람이 두 줄의 문을 통과해서 쉽게 지나갔다. 아이고, 빨리 그 사람들을 쫓아가자.

어떻게 이런 일이 일어날 수 있었을까? 앞뒤로 여닫히는 문은 두 개의 측면을 가지고 있다. 한쪽은 문을 지탱해 주는 축과 경첩이 붙어 있고 다른 쪽에는 아무것도 없다. 이 문을 열기 위해서는 아무것도 없는 쪽을 밀거나 당겨야 한다. 경첩이 있는 쪽을 밀면 아무 소용이 없다. 내 친구는 디자이너가 멋지게 보이려던 빌딩 안에 있었던 것이다. 효용성이 아니라. 주의를 끄는 선도, 알아볼 만한 기둥도, 그런 경첩도 없었다. 그런데 보통 사람들은 어느 쪽을 밀어야 할지를 어떻게 알 수 있을까? 내 친구는 딴 생각을

[그림 1-1] 마조히스트를 위한 커피 주전자 프랑스 화가인 자끄 까렐만의 『어디에도 없는 물건의 목록(Catalogue d'objets introuvable)』이란 책의 연작은 쓸 수 없고, 별나거나 이상한 모양의 생활용품의 재미있는 예들을 보여 준다. 내가 가장 좋아하는 것들 중 하나는 그가 '마조히스트를 위한 커피 주전자'라고 부른 것이다. 사진은 캘리포니아 대학교 샌디에이고 분교에 있는 동료들이 나에게 준 것이다. 이것은 내가 아끼는 예술 작품 중 하나다[저자를 위해 아민 삼마(Aymin Shamma)가 촬영했음].

하다가 (물론 보이지 않는) 기둥이 있는 쪽으로 움직였고, 경첩이 있는 쪽을 밀었다. 문이 열리지 않는 것이 당연하다. 매력적인 문이고, 멋지다! 아마도 디자인상을 받았을 것이다!

좋은 디자인의 가장 중요한 특성 중 두 가지는 발견 가능성과 이해다. **발견 가능성**(discoverability), 즉 어떤 행동이 가능한지, 그 일을 어디에서 어떻게 할 수 있는지를 알아내는 것이 가능한가? **이해**(understanding), 즉 이것이 도대체 무슨 뜻인가? 제품이 어떻게 쓰라고 만들어진 것인가? 이 모든 여러 조절기와 설정이 무슨 뜻인가?

앞의 문 이야기는 발견 가능성이 실패할 때 무슨 일이 일어나는지를 보여 준다. 그 장치가 문이든 레인지든 휴대전화든 또는 핵발전소든, 관계있는 성분은 보여야 하고, 맞는 메시지를 전달해야 한다. 어떤 행위가 가능한가? 어디에서 그리고 어떻게 그 행동이 수행되어야 하는가? 미는 문의 경우에 디자이너는 어디를 밀어야 할지를 자연스럽게 가리키는 신호를 제공해야 한다. 이런 필요가 아름다움을 깨뜨리는 것은 결코 아니다. 문을 밀어야 할 쪽에 수직 판을 붙여라. 혹은 지지 기둥을 볼 수 있게 해라. 수직 판과 지지 기둥은 자연스러운 신호이며, 자연스럽게 해석되기 때문에 무엇을 해야 할지를 쉽게 알게 해 준다. 이름표는 필요 없다.

복잡한 장치의 경우, 발견 가능성과 이해는 사용 설명서나 개인 지침의 도움이 필요하다. 장치가 정말로 복잡하다면 이런 것을 받아들일 수 있으나, 단순한 것에는 불필요할 것이다. 많은 제품이 잘 이해되지 않는 이유는 바로 너무 많은 기능과 조절기가 있기 때문이다. 간단한 가사 제품들이―레인지, 세탁기, 오디오 및 TV 세트―할리우드(영화)가 생각하는 우주 전함의 조종실처럼 보여야 한다고 생각하지 않는다. 아주 실망스럽게도 그것들은 이미 그렇다. 당황스럽게 배열되어 있는 조절기와 표시기(display)들을 두고, 우리는 원하는 것을 얼추 가까이 하기 위해 단지 한두 개의 고정된 설정을 기억할 뿐이다.

영국에서 한 가정집을 방문했는데, 아주 멋진 새 세탁기와 건조기 콤보(겸용)가 있었다. 거기에는 기막히게 멋진 다중의 상징 조절기들이 있었는데, 그것들은 세탁기와 건조기를 가지고 상상할 수 있는 무엇이든 할 수 있었다. 그 남편(공학 심리학자)은 자기는 그 근처로 가지 않는다고 말했다. 부인(의사)은 한 가지 설명만 외우고 나머지는 무시하려고 했을 뿐이라고 말했다. 나는 사용 설명서를 보자고 부탁했다. 그것은 장치만큼이나 혼란스러울 뿐이었다. 디자인의 목적 전체가 사라졌다.

현대 기기의 복잡성

모든 인공적인 것은 디자인이 된다. 그것이 실내 가구의 배치이든 정원이나 숲을 지나가는 길의 배치 또는 전자 기기의 복잡한 회로 배치이든, 사람들이 그 배치나 조작, 기제(작동 원리)에 대해 결정을 해야 한다. 디자인된 모든 것이 물리 구조를 가지는 것은 아니다. 서비스, 강의, 규칙 및 절차, 사업체와 정부의 조직 구조에는 물리적 기제가 없지만, 그 작동 규칙은 디자인되어야 한다. 때로는 비공식적이겠지만, 가끔 정확하게 기록되고 구체화되어야 한다.

선사시대부터 사람들은 물건을 디자인해 왔음에도 디자인 영역은 비교적 새롭고, 많은 전문 영역으로 나뉘어 있다. 모든 것이 디자인되기 때문에 영역의 수는 엄청나고, 그 영역은 옷과 가구에서부터 복잡한 통제실과 다리까지 걸쳐 있다. 이 책은 일상 용품의 디자인을 다루고 있다. 기술과 사람의 상호작용에 초점을 맞추어 제품들이 이해 가능하고 쉽게 사용할 수 있을 때에만, 사람들의 필요를 실제로 충족한다는 것을 분명히 보여 줄 것이다. 이 책의 주제에 가장 잘 맞는 사례에 속하는 제품은 또한 기분이 좋고 즐거운 것이 되어야 하는데, 이것은 기술, 생산 및 인간공학적 요건이 충족되어야 할 뿐만 아니라 전체 경험, 다시 말해 형태의 심미성과 상호작용의 질에도 주의해야 한다는 것을 뜻한다. 이 책과 관련 깊은 주요 디자인 영역은 산업 디자인, 상호작용 디자인 그리고 체험 디자인이다. 이 영역 중 어느 것도 잘 정의되어 있지 않지만, 이런 영역이 중점을 두는 곳은 서로 다르다. 산업 디자이너는 형태와 질을 강조하고, 상호작용 디자이너는 이해 가능성과 사용(편의)성을 강조하며, 체험 디자이너는 정서적 영향을 강조한다. 그래서 다음과 같이 말할 수 있다.

- **산업 디자인:** 사용자와 생산자 모두의 상호 이익을 위해 제품과 시스템의 기능, 가치 및 외관을 최적화하는 개념과 명세사항을 만들어 내고 개발하는 전문 서비스(미국산업디자인협회 웹사이트)
- **상호작용 디자인:** 초점은 사람들이 기술과 상호작용하는 방식에 있다. 그 목표는 할 수 있는 일, 진행되는 사건 그리고 이제 발생한 일에 대한 사람들의 이해를 높이는 것이다. 상호작용 디자인은 심리학, 디자인, 예술 및 정서의 원리를 바탕으로 긍정적이고, 즐거운 체험을 보장하고자 한다.
- **체험 디자인:** 전체 경험의 질과 즐거움에 초점을 두고, 제품, 과정, 서비스, 사건 및 환경을 디자인하는 업무

디자인은 사물이 어떻게 작동하는가, 그것들이 어떻게 통제되는가, 사람과 기술의

상호작용의 본질이 무엇인가와 관련이 있다. 잘되면 그 결과로 눈부시고 즐거운 제품이 나온다. 나쁘게 되면, 그 제품은 사용할 수 없고 깊은 좌절과 짜증을 낳는다. 아니면 사용할 수 있더라도 그것들은 우리가 원하는 대로가 아니라 제품이 원하는 대로 행동하도록 강요한다.

기계는 결국 사람에 의해 개념화되고, 디자인되고, 구성된다. 인간의 기준으로 보면 기계는 꽤 제한되어 있다. 기계는 사람들이 서로 공유하는, 다채로운 역사가 있는 경험을 가지고 있지 않다. 이 경험이 서로 공유하는 이해를 바탕으로 우리로 하여금 서로 교류할 수 있게 해 준다. 대신에 기계는 비교적 단순하고, 엄격한 행동 규칙을 따른다. 우리가 그 규칙을 조금이라도 잘못 받아들이면 기계는 그것에게 명령된 것, 그것이 아무리 사리에 맞지 않고 비논리적이라 할지라도 그것을 한다. 사람들은 상상력이 풍부하고 창의적이고, 상식으로 가득 차 있다. 즉, 많은 가치 있는 지식은 수년의 경험에 걸쳐 쌓인다. 그러나 이런 강점을 최대한 활용하는 대신에 기계는 우리에게 정밀하고 정확하기를 요구하는데, 이런 일은 우리가 능숙하지 못한 것이다. 기계는 재량이나 상식이 없다. 더욱이 기계가 따르는 규칙 다수는 기계와 그 디자이너만 알고 있는 것이다.

사람들이 이 괴이하고 비밀스러운 규칙을 따르지 못하고, 기계가 일을 잘 못할 때, 그 조작원은 기계를 이해하지 못한다고, 그것의 엄격한 명세사항을 따르지 않는다고 비난받는다. 일상적 물건들의 경우에 그 결과는 좌절이다. 복잡한 장치와 상업적 및 산업적 과정의 경우에 그 결과로 생기는 어려움은 사고나 부상, 심지어 죽음으로 이어질 수 있다. 상황을 되돌릴 때다. 기계와 그 디자인을 비난하는 것이다. 잘못한 것은 기계와 그 디자인이다. 사람을 이해하는 것이 기계와 기계를 디자인한 사람들의 의무다. 임의적이고, 의미 없는 기계의 명령을 이해하는 것은 우리의 의무가 아니다.

인간-기계 상호작용이 결핍되는 이유는 무수하다. 어떤 것은 오늘날 기술의 한계에서 비롯된다. 어떤 것은 종종 비용 증가를 억제하기 위해 디자이너가 스스로 부과한 제한에서 비롯된다. 그러나 대부분의 문제는 효과적인 인간-기계 상호작용에 필요한 디자인 원리를 전혀 이해하지 못하기 때문에 생긴다. 왜 이런 결핍이 생길까? 디자인의 상당 부분이, 기술에는 전문가이지만 사람을 이해하는 데에는 한계가 있는 엔지니어들에 의해 이뤄지기 때문이다. '우리 자신이 사람이고, 그래서 우리는 사람을 이해한다.'고 그들은 생각한다. 그러나 사실 우리 인간은 놀랍게도 복잡하다. 인간 행동을 연구하지 않은 사람은 종종 인간이 꽤 단순하다고 생각한다. 더욱이 엔지니어들은 논리적 설명만으로 충분하다고 생각하는 오판을 한다. "사람들이 이 지시를 읽기만 하면, 문제될 것은 없어."라고 그들은 말한다.

엔지니어들은 논리적으로 생각하도록 훈련받았다. 그 결과 그들은 모든 사람이 이처럼 생각해야 한다고 믿고, 기계를 설계한다. 사람이 어려움을 겪을 때 엔지니어들은 속상해하지만 종종 그 이유는 다르다. "이 사람들이 무엇을 하고 있지?" "왜 사람들이 그렇게 하지?" 그들은 궁금해한다. 엔지니어가 만든 디자인에서 생기는 대부분의 문제는 그것들이 너무 논리적이라는 것이다. 우리는 인간 행동을 우리가 그랬으면 하고 원하는 대로가 아니라 있는 그대로 받아들여야 한다.

엔지니어였던 나는 기술적 요건에는 초점을 두었지만 사람에게는 꽤 무관심했다. 내가 심리학과 인지과학으로 진로를 바꾼 뒤에도 나는 여전히 논리와 메커니즘에 대한 엔지니어링을 계속 강조했다. 인간 행동에 대한 이해가 기술 디자인에 대한 나의 관심과 관련이 있다는 것을 깨닫는 데에는 오랜 시간이 걸렸다. 사람들이 기술과 씨름하는 것을 지켜보면서 난점은 사람이 아니라 기술에 의해 생긴다는 것이 분명해졌다.

나는 쓰리마일 섬의 미국 원자력 발전소 사고를 분석하는 일을 도와달라는 요청을 받았다(이 섬의 이름은 펜실베이니아 주 미들타운의 3마일 남쪽의 강에 있다는 사실에서 유래한다). 이 사고에서 다소 간단한 기계적인 실패에 대한 진단이 잘못되었다. 이로 인해 며칠간의 곤란과 혼동, 원자로의 완전한 파괴, 심각한 방사능 유출에 가까운 사태가 벌어졌는데, 이 모든 것이 미국 원자력 발전소 산업을 완전히 멈추게 했다. (발전소) 운전자들은 이런 실패에 대해 비난을 받았다. '인간 오류'라고 즉각적으로 분석되었다. 그러나 내가 참여했던 위원회는 발전소의 제어실이 매우 열악하게 디자인되어 있었고, 오류는 불가피했다는 것을 발견했다. 교훈은 간단했다. 우리는 사람을 위한 것을 디자인하고 있었으므로, 기술과 사람을 모두 이해할 필요가 있었다. 그러나 그것은 많은 엔지니어에게 어려운 걸음이었다. 기계는 매우 논리적이고, 질서정연하다. 사람이 관련되어 있지 않다면, 모든 것이 훨씬 더 잘 돌아갈 것이다. 그렇다. 그것이 내가 생각하던 방식이었다.

그 위원회와의 작업으로 디자인에 대한 내 견해가 바뀌었다. 오늘날 나는 디자인이 기술과 심리학의 매력적인 상호작용을 보여 주고 있으며, 디자이너들은 이 둘을 이해해야 한다는 것을 실감한다. 엔지니어들은 여전히 논리를 믿는 경향이 있다. 그들은 종종 나에게 자신의 디자인이 왜 좋은지, 강력한지, 놀라운지를 논리적으로 굉장히 자세하게 설명한다. 그들은 '왜 사람들이 문제를 겪는지'를 의아해한다. "당신들은 너무 논리적이야." "당신들은 사람들을 위해 디자인하면서 당신이 그들에게 바라는 방식으로 할 뿐이야. 실제로 그들이 있는 그대로의 모습을 위해서가 아니라."라고 나는 말한다.

엔지니어가 반대할 때, 나는 그들이 오류를 저질러 본 적이 있는지, 혹시 전구 스위치나 레인지 화구를 잘못 켜고 꺼 본 적이 있는지를 물어본다. "그래, 그러나 그것들은 오류일 뿐이야."라고 그들은 말한다. 그것이 바로 핵심이다. 전문가조차도 오류를 저지른다. 그래서 우리는 사람들이 오류를 저지를 것이라는 가정에서 기계를 디자인해야 한다(제5장은 인간 오류에 대해 상세히 분석한다.).

인간 중심 디자인

사람들은 일상용품에 대해 좌절하고 있다. 자동차 대시보드가 계속 복잡해지는 것에서부터 내부적으로 네트워크를 이루고 있는 홈오토메이션의 증가, 오락 및 통신용의 복잡한 음악, 비디오 및 게임 시스템, 부엌 자동화에 이르기까지, 일상생활은 가끔 혼동, 끊임없는 오류와 좌절, 소유물에 대한 계속적인 업데이트와 유지 보수의 주기에 맞서는, 결코 끝나지 않는 싸움처럼 보인다.

이 책의 초판이 출판된 후 수십 년 간 디자인은 더 좋아졌다. 이제 이 주제에 관한 많은 책과 강좌가 있다. 그러나 많은 것이 좋아졌는데도 급격한 기술 변화의 속도는 디자인의 진보를 추월한다. 새 기술, 새로운 응용(장치) 그리고 새로운 상호작용 방법이 계속 등장하고 진화하고 있다. 새로운 산업이 튀어나온다. 매번 새로운 발전은 이전 것들의 착오를 되풀이하는 것처럼 보인다. 새로운 영역은 그것 역시 좋은 디자인의 원리를 채택하기 전에 시간을 필요로 한다. 모든 새로운 기술이나 상호작용 기법의 투자는 실험과 연구를 수행해야 좋은 디자인의 원리가 현장에 충분히 통합될 수 있다. 그래서 정말로 여러 가지 일은 점점 더 좋아지고 있지만, 그 결과 난제가 계속 나타나고 있다.

해결책은 인간 중심 디자인(human-centered design: HCD), 즉 인간의 필요, 능력 및 행동을 첫째로 두고 이 필요와 능력 및 행동 방식에 맞추기 위해 디자인하는 접근이다. 좋은 디자인은 심리학과 기술의 이해와 더불어 시작한다. 좋은 디자인은 특히 기계로부터 인간으로의 좋은 의사소통이 필요하다. 어떤 행동이 가능하며, 무엇이 일어나고 있으며, 그리고 무엇이 일어날 것인지를 알려 주어야 하는 것이다. 의사소통은 일이 잘못될 때 특히 중요하다. 일이 잘되는 동안에 순조롭고 조화롭게 작동하는 것을 디자인하기는 비교적 쉽다. 그러나 문제나 오해가 발생하자마자 문제가 생긴다. 이때가 좋은 디자인이 꼭 필요한 상황이다. 디자이너는 일이 계획된 대로 될 때뿐만 아니라 일이 잘못될 경우에 주의를 기울일 필요가 있다. 실제로 이것이 만족이 생기는 상황이다. 즉, 어떤 일이 잘못되고 있지만 기계가 문제점을 드러내면, 사람이 그 문제를 이해하고 적절한 조처를 취한 다음 문제가 해결된다. 이런 일이 순조롭게 일어날 때 인간과 장치의 협동은 멋지게 느껴질 것이다.

HCD는 디자인 철학이다. 그것은 사람에 대한 그리고 디자인이 달성하려고 하는 필요에 대한 적절한 이해에서 출발하는 것을 뜻한다. 이런 이해는 일차적으로 관찰을 통해 생긴다. 왜냐하면 사람들은 종종 자신의 진정한 필요를 스스로 의식하지 못하며, 심지어 자신이 직면하고 있는 어려움을 의식하지 못하기 때문이다. 일(things)의 구체적인 사항이 정의되도록 하는 것은 디자인의 가장 어려운 부분 중 하나이며, 정말 그렇기 때문에 HCD 원리는 가능한 한 문제를 구체화하는 것을 피하고 그 대신 반복된 근사법을 되풀이하는 것이다. 이 원리는 아이디어를 신속히 검증하여 매 검증 후 그 접근법과 문제 정의를 수정하는 것이다. 그 결과는 사람들의 필요에 진정으로 부응하는 제품이 될 것이다. 빡빡한 시간, 예산 및 다른 산업적 제약 안에서 HCD를 하는 것은 하나의 도전이 될 것이다(제6장은 이 문제를 다룬다.).

HCD는 디자인의 몇 가지 다른 형태, 특히 산업적, 상호작용 및 체험 디자인이라 불리는 영역에 대한 이전 논의에서 어디에 들어맞을까? 이것들 모두와 어울릴 수 있다. HCD는 철학이며 일단의 절차인 반면, 다른 것들은 초점 영역이다(<표 1-1> 참조). HCD의 철학과 절차는 디자인 과정에서 그것이 제품이든 서비스이든 주요 관심사가 무엇이든 인간 필요에 대한 심사숙고와 연구를 더해 준다.

<표 1-1> HCD와 디자인 명세의 역할

체험 디자인	초점 영역들
산업 디자인	
상호작용 디자인	
인간 중심 디자인	디자인이 그것들이 의도한 사람의 필요와 능력에 들어맞는지를 확실히 하는 과정

상호작용의 기초 원칙

위대한 디자이너는 즐거운 경험을 만들어 낸다. 경험, 이 단어를 주목하라. 엔지니어들은 그것을 좋아하지 않는 경향이 있다. 너무 주관적이기 때문이다. 그러나 내가 그들에게 자신이 가장 좋아하는 자동차나 검사 장비에 관해 물었을 때, 그들은 기쁘게 웃으면서 (자동차의) 매끄러운 맞음새와 마무리, 가속하는 동안 파워의 느낌, 변속하거나 핸들을 돌릴 때 조작이 쉬운 점, 계기판에 있는 단추와 스위치의 감탄스러운 느낌 등에 대해 말한다. 그런 것들이 바로 경험이다.

경험이 핵심적이다. 그것이 사람들이 자신의 상호작용을 얼마나 좋게 기억할지를 결정하기 때문이다. 전반적인 경험이 긍정적이었는가 아니면 좌절스럽고 혼란스러웠는가? 집 안 장치들이 예측하기 힘든 방식으로 작동할 때 우리는 혼란스럽고, 좌절하고, 심지어 화가 날 수 있다. 이들은 모두 강한 부정적인 감정이다. 이해가 된다면, 이해는 통제, 숙달, 만족 또는 자부심의 느낌으로 연결되는데, 이들은 모두 강한 긍정적인 감정이다. 인지와 정서는 밀접하게 얽혀 있는데, 이것은 디자이너가 이 둘을 염두에 두고 디자인해야 한다는 것을 뜻한다.

우리가 제품과 상호작용할 때, 우리는 그것을 어떻게 작동시킬 것인지를 알아차릴 필요가 있다. 그것이 무엇을 하는지, 어떻게 작동하는지, 어떤 조작이 가능한지를 발견하는 것, 즉 발견 가능성 말이다. 발견 가능성은 다음 몇 장에서 다뤄지는 다섯 개의 기초적인 심리학 개념을 적절히 응용하는 데에서 생긴다. 그것은 행위 지원성 (affordance), 기표(signifier), 제약(constraint), 대응(mapping) 및 피드백(feedback)이다. 여섯 번째 원리도 있다. 아마 가장 중요한 것일 텐데, 그것은 시스템에 대한 개념 모형 (conceptual model)이다. 진정한 이해를 주는 것이 바로 개념 모형이다. 나는 이들 기초 원리를 다룰 것인데, 행위 지원성, 기표, 대응 및 피드백부터 시작해서 개념 모형으로 넘어갈 것이다(제약은 제3장과 제4장에서 다룰 것이다.).

행위 지원성

우리는 물건들로 채워진 세상에 산다. 많은 것이 자연적인 것이며, 나머지는 인공적인 것이다. 매일 수천 개의 물건을 만나며, 그중 많은 것이 새롭다. 새 물건 중 많은 것은 우리가 이미 알고 있는 것과 비슷하지만, 많은 것은 독특하다. 그럼에도 우리는 꽤 잘 다룬다. 어떻게 우리는 이 일을 하는가? 우리가 많은 비일상적인 자연물을 만났을 때 그것들과 상호작용하는 방법을 아는 것은 무엇 때문인가? 우리가 만나는 인공적인, 즉 인간이 만든 물건 중 많은 것에 대해 이 말이 들어맞는 것은 왜일까? 그 답은 몇 가지 기본 원리에 있다. 이 원리의 가장 중요한 것 중 일부는 행위 지원성을 고려하는 것에서 나온다.

행위 지원성(affordance)*이란 용어는 물리적인 대상과 사람[혹은 동물이든 인간이든 또는 기계와 로봇이든 어떤 상호작용하는 행위자(agent)] 사이의 관계를 가리킨다. 행위 지원성은 물체의 속성과 행위자의 능력 간 관계성으로, 그 물체가 가능하면 어떻게 사용될 수 있을 것인지를 결정한다. 의자는 받침을 제공하고(받침을 위한 것이다), 그러므로 앉음을 지원한다. 대부분의 의자는 단 한 사람의 힘만으로 나를 수 있는데(그것들은 들기를 지원한다), 그러나 일부 의자는 힘센 사람이나 몇몇 사람만이 들 수 있다. 어리거나 비교적 약한 사람이 의자를 들 수 없다면, 이런 사람에게 의자는 그런 행위 지원성을 가지고 있지 않다. 즉, 그것은 들기를 지원하지 않는다.

행위 지원성의 출현은 물체의 속성 및 이와 상호작용하는 행위자의 능력에 의해 공동으로 결정된다. 행위 지원성이 갖는 이런 관계적 정의는 많은 사람에게 상당한 어려움을 준다. 우리는 속성이 물체와 연합되어 있다고 생각하는 데 익숙하다. 그러나 행위 지원성은 속성이 아니다. 행위 지원성은 관계성이다. 행위 지원성이 존재하는지 아닌지는 물체와 행위자 모두의 속성에 달려 있다.

유리는 투명성을 지원한다. 동시에 그것의 물리 구조는 대부분의 물체의 통과를 차단한다. 그 결과 유리는 통과해서 봄과 받침을 지원하지만, 공기나 대부분의 물질(소립자들은 유리를 통과할 수 있다)의 통과는 지원하지 않는다. 통과의 차단은 반행위 지원성, 즉 상호작용의 금지로 간주될 수 있다. 효과가 있으려면 행위 지원성과 반행위 지원성은 발견 가능해야, 즉 지각 가능해야 한다. 이것은 유리에게 어려움을 제기한다. 우리가 유리를 좋아하는 이유는 유리가 잘 보이지 않는다는 것이다. 그러나 이 측면이 보통 창에는 유용하지만, 또한 통과를 차단한다는 반행위 지원성 속성을 숨긴다. 그 결과, 새가 종종 창을 지나 날아가려 한다. 그리고 매해 수많은 사람이 닫힌 유리문이나 큰 전망창을 통과해서 걷다가 (또는 달리다가) 다친다. 만일 행위 지원성이나 반행위 지원성이 지각될 수 없다면, 그것의 출현을 알리는 몇 가지 수단이 필요하다. 나

---

* 초판의 역서에서는 '행동 유도성'이라 번역했다.

는 이런 속성을 **기표**라 부른다(다음 절에서 논의한다).

행위 지원성의 개념과 그것이 제공하는 통찰은 원래 깁슨(J. J. Gibson)에서 비롯되었는데, 그는 인간 지각에 대한 우리의 이해를 크게 진보시킨 뛰어난 심리학자였다. 나는 수년에 걸쳐 때로는 공식적 학술대회나 세미나에서 그와 교류해 왔다. 가장 유익했던 것은 늦은 밤 맥주 여러 병을 놓고 그냥 이야기하는 것이었다. 우리는 거의 모든 것에 대해 의견이 일치하지 않았다. 나는 인지심리학자가 된 공학자였고, 마음이 어떻게 작동하는지를 이해하고자 했다. 그는 게슈탈트 심리학자로 출발했으나 이후 그의 이름을 딴 접근을 개발했다. 즉, 깁슨주의(Gibsonian) 심리학이라고도 하는 지각에 대한 생태학적 접근이 그것이다. 그는 세계는 단서를 포함하고 있으며 사람은 '직접 지각'을 통해 그 단서를 줍기만 하면 된다고 주장했다. 나는 어떤 것도 직접적이지 않으며, 뇌는 감각 기관에 도달하는 정보를 처리해서 통일된 해석으로 조립해야 한다고 주장했다. "말도 안 돼." 그는 크게 외쳤다. "그것은 아무 해석도 필요없어. 그것은 직접 지각돼." 그다음 그는 손을 귀에 대고, 승리한 듯한 동작으로 보청기를 끄곤 했다. 나의 반론은 그의―글자 그대로―귀먹은 귀에 떨어지곤 했다.

내가 나의 질문, 새로운 상황에 직면했을 때 어떻게 해야 할지를 사람은 어떻게 아는가를 곰곰이 생각했을 때, 나는 그 답의 상당 부분은 깁슨의 업적에 있다는 것을 깨달았다. 그는 지적하기를, 모든 감각은 함께 일하며 그것들 모두의 결합된 결과에 의해 우리는 세계에 관한 정보를 얻는다고 했다. '정보 줍기(pickup)'는 그가 가장 좋아하는 구절 중 하나였으며, 깁슨은 우리 감각 장치 모두에 의해 주어진 결합된 정보―광경, 소리, 냄새, 촉감, 균형, 운동감, 가속, 신체 균형 등―가 우리의 지각을 결정하며 내적 처리나 인지는 필요 없다고 믿었다. 비록 그와 나는 두뇌의 내적 처리가 하는 역할에 대해 의견이 맞지 않았지만, 그의 뛰어남은 세계에 있는 풍부한 정보에 주의의 초점을 맞추는 데 있었다. 더욱이 물체는 사람들이 그것들과 상호작용할 수 있는 방식에 관해 중요한 정보를 전달하는데, 그것은 '행위 지원성'이라 이름 지어진 속성이다.

행위 지원성은 그것들이 보이지 않아도 존재한다. 디자이너의 경우 그것들의 가시성은 결정적이다. 가시적인 행위 지원성이 물건의 작동에 강한 단서를 제공한다. 문위에 설치된 편평한 판은 밀기를 지원한다. 단추는 돌리기, 밀기 그리고 당기기를 지원한다. 틈은 물건을 그 안으로 넣기 위한 것이다. 공은 던지거나 튕기기 위한 것이다. 지각된 행위 지원성이 사람들로 하여금 이름표나 지시문의 필요 없이 어떤 행위가 가능한가를 알아내게끔 도와준다. 이처럼 행위 지원성에서 신호하는 성분을 나는 **기표**라고 부른다.

기 표

행위 지원성이 디자이너에게 중요한가? 이 책의 초판은 행위 지원성이란 용어를 디자인 세계에 소개했다. 디자인 커뮤니티는 이 개념을 좋아했고, **행위 지원성**은 곧 디자인에 관한 설명과 글로 전파되었다. 나는 곧 어디에서나 이 용어가 언급되는 것을 보게 되었다. 그런데 이 용어는 원래 뜻과 전혀 관계없는 방식으로 사용되게 되었다.

많은 사람이 행위 지원성을 잘 이해하지 못한다. 그것이 속성이 아니라 관계성이기 때문이다. 디자이너들은 고정된 속성을 다루므로, 그 속성이 행위 지원성이라고 말하고 싶은 유혹이 있다. 그러나 이것만이 행위 지원성 개념과 관련된 유일한 문제인 것은 아니다.

디자이너들은 실제 문제를 가지고 있다. 그들은 그것들이 이해될 수 있도록 어떻게 디자인할 것인가를 알 필요가 있다. 그들은 전자 디스플레이를 위한 그래픽 디자인을 다룰 때, 어떤 부분이 접촉될 수 있는지, 위로, 아래로 또는 옆으로 미끄러질 수 있는지 혹은 두드려질 수 있는지를 표시하는 방법이 필요하다. 그런 행동은 마우스, 스타일러스(펜) 또는 손가락으로 수행될 수 있다. 어떤 시스템은 어떤 물리적 장치를 손대지 않고도 몸의 움직임, 제스처 및 말소리에 반응한다. 디자이너들은 자신이 하고 있는 일을 어떻게 묘사할 수 있었을까? 거기에 딱 들어맞는 말이 없었을 때, 그들은 가장 가까운 기존의 말, 즉 **행위 지원성**을 택했다. 곧 디자이너들은 "나는 거기에 행위 지원성을 넣었다."라는 식으로 말하면서, 마우스로든 손가락으로든 사람이 접촉해야 하는 곳을 표시하기 위해 왜 그들이 스크린에 원을 보여 주었는지를 설명했다. 나는 말했다. "아니요, 그것은 행위 지원성이 아닙니다. 그것은 접촉이 있어야 하는 곳을 의사소통하는 한 가지 방법입니다. 당신은 어디에서 접촉을 해야 하는지를 알려 주고 있습니다. 접촉하기의 행위 지원성은 스크린 전체에 있습니다. 당신은 접촉이 일어나야 하는 곳을 표시하려 하고 있습니다. 그것은 **어떤** 행동이 가능한가를 말할 때와 같은 것이 아닙니다."

내 설명은 디자인 커뮤니티를 만족시키지 못했을 뿐만 아니라 나 스스로도 불행했다. 결국 나는 포기했다. 디자이너들은 자신이 하고 있었던 일을 묘사하는 말이 필요했고, 그래서 그들은 **행위 지원성**을 선택했다. 그들에게 어떤 대안이 있었는가? 나는 더 좋은 답, 즉 **기표**를 제공하기로 결정했다. 행위 지원성은 어떤 행동이 가능한가를 결정한다. 기표는 그 행동이 어디에서 일어나야 하는지를 전달한다. 둘 다 필요하다.

사람은 그들이 사용하고자 하는 제품이나 서비스, 그것이 무엇을 위한 용도인지에 대한 어떤 기호, 무엇이 일어나고 있는지 그리고 대안 행동은 무엇인지를 이해하는 어떤 방법을 필요로 한다. 사람은 실마리, 즉 그들이 극복하고 이해하도록 도와줄지 모를 어떤 기호(sign)를 찾는다. 그것은 중요한 기호이며, 의미 있는 정보를 표시하는 어떤 것이다. 디자이너들은 이 실마리를 제공할 필요가 있다. 사람들이 필요로 하고, 디자이너들이 제공해야 하는 것은 바로 이런 실마리다. 좋은 디자인은 다른 것보다도, 그것을 쓰는 사람에게 장치의 목적, 구조 및 작동에 대해 잘 전달할 필요가 있다. 그것이 기표의 역할이다.

기표라는 용어는 기호와 상징의 연구인 기호학이라는 이국적인 분야에서 오래되었으며 눈에 띄는 내력을 가지고 있다. 그러나 내가 **행위 지원성**을 전용하여 창안자가 의도했던 것과 약간 다른 방식으로 디자인에서 사용하듯이 나는 **기표**를 기호학에서 사용되는 것과 다소 다른 방식으로 사용한다. 나에게 **기표**라는 용어는 어떤 표식이나 소리, 즉 적절한 행동을 사람에게 알려 주며 지각될 수 있는 어떤 표시기(indicator)를 가리킨다.

기표는 문 위에 있는 '미시오.'라는 기호처럼 신중하게 의도된 것일 수 있지만, 우연적이고 비의도적인 것일 수도 있다. 예컨대, 가장 좋은 길을 정할 때 들이나 눈 덮인

지형을 가로질러 가는 앞 사람들이 만든, 눈에 띄는 길을 사용하는 경우다. 혹은 기차를 놓쳤는지 아닌지를 판단하기 위해 기차역에서 기다리는 사람의 존재나 부재를 이용하는 경우다(나는 이런 아이디어를 『심플은 정답이 아니다(Living with Complexity)』라는 책에서 더 자세히 설명했다.).

기표는 의사소통이 의도된 것이든 아니든 수신자에게 중요한 의사소통 장치다. 유용한 신호가 의도적으로 배치되었는지, 그것이 우연적인지는 중요하지 않다. 이것을 꼭 구별할 필요는 없다. 깃발이 (공항에서 혹은 돛단배의 돛대에서처럼) 바람의 방향에 대한 의도적인 단서로 놓였는지 혹은 거기에 광고가 있는지 아니면 (공공건물의 경우처럼) 한 나라의 자부심의 상징이 있는지가 왜 중요한가? 깃발의 움직임을 풍향을 나타내는 것으로 한번 해석하고 나면, 그것이 왜 거기에 놓여 있는지는 중요하지 않다.

북마크를 생각해 보자. 이것은 책 읽은 위치를 알기 위해 의도적으로 놓아 둔 기표다. 그러나 책의 물리적 본질은 북마크를 우연적인 기표로 만드는데, 이는 그 위치가 책에서 얼마나 많은 양이 남아 있는가를 나타내기 때문이다. 대부분의 독자는 이런 우연적인 기표를 써서 독서의 즐거움에 도움을 주는 법을 배웠다. 몇 페이지 남지 않았을 때 우리는 끝이 가까워졌다는 것을 안다. 독서가 학교 과제처럼 고문일 정도면, 우리는 항상 '이제 몇 페이지만 더 해내면' 된다고 자신을 위로할 수 있다. 전자책 독자는 종이 책이 갖는 물리적 구조를 가지고 있지 않아서 소프트웨어 디자이너가 어떤 단서를 의도적으로 제공하지 않는 한, 그것들은 남아 있는 본문의 양에 대해 아무 신호도 전달하지 않는다.

본질이 무엇이든, 또한 계획된 것이든 우연적인 것이든, 기표는 세상과 사회적 활동의 본질에 관해 가치 있는 단서를 제공한다. 우리가 이 사회적·기술적 세상에 제 일을 하기 위해서 우리는 일들(things)이 무엇을 의미하며, 그것들이 어떻게 작동하는지에 대한 내적 모형을 개발할 필요가 있다. 우리는 이런 기획에서 도움이 될 수 있는 모든 단서를 찾고, 이런 식으로 우리가 찾아낼지 모르는 안내는 무엇이든 찾아내는 탐정들인 것이다. 다행이라면 사려 깊은 디자이너들이 우리에게 단서를 남길 것이다. 그렇지 않다면 우리의 창의성과 상상력을 이용해야 한다.

[그림 1-2] 문제의 문: 기표가 필요하다 문의 하드웨어는 기호 없이도 밀어야 할지 혹은 당겨야 할지를 신호할 수 있다. 그러나 위 사진에서 두 문의 하드웨어는 하나는 밀어야 하고, 다른 것은 당겨야 함에도 똑같다. 납작하고, 골이 진 수평 막대는 밀기를 알리는 명백하게 지각된 행위 지원성을 가지고 있지만, 그 기호들이 나타내듯이 왼쪽의 문은 당겨야 하고 오른쪽의 것은 밀어야 한다. 다음 사진 B와 C에서는 어떤 가시적인 기표나 행위 지원성이 없다. 어느 쪽을 밀어야 할지를 어떻게 아는가? 시행착오를 겪을 수밖에 없다. 외적 기표와 기호가 문과 같이 간단한 것에 더해져야 할 때, 그것은 나쁜 디자인이라는 것을 가리킨다(저자의 사진).

[그림 1-3] 미는 문: 거의 잘 되지 않는다 미는 문은 제대로 기표화되는 일이 드물다. 위의 두 사진은 미국의 암트랙(amtrak) 기차의 화장실에 있는 미는 문이다. 손잡이는 분명히 '밀기'를 나타내지만, 사실 그것은 돌려야 하며 문은 오른쪽으로 미끄러진다. 사진 C에서 중국 상해의 가게 주인은 그 문제를 기호로 해결했다. 영어와 중국어로 '밀지 마시오.'라는 뜻이다. 암트랙의 화장실 문에도 비슷한 종류의 기호가 사용될 수 있었을 것이다(저자의 사진).

[그림 1-4] 물이 빠지지 않는 싱크: 기표들이 실패하는 곳 나는 런던에 있는 호텔의 싱크대에서 손을 씻었으나, 사진 A에 보이듯이 싱크대에서 더러운 물을 어떻게 비워야 할지에 대한 의문이 생겼다. 나는 조절기를 찾았으나 전혀 없었다. 나는 숟가락을 지렛대 삼아 싱크대 마개를 열려고 했으나(사진 B), 실패했다. 마침내 호텔방을 떠나 프런트 데스크로 가서 안내를 요청했다. "마개를 누르세요."라는 답을 들었다. 그렇다. 그렇게 작동했다(사진 C와 D). 그러나 도대체 누가 어떻게 해서 이것을 발견할 것인가? 그리고 왜 싱크대를 비우기 위해 깨끗한 손을 다시 더러운 물에 넣어야 하는가? 여기에서의 문제는 단지 기표의 결여가 아니라 그것을 사용하기 위해 사람들에게 깨끗한 손을 더럽히도록 요구하는 마개를 생산하기로 한 잘못된 결정이다(저자의 사진).

행위 지원성, 지각된 행위 지원성 및 기표

행위 지원성, 지각된 행위 지원성 및 기표는 공통점이 많으므로, 잠시 시간을 내어 구별을 명확히 하자.

행위 지원성은 세상에 있는 가능성을 나타내는데, 행위자(사람, 동물 또는 기계)가 어떤 것과 상호작용할 수 있는 방법을 나타내는 것이다. 어떤 행위 지원성은 지각 가능하고,

어떤 것은 비가시적이다. 기표는 신호다. 어떤 기표들은 기호나 이름표, 세상에 놓인 그림이다. 문에 있는 '미시오' '당기시오'나 '출구'라는 이름표 또는 어디에 작용해야 할지나 어느 방향으로 가리켜야 할지를 나타내는 화살표와 다이어그램 또는 다른 지시 같은 것이다. 어떤 기표는 간단히 지각되는 행위 지원성인데, 문 손잡이나 스위치의 물리적 구조 같은 것이다. 어떤 지각된 행위 지원성은 실재적이지 않을 수 있음을 유의하라. 그것들은 사실은 그렇지 않은데도 문이나 밀어야 할 곳처럼 보이거나 또는 들어가는 데 장애가 되는 것처럼 보일 수 있다. 이것들은 오도하는 기표인데, 종종 우연적이지만 가끔 고의적이다. 사람들이 자격이 되지 않는 행동을 하지 못하게 하려 하거나, 게임처럼 무

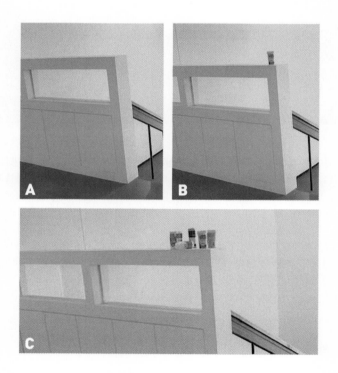

[그림 1-5] 우연한 행위 지원성이 강력한 기표가 될 수 있다 이 벽은 한국의 KAIST 산업디자인과에 있는데, 반행위 지원성을 제공해서 사람들이 계단 난간 아래로 떨어지는 것을 막는다. 윗부분은 편평한데, 디자인의 우연한 부산물이다. 그러나 편평한 표면은 받침을 지원한다. 어떤 사람이 그것이 빈 음료 용기를 버리는 데 쓰일 수 있다는 것을 발견하자마자 그 버려진 용기는 하나의 기표가 되어서 다른 사람들에게 자신의 것도 거기에 버려도 된다는 것을 알린다(저자의 사진).

엇이 실재이고 무엇이 실재가 아닌지를 알아내는 것이 한 가지 도전 대상인 경우다.

오해의 소지가 있는 기표에 대해 내가 가장 좋아하는 예는, 내가 공원에서 본 적이 있는, 작은 도로를 가로지르는 한 줄의 수직 파이프들이다. 그 파이프는 분명히 차와 트럭이 그 길로 다니는 것을 차단했다. 그것들은 반행위 지원성의 좋은 예였다. 그러나 놀랍게도 공원 차량이 간단히 그 파이프들 사이로 통과하는 것을 보았다. 어? 나는 거리로 걸어가서 그것들을 살펴보았다. 그 파이프들은 고무로 만들어져 있어서 차량들이 그것들 바로 위로 그냥 다닐 수 있었다. 매우 똑똑한 기표였다. 즉, 보통 사람에게는 (표면적인 반행위 지원성을 이용해) 차단된 길을 신호하지만, 그것을 아는 사람들에게는 통과를 허용했다. 요약하면, 다음과 같다.

- 행위 지원성은 사람과 환경 간의 가능한 상호작용이다. 어떤 행위 지원성은 지각될 수 있는 반면, 다른 것들은 그렇지 않다.
- 지각된 행위 지원성은 종종 기표 역할을 하지만, 애매할 수도 있다.
- 기표는 사물을, 특히 어떤 행동이 가능하며 그리고 그것들이 어떻게 수행되어야 하는지를 신호한다. 기표는 지각 가능해야 하며, 그렇지 않으면 그것들은 기능하지 못한다.

디자인에서 기표는 행위 지원성보다 더 중요한데, 그것들은 디자인을 어떻게 사용할지를 알려 주기 때문이다. 기표는 단어일 수도, 그래픽 삽화일 수도 또는 지각된 행위 지원성이 애매하지 않은, 어떤 장치 그 자체일 수도 있다. 창의적인 디자이너들은 디자인의 기표하는 부분을 응집적인 경험으로 통합한다. 대부분 디자이너는 기표에 초점을 둔다.

행위 지원성과 기표는 좋은 디자인에서 기초적으로 중요한 원리이기 때문에 그것들은 이 책에서 자주 등장한다. 당신이 문이나 스위치 또는 제품에 붙어 있는 손 글씨의 기호를 볼 때, 그것들을 어떻게 다루어야 할지, 무엇을 할지와 무엇을 하지 말아야 할지를 설명하려고 애쓴다면 당신은 나쁜 디자인을 보고 있는 것이다.

행위 지원성과 기표: 대화

디자이너는 자신의 멘토에게 다가간다. 그는 사람들과 그 친구들이 선호하는 것들을 바탕으로 음식점을 추천해 주는 시스템을 만드는 작업을 하고 있다. 그러나 그가 시험해 보았을 때 사람들이 특징을 모두 사용하지는 않는다는 것을 발견했다. "왜 안 쓰지?" 그는 멘토에게 묻는다.

(소크라테스에게 사과하며)

디자이너	멘토
나는 좌절감을 느껴. 사람들은 내가 만든 응용 시스템을 제대로 쓰지 않아.	그게 무엇인지 말해 주겠니?
스크린은 우리가 추천하는 음식점을 보여 줘. 그것은 그들의 선호에 맞춘 것이고, 그들의 친구들도 마찬가지로 좋아하지. 만일 그들이 다른 추천 항목을 보고자 한다면, 그들이 할 일은 왼쪽이나 오른쪽으로 미는 것뿐이야. 음식점에 대해 더 많이 알고 싶다면, 메뉴의 위로 밀고, 어떤 친구가 거기에 있는지를 보려면 아래로 밀면 돼. 사람들은 다른 추천 항목을 찾는 것처럼 보이지만, 왜 다른 메뉴나 친구들은 찾지 않지? 이해를 못하겠어.	왜 그럴 거라고 생각해?
몰라. 어떤 행위 지원성을 더해야 하나? 각 모서리에 화살표를 넣고, 그것들이 무엇을 의미하는지를 표시하는 이름표라도 달아야 할까 봐.	그거 괜찮군. 그러나 왜 그런 것들을 행위 지원성이라고 부르지? 그들은 이미 그 행동을 할 수 있었어. 행위 지원성이 이미 거기 있지 않았던가?
그래. 네가 요점을 알고 있군. 그러나 그 행위 지원성이 보이지 않았어. 나는 그것들을 보이게 했는데.	그건 사실이야. 너는 무엇을 할지에 관한 신호를 추가했지.
그래. 그게 내가 말한 것 아냐?	꼭 그런 것은 아니지. 너는 그것들이 새로운 것을 아무것도 지원하지 않는데도 그것들을 행위 지원성이라고 불렀어. 그것들은 무엇을 할지와 어디에서 할지를 신호할 뿐이야. 그래서 그것들을 올바른 이름인 '기표'라고 부르자.

오, 알았다. 그런데 왜 디자이너들은 행위 지원성에 관심을 갖지? 아마 우리는 기표에 주의를 집중해야 될 것 같아.	현명한 말이야. 의사소통은 좋은 디자인의 핵심이지. 그리고 의사소통의 핵심은 기표야.
오. 이제 내 혼란이 이해가 돼. 그래, 기표는 나타내는 것이야. 그것은 하나의 기호야. 이제 매우 분명해 보이는군.	뜻 깊은 아이디어는 이해되기만 한다면 항상 명백하지.

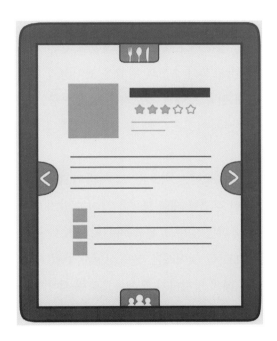

[그림 1-6] 터치스크린 위의 기표들 화살표와 아이콘은 기표다. 그것들은 이 음식점 안내서에서 허용되는 조작에 대한 신호를 준다. 왼쪽이나 오른쪽으로 미는 것은 음식점의 새로운 추천 항목을 보여 준다. 위로 미는 것은 표시되고 있는 음식점의 메뉴를 보여 준다. 아래로 미는 것은 그 음식점을 추천한 친구들을 보여 준다.

대 응

대응(mapping)은 수학에서 빌려온 전문어인데, 두 세트의 일에서 요소 간의 관계성을 뜻한다. 교실이나 강당의 천장에 전구가 많고, 방 앞쪽에 있는 벽에 한 줄의 전구 스위치가 있다고 생각해 보자. 스위치와 전구와의 대응은 어떤 스위치가 어떤 전구를 제어하는지를 명시한다.

대응은 조절기와 디스플레이의 디자인과 배치에서 중요한 개념이다. 대응이 조절기의 배치와 통제되는 장치 간의 공간적인 상응 관계를 이용할 때, 그것들을 쓰는 방법을 판단하는 것은 쉽다. 차를 운전할 때, 차를 오른쪽으로 돌리기 위해서는 운전대를 시계 방향으로 돌린다. 즉, 운전대의 상부가 차와 같은 방향으로 움직인다. 다른 선택도 가능했다는 것을 유의해야 한다. 초창기 차에서 조향(steering)은 여러 장치에 의해 제어되었는데, 키의 손잡이(tillers), 자전거의 핸들(handlebars) 및 고삐(reins)가 있었다. 오늘날 몇몇 운송 수단은 컴퓨터 게임에서와 마찬가지로 조이스틱을 쓴다. 키손잡이를 쓴 차에서 조종은 보트를 조종하는 것처럼 이뤄진다. 오른쪽으로 방향을 틀기 위해서는 키 손잡이를 왼쪽으로 움직인다. 경운기나 불도저, 크레인과 같은 건설 장비나 바퀴 대신 트랙이 달린 군용 탱크는 각 트랙의 속도와 방향을 제어하기 위해 별도의 조절기를 쓴다. 오른쪽으로 틀기 위해 왼쪽 트랙의 속도가 증가되는 동안 오른쪽 트랙은 늦춰지거나 심지어 역진하기도 한다. 이것은 또한 휠체어가 조종되는 방식이기도 하다.

운송 수단을 제어하기 위해 이런 대응이 모두 쓰이는 이유는, 그 각각이 조절기의 조작이 운송 수단에 영향을 미치는 방식에 대한 강력한 개념 모형을 가지고 있기 때문이다. 그래서 만일 우리가 휠체어의 오른쪽 바퀴를 멈추고 왼쪽 바퀴의 속도를 높이면, 의자가 오른쪽 바퀴에 축을 두고, 오른쪽으로 돌 것이라는 것을 상상하기 쉽다. 작은 배에서는 키 손잡이를 왼쪽으로 미는 것이 배의 방향타가 오른쪽으로 움직이게 하고 그 결과로 방향타에 가해진 물의 힘이 배의 오른쪽을 늦추고, 그래서 보트가 오른쪽으로 돈다는 것을 알아차림으로써 키의 조작을 이해할 수 있다. 이런 개념 모형이 정확한지 아닌지는 중요하지 않다. 중요한 것은 그것들이 이 대응 관계를 기억하고 이해하는 분명한 방법을 제공한다는 것이다. 조절기와 그 결과와의 관계성은 조절기, 행동 그리고 의도된 결과 간에 이해할 수 있는 대응이 있다면 무엇이든 배우기 가장 쉬운 방법이다.

자연스러운 대응이란 공간적인 유사성을 이용하는 것을 가리키는데, 이는 즉각적인

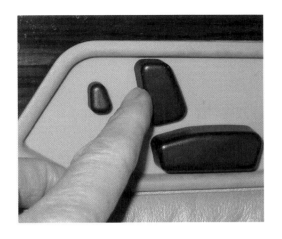

[그림 1-7] 좋은 대응: 자동차의 좌석조정 장치 이것은 자연스러운 대응을 보여 주는 뛰어난 예다. 조절기가 좌석 자체의 모양이며, 대응은 직접적이다. 좌석의 앞부분을 위로 올리려면 단추의 앞부분을 올리면 된다. 좌석을 뒤로 눕히려면 단추를 뒤로 움직이면 된다. 이와 같은 원칙이 훨씬 더 일상적인 것에도 적용될 수 있다. 이 특이한 조절기는 메르세데스-벤츠에서 나온 것이지만, 이제 이런 형태의 대응은 많은 자동차 회사가 사용하고 있다(저자의 사진).

이해를 낳는다. 예를 들어, 물체를 위로 움직이려면 조절기를 위로 움직여라. 큰 방이나 강당에서 어떤 조절기가 어떤 전구를 작동시키는가를 쉽게 판단할 수 있게 하려면, 조절기들을 전구와 같은 패턴으로 배치하라. 자연스러운 어떤 대응 관계는 문화적이거나 생물학적인데, 손을 위로 움직이는 것은 더 많은 것을 나타내고, 아래로 움직이는 것은 더 적은 것을 나타내는 보편적인 표준에서 볼 수 있는 것과 같다. 이것은 또한 강도나 양을 나타내기 위해 수직 위치를 사용하는 것이 왜 적절한지에 대한 이유다. 다른 자연적인 대응 관계는 지각의 원리에서 나오고, 조절기와 피드백의 자연스러운 집단화나 패턴화를 가능하게 한다. 집단화와 근접성은 게슈탈트 심리학에서 나온 중요한 원리인데, 조절기를 기능과 대응시키는 데 사용할 수 있다. 연관된 조절기는 서로 집단화되어야 한다. 즉, 조절기는 제어되는 것에 가까이 있어야 한다.

'자연스럽게' 느껴지지만, 실제로 특정한 문화에 한정된 대응 관계가 많다는 것을 유의하라. 한 문화에 자연스러운 것이 다른 문화에서 반드시 자연스러운 것은 아니다. 제3장에서 여러 문화가 시간을 보는 방식을 논의하는데, 이것은 어떤 종류의 대응에 중요한 것을 함축한다.

어떤 장치를 사용하기가 쉬울 때는 가능한 행동의 집합이 가시적일 때, 즉 조절기와 디스플레이가 자연스러운 대응을 최대한 이용할 때다. 이 원칙은 간단하지만 디자인으로 통합되는 일이 거의 없다. 좋은 디자인은 사람들이 어떻게 행동하는가에 대해 관심, 계획, 생각 및 이해를 고려한다.

피드백

엘리베이터에서 사람들이 '위' 단추를 계속해서 누르거나 건널목에서 보행자 단추를 계속 누르는 것을 본 적이 있는가?* 교차로로 진입하여 신호가 바뀌기를 불특정한 시간 동안 기다리면서 (교통신호 위반) 탐지 회로가 당신의 차를 알아차렸을까 봐 걱정한 적이 있는가? (자전거의 경우 흔한 문제다.) 이 모든 경우에 빠져 있는 것은 피드백이다. 즉, 그 시스템이 당신의 요청으로 작동하고 있다는 것을 당신에게 알려주는 어떤 방식이다.

피드백(feedback)이란 어떤 행동의 결과를 알려 주는 것으로, 제어 및 정보이론 분야에서는 잘 알려진 개념이다. 목표물을 볼 수 없을 때 공으로 목표물을 맞히려고 하는 경우를 상상해 보라. 손으로 유리잔을 집는 것과 같은 간단한 과제도 손을 제대로 조준하고, 유리잔을 잡고, 그것을 들어올리기 위해 피드백이 필요하다. 잘못 놓인 손은 내용물을 흘리게 할 것이며, 너무 꽉 잡으면 유리잔이 깨질 것이며, 너무 약하게 잡으면 유리잔이 떨어질 것이다. 인간의 신경계는 수많은 피드백 기제로 갖춰져 있다. 여기에는 시각, 청각 및 촉각 센서가 포함되고, 몸의 자세와 근육 및 사지의 움직임을 모니터하는 전정계와 고유 감각체계도 당연히 포함된다. 피드백의 중요성을 인정한다면 얼마나 많은 제품이 그것을 무시하고 있는지가 놀라울 뿐이다.

피드백은 즉각적이어야 한다. 잠깐 동안의 지체도 당황스러울 수 있다. 너무 오래 지체되면, 사람들은 종종 포기하고 거길 떠나서 다른 일을 한다. 지체는 사람에게 성가신 일이다. 또한 시스템이 그 요구를 들어 주려고 상당한 시간과 노력을 들였는데, 그 상대 수신자가 더 이상 거기에 없다는 것을 알게 되면 자원 낭비가 될 것이다. 피드백은 또한 정보적이어야 한다. 많은 회사가 피드백을 위해 싸구려 전등이나 소리

---

* 보행자 단추를 누르면 일정 시간 뒤 건널목 신호가 '통행'으로 바뀐다.

발생기를 사용해서 돈을 절약하려 한다. 이런 단순한 전구 깜박임이나 삐 소리는 유용하기보다 성가신 경우가 더 많다. 그것들은 무엇인가가 발생했다는 것을 알려 주지만, 무엇이 일어났는지에 대해서는 거의 정보를 주지 않으며, 그 일에 관해 무엇을 해야 할 것인가에 대해서는 전혀 정보를 주지 않는다. 신호가 청각적일 때, 많은 경우에 어떤 장치가 그 소리를 내었는지에 대해 확신하지 못할 수도 있다. 만일 신호가 불빛이면, 우리 눈이 정확한 시각에 정확한 지점을 보고 있지 않는다면 그 신호를 놓칠 수도 있다. 나쁜 피드백은 피드백이 전혀 없는 것보다 더 안 좋을 수 있다. 그것은 산만하게 만들고, 정보가 없으며, 여러 경우에 짜증과 불안을 불러일으키기 때문이다.

또한 너무 많은 피드백은 너무 적은 것보다 한층 더 성가신 것일 수 있다. 우리 집 식기세척기는 오전 세 시에 삐 소리를 내어 세척이 끝났다는 것을 알려 주어서 아무도 방해하지 않도록 (그리고 전기료를 더 적게 내고자) 한밤중에 세척기를 작동시키려고 하는 나의 목적을 저버린다. 그러나 최악의 일은 부적절하고, 이해할 수 없는 피드백이다. '잔소리 많은 승객(backseat driver)' 때문에 생기는 짜증은 잘 알려져 있어서 수많은 농담의 대상이 된다. 참견 많은 승객은 종종 옳기도 하지만 그들의 참견과 촌평이 너무 많고 계속되어 도움 대신에 짜증을 불러일으키는 산만함이 된다. 너무 많은 피드백을 주는 기계는 참견 많은 손님과 같다. 계속 깜박이는 불빛, 문자 표시, 말소리나 삐 소리 및 작은 소리에 노출되면 정신이 산만해질 뿐만 아니라 위험해질 수 있다. 너무 많은 소식은 사람들이 그것을 무시하게 만들고, 가능하다면 그것들이 작동하지 않게 한다. 즉, 핵심적이고 중요한 소식이 간과될 수 있다는 뜻이다. 피드백은 필수적이지만, 그것이 조용하고 느긋한 환경을 포함한, 다른 것을 방해할 때에는 아니다.

나쁜 피드백 디자인은 사람들의 삶을 더 힘들게 할지라도 비용을 줄이려고 한 결정의 결과일 가능성이 있다. 다중 신호 불빛, 정보적 디스플레이나 여러 패턴을 가진 풍부하고 음악적인 소리를 쓰는 대신, 비용 절감에 초점을 두면 여러 유형의 정보를 전달하기 위해 하나의 불빛이나 소리를 쓰는 디자인을 하도록 강요된다. 그 선택이 하나의 불빛을 쓰는 것이라면, 한 번의 깜박임은 한 가지 일을 의미하고, 두 번의 빠른 깜박임은 그 밖의 다른 것을 의미하고, 긴 깜박임은 또 다른 것을 나타낼 것이며, 긴 깜박임에 잇따라 오는 짧은 깜박임은 또 다른 것을 의미하게 된다. 그 선택이 하나의 소리를 쓰는 것이라면, 가장 저렴한 소리 장치, 고주파수 삐 소리만을 내는 것이 선택될 가능성이 꽤 높다. 불빛의 경우와 마찬가지로 기계의 여러 상태를 나타내는 유일한 방법은 여러 패턴으로 삐 소리를 내는 것이다. 이 모든 다른 패턴이 무엇을 의미할까? 어떻게 그것들을 배우고 기억할 수 있을까? 모든 다른 기계가 다른 패턴의 불빛이나 삐 소리를 쓴다는 것은 도움이 되지 않는데, 가끔 같은 패턴이 다른 기계에서 모순되는 일을 의미하곤 한다. 이 모든 삐 소리는 비슷하게 들리기 때문에, 소리를 내는 기계가 어떤 것인지를 아는 것조차 어려운 경우도 종종 있다.

피드백은 계획되어야 한다. 모든 행위가 확인될 필요가 있지만, 지나치지 않은 방식으로 해야 한다. 피드백은 우선순위가 매겨져서 중요하지 않은 정보는 방해하지 않는 방식으로 제시되지만 중요한 신호는 주의를 사로잡는 방식으로 제시되어야 한다. 중요한 긴급 사태가 생겼을 때 더 중요한 신호가 우선 처리되어야 한다. 모든 장치가 중요 긴급 사태를 신호하고 있을 때, 그 결과 생기는 불협화음은 어떤 이득도 주지 않는다. 장비들이 계속 내는 삐 소리와 경보는 위험할 수 있다. 병원 수술실, 응급 병동, 원자력 발전소 제어실, 비행기 조종석 등 많은 긴급 사태에서 작업자들은 경보를 끄느라고 귀중한 시간을 낭비해야 한다. 그 소리가 이 문제를 해결하는 데 필요한 집중을 방해하기 때문이다. 모든 것이 혼동되고, 짜증을 일으키고, 생명을 위협하는 곳이 될 수 있는데, 과도한 피드백, 과도한 경보, 상반되는 메시지 코딩* 때문이다. 피드백은 필수적이다. 그러나 올바르게, 적절하게 제시되어야 한다.

개념 모형

개념 모형은 어떤 것이 어떻게 작동하는가에 대한 하나의 설명인데, 보통 매우 단순화되어 있다. 그것이 쓸모 있는 한 완벽하거나 심지어 정확할 필요조차 없다. 컴퓨터 화면에 표시되는 파일, 폴더 및 아이콘은 컴퓨터 안에 있는 문서나 폴더 혹은 스크

---

* 빨간 불이 어떤 장치에서는 on을 가리키고, 다른 장치에서는 off를 가리키는 경우.

린 안에 있는 앱이나 응용프로그램이 불러 주기를 기다리고 있다는 개념 모형을 만드는 것을 도와준다. 사실 컴퓨터 안에는 실제 폴더(서류철)가 없으며, 그것은 쉽게 사용할 수 있도록 디자인된 효과적인 개념화일 뿐이다. 그러나 가끔 이런 묘사는 혼동을 일으킬 수도 있다. 이메일을 읽거나 웹사이트를 방문할 때 그 내용이 장치 위에 있는 것처럼 보이는데, 그곳이 자료가 표시되고 조작되는 곳이기 때문이다. 사실 실제 자료는 '클라우드 안에', 즉 멀리 떨어진 기계에 있다. 개념 모형은 하나의 통일적인 이미지를 갖지만, 실제로 그것은 이 세계 어디에서나 있을 수 있는 여러 기계에 위치하고 있는 여러 부분으로 각각 구성될 수 있다. 파일과 폴더라는 이런 단순화된 모형은 보통 사용하는 데에는 유용하지만, 클라우드 서비스로의 네트워크 연결이 차단되면 혼란이 생긴다. 정보는 여전히 스크린 위에 있지만, 사용자는 더 이상 새로운 것을 저장하거나 인출할 수 없다. 그들의 개념 모형은 아무 설명도 주지 않는다. 단순화된 모형은 그것들을 지원하는 가정이 들어맞는 한에서만 가치가 있다.

한 제품이나 하나의 장치에는 종종 여러 개의 개념 모형이 있다. 하이브리드 차나 전기자동차에서 재발전 제동 장치가 작동하는 방식에 대한 사람들의 개념 모형은 보통 운전자의 경우는 기술적으로 숙련된 운전자의 경우와 매우 다를 것이다. 또한 그 시스템을 정비해야 하는 사람의 경우와도, 그 시스템을 디자인한 사람의 경우와도 다를 것이다.

기술적 문제에 대한 매뉴얼과 책에서 발견되는 개념 모형은 상세하고 복잡할 것이다. 우리가 여기에서 관심을 가지고 있는 것은 더 단순하다. 그것들은 그 제품을 쓰는 사람들의 마음속에 있으며, 그래서 그것들은 또한 '심적 모형'이다. 그 이름이 함축하듯이 심적 모형은 사람들의 마음속에 있는 개념 모형으로서, 일들이 어떻게 벌어지는지에 대한 사람들의 이해를 나타낸다. 사람들은 같은 것에 대해 다른 심적 모형을 각각 가질지 모른다. 또한 한 사람이 같은 것에 대해 여러 개의 다른, 그 각각이 그것의 작동의 다른 측면을 다루는 심적 모형을 가질지 모른다. 그 모형은 갈등적일 때도 있을 것이다.

개념 모형은 종종 장치 그 자체에서 추론된다. 어떤 모형은 사람에서 사람으로 전달되고 어떤 것은 매뉴얼에서 나온다. 보통 장치 그 자체는 (개념 모형에 대한) 지원을 거의 해 주지 않으므로 그 모형은 경험에 의해 구성된다. 이 모형에는 꽤 자주 오류가 있으며, 그 결과 그 장치를 사용할 때 어려움이 생긴다.

일들이 어떻게 작동하는가에 대한 주요 단서는 그것의 지각된 구조, 특히 기표, 행위 지원성, 제약 및 대응에서 나온다. 가게용, 정원용 및 가정용 손 도구들은 핵심 부분이 충분히 잘 보이게 해서 그것의 작동과 기능에 대한 개념 모형이 금방 도출된다. 가위를 생각해 보라. 가능한 행동의 수가 제한되어 있다는 것을 알 것이다. 구멍들은 무엇인가를 그 안에 넣으라고 있는 것이 분명하며, 들어맞는 유일한 것은 손가락이다. 그 구멍들은 손가락이 들어갈 수 있게 하는 행위 지원성이며, 또한 손가락이 어디로 가야 하는지를 나타내는 기표들이다. 구멍들의 크기는 가능한 손가락들을 제한하는 제약을 준다. 큰 구멍은 여러 개의 손가락을 암시하지만, 작은 구멍은 단 한 개의 손가락을 암시한다. 구멍들과 손가락 간의 대응, 즉 가능한 작동의 세트는 구멍들에 의해 표시되고 제한된다. 더욱이 가위질은 손가락 배치에 민감하지 않다. 다른 손가락(혹은 다른 손)을 넣어도 편안하지는 않겠지만, 쓸 수 있다. 당신이 가위를 파악할 수 있는 것은 작동 부분이 가시적이고 함축점이 명백하기 때문이다. 개념 모형이 명백하고, 기표, 행위 지원성 및 제약이 효과적으로 사용되고 있다.

장치가 좋은 개념 모형을 제안하지 않으면 어떤 일이 생기는가? 다섯 개의 단추, 두 개는 위쪽에, 두 개는 아래쪽에 그리고 하나는 왼쪽에 있는 디지털시계를 생각해 보자([그림 1-8] 참조). 각 단추는 무엇에 쓰일까? 어떻게 시간을 맞출까? 알 수 없다. 조작하는 조절기들과 기능 사이에 어떤 명확한 관련성도 없고, 어떤 제약도, 어떤 외현적 대응도 없다. 더욱이 단추들은 사용하는 방법이 여러 가지다. 단추 중 둘은 빨리 눌렀을 때 혹은 몇 초간 누르고 있을 때 다른 일을 한다. 일부 조작은 몇 개의 단추를 동시에 누를 것을 요구한다. 시계를 작동하는 방법을 알려 주는 유일한 방법은 사용설명서를 읽고 또 읽는 것이다. 가위의 경우에는 손잡이를 움직이면 날이 움직인다. 이 시계는 단추들과 가능한 행동 사이에 어떤 가시적인 관계성도 제공하지 않으며, 행동과 최종 결과 간에 눈에 띌 만한 어떤 관계성을 제공하지 않는다. 나는 정말로 그

[그림 1-8] 정한스 메가 1000 디지털 라디오 조절 시계(Junghans Mega 1000 Digital Radio Controlled Watch) 내 시계의 조작을 이해하기 위한 좋은 개념 모형이 없다. 다섯 개의 단추가 있지만 하는 일에 대한 아무 힌트가 없다. 게다가 그 단추들은 여러 모드에서 서로 다른 일을 한다. 그러나 이것은 매우 멋져 보이는 시계다. 항상 정확한 시간을 보여 주는데, 공식적인 라디오 시보 방송국을 확인하기 때문이다. 디스플레이의 맨 윗줄은 날짜인데, 수요일, 2월 20일, 그 해의 8번째 주를 나타낸다(저자의 사진).

시계를 좋아한다. (그러나) 모든 기능을 기억할 수 없다니 유감이다.

개념 모형은 이해를 제공하고, 일이 어떻게 될지를 예측하고, 일들이 계획된 대로 작동하지 않을 때 무엇을 해야 할지를 알아내는 데 귀중하다. 좋은 개념 모형은 행동의 효과를 예측할 수 있게 한다. 좋은 모형이 없으면 우리는 외워서 맹목적으로 작동시킨다. 우리는 그렇게 하라고 들은 대로 조작을 한다. 우리는 왜, 어떤 효과가 기대되는지 또는 잘못되면 무엇을 해야 하는지를 충분히 인식할 수 없다. 일이 제대로 되는 한 다룰 수 있다. 그러나 일이 잘못되면 혹은 새로운 상황에 부딪힐 때 우리는 더 깊은 이해, 즉 좋은 모형이 필요하다.

일상용품의 경우, 개념 모형은 복잡할 필요가 없다. 가위, 펜 그리고 전구 스위치는 매우 단순한 장치다. 우리가 가지고 있는 각 장치의 배후에 있는 물리학(작용)이나 화학을 이해할 필요가 없고, 단지 조절기와 결과 간의 관계성을 이해하면 된다. 우리에게 제시된 모형이 부적절하거나 틀리면 (혹은 모형이 아예 없으면) 어려움을 겪게 된다. 우리 집 냉장고 이야기를 하겠다.

나는 두 부분으로 나뉘어 있는 평범한 냉장고를 써 왔는데, 유별난 점이 전혀 없다. 문제는 내가 온도를 적절하게 맞출 수 없다는 점이다. 할 일은 두 가지다. 냉동 칸의 온도를 조절하는 일과 냉장실의 온도를 조절하는 일뿐이다. '냉동실'과 '냉장실'이라고 쓰인 두 개의 조절기가 있다. 그렇다면 무엇이 문제인가?

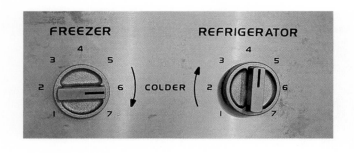

[그림 1-9] 냉장고 조절기들 두 냉장실과 냉동실 칸과 (냉장실에 있는) 두 개의 조절기. 당신의 과제는 다음과 같다. 냉동실은 너무 차고, 냉장실은 딱 알맞다고 하자. 어떻게 냉동실은 좀 덜 차게 하면서 냉장실은 그대로 유지하도록 조절기를 조정할 것인가(저자의 사진)?

음, 주의를 주는 것이 낫겠다. 그 두 조절기는 독립적이지 않다. 냉동실의 조절기는 냉장실의 온도에도 영향을 미치고, 냉장실의 조절기는 냉동실에도 영향을 미친다. 더욱이 매뉴얼의 경고는 '조절기를 처음 설정하든 조정하든 간에 온도가 안정되기까지 항상 24시간을 기다려야 한다.'는 것이다.

이 오래된 냉장고의 온도를 조절하는 것은 어려웠다. 왜? 조절기들이 잘못된 개념 모형을 주기 때문이다. 두 칸에 두 개의 조절기가 있다. 이것은 각 조절기가 그 이름을 가진 칸의 온도 조절을 담당할 것임을 함축한다. 개념 모형이 [그림 1-10]의 A에 나와 있다. 이것은 틀렸다. 사실 단지 한 개의 온도계와 한 개의 냉각 장치만 있는 것이다. 한 조절기가 온도 설정을 조정하고, 다른 것은 냉장고의 두 칸에 각각 들어가는 찬 공기의 상대적 비율을 조정한다. 이것이 두 개의 조절기가 상호작용하는 이유다. 이 개념 모형은 [그림 1-10]의 B에서 보인다. 게다가 거기에 온도 센서가 있는 것이 틀림없지만, 그것이 어디에 있는지를 알 도리가 없다. 조절기가 제공한 이 개념 모형으로는 온도 조절이 거의 불가능하고 좌절만 준다. 정확한 개념 모형이 주어졌다면 삶이 훨씬 더 편해졌을 것이다.

왜 제조업체는 이처럼 틀린 개념 모형을 제시했을까? 결코 알지 못할 것이다. 이 책 초판이 발간된 후 25년 동안 나는 자신의 혼란스러운 냉장고에 대해 설명해 준 나에게 감사하는 많은 사람의 편지를 받았다. 그러나 제조업체(GE)로부터는 어떤 연락

[그림 1-10] 냉장고에 관한 두 가지 개념 모형 개념 모형 A는 조절기에서 얻는 냉장고의 시스템 이미지에 의해 제공된다. 각 조절기는 냉장고에서 이름 붙인 부분의 온도를 결정한다. 이것은 각 칸은 그 자체의 온도 센서와 냉각기를 가지고 있다는 것을 뜻한다. 이것은 틀렸다. 정확한 개념 모형은 B와 같다. 온도 센서가 어디에 위치하는지를 알 도리가 없어서 그것은 냉장고 밖에 표시된다. 냉동실의 조절기는 냉동실의 온도를 결정한다(그래서 여기가 센서가 위치한 곳인가?). 냉장실의 조절기는 얼마나 많은 찬 공기가 냉동실로 갈지 얼마나 많은 것이 냉장실로 갈지를 결정한다.

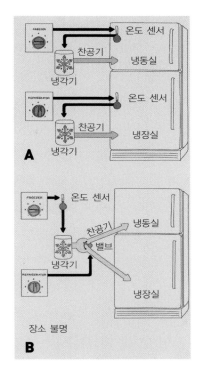

도 받지 못했다. 아마 디자이너는 올바른 모형이 너무 복잡하므로, 그들이 제공하고 있는 틀린 모형이 이해하기가 더 쉽다고 생각했는지 모른다. 하지만 틀린 개념 모형으로는 조절기를 조정하는 것이 불가능하다. 내가 맞는 모형을 알고 있다고 확신하고 있음에도 여전히 온도를 정확하게 조절할 수 없다. 왜냐하면 냉장고 디자인으로는 어떤 조절기가 온도 센서와 관련된 것인지, 어떤 조절기가 찬 공기의 상대적 비율을 결정하는지, 센서가 냉장고의 어느 칸에 있는지를 알아낼 수 없기 때문이다. 행동에 대한 즉각적인 피드백이 없는 것도 문제다. 새로운 설정이 적절한지를 아는 데 24시간이 걸렸다. 나는 단지 냉장고의 온도 설정을 위해 실험실 노트북을 가지고 통제된 실험을 하지는 않을 것이다.

이제 더 이상 그 냉장고를 가지고 있지 않다고 말할 수 있어 기쁘다. 대신에 나는 별개의 두 조절기, 냉장실에 하나, 냉동실에 하나가 있는 냉장고를 가지고 있다. 각 조절기는 온도 눈금으로 잘 조정되어 있고, 그것이 조정하는 칸의 이름이 붙어 있다. 그 두 칸은 독립적이다. 한 칸의 온도 설정은 다른 칸의 온도에 아무 영향을 끼치지 않는다. 이상적인데도 이런 해결책은 크게 돈이 들지 않는다. 훨씬 덜 비싼 해결책도 가능하다. 오늘날에는 저렴한 센서와 모터들이 있기 때문에 각 칸으로 향하는 찬 공기의 상대적 비율을 조정할 수 있는, 모터로 조정되는 밸브를 가진 단일 냉각 장치를 만들 수 있다. 간단하고 저렴한 컴퓨터 칩은 냉각 장치와 밸브 위치를 조정하여 두 칸의 온도가 목표치에 일치하게 할 수 있으리라. 공학 디자인 팀에게 좀 더 많은 일을 시킨다고? 그렇다. 그러나 그 결과는 그럴 가치가 있을 것이다. GE는 그처럼 많은 혼동을 일으킨 그 조절기와 작동 원리를 가진 냉장고를 여전히 팔고 있다. [그림 1-9]의 사진은 요즘 냉장고이며, 이 책을 준비하는 동안에 촬영하였다.

시스템 이미지

사람들은 자신, 타인, 환경, 자신과 상호작용하는 일에 대한 심적 모형을 만들어 낸다. 이것들은 경험이나 훈련, 지시를 통해 형성된 개념 모형이다. 이 모형들은 우리가 목표를 달성하고 세상을 이해하는 데 도움을 주는 안내 역할을 한다.

상호작용하고 있는 장치에 대한 적절한 개념 모형을 우리는 어떻게 형성하는 것일까? 우리는 디자이너에게 말을 걸 수 없으므로 우리가 가용할 수 있는 정보가 무엇이든 그것에 의존한다. 이 장치는 무엇으로 보이는지, 과거에 유사한 것들을 써서 무엇을 알게 되었는지, 판매하는 부문, 즉 판매자와 광고, 우리가 읽었을지 모를 기사, 제품의 웹사이트와 사용설명서 따위에서 무엇을 들었는지 등이다. 나는 우리에게 가용한 정보의 조합 모두를 **시스템 이미지**(system image)라고 부른다. 시스템 이미지가 통합적이지 않거나 부적절하면 냉장고의 경우처럼 사용자는 그 장치를 쉽게 쓸 수 없다. 불충분하거나 모순적일 때 문제가 생길 것이다.

[그림 1-11]에 예시되어 있듯이 제품 디자이너와 그 제품을 쓰는 사람은 다소 연결

되지 않은 삼각형의 꼭짓점을 이룬다. 디자이너의 개념 모형은 제품에 대한 디자이너의 개념이며, 삼각형의 한 꼭짓점을 차지한다. 제품 자체는 더 이상 디자이너와 함께하지 않으므로 둘째 꼭짓점으로 분리되며, 이는 아마 사용자의 부엌 서랍 속에 있을 것이다. 시스템 이미지는 만들어진 물리 구조로부터 지각될 수 있는 것이다(문서, 설명서, 기표 및 웹사이트와 도움말에서 얻을 수 있는 모든 정보를 포함한다). 사용자의 개념 모형은 시스템 이미지로부터 제품과의 상호작용을 통해 읽기, 온라인 정보 검색 그리고 매뉴얼이 제공하는 어떤 것에서 나온다. 디자이너는 사용자의 모형이 디자인 모형과 똑같기를 기대하지만, 디자이너는 사용자와 직접 연락을 주고받을 수 없으므로 의사소통의 전체 부담은 시스템 이미지에 주어진다.

[그림 1-11]은 왜 의사소통이 좋은 디자인에서 그렇게 중요한지를 나타낸다. 그 제품이 아무리 눈부신 것이라 할지라도 사람들이 그것을 쓸 수 없다면, 그것은 혹평을 받을 것이다. 제품이 이해되고 사용될 수 있도록 적절한 정보를 제공하는 것은 디자

[그림 1-11] 디자이너의 모형, 사용자의 모형 그리고 시스템 이미지 디자이너의 개념 모형은 한 제품의 외관, 느낌 및 조작에 대한 디자이너의 개념이다. 시스템 이미지는 (문서도 포함해서) 실제로 만들어진 물리적 구조에서 도출될 수 있는 것이다. 사용자의 심적 모형은 제품과 시스템 이미지와의 상호작용을 통해 발달된다. 디자이너는 사용자의 모형이 자신의 것과 동일하기를 기대하지만, 그들은 사용자와 직접 의사소통할 수 없으므로, 의사소통의 부담은 시스템 이미지에 있다.

이너에게 달려 있다. 가장 중요한 것은 일이 잘못될 때 사용자를 안내하는 좋은 개념 모형을 제공하는 것이다. 좋은 개념 모형을 가지고 있으면, 사람들은 무슨 일이 일어났는지를 알아내고 잘못된 일을 바로잡을 수 있다. 좋은 모형이 없으면, 그들은 애를 쓰지만 종종 문제를 악화시킨다.

좋은 개념 모형은 이해 가능하고, 즐길 만한 제품으로 가는 열쇠다. 좋은 의사소통은 좋은 개념 모형으로 이끄는 열쇠다.

기술의 역설

기술은 우리의 생활을 더 쉽고 더 즐겁게 만들 수 있는 가능성을 가지고 있다. 새 기술은 매번 더 많은 이득을 준다. 동시에 새 기술로 더해진 복잡성은 곤란과 좌절을 더 크게 한다. 기술적인 진보에 의해 제기되는 디자인 문제는 광범하다. 손목시계를 생각해 보라. 몇십 년 전 시계는 단순했다. 할 일은 시간을 맞추고 시계를 감아 주는 것뿐이었다. 표준 조절기는 시계 측면에 있는 손잡이인 용두였다. 손잡이를 돌리면 스프링이 감겨서 시계 구동 장치에 힘을 제공했다. 용두를 빼서 돌리면 바늘이 돌아갔다. 이 작동법은 배우기 쉬웠고 하기 쉬웠다. 손잡이를 돌리는 것과 그 결과로 바늘이 돌아가는 것 간에는 그럴 만한 관계성이 있었다. 그 디자인은 인간 오류조차 감안했다. 정상 위치에서는 용두를 돌리는 것은 시계의 주태엽을 감았다. 시간을 조정하는 톱니바퀴에 물리기 위해서는 용두를 당겨야 했다. 용두를 무심코 돌린다고 해도 아무 해가 없었다.

옛 시대의 시계는 비싼 기구였고 수공으로 제조되었다. 그것들은 보석 가게에서 팔렸다. 시간이 지나면서 디지털 기술이 도입되어 시계 생산 비용은 급격히 떨어진 반면, 정확성과 신뢰성은 증가했다. 시계는 도구가 되었으며, 매우 다양한 스타일과 모양으로, 점점 더 많아지는 기능을 지닌 것을 구할 수 있게 되었다. 시계는 작은 동네 가게에서 스포츠 용품 가게, 전자제품 가게에 이르기까지 어디서나 팔렸다. 더욱 정확한 시계들이 많은 장치에, 전화기에서 건반악기에 이르기까지 통합되었다. 많은 사람이 시계를 찰 필요를 더 느끼지 못했다. 시계는 충분히 싼 것이 되어 보통 사람도 몇 개의 시계를 소유할 수 있었다. 그것들은 패션 소품이 되었고 사람들은 다른 활동을 할 때마다, 다른 옷을 입을 때마다 시계를 바꾸었다.

현대의 디지털 시계는 태엽을 감는 대신에 건전지를 바꾸며, 태양 전원 시계는 시계가 일주일 치의 빛을 받았는지를 확인한다. 기술은 시계가 더 많은 기능을 할 수 있게 했다. 시계는 요일, 달, 해를 표시할 수 있다. 그것은 (그 자체로 여러 기능이 있는) 스톱워치로도, 초읽기에 쓰는 타이머로도, 한 개(혹은 두 개의) 알람시계로도 쓸 수 있고, 또 다른 시간대의 시각을 보여 줄 수도 있다. 그것은 심지어 계산기로도 쓸 수 있다. [그림 1-8]에 보이는 시계는 기능이 많다. 시간을 세계 도처의 공식 시보 방송국에 맞출 수 있도록 하는 라디오 수신기도 가지고 있다. 그렇다 하더라도 이것은 시판 중인 많은 시계보다 훨씬 덜 복잡하다. 어떤 시계는 내장된 나침반과 기압계, 가속계 및 온도계를 가지고 있다. 어떤 것은 GPS와 인터넷 수신기를 가지고 있어서 날씨와 뉴스, 이메일 메시지나 소셜 네트워크의 최신 메시지를 보여 줄 수 있다. 어떤 것은 내장 카메라를 가지고 있다. 어떤 것은 단추, 손잡이, 운동 혹은 말로 작동한다. 어떤 것은 몸짓을 탐지한다. 시계는 더 이상 단순히 시간을 알려 주는 장치가 아니다. 그것은 여러 활동과 라이프스타일을 강화시키는 플랫폼이 되고 있다.

추가된 기능은 문제를 일으킨다. 이 모든 기능이 손목에 찰 수 있는 작은 크기에 들어맞을 수 있을까? 쉬운 답이 없다. 많은 사람은 이 문제를 시계를 쓰지 않음으로써 해결했다. 그들은 대신 휴대전화를 쓴다. 휴대전화는 모든 기능을 작은 시계보다 훨씬 더 잘 수행하며, 시간도 알려 준다.

이제 시계를 대체하는 휴대전화 대신에 그 두 개가 합쳐져 아마도 손목에 혹은 안경처럼 머리에 차며, 디스플레이 스크린이 구비된 미래를 상상해 보자. 그 전화기, 시계 그리고 컴퓨터 성분들은 한 덩어리를 이룰 것이다. 우리는 평소에는 적은 양의 정보만을 보여 주지만, 상당한 크기로 펼쳐질 수 있는 휘어지는 디스플레이를 가지게 될 것이다. 프로젝터는 매우 작고 가벼워서 시계나 전화기 (혹은 반지나 다른 보석류) 안에 설치될 수 있고, 그 이미지를 적당한 표면에 투사할 수 있을 것이다. 혹은 우리 장치들이 디스플레이를 가지지 않을지도 모르겠다. 대신에 그 결과를 우리 귀에 조용히 속삭이거나 쓸 수 있는 것은 무엇이든지 쉽게 디스플레이로 쓸 것이다. 자동차나 비행기 좌석 뒤에 있는 디스플레이, 호텔방의 텔레비전 등 근처에 있는 것은 무엇이든 말이다. 그 장치들은 많은 유용한 일을 할 수 있겠지만, 나는 그것들이 또한 좌절을 불러일으킬까 봐 걱정된다. 통제할 일은 그렇게 많은데, 조절기나 기표를 위한 공간은 너무나 작다. 명백한 해결책은 이국적인 제스처나 발성 명령을 쓰는 것이지만, 우리가 그것들을 어떻게 배우고 기억할 것인가? 나중에 논의하겠지만 가장 좋은 해결책은 사람들이 표준에 동의하는 것인데, 그러면 우리는 조절기들을 단 한 번만 배우면 된다. 그러나 이런 것에 동의하는 일은 복잡한 과정이며, 신속한 해결을 방해하는 여러 경쟁적인 힘이 작용한다. 우리는 곧 보게 될 것이다.

각 장치에 더 많은 기능을 제공하여 삶을 단순화하는, 바로 그 기술이 장치를 배우고 사용하기 더 힘들게 하여 삶을 복잡하게 만든다. 이것이 기술의 역설이고 디자이너가 도전할 만한 일이다.

디자인이라는 도전

디자인은 여러 분야의 협력적인 노력이 필요하다. 성공적인 제품을 생산하는 데 필요한 분야의 수는 어마어마하게 많다. 위대한 디자인은 위대한 디자이너를 필요로 하지만, 그것으로 충분하지 않다. 그것은 또한 위대한 경영이 필요하다. 제품을 생산하는 데 이렇게 많은 별개의 분야, 그 각각이 다른 목표와 우선권을 가지고 있는 분야를 조정하는 것이 가장 어려운 부분이기 때문이다. 각 분야는 제품을 구성하는 많은 요인의 상대적 중요성에 대해 관점이 다르다. 한 분야에서 그것은 사용이 용이하고 이해될 수 있어야 한다고 주장하는데, 다른 분야에서는 그것은 매력적이어야 한다고 주장하고, 또 다른 분야에서 그것은 행위 지원적이어야 한다고 주장한다. 더욱이 그 장치는 신뢰성이 있어야 하고, 제조될 수 있고 서비스 받을 수 있는 것이어야 한다. 그것은 경쟁 제품과 잘 식별되어야 하고, 가격, 신뢰도, 외관 및 그것이 제공하는 기능 등의 핵심적 차원에서 우수해야 한다. 마지막으로, 사람들이 그것을 실제로 구입해야 한다. 결국 아무도 쓰지 않는다면 제품이 아무리 좋아도 소용이 없다.

꽤 자주 각 분야는 눈에 띄는 기여가 가장 중요하다고 믿는다. 마케팅 담당은 '가격'이나 '가격 더하기 이런 특징'을 주장한다. 엔지니어들은 '신뢰성'을 주장한다. 생산 담당은 "우리의 기존 공장에서 그것을 생산할 수 있어야 한다."고 말한다. 지원 담당은 "우리는 계속 서비스 요청을 받고 있다."고 말한다. 디자인 팀은 "우리는 디자인에서 그런 문제를 해결해야 한다." "당신은 그 모든 것을 함께 집어넣으면서도 여전히 그럴듯한 제품을 만들 수 없다."고 말한다. 누가 옳은가? 모든 사람이 옳다. 성공적인 제품은 이 모든 요건을 만족시켜야 한다.

어려운 부분은 다른 사람들의 관점을 이해하고, 자기 분야의 관점을 포기하고 그 제품을 사는 사람 그리고 종종 그것을 쓰는 사람의 관점에서 디자인을 생각하도록 사람들을 납득시키는 것이다. 비즈니스 관점도 중요한데, 충분히 많은 사람이 그것을 사지 않으면 그 제품이 얼마나 대단한지는 중요하지 않기 때문이다. 어떤 제품이 팔리지 않으면 아무리 대단한 제품이라 할지라도 회사는 종종 생산을 중지해야 한다. 극소수의 회사만이 이익이 남지 않는 제품의 판매가 수익성에 도달할 때까지 충분히 오랫동안 시장에 계속 내놓는 데 발생하는 큰 비용을 치를 수 있을 뿐이다. 신제품의 경우 그 기간은 보통 연 단위로 측정되며, 고화질 텔레비전 경우처럼 가끔 수십 년이 되기도 한다.

디자인을 잘한다는 것은 쉬운 일이 아니다. 생산자들은 싸게 생산될 수 있는 것을 원한다. 가게에서는 고객에게 매력적인 것을 원한다. 구매자는 몇 가지 요구사항을 가지고 있다. 가게에서 물건을 살 때, 구매자는 가격과 외관 그리고 아마도 품위 있어 보이는 것에 주목한다. 그런데 집에 돌아가서 구매자는 제품의 기능성과 사용(편의)성에 더 큰 관심을 보일 것이다. 수리서비스센터에서는 유지 보수성, 즉 그 장치를 분해하고 진단하고 정비하기가 얼마나 쉬운가에 신경을 쓴다. 관련된 사람들에 따라 요구는 서로 다르고 종종 상반된다. 그럼에도 디자인 팀이 모든 부문의 대표자들이 동시에 출석하게 한다면, 종종 모든 요구에 대한 만족스러운 해결책을 얻을 수 있다. 주요한 충돌과 결함이 발생하는 것은 그 부문이 서로 독립적으로 움직일 때다. HCD 원리를 써서 긍정적인 결과, 즉 삶을 향상시키고 즐거움과 향유를 더하는 제품을 생산하는 것은 해 볼 만한 도전이다. 목표는 대단한 제품, 즉 성공적이고 고객들이 사랑하는 것을 만드는 것이다. 그렇게 할 수 있다.

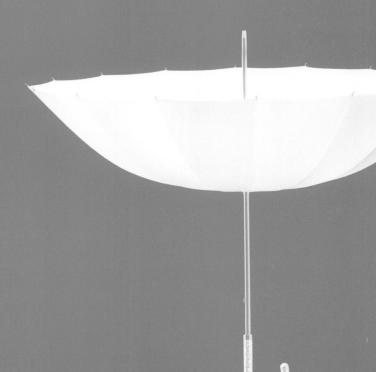

제2장
일상 행위의 심리학

일상 행위의 심리학

가족이 영국에 머무르는 동안 우리는 가구가 딸린 집을 빌려 지내고 있었다. 주인은 여행 중이었는데, 어느 날 집주인 부인이 개인 서류를 가지러 집에 왔다. 그녀는 서류를 보관하는 낡은 금속 캐비닛으로 걸어 가서 맨 위 서랍을 열려고 했다. 그러나 열리지 않았다. 그녀는 앞뒤로 당기고, 오른쪽과 왼쪽, 위아래로 밀어 보았지만 열리지 않았다. 나는 도와주겠다고 제안했다. 나는 서랍을 조금 흔들고 나서 앞쪽 판을 비틀면서 힘껏 아래로 밀었다. 그리고 손바닥으로 앞부분을 탕 쳤다. 캐비닛 서랍이 미끄러지며 열렸다. 그녀는 "아이고, 죄송합니다. 제가 워낙 기계 다루는 것이 서툴러서요."라고 말하는 것이었다. 아니, 그녀는 거꾸로 생각해야 한다. 사과해야 하는 것은 기계여야 한다. 아마도 "미안합니다. 나는 사람들에 익숙하지 않아서요."라고······.

여주인은 두 가지 문제점이 있었다. 첫째, 그녀는 분명한 목표(개인 서류를 찾는 것) **와 그 목표를 달성하기 위한 계획**(그 서류들이 보관되어 있는 캐비닛의 맨 위 서랍을 여는 것)까지 가지고 있었음에도 그 계획이 실패했을 때 무엇을 해야 할지에 대해 아무 생각이 없었다. 그녀는 문제점이 또 하나 있었다. 그녀는 그 문제가 자신의 능력이 부족해서 일어난 일이라고 생각했다는 것이다. 즉, 잘못된 점은 그녀가 자신 탓을 했다는 것이다.

어떻게 내가 도울 수 있었을까? 첫째, 나는 그것이 여주인의 잘못이라는 잘못된 변명을 받아들이기를 거부했다. 나에게 그것은 분명히 낡은 캐비닛의, 서랍이 열리는 것을 방지하는, 작동방식의 잘못이었다. 둘째, 나는 그 캐비닛이 어떻게 작동하는지, 즉 평소에는 문이 닫혀 있도록 하는 내부 장치가 어떠한지에 대한 개념 모형을 가지고 있었으며, 아마 서랍의 장치가 정렬되지 않아서 그럴 것이라는 믿음이 있었다. 이 개념 모형에서 할 일이 생각났다. 서랍을 흔들어 보자. 그것은 실패했다. 이 때문에 나는 계획을 바꾸었다. 흔드는 것은 맞았지만 힘이 충분히 가해지지 않았을지도 몰라. 그래서 나는 캐비닛이 원래대로 정렬되도록 캐비닛을 비트는 데 강한 힘을 썼다. 이것은 괜찮은 방법 같았다. 캐비닛 서랍이 살짝 움직였는데, 아직 열리지는 않았다. 그래서 나는 주변의 전문가들이 채택하는 가장 강력한 도구를 썼는데, 바로 캐비닛을 '쾅' 하고 친 것이다. 그러자 캐비닛이 열렸다. 내 생각에 내가 친 것이 캐비닛 장치에 충분한 충격을 줘서 서랍이 열리게 되었다고 (어떤 증거는 없지만) 판단했다.

이 예는 이 장의 주제를 잘 보여 준다. 첫째, 사람들이 일을 어떻게 하는가? 어떤 기술장치를 조작하는 몇 가지 기본 단계를 배우는 것은 쉽다(파일 캐비닛조차도 기술장치다). 그러나 일이 잘 안 될 때 무슨 일이 일어나는가? 일이 잘 안 된다는 것을 어떻게 알고, 그다음 무엇을 해야 할지를 어떻게 아는가? 이것을 이해하는 것을 도와주기 위해 처음에 나는 심리학 연구와 사람들이 자신의 행동을 어떻게 선택하고 평가하는가에 대한 간단한 개념 모형을 살펴볼 것이다. 이 조사는 (개념 모형을 통한) 이해 그리고 일이 부드럽게 될 때의 즐거움과 계획이 실패할 때의 좌절감 같은 감정의 역할에 대한 논의로 이어진다. 마지막으로 나는 이 장의 교훈이 어떻게 디자인의 원리로 전환되는가를 요약하여 결론을 내릴 것이다.

사람들은 어떻게 일을 하는가: 실행과 평가의 간격

사람들이 무엇인가를 사용할 때, 그들은 두 가지 간격에 직면한다. 그것이 어떻게 작동하는지를 알아내려 할 때, 실행의 간격을 경험하고, 무엇이 일어났는가를 알아내려고 할 때 평가의 간격을 경험한다([그림 2-1] 참조). 디자이너의 역할은 사람들이 이 두 가지 간격을 잇는 것을 도와주는 것이다.

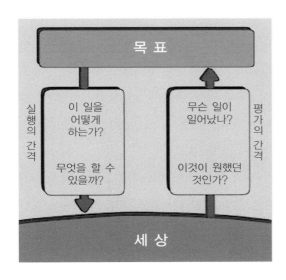

[그림 2-1] 실행과 평가의 간격 사람들은 기기를 만날 때 두 가지 간격에 직면한다. 실행의 간격은 그것을 어떻게 쓸지를 알아내려 하는 경우에 생기며, 평가의 간격은 그것이 어떤 상태에 있으며 자신의 행위가 목표에 이르게 하는지를 알아내려는 경우에 생긴다.

파일 캐비닛의 경우에 모든 것이 완벽하게 작동하고 있었을 때 실행의 간격을 잇는 것을 도와주는 시각 요소들이 있었다. 서랍 손잡이는 그것이 당겨져야 한다는 것을 분명히 나타내었고, 손잡이에 있는 슬라이더는 정상 상태에서는 서랍을 제자리에 붙잡아 두는 걸쇠를 어떻게 해제하는지를 표시하였다. 그러나 이런 작동이 되지 않을 때, 커다란 간격이 등장한다. 서랍을 열기 위해 어떤 다른 조작을 할 수 있는가?

평가의 간격은 처음에는 쉽게 이어졌다. 즉, 걸쇠는 해제되었고 서랍 손잡이는 당겨졌으나, 아무 일도 일어나지 않았다. 작동이 없다는 것은 목표를 달성하는 데 실패했다는 것이다. 그러나 내가 비틀거나 민 것처럼 다른 조작이 시도되었을 때, 파일 캐비닛은 그 목표에 더 가까이 가고 있었는지에 대한 더 이상의 정보를 주지 않았다.

평가의 간격은 사람이 장치의 물리적 상태를 해석하고, 기대와 의도가 얼마나 잘 맞아떨어졌는지를 결정하는 데 들여야 할 노력의 양을 반영한다. 장치가 얻기 쉬운 형태로 그 상태에 관한 정보를 제공할 때 그 간격은 좁다. 평가의 간격을 이어 주는 것을 도와주는 주요한 디자인 요소들은 무엇인가? 피드백과 좋은 개념 모형이 그것이다.

그 간격은 여러 장치에서 발견된다. 흥미롭게도 많은 사람이 어려움을 겪는데, 이 어려움을 자신의 탓으로 돌린다는 것이다. 그들은 자신이 사용할 수 있어야 한다고 믿었던 물건들, 예컨대 수도꼭지, 냉장고 온도 조절기, 레인지 등에 대해 단순히 '나는 바보 같아.'라고 생각한다. 이와 달리 복잡하게 보이는 장치, 재봉틀, 세탁기, 디지털 시계 또는 거의 모든 디지털 조절기에 대해서 그들은 그냥 포기하고 자신은 그 장치들을 이해할 능력이 없다고 판정한다. 두 설명은 모두 틀렸다. 이것들은 일상의 가정용 제품이다. 이들 중 어느 것도 복잡한 배후의 구조를 가지고 있지 않다. 어려움은 그 디자인에 있지, 그것을 쓰려고 하는 사람에 있지 않다.

디자이너는 그 두 간격을 잇는 것을 어떻게 도와줄 수 있는가? 그 질문에 답하기 위해 우리는 인간 행위의 심리학을 더 깊게 살펴볼 필요가 있다. 기본 도구들은 이미 논의되었다. 우리는 기표, 제약, 대응 및 개념 모형을 써서 실행의 간격을 잇는다. 우리는 피드백과 개념 모형을 사용해서 평가의 간격을 잇는다.

행위의 일곱 단계

한 행위에는 두 부분이 있다. 행위를 실행하는 것과 그다음 그 결과를 평가하는 것이다. 즉, 행하기와 해석하기다. 실행과 평가는 모두, 그것이 어떻게 작동하고 그것이 무슨 결과를 낳는지에 대한 이해를 필요로 한다. 실행과 평가는 모두 우리의 감정 상태에 영향을 줄 수 있다.

내가 의자에 앉아 책을 읽고 있다고 하자. 땅거미가 지고 있고 빛이 점점 더 어두워지고 있다. 현재 하는 일은 독서이지만, 그 목표는 조명이 낮아지고 있기 때문에 실패하기 시작하고 있다. 이런 깨달음은 새 목표, 즉 좀 더 밝게 하는 것을 생각나게 한다. 그것을 어떻게 하는가? 여러 선택지가 있다. 커튼을 열고 더 많은 빛이 있는 곳으로 자리를 옮겨 앉을 수 있고, 또 근처에 있는 전등의 스위치를 켤 수 있다. 이것이 계획하기 단계인데, 가능한 여러 행위 계획 중에 어느 것을 따를 것인지를 결정하는 것이다. 그러나 근처의 전등을 켜기로 결정할 때조차도 여전히 나는 그것을 어떻게 할 것인지를 결정해야 한다. 누군가에게 그것을 해 달라고 부탁할 수 있고, 왼손을 쓰거나 혹은 오른손을 쓸 수 있다. 하나의 계획을 결정한 다음에도 여전히 나는 그것을 어떻게 할지를 구체적으로 명시해야 한다. 마지막으로 나는 그 행위를 실행해야 한다. 자주 하는 행동을 하고 있을 때, 즉 내가 아주 숙련되어 있고 잘하는 것을 할 때, 이 단계의 대부분은 잠재의식적이다. 어떻게 하는지를 계속 배우고 있는 중일 때 계획을 결정하기, 그 순서를 명시하기, 그리고 그 결과를 해석하기는 의식적이다.

내가 차를 운전하고 있고 내 행위 계획이 교차로에서 왼쪽으로 회전을 할 필요가 있는 것이라고 하자. 내가 숙련된 운전자라면 나는 그 행동 순서를 명시하거나 수행하는 데 많은 의식적 주의를 줄 필요가 없다. 나는 '왼쪽'을 생각하고 필요한 행동 순서를 부드럽게 수행한다. 그러나 내가 막 운전을 배우고 있다면, 나는 그 행동의 개별적 성분 각각에 대해 생각해야 한다. 나는 브레이크를 밟고 내 뒤와 주변의 차들, 내 앞의 차와 보행자들, 그리고 내가 지켜야 하는 교통 표지판과 신호등이 있는지를 점검해야 한다. 나는 발을 페달들 사이로 이리저리 움직이고, 깜박이 등을 켜고 다시 운전대를 잡기 위해 손을 움직여야 하고(운전강사가 나에게 어떻게 말했는지를 기억하려고 하는 동안 나는 회전하면서 손을 제자리에 두어야 한다), 나의 시각적 주의는 내 주변의 모든 활동에 대해 나뉘는데, 때로는 바로 보고, 때로는 머리를 돌리고, 때로는 후면 및 측면 거울을 본다. 숙련된 운전자에게 이것은 모두 쉽고 거칠 것이 없다. 초보 운전자에게 이 과제는 불가능해 보인다.

구체적인 행위가 우리가 달성하고 싶어 하는 것(즉, 우리 목표)과 그 목표를 달성하기 위해 가능한 모든 신체적 행위 간의 간격을 이어 준다. 어떤 행위를 할 것인지를 자세히 한 다음에야 그것들을 실제로 수행해야 하는데, 이는 실행의 단계다. 목표 다음에 오는 세 개의 실행 단계가 있는데, 그것들은 계획, 명세 및 수행이다([그림 2-2]의 왼쪽). 발생한 일을 평가하는 것은 세 단계가 있다. 첫째, 세상에서 일어난 것을 지각하고, 둘째, 그것의 의미를 파악하고(해석하고), 셋째, 일어난 일과 원했던 것을 비교하는 것이다([그림 2-2]의 오른쪽).

그 결과 행위의 일곱 단계, 즉 목표라는 한 단계, 실행의 세 하위 단계, 평가의 세 하위 단계가 있게 된다([그림 2-2] 참조).

1. 목표(목표 형성)
2. 계획(행위의)
3. 명세(행동 순서)
4. 수행(행동 순서)
5. 지각(세상의 상태)
6. 해석(지각의)
7. 비교(결과를 목표와)

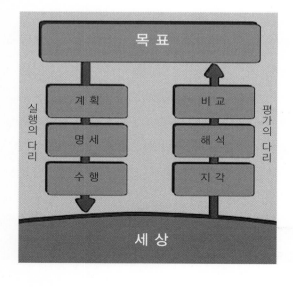

[그림 2-2] 행위의 일곱 단계 모든 단계를 합치면 실행의 세 단계(계획, 명세, 수행), 평가의 세 단계(지각, 해석, 비교) 그리고 당연히 목표가 나온다. 이들을 합쳐서 일곱 단계다.

이 일곱 단계 행위 사이클은 단순화된 것이지만, 인간 행위를 이해하고 디자인을 안내하는 데 유용한 틀을 제공한다. 이것은 상호작용의 디자인에 유용한 것으로 입증되었다. 이 단계들에서 모든 활동이 의식적이지는 않다. 목표들은 의식적인 경향이 있으나, 한편으로는 잠재의식적일 수 있다. 우리는 많은 행위를 할 수 있는데, 반복적으로 그 단계들을 되풀이하면서도 요행히 그렇게 하고 있다는 것을 의식하지 못할 수 있다. 의식적인 주의가 필요한 때는 우리가 어떤 새로운 일에 부딪히거나 어떤 난관, 즉 정상적 활동의 흐름을 교란시키는 어떤 문제에 봉착할 때뿐이다.

대부분의 행동은 이 모든 단계를 순서대로 거칠 필요가 없다. 그러나 대부분의 활동이 단일 행위만으로는 이루어질 수 없을 것이다. 수없이 많은 순서가 있으며, 한 활동이 몇 시간이나 며칠 동안 지속될 수도 있다. 여러 개의 피드백 고리가 있어 한 활동의 결과가 다음 활동의 방향을 정하는 데 사용되거나, 목표가 하위 목표들로 이어지거나, 계획이 하위 계획으로 이어진다. 목표가 잊히거나 폐기되거나 재설정되는 활동도 있다.

불을 켜는 행동을 다시 살펴보자. 이것은 사건이 주도하는 행동의 예다. 그 순서는 세상(외부 사건)과 더불어 시작하고, 상태의 평가와 목표의 형성을 유발한다. 그 방아쇠는 환경적인 사건이었다. 즉, 독서를 어렵게 만든 빛의 부족이었다. 이것은 독서라는 목표를 방해하고, 그래서 '더 많은 빛'이라는 하위 목표로 이어진다. 그러나 독서는 상위 수준의 목표가 아니었다. 각 목표에 대해 '왜 그것이 목표인가?'라고 질문해야 한다. 왜 나는 책을 읽고 있었는가? 나는 새로운 요리법을 써서 음식을 준비하려고 하고 있었는데, 그래서 시작하기 전에 요리법을 다시 읽을 필요가 있었다. 독서는 그래서 하위 목표였다. 그러나 요리 그 자체도 하위 목표였다. 나는 먹기 위해 요리하고 있었고, 그것은 나의 허기를 채우기 위한 것이었다. 그래서 목표들의 위계는 대략 다음과 같다. 요기하기, 먹기, 요리하기, 요리책 읽기, 더 많은 빛 얻기. 이것이 근본 원인 분석이라는 것인데, 활동의 최종 근본 원인에 도달할 때까지 '왜?'라고 묻는 것이다.

행위 사이클은 새로운 목표를 설정하여 위에서부터 시작할 수 있는데, 이 경우에 그 행위 사이클은 목표-주도적인 행동이라 부른다. 이 상황에서 그 사이클은 목표를 가지고 시작하고 그다음 실행의 세 단계를 거쳐 간다. 그러나 행위 사이클은 세상에서 벌어지는 어떤 사건에 의해 유발되듯이 아래로부터도 시작될 수 있다. 이 경우 우리는 그것을 자료-주도적인 혹은 사건-주도적인 행동이라 부른다. 이 상황에서 그 사이클은 환경, 즉 세상과 더불어 시작하고, 그다음 평가의 세 단계를 거친다.

　많은 일상 과제에서는 목표와 의도가 잘 명시되어 있지 않다. 즉, 계획되기보다는 기회주의적이다. 기회주의적 행위는 행동이 주변 환경을 이용하는 것들이다. 철저히 계획하고 분석한다기보다는 사람들은 일상적인 행동을 하다가 적절한 기회가 주어지면 일을 처리한다. 그래서 새로운 카페를 경험하려고 혹은 친구에게 질문을 하려고 계획하지 않았을 것이다. 오히려 일상 활동을 하다가 카페 근처에 가게 되었거나, 친구를 만나면 그것을 기회로 적절한 활동이 유발되도록 한다. 그렇지 않으면 우리는 결코 그 카페에 가거나 친구에게 그 질문을 하지 않았을 것이다. 결정적으로 중요한 과제인 경우에만 그 일이 완수되도록 특별한 노력을 기울인다. 기회주의적 행위는 구체적인 목표나 의도를 가지고 있는 경우보다 덜 정교하고 확실성이 부족하지만, 정신적 노력이 덜 들고, 덜 불편하고, 아마 더 재미있을지도 모른다. 우리 중 일부는 기회의 기대라는 방식에 적응한다. 그리고 가끔 목표-주도적인 행동의 경우에도 그 순서가 확실히 완료될 수 있는 세상 사건을 만들려고 한다. 예를 들면, 가끔 중요한 과제를 해야 할 때, 나는 누군가에게 마감 시간을 정해 달라고 부탁한다. 나는 일을 시작하기 위해 그 마감 시간이 가까워지는 것을 이용한다. 내가 실제로 일을 시작하고 작업을 하는 것은 마감 시간 전의 몇 시간에 불과할 수도 있다. 그러나 요점은 그것이 된다는 것이다. 외적 동인들의 이 자기-유발성은 일곱 단계 분석에 충분히 잘 들어맞는다.

　일곱 단계는 새 제품이나 서비스를 개발하는 데 지침을 제공한다. 간격은 명백히 출발점이 되어야 할 곳인데, 실행이나 평가 중 어느 간격이든 제품을 개선할 기회이기 때문이다. 요령은 그것들을 탐지하는 관찰 기술을 개발하는 것이다. 대부분의 혁신은 기존 제품에 대한 점진적인 개선으로 이루어진다. 급진적인 아이디어, 즉 새 제품 범주들을 시장에 도입하는 것은 어떤가? 이런 생각은 목표들을 재고찰하고 실제 목표가 무엇인지를 항상 질문함으로써 생겨난다. 그것은 **근본 원인**(root cause) 분석이라 불리는 것이다.

하버드 대학교 경영대학원 마케팅 교수인 테오도르 레빗(Theodore Levitt)은 "사람들은 1/4인치 드릴을 사기를 원하지 않는다. 그들은 1/4인치 구멍을 원한다."라고 지적한 적이 있다. 목표가 실제로는 구멍이라는 것을 함축하는 레빗의 드릴 예는 부분적으로만 옳다. 사람들이 드릴을 사기 위해 가게로 갈 때, 그것은 그들의 실제 목표가 아니다. 왜 어떤 사람이 1/4인치 구멍을 원하는 것인가? 분명히 그것은 중간 목표다. 아마 그들은 벽에 선반을 달기를 원했을 것이다. 레빗은 너무 일찍 멈추었다.

사람들이 정말로 원하는 것이 드릴이 아니라는 것을 깨닫기만 하면, 당신은 아마 그들이 구멍도 실제로 원하지 않는다는 것을 깨달을 것이다. 그들은 자신의 책장을 설치하기를 원하는 것이다. 왜 구멍을 필요로 하지 않는 방법을 개발하지 않는가? 혹은 책장을 필요로 하지 않는 책을 개발하지 않는가? (그렇다. 나는 안다. 전자책, 즉 e-book이 있다는 것을.)

인간 사고: 대체로 잠재의식적

왜 인간 마음에 대해 알아야 하는가? 물건들은 사람들이 사용하도록 디자인되어야 하는데, 사람에 대한 깊은 이해가 없이는 그 디자인은 결함이 있거나 사용하기 어렵고, 이해하기가 어려워지기 쉽기 때문이다. 이것이 왜 행위의 일곱 단계를 고려하는 것이 유용한지의 이유다. 마음은 행위보다 이해하기가 더 어렵다. 우리 대부분은 우리가 이미 인간 행동과 인간 마음을 이해하고 있다고 믿으면서 시작한다. 결국 우리는 모두 인간이니까. 우리 모두는 평생 우리와 더불어 살아 왔고, 우리가 스스로를 이해하고 있다고 생각하기를 좋아한다. 그러나 진실은 그렇지 않다는 것이다. 인간 행동의 대부분은 잠재의식적 과정의 결과다. 우리는 그것들을 의식하지 못하고 있다. 그 결과, 우리 자신에 대한 믿음을 포함해서 사람들이 어떻게 행동하는가에 대한 우리 믿음의 많은 것이 잘못되었다. 그것이 수학, 경제학, 컴퓨터과학, 정보과학 및 신경

과학 등 여러 학문 외에도 여러 가지 행동 및 사회과학이 있는 이유다.

다음 간단한 실험을 보자. 세 단계 모두를 해 보라.

① 당신 손의 두 번째 손가락을 흔든다.
② 같은 손의 세 번째 손가락을 흔든다.
③ 그 두 번에서 다르게 했던 것을 서술하라.

표면적으로 볼 때, 답은 간단해 보인다. 나는 손가락 움직이기에 대해 생각했고, 손가락들은 움직였다. 그 차이는 매번 다른 손가락에 대해 생각했다는 것이다. 그렇다. 그것이 사실이다. 그러나 그 생각이 어떻게 행동으로, 즉 팔의 다른 근육이 손가락을 흔들게 하는 힘줄을 제어하도록 하는 명령으로 전달되었는가? 이것은 의식으로부터 완전히 숨어 있다.

인간의 마음은 엄청나게 복잡하고, 여러 특수화된 구조를 가지고 오랜 기간에 걸쳐 진화해 왔다. 마음의 연구는 행동 및 사회과학, 인지과학, 신경과학, 철학, 정보 및 컴퓨터과학을 포함하는 여러 학문의 주제다. 마음에 대한 이해에 많은 진보가 있었지만 많은 것이 여전히 신비하며, 아직 알아야 할 것이 많다. 그 신비 중의 하나는 의식적인 마음의 활동과 그렇지 않은 활동의 본질 둘 간의 차이와 관련된 것이다. 뇌 조작의 대부분은 잠재의식적이며, 우리의 자각 아래 숨어 있다. 의식적인 것은 내가 **숙고적**(reflective)이라 부르는 최상위 수준뿐이다.

의식적 주의가 대부분의 일을 배우는 데 꼭 필요하지만 최초의 학습 후에는 때때로 몇 년에 걸친 수천 시간의 지속되는 연습과 공부가 심리학자들이 '과학습(overlearning)'이라고 부르는 것을 낳는다. 한번 기술이 과학습되면, 수행은 노력이 들지 않고 거의 혹은 전혀 자각 없이 저절로 되는 것처럼 보인다. 예를 들면, 이 질문에 답해 보라.

• 친구의 전화번호는 무엇인가?
• 베토벤의 전화번호는 무엇인가?

- 다음 나라의 수도는 무엇인가?
  - 브라질?
  - 웨일즈?
  - 미국?
  - 에스토니아?

이 질문들에 당신이 어떻게 대답했는가를 생각해 보라. 당신이 아는 답들은 즉각 머리에 떠오르지만, 그 일이 어떻게 일어났는가에 대해서는 자각이 없다. 당신은 단지 그 답을 '아는' 것이다. 당신이 생각한 틀린 답들조차도 아무 자각 없이 생각이 난다. 약간 미심쩍었을지 모르나 어떻게 그 이름이 당신의 의식에 들어왔는지에 관해서는 자각이 없다. 그 답을 모르는 나라에 대해서는 당신은 아마 그 답을 모른다는 것을 즉시 노력 없이 알았을 것이다. 당신이 알지만 그것을 생각해 낼 수 없다는 것을 알았다고 할지라도, 어떻게 그것을 알았는지, 혹은 기억하려 했을 때 무엇이 일어나고 있었는지를 당신은 모른다.

당신은 친구의 전화번호로 곤란을 겪을지 모른다. 왜냐하면 우리 대부분은 전화번호들을 기억하는 일을 기술장치에 넘겼기 때문이다. 나는 어떤 사람의 전화번호도 모르고, 내 것만 간신히 기억한다. 누군가에게 전화하고 싶을 때, 나는 바로 연락처 목록에서 빠른 찾기를 하고 전화기가 전화하도록 한다. 혹은 몇 초 동안 전화기의 '2' 단추를 누르면, 집으로 전화를 해 준다. 혹은 내 차에서는 단지 '집으로 전화'라고 말한다. 그 번호를 나는 모른다. 내 기술장치가 안다. 우리는 기술장치를 우리 기억 시스템의 혹은 사고 과정의 혹은 마음의 확장으로 치는가?

베토벤의 전화번호는 어떤가? 컴퓨터에게 물었다면, 오랜 시간이 걸릴 것이다. 왜냐하면 그것은 내가 아는 모든 사람 중의 어느 누군가가 베토벤인지를 확인하기 위해 모두를 검색해야 할 것이기 때문이다. 당신은 베토벤을 개인적으로 모른다. 어쨌거나 그는 죽었다. 게다가 그는 1800년대 초반에 죽었고 전화는 1800년대 후반에야 개발되었다. 우리가 모른다는 것을 어떻게 그렇게 빨리 알 수 있는가? 그러나 우리가 아는 어떤 일은 생각해 내는 데 오랜 시간이 걸릴 수 있다. 예를 들어, 다음에 답해 보라.

이전에 살았던 세 번째 전의 집에서 현관문으로 들어갈 때, 문고리가
왼쪽에 있었는가, 오른쪽에 있었는가?

이제 당신은 의식적이고, 숙고적인 문제해결에 몰입해야 한다. 먼저 어떤 집이 이야기되고 있는지를 생각해 내고, 그다음 정답이 무엇인지를 생각해 내야 한다. 대부분의 사람은 어떤 집을 가리키는지를 판단할 수 있지만, 질문에 답하는 데에는 어려움이 있다. 왜냐하면 그들은 문의 양쪽 측면에 있는 문고리를 곧잘 상상할 수 있기 때문이다. 이 문제를 해결하는 방법은 어떤 활동을 하는 것을 상상하는 것이다. 예컨대, 양손으로 무거운 짐을 들고 현관문으로 걸어가는 것과 같이 말이다. 당신은 문을 어떻게 여는가? 다른 방법은 당신이 집 안에 있을 때 손님을 위해 문을 열려고 현관문으로 뛰어가는 것을 시각화해 보라. 보통 이 상상된 시나리오 중 하나가 답을 준다. 그러나 이 질문에 대한 기억 인출이 다른 질문에 대한 인출과 어떻게 다른지를 주목하라. 이 모든 질문은 장기 기억을 필요로 하는데, 매우 다른 방식으로 이루어진다. 앞 질문은 사실 정보에 대한 기억이었는데, 이것은 **서술 기억**(declarative memory)이라 부르는 것이다. 마지막 질문은 사실적으로 답할 수도 있었겠지만, 보통 문을 열기 위해 수행되는 활동을 회상함으로써 아주 쉽게 답해진다. 이것은 **절차 기억**(procedural memory)이라 부른다. 나는 제3장에서 인간 기억에 대해 다시 논의할 것이다.

걷기, 말하기, 읽기, 자전거 타기 혹은 운전하기, 노래하기. 이 기술 전부는 숙달하기 위해 상당한 시간과 훈련이 드는데, 일단 숙달이 되면 아주 자동적으로 된다. 전문가에게는 특별히 어렵거나 예기치 않은 상황만이 의식적 노력을 필요로 한다.

우리는 의식적 처리의 숙고적 수준만 의식하기 때문에 모든 인간 사고가 의식적이라고 믿는 경향이 있다. 그러나 그렇지 않다. 우리는 사고가 감정과 분리될 수 있다고 믿는 경향이 있다. 이것 또한 틀렸다. 인지와 감정은 분리될 수 없다. 인지적 사고는 감정으로 연결된다. 감정은 인지적 사고를 조종한다. 뇌는 세상에 대해 행동하도록

구조화되어 있고, 모든 행동은 그것과 더불어 기대를 실어 나르며, 이 기대는 감정을 조종한다. 이것이 왜 언어의 상당 부분이 신체적 비유에 근거를 두며, 몸과 환경과 몸의 상호작용이 왜 인간 사고의 필수 성분인지에 대한 이유다.

감정은 매우 저평가되어 있다. 사실 감정 시스템은 인지와 나란히 작동하는 강력한 정보처리 시스템이다. 인지는 세상을 이해하려 한다. 감정은 가치를 부여한다. 상황이 안전한지 혹은 위협적인지를, 일어나고 있는 어떤 일이 좋은지 나쁜지를, 바람직한지 아닌지를 결정하는 것은 감정 시스템이다. 인지는 이해를 제공한다. 감정은 가치 판단을 제공한다. 제대로 작동하는 감정 시스템이 없는 인간은 선택을 하는 데 어려움이 있다. 인지 시스템이 없는 인간은 제대로 기능하지 못한다.

많은 인간 행동이 잠재의식이기 때문에, 즉 그것이 의식적으로 자각되지 않고 일어나기 때문에 우리는 종종 하려고, 말하려고 혹은 생각하려고 했던 것을 끝내기 전까지는 모른다. 그것은 마치 우리가 두 개의 마음을 가지고 있는 것과 같다. 잠재의식적 마음과 의식적 마음이 그것인데, 그것들은 늘 서로에게 말하는 것은 아니다. 당신이 배운 것과 다르다고? 그럼에도 이 말은 사실이다. 우리의 결정을 우리 자신(우리의 의식적 마음)과 다른 사람들에게 정당화하기 위해 우리가 논리를 사용하고 사실에 맞추어 추리한다는 것을 보이는 증거가 점점 쌓이고 있다. 이상한가? 그렇다면 항의하지 말고, 그것을 즐겨라.

잠재의식적 사고는 패턴들을 짝짓고 현재의 경험에 가장 잘 들어맞는 과거 경험을 찾아낸다. 그것은 노력 없이도 신속하고 자동적으로 진행된다. 잠재의식적인 처리는 우리의 장점 중 하나다. 그것은 일반적인 경향성을 탐지한다거나 현재 경험하는 것과 과거에 일어난 것 간의 관계를 잘 알아차린다. 그리고 일반화, 몇몇 사례를 기초로 해서 일반적인 경향성을 예측하는 일에 능숙하다. 그러나 잠재의식적인 사고는 부적절하거나 틀린 짝을 찾을 수도 있으며, 흔한 것과 드문 것을 구별하지 못할 수도 있다. 잠재의식적인 사고는 규칙성과 구조를 추구하는 쪽으로 편중되어 있고, 형식 논리적 능력에 한계가 있다. 그것은 상징 조작이나 일련의 단계를 거치는 신중한 추리를 잘 못할 수도 있다.

그러나 의식적인 사고는 전혀 다르다. 그것은 느리고 노력이 드는 일이다. 천천히 결정을 숙고하고, 여러 대안을 샅샅이 생각하고, 다른 선택과 비교한다. 의식적인 사고는 먼저 이 접근을 생각한 다음 다른 접근을 생각하는데, 비교하고 합리화하고, 설명을 찾는다. 형식 논리, 수학, 결정 이론 등은 모두가 의식적인 사고의 도구다. 의식적 사고나 잠재의식적 사고방식 모두 강력하며 인간 생활에 꼭 필요하다. 두 방식은 모두 통찰력 있는 도약이나 창조적인 순간을 제공할 수 있다. 그리고 둘 다 오류나 오해, 실패를 범할 수 있다.

감정은 인지와 생화학적으로 상호작용하는데, 뇌를 호르몬으로 목욕시키고, 호르몬은 혈액의 흐름이나 뇌의 도관을 통해 전달되며, 뇌 세포들의 행동을 수정한다. 호르몬은 뇌의 작동에 강력한 편중을 일으킨다. 그래서 긴장되고 위협적인 상황에서 감정 시스템은 뇌가 환경에서 유관한 부분에만 초점을 주도록 편중시키는 호르몬을 방출한다. 근육은 행동을 준비하느라 긴장한다. 평온하고 위협적이지 않은 상황에서는 감정 시스템은 근육을 이완시키고 탐색과 창의성 쪽으로 뇌를 편중시키는 호르몬을 방출한다. 이제 뇌는 환경의 변화를 더 잘 눈치 채게 되고, 사건들에 의해 더 쉽게 산만해지고, 이전에는 무관해 보일 수 있었던 사건들과 지식을 꿰맞추는 일을 더 잘한다.

긍정적 감정 상태는 창의적 사고를 위해 이상적인 것이지만, 일을 완수하는 데 매우 잘 들어맞는 것은 아니다. 긍정적 감정이 지나치게 고양되면 사람들이 침착하지 못하고, 한 주제에서 다른 주제로 날아다니고, 다른 생각이 나기 전에 한 생각을 끝낼 수 없다. 부정적인 감정 상태에서 뇌는 초점을 제공한다. 한 과제에 주의를 유지하고 마치는 데 필요한 바로 그것이다. 그러나 이 감정이 지나치게 많으면 우리는 터널 비전(시각)을 가지게 되는데, 이때 사람들은 자신의 좁은 관점 너머로 내다볼 수 없다. 긍정적이고 이완된 상태와 불안하고, 부정적이고 긴장된 상태 모두가 인간의 창의성과 행위에 가치 있고 강력한 도구다. 그러나 두 상태의 극단은 위험할 수 있다.

잠재의식적	의식적
빠르다	느리다
자동적	통제적
다중 자원들	제한된 자원들
숙련된 행동을 통제한다.	학습할 때, 위험에 처했을 때, 일이 잘못될 때 등 새로운 상황에서 작동된다.

인간 인지와 정서

마음과 뇌는 복잡한 것이며, 여전히 상당한 과학적 연구의 주제다. 뇌 안의 처리 수준에 대한 가치 있는 설명은 인지적 · 정서적 처리 모두에 적용 가능한 것인데, 각기 서로 다르지만 모두 협력해서 함께 작동하는 세 개의 서로 다른 처리 수준을 생각하는 것이다. 비록 이것은 실제 처리를 매우 단순화한 대략적인 것이지만, 인간 행동을 이해하는 지침을 제공하는 데에는 충분히 좋은 근사 모형이다. 여기에서 사용하는 접근은 내 책 『감성 디자인(Emotional Design)』*에서 나온 것이다. 거기에서 나는 인간 인지와 감정에 대한 유용한 근접 모델은 세 가지 처리 수준, 즉 본능적, 행동적, 숙고적 수준을 고려하는 것이라고 주장했다.

본능적 수준

가장 기본적인 처리 수준은 **본능적**(visceral)**이라 불린다. 이것은 가끔 '도마뱀 뇌'로

---

* 이 책에서는 emotion을 감정/정서로 번역함.
** visceral은 위나 심장 같은 내장기관과 관련되어 있다는 말이다.

지칭된다. 모든 사람은 동일한 기본적인 본능적 반응을 가지고 있다. 이것들은 인간의 감정 시스템에서 기본적인 보호 기제의 부분으로, 환경에 대해 그것이 좋은지, 나쁜지, 안전한지 혹은 위험한지와 같은 판단을 재빨리 한다. 본능적 시스템은 의식의 자각이나 제어 없이 신속하고 잠재의식적으로 반응할 수 있게 해 준다. 본능적 시스템이 가지고 있는 기본적인 생물학적 원리는 학습 능력을 최소화한다. 본능적 학습은 일차적으로 민감화와 둔감화에 의해 순응과 고전적 조건 형성과 같은 기제를 통해 일어난다. 본능적 반응은 빠르고 자동적이다. 그것들은 새롭고 예기치 않은 사건에 대해 놀람반사를 일으킨다. 왜냐하면 그런 것들은 고소 공포, 어두움이나 매우 시끄러운 환경에 대한 혐오, 쓴맛의 혐오와 단맛의 선호 등과 같이 유전적으로 프로그램화된 행동이기 때문이다. 본능적 수준은 즉각적인 현재에 반응하며 감정 상태를 낳고, 맥락이나 내력에 비교적 영향을 받지 않는다는 것을 유의하라. 그것은 단순히 상황을 평가할 뿐이다. 어떤 원인도 부여되지 않고, 어떤 비난도 어떤 신용도 주어지지 않는다.

본능적 수준은 신체의 근육 구조, 즉 운동 시스템과 밀접하게 결합되어 있다. 이것이 동물로 하여금 싸우거나 도망가거나 아니면 이완되게 하는 원인이다. 동물(혹은 인간)의 본능적 상태는 종종 몸의 긴장 상태를 분석함으로써 읽을 수 있다. 긴장은 부정적 상태를 의미하고, 이완됨은 긍정적 상태를 의미한다. 또한 종종 자신의 근육 상태를 주목함으로써 몸 상태를 판정한다는 것도 유의하라. 흔한 자기 보고는 아마 다음과 같은 것이리라. "나는 긴장되었고, 주먹을 꽉 움켜쥐었고, 땀을 흘리고 있었다."

본능적 반응은 빠르고 완전히 잠재의식적이다. 그것들은 현재의 사태에만 민감하다. 대부분의 과학자는 이것들을 감정이라고 부르지 않는다. 그것들은 감정의 전조다. 낭떠러지 끝에 서 보면 당신은 본능적 반응을 경험할 것이다. 혹은 즐거운 경험, 즉 멋진 식사를 하고 난 후에 따뜻하고 안락한 불빛을 쬐어 보라.

세 처리 수준

숙고적

행동적

본능적

[그림 2-3] 세 처리 수준: 본능적, 행동적, 숙고적 본능적 및 행동적 수준은 잠재의식적이며 기본적 감정의 본거지다. 숙고적 수준은 가장 높은 수준의 감정과 더불어 의식적 사고와 의사결정이 머무는 곳이다.

디자이너들에게 본능적 반응은 즉각적 지각에 관한 것이다. 감미롭고 조화로운 소리의 즐거움 아니면 거친 표면 위를 삐걱거리며 성가시게 긁는 소리. 여기가 스타일이 중요한 지점이다. 소리이든 시각이든 촉각이든 냄새이든, 외관이 본능적 반응을 조종한다. 이것은 그 제품이 얼마나 편리하며 효과적인지 혹은 이해가 쉬운지와는 아무 관계가 없다. 이것은 모두 매력이나 거부와 관계된다. 위대한 디자이너들은 자신의 심미적 감수성을 사용하여 이런 본능적 반응을 조종한다.

공학자들과 논리적인 사람들은 이 본능적 반응을 디자인과 무관한 것으로 일축하는 경향이 있다. 공학자들은 자신의 작업의 내재적 질에 자부심을 가지고 있으며, 열등한 제품이 '단지 더 좋아 보인다는 이유로' 더 잘 팔릴 때 실망한다. 그러나 우리 모두, 매우 논리적인 공학자들조차도 이런 종류의 판단을 한다. 그것이 자신의 도구 중 어떤 것을 좋아하고 다른 것을 싫어하는 이유다. 본능적 반응이 중요하다.

행동적 수준

행동적(behavioral) 수준은 학습된 기술의 터전이며, 적절한 패턴에 들어맞는 상황에 의해 유발된다. 이 수준에서 행위와 분석은 대체로 잠재의식적이다. 우리는 보통 자신의 행위를 의식하고 있기는 하지만, 종종 세부사항을 의식하지 못한다. 우리가 말할 때, 우리의 의식적 마음(마음의 숙고적 부분)이 자신이 단어들을 소리 내는 것을 들을 때까지 우리가 말하려던 것을 종종 알지 못한다. 스포츠를 할 때, 우리는 행동할 준비가 되어 있지만 우리의 반응은 의식적인 제어를 하기에 너무 빨리 일어난다. 제어를 하는 것은 행동적 수준이다.

우리가 잘 학습된 행동을 할 때, 우리가 해야 할 것은 목표를 생각하는 것뿐이며 행동적 수준이 모든 세부사항을 처리한다. 의식적 마음은 행동할 욕망을 만들어 내는 것 너머에 대해서는 거의 혹은 전혀 자각하지 못한다. 그것을 계속 시도하는 것은 실제로 흥미롭다. 왼팔을 움직이고 그다음 오른팔을 움직여라. 혀를 쭉 내밀거나 혹은 입을 벌려라. 당신은 무엇을 했는가? 당신은 모른다. 당신이 아는 것은 당신이 그 행동을 '의지했다'는 것뿐이며 맞는 일이 일어났다는 것뿐이다. 당신은 행동을 더 복잡하게 만들 수도 있다. 컵을 집어 들고, 그다음 같은 손으로 몇 개의 컵을 더 집어 들어라. 당신은 자동적으로 손가락과 손의 방향을 조정하여 그 일이 가능하게 한다. 만일 컵에 쏟고 싶지 않은 액체가 담겨 있을 때 의식적 주의를 줄 필요가 있을 뿐이다. 그 경우조차 근육에 대한 실제 제어는 의식적 지각 아래에 있다. 쏟지 않도록 집중하면 손이 자동적으로 적응한다.

디자이너에게 행동적 수준의 가장 핵심은 모든 행동이 기대와 연합되어 있다는 것이다. 긍정적 결과를 기대하면 그 결과는 긍정적 감정 반응(과학 문헌에서 '긍정적 유인가'라는 것)이다. 부정적 결과를 기대하면, 그 결과는 부정적 감정 반응(부정적 유인가)이다. 두려움과 희망, 불안과 예상이다. 평가의 피드백 고리에서 정보는 기대를 확증해 주거나 무너뜨리고, 만족 또는 안도, 실망 또는 좌절을 낳는다.

행동적 상태는 학습된다. 결과에 대한 상당한 이해와 지식이 있을 때 그것들은 통제감을 불러일으키고, 일이 계획한 대로 되지 않을 때, 특히 이유나 가능한 대책도 알 수 없을 때 좌절과 분노를 불러일으킨다. 피드백은 재확신을 제공하는데, 그것이 부정적 결과를 나타낼 때에도 그렇다. 피드백의 결여는 통제 결여의 느낌을 일으키는데, 이것은 불안정한 것이 될 수 있다. 피드백은 기대를 관리하는 데 핵심이며, 좋은 디자인은 피드백을 제공한다. 피드백은 결과에 대한 지식인데, 기대가 어떻게 해소되는지에 대한 것이며 숙련된 행동의 학습과 발달에 핵심이다.

기대는 우리의 정서적 삶에 중요한 역할을 한다. 이것이 운전자들이 신호등이 빨강으로 바뀌기 전에 교차로를 통과하려고 할 때 긴장하는 이유이며, 학생들이 시험 전에 매우 불안해지는 이유다. 예상되는 긴장의 해제는 안도감을 준다. 정서 시스템은 상태의 변화에 특히 반응적이다. 그래서 상향 변화는 그것이 매우 안 좋은 상태에서 심하게 나쁘지 않은 상태로의 변화일 뿐인데도 긍정적으로 해석된다. 마찬가지로 극히 긍정적인 상태에서 단지 다소 덜 긍정적인 상태로의 변화일지라도 그 변화는 부정적으로 해석된다.

숙고적 수준

숙고적(reflective) 수준은 의식적 인지의 터전이다. 결과적으로 이것은 깊은 이해가 발달하는 곳이며, 추리와 의식적 의사결정이 일어나는 곳이다. 본능적·행동적 수준은 잠재의식적이며, 그 결과 그것들은 신속하게 반응하지만 상당한 분석은 일어나지 않는다. 숙고는 인지적이며, 깊이 있고, 느리다. 그것은 종종 사건이 발생한 다음 일어난다. 그것은 사건에 대한 반성 혹은 되돌아보기이며, 상황, 행위 및 결과를 평가하고, 비난받거나 책임질 것을 평가한다. 감정의 최상위 수준들은 숙고적 수준에서 온다. 왜냐하면 원인이 지적되고, 미래를 예측하는 곳이 여기이기 때문이다. 경험된 사건에 대해 인과적 요소를 추가하는 것은 (우리 자신이 원인이라고 가정할 때) 죄책감과 자부심 그리고 (다른 사람이 원인이라고 생각될 때) 비난과 칭찬 같은 감정 상태를 낳는다. 우리 대부분은 아마 모두 일방적인 숙고적 인지 시스템에 의해 상상된 것이지만 극단적 분노와 즐거움과 연합된 생리적 반응을 일으키기에 충분히 강한, 예상된 미래 사건에 대한 극단적인 고조 상태와 저조 상태를 경험했을 것이다. 감정과 인지는 밀접하게 엮여 있다.

디자인은 모든 수준에서 일어나야 한다: 본능적, 행동적, 숙고적

디자이너에게 숙고는 아마 가장 중요한 처리 수준일 것이다. 숙고는 의식적이고, 이 수준에서 생성되는 감정은 가장 오래 지속되는 것으로, 죄책감과 비난 아니면 칭찬과 자부심 같이 행위자와 원인을 지정하는 것이다. 숙고적 반응은 사건에 대한 기억의 부분이다. 기억은 즉각적 경험이나 사용 기간보다 더 오래 지속하는데, 이는 본능적·행동적 수준의 영역이다. 우리가 한 제품을 추천하게 하고, 다른 사람들이 그것을 쓰도록 추천하거나 아니면 그것을 피하도록 권하게 하는 것이 바로 숙고다.

숙고적 기억은 종종 실재보다 더 중요하다. 만일 우리가 어떤 제품에 대해 강한 긍정적·본능적 반응을 가지고 있으나 행동적 수준에서 실망스러운 사용성 문제를 가지고 있다면, 그 제품에 대해 돌이켜 생각할 때 숙고적 수준은 긍정적 반응에 충분히 큰 비중을 두어서 심각한 행동적 어려움을 무시하게 할지 모른다(그래서 '매력적인 것이 더 낫다.'라는 말이다). 반면에 마지막 사용 단계에서 좌절이 너무 크면, 그 경험에 대한 숙고는 긍정적인 본능적 특질을 무시할 것이다. 광고사들은 잘 알려진, 매우 유명한 상표와 연합된, 강한 숙고적 가치가 그 제품을 사용하면서 겪은 좌절 경험에도 불구하고 우리 판단을 압도하기를 바란다. 여행은 반복되는 불편과 근심에 대한, 일기에서 읽을 수 있는 증거에도 불구하고, 종종 좋은 일로 기억된다.

세 수준의 처리가 모두 함께 작용한다. 모두가 어떤 제품이나 서비스에 대한 한 사람의 좋고 싫음을 결정하는 데 핵심 역할을 한다. 한 서비스 제공자에 대한 하나의 끔찍한 경험은 모든 미래의 경험을 망칠 수 있다. 하나의 최상의 경험은 과거의 결함을 보충할 수 있다. 상호작용의 터전인 행동적 수준은 모든 기대 기반의 감정, 희망과 기쁨, 좌절과 분노의 터전이다. 이해는 행동적·숙고적 수준의 조합에서 일어난다. 즐김은 이 세 가지 모두 필요하다. 세 수준 모두에서 디자인하는 것은 매우 중요해서 나는 이 주제에 대해 책을 썼는데, 그것이 『감성 디자인(Emotional Design)』이다.

심리학에서는 정서(감정)나 인지 중 어느 것이 먼저 일어나는가에 대한 오랜 논쟁이 있었다. 우리는 두려움을 느끼게 하는 어떤 일이 일어났기 때문에 달리거나 도망치는가? 아니면 우리의 의식적·숙고적 마음이 우리가 도망치고 있다는 것을 알아차렸기 때문에 우리는 두려워하는가? 세 수준 분석은 이 생각 모두 옳을 수 있다는 것을 보여 준다. 가끔 감정이 먼저다. 예기치 않았던 큰 소음은 자동적인 본능적·행동적 반응을 일으키고 우리를 도망가게 한다. 그다음 숙고적 시스템은 자신이 도망가는 것을 관찰하고 두려워하고 있다는 것을 추리한다. 달리거나 도망가는 행동이 먼저 일어나고 두려움이라는 해석이 나온다.

그러나 가끔 인지가 먼저다. 우리가 걷고 있는 거리가 어둡고 좁은 지역으로 이어진다고 상상해 보라. 우리의 숙고적 시스템은 여러 개의 상상된 위협을 떠올릴 것이고 우리는 기다리게 될 것이다. 어떤 지점에서는 잠재적 위해에 대해서 상상된 묘사가 충분히 크면 행동 시스템을 작동시켜 우리로 하여금 방향을 돌려서 달리고, 도망가게 할 것이다. 이것이 인지가 두려움과 행동을 시발시키는 경우다.

대부분의 제품은 두려움, 달리기 혹은 도망가기를 일으키지 않지만, 잘못 디자인된 장치는 좌절과 분노, 무기력과 절망의 감정, 아마 미움까지도 유발할 수 있다. 반면에 잘 디자인된 장치는 자부심과 즐김, 제어하고 있다는 느낌과 즐거움, 아마 사랑과 애착까지도 유발할 수 있다. 놀이공원은 감정적 단계의 갈등적 반응에 균형을 맞추는데, 즉 본능적·행동적 수준에서 나오는 두려움 반응을 일으키는 탈 것과 오락관을 제공하는 한편, 놀이공원이 누구에게도 결코 실제적 위험을 끼치지 않을 것이라는 것을 숙고적 수준에서 항상 재확신시키는 데 전문가들이다.

이 모든 세 처리 수준은 함께 작용해서 한 사람의 인지적·정서적 상태를 결정한다. 높은 수준의 숙고적 인지는 더 낮은 수준의 감정을 유발할 수 있다. 더 낮은 수준의 감정은 더 높은 수준의 숙고적 인지를 유발할 수 있다.

행위의 일곱 단계와 세 처리 수준

행위의 단계들은 [그림 2-4]에서 보이는 처리의 세 수준과 즉각 연관될 수 있다. 과제를 하려 하거나 세상 상태를 평가할 때 가장 낮은 수준에서 평온함 혹은 불안이라는 본능적 수준이 있다. 그다음 중간 수준에서 실행 측면에 대한 기대, 예컨대 희망이나 두려움에 의해 주도되는 행동적인 수준과 평가 측면에서 그런 기대의 확인에 의해 주도되는 감정, 예를 들면 안도나 절망 등이 있다. 가장 높은 수준에서는 숙고적인 감정이 있는데, 인과적 행위자(agents)로 추정된 것들과 그—둘 다 즉각적이고 장기적

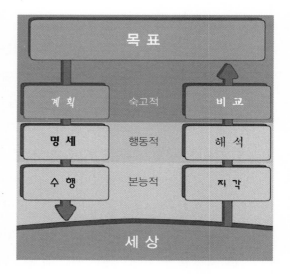

[그림 2-4] 처리 수준과 행위 주기의 단계 본능적 반응이 가장 낮은 수준에 있다. 간단한 근육을 제어하고 세상과 몸 상태를 감지한다. 행동적 수준은 기대에 대한 것인데, 그래서 행위, 계열의 기대와 그다음 피드백의 해석에 예민하다. 숙고적 수준은 목표(또는 계획) 설정 활동의 한 부분이며, 또한 기대와 실제로 일어난 것과의 비교에 의해 영향을 받는다.

인—결과란 면에서 결과를 평가하는 것이다. 여기가 만족과 자부심이 일어나거나 혹은 비난과 불안이 일어나는 곳이다.

하나의 중요한 감정 상태는 한 활동에 완전히 몰입될 때 동반되는데, 이를 사회과학자인 미하이 칙센미하이(Mihaly Csikszentmihalyi)가 '몰입(flow)'이라고 이름 붙였던 것이다. 칙센미하이는 사람들이 일과 놀이와 어떻게 상호작용하는지, 그들의 삶이 이런 활동의 혼합을 어떻게 반영하는지를 오랫동안 연구해 왔다. 몰입했을 때 사람들은 시간과 외부 환경과 연결고리를 잃는다. 그들은 자신이 수행하는 과제와 하나가 된다. 더욱이 그 과제는 적당히 어렵다. 도전을 제공하고 지속적인 주의를 필요로 할 만큼 어렵지만, 좌절과 불안을 일으킬 정도로 그렇게 어렵지는 않다.

칙센미하이의 작업은 행동적 수준이 강력한 태세의 감정 반응을 어떻게 만들어 내는지를 보여 준다. 여기에서 행동 사이클의 실행 측면에서 수립된 잠재의식적 기대는 그런 기대에 의존하는 감정 상태를 설정한다. 행위의 결과가 기대에 비추어 평가될 때, 그 결과로 나타나는 감정은 여러 행위 사이클을 거쳐 갈수록 느낌에 영향을 준다. 숙련 수준보다 한참 낮은 쉬운 과제는 기대에 부합하는 것이 매우 쉬워 아무 도전이 없다. 아주 적은 혹은 전혀 처리 노력이 필요하지 않는데, 이것은 무관심이나 지루함으로 이어진다. 우리 기술보다 한참 높은 어려운 과제는 많은 기대의 실패로 이어지는데, 이것은 좌절, 불안 및 무기력을 유발한다. 몰입 상태는 활동의 도전 수준이 우리의 기술 수준을 아주 살짝 초과해서 충분한 주의가 지속적으로 요구될 때 일어난다. 몰입은 활동이 우리의 기술 수준과 비교해서 너무 쉽지도 않고 너무 어렵지도 않을 것을 요구한다. 지속적인 전개와 성공과 결합되는 계속되는 긴장이 때때로 몇 시간 지속되는 몰입적이고, 푹 빠진 듯한 경험이 될 수 있다.

사람은 이야기꾼이다

행위가 수행되는 방식과 인지와 감정을 통합시키는 처리의 세 가지 다른 수준을 탐구해 보았으므로, 우리는 그것이 함축하는 몇 가지를 살펴볼 준비가 되었다.

사람들은 사건의 원인을 찾고, 설명과 이야기를 만들 수 있는 내재적인 성향을 가지고 있다. 이것이 이야기하기(storytelling)가 설득적인 매체인 이유다. 이야기는 우리의 경험과 공명하고 새로운 사례를 제공한다. 우리 경험과 다른 사람들의 이야기에서 우리는 사람들이 행동하고 일이 진행되는 방식에 대해 일반화하는 경향이 있다. 우리는 사건의 원인을 찾고, 이런 원인과 결과의 짝짓기가 말이 되는 한, 그것을 받아들이고 그것을 사용하여 미래의 사건을 이해한다. 그러나 이런 인과적 귀인은 종종 잘못되었다. 가끔 그것은 틀린 원인을 함축한다. 어떤 일의 발생에서 단일한 원인이 있는 것이 아니라, 오히려 모든 것이 그 결과에 기여하는 복잡한 사건의 연쇄가 있기 때문이다. 만일 그 사건 중 어느 하나가 일어나지 않았더라면, 그 결과는 달라졌을 것이다. 그러나 거기에 단 하나의 원인 행위가 없는 경우에도 사람들은 하나의 원인을 부여하는 것을 멈추지 않는다.

개념 모형은 일종의 이야기이며, 설명을 찾으려는 우리의 성향에서 비롯된다. 이 모형들은 우리가 우리 경험을 이해하고, 행위의 결과를 예측하고, 예기치 않은 사건을 다루는 데 필수다. 개념 모형은 실제이든 상상이든, 소박한 것이든 세련된 것이든, 우리가 알고 있는 지식에 기반을 둔다.

개념 모형은 종종 단편적인 증거로부터 구성되는데, 즉 일어나고 있는 일에 대한 불충분한 이해와 더불어 아무 관계가 없을 때조차 원인과 기제, 어떤 관계를 상정하는, 일종의 소박한 심리학과 더불어 구성된다. 잘못된 모형은 일상생활의 좌절로 이어지는데, 그 작동 방식에 대한 개념 모형([그림 1-10]의 A 참조)이 실제([그림 1-10]의 B)와 상응하지 않았던, 설정할 수 없었던 내 냉장고의 경우에서 볼 수 있다. 더 심각한 경우는 산업 플랜트나 여객 항공기같이 복잡한 시스템에 대한 잘못된 모형이다. 그러한 경우 오해는 참혹한 사고를 낳을 수 있다.

온냉방 시스템을 제어하는 온도 조절기를 생각해 보자. 그것이 어떻게 작용하는가? 보통의 온도 조절기는 매우 대략적인 작동 방식 외에는 거의 아무 증거도 내놓지 않는다. 우리가 아는 것은 방이 너무 추우면 온도 조절기에 더 높은 온도를 설정하는 것뿐이다. 마침내 방이 따뜻해진다. 이 같은 방식이 온도 조절이 필요한 거의 모든 장치의 온도 조절기에 적용된다는 것을 주목하라. 빵을 굽고 싶은가? 오븐의 온도 조절기를 설정하면, 오븐은 원하는 온도까지 갈 것이다.

여러분이 추운 방 안에 있고, 빨리 따뜻해지고 싶다고 하자. 온도 조절기를 최대로 높이면 더 빨리 따뜻해질까? 만일 오븐을 필요한 온도에 더 빨리 도달하도록 하려면, 온도 조절 다이얼을 최대로 높이고, 원하는 온도에 도달하면 온도 조절 다이얼을 낮추어야 할까? 방을 아주 빨리 식히려면, 에어컨의 온도 조절기를 가장 낮은 온도로 설정해야 하는가?

온도 조절기를 최대 설정으로 돌려야 방이나 오븐이 더 빨리 시원해지거나 열을 낼 것이라고 생각한다면, 당신은 틀렸다. 당신은 가열 및 냉각 시스템에 대해 오류투성이 속설을 가지고 있는 것이다. 온도 조절기에 관한 흔한 속설 중 하나는 그것이 밸브와 비슷하다는 것이다. 즉, 온도 조절기는 장치에서 얼마나 많은 열(또는 냉기)이 나올지를 제어한다는 것이다. 그래서 무엇인가를 더 빨리 데우거나 차갑게 하려면, 그 장치가 최대 상태에 있도록 온도 조절기를 설정해야 한다. 이 이론은 합리적이며, 이처럼 작동하는 장치도 있다. 그러나 가정용 가열 및 냉각 장비뿐만 아니라 전통적인 오븐의 가열부의 어느 것도 이런 모델에 속하지 않는다.

대부분의 집에서 온도 조절기는 단지 점멸(on-off) 스위치다. 게다가 대부분의 가열 및 냉각 장치는 완전히 켜지거나 완전히 꺼질 뿐이다. 즉, 전부 아니면 전무이며, 중간 상태는 없다. 그 결과 온도 조절기는 난로, 오븐, 에어컨을 온도 조절기의 온도 설정에 도달할 때까지 완전히, 즉 최대 성능으로 켜지게 한다. 그다음 그 장치가 완전히 꺼지게 한다. 온도 조절기를 한 극단에 설정하는 것은 그것이 원하는 온도에 도달하는 데 얼마나 걸리는지에 영향을 주지 않는다. 더 나쁜 것은 이것이 원하는 온도에 도달했을 때 자동 차단 기능을 우회하도록 하기 때문에 극단에 설정하는 것은 예외 없이 그 온도가 목표를 지나치게 된다는 것을 의미한다. 만일 사람들이 전에 불편할 정도로 춥거나 더웠다면, 이제 그들은 반대 방향으로 불편해질 것이며, 그 과정에서 상당한 에너지를 낭비하게 될 것이다.

그러나 당신은 어떻게 알 수 있는가? 어떤 정보가 온도 조절기가 작동하는 방식을 이해하는 데 도움이 되는가? 냉장고와 관련된 디자인 문제는 이에 대한 이해를 돕는 것이 전혀 없으며, 바른 개념 모형을 형성할 방법이 없다는 것이다. 사실 제공된 정보는 사람들로 하여금, 틀린, 아주 부적절한 모형을 만들도록 오도한다.

이 예에서 실제로 중요한 점은 사람들이 잘못된 믿음을 가지고 있다는 사실이 아니라, 모든 사람이 자기가 관찰한 것을 설명하기 위한 이야기(개념 모형)를 만든다는 것이다. 외부 정보가 없을 때, 사람들은 자신이 개발한 개념 모형이 보이는 대로의 사실을 설명하는 한, 자신의 상상력을 자유롭게 내버려 둘 것이다. 그 결과, 사람들은 온도 조절기를 부적절하게 사용하고, 불필요한 노력, 종종 커다란 온도의 요동을 낳고, 그래서 에너지 낭비를 낳는다. 이것은 불필요한 지출이며 환경에도 나쁜 것이다. (이 장의 뒷부분 98페이지에서, 나는 유용한 개념 모형을 제공하는 온도 조절기의 예를 제시할 것이다.)

엉뚱한 것 탓하기

사람들은 사건의 원인을 찾으려 한다. 그들은 두 가지 일이 연달아 일어날 때는 언제나 인과관계를 부여하는 경향이 있다. 내가 어떤 조치를 취한 직후에 어떤 예기치 않은 일이 내 집에 일어난다면, 그 둘 간에는 실제 아무 관계가 없을지라도 나는 그 일이 그 행동에 의해 유발되었다고 결론을 내리기 쉽다. 마찬가지로 내가 어떤 결과를 예상하고 무엇인가를 했는데 아무것도 일어나지 않는다면, 나는 이런 정보적 피드백의 부족을 내가 행동을 맞게 하지 않았다는 표시로 해석하기 쉽다. 그러므로 하는 일 중 가장 일어날 법한 것은 그 행동을, 단지 더 많은 힘을 줘서 되풀이하는 것이다. 문을 미는데 열리지 않는다면? 다시 더 세게 밀어라. 전자 장치의 경우에 만일 피드백이 충분히 지연되면 사람들은 종종 단추 누름이 입력되지 않았다고 결론을 내리고, 같은 동작을 다시 하며, 때때로 자신의 누름 조작이 모두 기록되었다는 것을 깨닫지 못하고 반복해서 한다. 이것은 의도하지 않은 결과로 이어질 수 있다. 반복된 누름은 의도한 것보다 훨씬 더 강한 반응을 불러일으킬 수 있다. 아니면 두 번째의 조작은 이전 것을 취소할 수 있고, 그래서 홀수 번의 누름은 원하는 결과를 낳는 반면 짝수 번의 누름은 아무 결과도 낳지 않을 수 있다.

첫 번째 시도가 실패할 때 행동을 되풀이하는 경향은 처참한 결과를 낳을 수 있다. 사람들이 불타는 빌딩을 탈출하면서 안으로 열리는 문, 즉 당겨야 하는 문을 밀어서 열려고 할 때, 이런 경향성으로 인해 수많은 사망자가 생겼다. 그 결과, 많은 나라에서 법으로 정하기를 공공장소에서 문은 바깥으로 열려야 하며, 더욱이 소위 비상용 빗장(panic bar)에 의해 작동되어야 한다고 했다. 이것은 화재에서 대피하기 위해 공황에 빠진 사람들이 문을 몸으로 밀 때, 자동으로 열리게 하는 것이다. 이것은 적절한 행위 지원성의 훌륭한 적용 사례다. [그림 2-5]의 문을 보라.

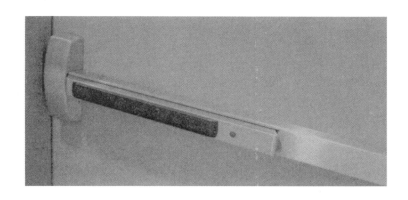

[그림 2-5] 문에 있는 비상용 빗장 화재로부터 도망치는 사람들은 안으로 열리는 출구 문을 만나면 죽기도 한다. 그 이유는 사람들이 문을 밖으로 밀려고만 하고 그게 실패할 때 그들은 더 세게 밀곤 하기 때문이다. 이제 많은 곳에서 법으로 요구되는, 제대로 된 디자인은 밀면 열리도록 문의 디자인을 바꾸는 것이다. 여기에 있는 예는, 실제 행동을 다루는 뛰어난 디자인 전략을 보여 준다. 어디를 밀어야 할지를 나타내는 우아한 기표인 검정 막대와 적절한 행위 지원성이 결합되어 사용된다(노스웨스턴 대학, 포드디자인센터에서 저자의 사진).

현대 시스템은 어떤 조작에 대해 그 요청이 수신되었다는 것을 사용자에게 확신시키려고, 0.1초 내에 피드백을 제공하려고 애쓴다. 이것은 그 조작이 상당한 시간을 소요하는 것이라면 특히 중요하다. 채워지는 모래시계나 회전하는 시계 바늘을 제시하는 것은 일이 진행되고 있다는 것을 확신시키는 표시다. 지연이 예상될 때 어떤 시스템은 그 일이 얼마나 많이 진행되었는가를 표시하기 위해 진행 막대는 물론 시간 추정치까지 제공한다. 더 많은 시스템이 결과에 대한 적시의, 그리고 의미 있는 피드백을 제공하기 위해 이런 알맞은 표시기(displays)를 채택해야 한다.

어떤 연구는 낮게 예측하는 것이, 즉 어떤 조작이 실제로 예상되는 것보다 더 오래 걸릴 것이라고 말하는 것이 현명하다는 것을 보여 준다. 시스템이 시간 양을 계산할 때 그것은 가능한 시간의 범위를 계산할 수 있다. 그 경우에 시스템은 그 범위를 보여 주어야 하는데, 만약 단일 값만이 바람직하다면, 가장 느린, 가장 긴 값을 보여 주어야 한다. 그렇게 하면 기대가 초과 달성되기 쉬우므로 행복한 결과를 낳는다.

어려움의 원인을 판정하기 어려울 때 사람들은 무엇을 비난하는가? 종종 사람들은 세상에 대한 자신의 개념 모형을 써서 비난받는 일과 그 결과 간의 지각된 인과관계를 결정한다. **지각된**(perceived)이란 단어가 핵심이다. 인과관계가 존재할 필요는 없고, 단지 그 사람이 그러한 관계가 있다고 생각하기만 하면 된다. 가끔 그 결과로 그 작동과 아무 관계가 없는 일에 원인을 돌리는 일이 생긴다.

내가 어떤 생활용품을 사용하려고 하는데 잘 안 된다고 하자. 누가 잘못했는가? 내가? 혹은 그 물건이? 우리는 특히 다른 사람들이 그것을 사용할 수 있을 때, 우리 자신을 탓하는 경향이 있다. 만약 잘못이 그 장치에 있다면 많은 사람이 같은 문제를 겪는다. 모든 사람이 그 결함을 자신의 것으로 지각하기 때문에 누구도 장치에 문제가 있다는 것을 받아들이려고 하지 않는다. 이것이 침묵의 음모를 만들고, 사람들 가운데 죄책감과 무기력의 감정이 숨어 있도록 한다.

흥미롭게도 일상의 물건들을 다루는 데 실패하는 것에 대해 자신을 탓하는 흔한 경향성은, 우리가 자신과 타인들에 관해 하는 정상적 귀인과는 반대다. 모든 사람이 가끔 이상하고, 괴기하고 혹은 단순히 틀리고 부적절해 보이는 방식으로 행동한다. 우리가 이렇게 할 때, 우리는 우리 행동을 환경 탓으로 돌리는 경향이 있다. 다른 사람이 그렇게 하는 것을 볼 때, 우리는 그 일을 그들의 성격 탓으로 귀인하는 경향이 있다.

가상의 예가 있다. 사무실의 폭군인 톰이 있다고 하자. 오늘 그는 회사에 늦게 도착해서 사무실 커피 기계가 비어 있다고 동료들에게 소리를 지르고, 사무실로 달려와서 문을 쾅 닫았다. 동료와 직원들이 말하길 "아! 또 그러는구면."

이제 톰의 입장을 살펴보자. "오늘은 일이 잘 안 풀려." 톰이 설명한다. "알람시계가 울리지 않아서 늦게 일어났어. 모닝커피를 마실 시간도 없었어. 늦게 도착하니 주차할 곳도 없었어. 게다가 사무실 커피 기계에 커피가 조금도 없었어. 동이 났어. 이 중 어면 것도 내 잘못은 아냐. 정말 나쁜 사건들의 연속이었어. 물론 내가 동료들에게 너무 심했지. 하지만 누군들 이런 상황에서 그렇지 않을까?"

톰의 동료들은 그의 내적인 생각이나 아침에 벌어진 일을 알지 못했다. 그들이 보는 것은 사무실 커피 기계가 비어 있다고 톰이 그들에게 소리쳤다는 것뿐이다. 이 일은 그들에게 비슷한 일을 생각나게 한다. 그들은 "그는 늘 그래. 항상 아주 사소한 일에 신경질을 부리지 뭐야."라고 결론을 내린다. 누가 옳은가? 톰인가? 그의 동료들인가? 사건들은 두 개의 다른 해석을 가진 두 개의 다른 관점에서 비춰질 수 있다. 즉, 일상의 시련에 대한 흔한 반응, 아니면 폭발적이고, 화를 잘 내는 성격의 결과란 관점에서 말이다.

사람들이 자신의 불행을 환경 탓으로 돌리는 것은 당연해 보인다. 남의 잘못을 그들의 성격 탓으로 돌리는 것도 똑같이 당연하게 보인다. 그런데 일이 잘되어 가면 이와는 정반대 방향의 귀인이 일어난다. 일이 제대로 되면, 사람들은 자신의 능력과 지능에 공로를 돌린다. 구경꾼들은 그 반대로 한다. 그들은 일이 잘 풀리는 사람을 볼 때, 때때로 환경 아니면 행운에 공로를 돌린다.

이 모든 사례에서 한 사람이 간단한 일을 할 수 없는 데에 대해 비난을 부적절하게 받아들이든, 아니면 환경이나 성격 탓으로 돌리든 틀린 개념 모형이 작동하고 있다.

학습된 무기력

학습된 무기력(learned helplessness)이라는 현상이 자기 비난을 설명하는 데 도움을 줄 것이다. 이것은 사람들이 어떤 과제에 대해 반복되는 실패를 경험하는 상황을 가리킨다. 그 결과 그들은 그 과제가 수행될 수 없다고, 적어도 자신은 할 수 없다고 결정한다. 그들은 무기력해진 것이다. 그들은 더 이상 시도하지 않는다. 이런 느낌이 일단의 과제를 지배하면, 그 결과는 인생사에 대처해 가는 데 심각한 어려움이 될 수 있다. 한 극단적 경우에 그런 학습된 무기력은 우울을 낳고 그 사람들은 일상생활에 전혀 대처해 갈 수 없다는 믿음으로 이어진다. 가끔 그런 무력감은 우연히 나쁜 결과가 나온 몇 번의 경험에서 얻을 수 있다. 그 현상은 우울이라는 임상 문제의 전조로 아주 자주 연구되어 왔지만, 나는 일상 물건에 대해서도 몇 번의 안 좋은 경험을 한 후에 우울해지는 것을 보아 왔다.

기술이나 수학에 대한 흔한 공포증도 일종의 학습된 무기력에서 생기는 것일까? 쉬워 보이는 상황에서 몇 번의 실패 사례가 모든 기술적 제품, 모든 수학 문제에 일반화될 수 있을까? 그럴지도 모른다. 사실상 일상 용품의 디자인(그리고 수학 교과과정의 디자인)이 무기력을 일으키도록 거의 확실하게 되어 있는 것처럼 보인다. 우리는 이러한 현상을 가르쳐진 무기력(taught helplessness)이라고 부를 수 있을 것이다.

사람들이 기술장치를 사용하는 데, 특히 그들이 아무도 같은 문제를 겪지 않는다고 (보통 틀리게) 지각할 때 자신을 탓하는 경향이 있다. 더 나쁜 것은 그들이 어려움을 더 많이 겪을수록 자신이 기술적 혹은 기계 측면에서 서투르다고 믿으면서 더 무기력하게 느낄 수 있다는 것이다. 이것은 사람들이 자신의 어려움을 환경 탓으로 돌릴 때와 같은 더 정상적인 상황의 정반대다. 이런 잘못된 비난은, 여기에서 범인은 보통 기술장치의 잘못된 디자인이므로 환경(즉, 기술)을 비난하는 것이 적절할 것이기 때문에 특히 역설적이다.

수학 교과과정을 생각해 보자. 매번 새로운 수업은 이전에 지나간 모든 것에 대한 충분한 지식과 이해를 가정하고 진도에 따라 무지막지하게 진행된다. 각각의 요점은 단순하더라도 한 번 처지면 따라잡기 힘들다. 그 결과, 수학 공포증이 생긴다. 내용이 어려워서가 아니라 한 단계에서의 어려움이 이후의 진도를 방해하도록 가르치기 때문이다. 일단 실패가 시작되면 그것은 곧 자기 비난에 의해 수학 전부로 일반화된다. 비슷한 과정이 기술장치에서도 일어난다. 악순환이 시작된다. 어떤 것을 실패하면 당신은 그것이 당신의 잘못이라고 생각한다. 그러므로 당신은 그 과제를 할 수 없다고 생각한다. 다음에 그 과제를 해야 할 경우 당신은 할 수 없다고 믿고 시도해 보지도 않는다. 그 결과는 당신이 이미 생각했던 바와 같이 당신은 할 수 없다는 것이다.

당신은 자기 성취적 예언이라는 덫에 걸린 것이다.

긍정 심리학

반복된 실패 이후에 포기하는 것을 배우듯이 우리는 인생에 대한 낙관주의적이고, 긍정적인 반응을 배울 수 있다. 수년 동안 심리학자들은 사람들이 어떻게 실패했는가에 대한 우울한 이야기에, 인간 능력의 한계에 그리고 정신병리 현상, 즉 우울, 광적 현상, 편집증 등에 초점을 두었다. 그러나 21세기에 새로운 접근이 나타났다. 긍정 심리학, 긍정적 사고의 문화, 자신에 대해 좋게 느끼는 문화에 초점을 두는 것이다. 사실 대부분 사람의 정상적 감정 상태는 긍정적이다. 무엇인가가 잘되지 않을 때, 그것은 흥미로운 도전으로 간주될 수 있거나 아니면 아마 긍정적인 학습 경험 정도로 간주될 수 있다.

우리는 우리의 어휘에서 **실패**라는 단어를 제거하고, 대신에 그것을 **학습 경험**으로 대체할 필요가 있다. 실패하기는 배우기다. 우리는 성공보다 실패로부터 더 많은 것을 배운다. 분명히 성공을 하면 기분이 좋지만, 종종 왜 성공했는지에 대해 아무것도 모른다. 실패를 하면 종종 그 이유를 알아내는 것이 가능하고, 그 같은 일이 다시 일어나지 않을 것이라는 것을 보장할 수 있다.

과학자들은 이것을 안다. 과학자들은 세상이 어떻게 움직이는가를 알기 위해 실험을 한다. 가끔 그들의 실험은 기대한 대로 되지만 종종 그렇지 않기도 하다. 이것들은 실패인가? 아니, 그것들은 학습 경험이다. 가장 중요한 과학적 발견 중 많은 것이 이와 같은 실패에서 나왔다.

실패는 이렇게 강력한 학습 도구가 될 수 있기 때문에 많은 디자이너는 어떤 제품을 개발하는 동안 벌어진 자신의 실패에 대해 자부심을 갖는다. IDEO라는 디자인 회사는 다음을 신조로 삼았다. '자주 실패하라, 빨리 실패하라.' 왜냐하면 매번의 실패가 그들에게 무엇을 바로잡아야 할 것인지에 대해 많은 것을 가르쳐 준다는 것을 알기 때문이다. 디자이너들은 연구자들이 그런 것처럼 실패할 필요가 있다. 나는 오랫동안 실패가 탐색과 창의성의 필수 부분이라는 믿음을 지녀 왔고, 제자들과 직원들에게 실패를 격려해 왔다. 만일 디자이너들과 연구자들이 가끔 실패하지 않는다면, 그것은 그들이 충분히 열심히 노력하지 않는다는, 즉 일의 돌파구를 제공할 훌륭하고 창의적 생각을 하지 않는다는 신호다. 실패를 피하고 항상 안전한 길을 갈 수도 있다. 그러나 이것은 또한 단조롭고 흥미 없는 인생으로 가는 첩경이기도 하다.

제품과 서비스 디자인 또한 이런 철학을 따라야 한다. 이를 위해 이 책을 읽는 디자이너에게 몇 가지 충고를 하도록 허락해 달라.

- 사람들이 당신의 제품을 제대로 사용하지 못할 때 그들을 비난하지 마라.
- 사람들의 어려움을, 그 제품이 개선될 수 있는 곳에 대한 기표로 삼아라.
- 전자 혹은 컴퓨터 시스템에서 모든 오류 메시지를 제거하라. 그 대신 도움말과 안내를 제공하라.
- 문제를 도움말과 안내를 통해 바로 수정할 수 있도록 하라. 사람들이 자신의 일을 계속할 수 있게 하라. 즉, 진행을 방해하지 말고, 부드럽고 연속적으로 진행될 수 있도록 하라. 결코 사람들이 다시 시작하게 하지 마라.
- 사람들이 한 것이 부분적으로 맞는 것으로 가정하라. 그래서 그것이 부적절하다면 사람들이 문제를 고치고 자기 일을 계속할 수 있도록 하는 안내를 제공하라.
- 긍정적으로 생각하라. 당신 자신과 당신이 상호작용하는 사람들을 위해.

자신의 잘못 탓하기

나는 사람들이 오류를, 때로는 심각한 오류를 범하는 것을 연구해 왔다. 그 대상은 기계장치, 전등 스위치와 퓨즈, 컴퓨터 운용 시스템과 워드 프로세서, 심지어 비행기나 원자력 발전소 등이다. 예외 없이 사람들은 죄책감을 느끼고, 오류를 숨기려고 하거나 자신의 '미련함'이나 '서투름'을 탓한다. 나는 오류를 관찰하도록 허락을 얻는 데 종종 어려움을 겪었다. 누구도 서투르게 수행하는 것을 관찰당하는 것을 좋아하지 않는다. 디자인이 잘못된 것이고 다른 사람들도 똑같은 오류를 범한다고 알려 주지만, 과제가 단순하고 사소해 보일 때 사람들은 여전히 자신을 탓한다. 마치 그들은 자신이 기계적으로 능력이 없다고 생각하는 데 비뚤어진 자부심을 가지고 있는 듯이 보인다.

언젠가 큰 컴퓨터 회사에서 신제품을 평가해 달라는 요청을 받았다. 한나절을 걸려서 사용법을 배우고, 여러 문제를 두고 시험해 보았다. 자료를 입력하기 위해 글자판을 사용할 때, 리턴(RETURN) 키와 엔터(ENTER) 키를 구별하는 것이 필요했다. 만일 틀린 키를 누르면, 최근 몇 분간의 작업이 지워져 되돌릴 수 없었다.

나는 이 문제를 디자이너에게 지적하고, 나 또한 그런 오류를 여러 번 저질렀으며, 내 분석에 따르면 이것은 사용자들에게 흔한 오류가 될 가능성이 높다고 설명했다. 디자이너의 첫 번째 반응은 "왜 그런 잘못을 합니까? 설명서를 읽지 않았나요?"였다. 그는 그 두 키의 기능 차이를 설명해 나갔다.

"그렇죠." 나는 "두 키를 잘 알고 있습니다. 단지 그것들이 헷갈린다는 것이지요. 둘 다 기능이 비슷하고, 자판에서도 비슷한 위치에 놓여 있습니다. 그리고 타자에 능숙하기 때문에 깊이 생각하지 않고 자동적으로 리턴 키를 종종 누릅니다. 확실히 다른 사람들도 비슷한 문제를 겪었을 것입니다."라고 설명했다.

"아뇨." 그 디자이너는 말했다. 내가 그런 불평을 한 유일한 사람이고 그 회사의 직원들은 몇 달째 그 시스템을 사용해 왔다고 그는 주장했다. 믿을 수가 없어서 우리는 직원들 중 몇 명에게 엔터를 눌러야 될 때 리턴 키를 누른 적이 있었는지를 물어보았다. 그리고 그 때문에 자신이 작업한 것을 잃어버린 적이 있었는지도 함께 물었다.

"오, 그래요, 자주 그래요."라고 그들이 말했다.

그럼 왜 아무도 그것에 대해 아무 말도 하지 않았는가? 어쨌든 그들은 그 시스템과 관련된 모든 문제점을 보고하도록 부탁받지 않았는가. 이유는 단순하였다. 시스템이 작동을 멈추거나 뭔가 이상한 일을 하면 그들은 그것을 문제점으로 충실하게 보고했다. 하지만 리턴 대 엔터 키의 오류를 범할 때, 그들은 자신 탓을 했다. (여하튼 그들은 할 일을 이야기 들었고, 단지 실수했을 뿐이라는 것이었다.)

무엇인가가 잘못되고 있을 때 사람에게 잘못이 있다는 생각은 사회에 깊이 뿌리 박혀 있다. 그것이 우리가 다른 사람과 우리 자신을 탓하는 이유다. 불행히도 사람이 잘못하고 있다는 생각은 법 체계에도 내포되어 있다. 주요한 사고가 발생할 때, 책임을 평가하기 위해 심문을 위한 공식 법정이 열린다. 점점 더 자주 그 책임은 '인간 오류'에 돌려진다. 관련된 사람은 벌금을 물거나 처벌받거나 또는 해고될 수도 있다. 아마 훈련 절차가 개정될 것이지만, 법은 안락하게 쉬고 있다. 그러나 내 경험으로 볼 때, 인간 오류는 보통 나쁜 디자인의 결과다. 그것은 시스템 오류로 불려야 할 것이다. 인간은 계속 잘못을 저지른다. 그것은 우리 본성의 내재적 부분이다. 시스템 디자인은 이 것을 고려해야 한다. 사람에게 비난을 고정시키는 것은 편안한 진행 방식일지 모르지만, 단 한 사람의 단 하나의 행동이 참사를 일으킬 수 있다면 그 시스템은 왜 디자인되었는가? 더 안 좋게도, 근본적인 기저 원인을 고치지 않으면서 사람을 탓하는 것은 문제를 고칠 수 없다. 같은 오류는 다른 누군가에 의해 반복되기 쉽다. 제4장에서 인간 오류의 주제로 다시 돌아갈 것이다.

물론 사람들은 오류를 저지른다. 복잡한 장치는 항상 어떤 지시문을 필요로 할 것이고, 지시를 읽지 않고 그것을 쓰는 누군가는 오류를 범하거나 헷갈리기 마련이다. 하지만 디자이너는 오류를 범하는 것이 가능한 한 비용이 들지 않는 일이 되도록 특별한 노력을 들여야 한다. 다음이 오류에 관한 내 신조다.

인간 오류(human error)라는 용어를 제거하라. 그 대신 의사소통과 상호작용에 대해 말하라. 우리가 오류라고 부르는 것은 보통 나쁜 의사소통이나 상호작용이다. 사람들이 서로 협동할 때, 오류라는 단어는 다른 사람의 말을 특징적으로 나타내기 위해 결코 사용되지 않는다. 그것은 각 사람이 다른 사람을 이해하고 그에 반응하려고 하기 때문이며, 무엇인가가 이해되지 않거나 부적절해 보일 때, 그것은 질문되고, 명확하게 되며, 협동은 계속되기 때문이다. 왜 사람과 기계 간의 상호작용은 협동으로 생각될 수 없는가?

기계는 사람이 아니다. 기계는 우리와 같은 방식으로 의사소통하거나 이해할 수 없다. 이것이 의미하는 것은 기계의 디자이너는 기계의 행동이 그것과 상호작용하는 사람에게 이해될 수 있도록 해야 하는 특별한 의무가 있다는 것이다. 진정한 협동은 각 관계자가 서로에게 협조하고 이해하기 위한 어떤 노력을 할 것을 요구한다. 우리가 기계와 협동할 때 모든 협조를 해야 하는 것은 사람이다. 왜 기계가 더 친절해질 수 없는가? 기계는 정상적 인간 행동을 수용해야 하지만, 사람들이 종종 잠재의식적으로 이야기의 정확성을 평가하듯이, 이 경우 조작자들이 단순한 실수(제5장에서 논의된다)로 일어나는 극심한 오류를 피할 수 있도록, 기계는 주어진 정보의 질을 판단해야 한다. 항상 자세하고 정확한 정보를 주는 것을 포함해서 기계의 특별한 요구에 자신을 적응시키기 위해 오늘날 사람들이 비정상적으로 수행하고 있다는 것이 우리의 주장이다. 인간은 이 일에 특히 서툴다. 그들이 임의적이고 비인간적인 기계의 요구를 충족시키지 못할 때, 우리는 그것이 인간 오류라고 일컫는다. 아니다. 그것은 디자인 오류다.

디자이너들은 행위를 안내해 주는 행위 지원성, 기표, 좋은 대응 및 제약을 사용해 처음부터 부적절한 행동을 할 가능성을 최소화하려고 애써야 한다. 만일 한 사람이 부적절한 행위를 한다면, 그 디자인은 이것을 발견하고 그다음 바로잡을 수 있는 가능성을 최대화해야 한다. 이것은 단순하고 명백한 개념 모형과 결합된 좋은, 지능적 피드백을 필요로 한다. 사람들이 무엇이 일어났는지, 그 시스템은 어떤 상태에 있는지 그리고 가장 적절한 행위의 집합이 무엇인지를 이해할 때, 그들은 자신의 활동을 더 효과적으로 수행할 수 있다.

사람은 기계가 아니다. 기계는 지속적인 방해거리를 처리할 필요가 없다. 사람들은 지속적인 방해를 받기 쉽다. 그 결과, 우리는 종종 과제 사이를 이리저리 왔다갔다하고, 우리 자리, 즉 우리가 하고 있었던 것을 다시 복구해야 한다. 우리가 원래 과제로 돌아갈 때 가끔 우리 자리를 잊고, 한 단계를 건너뛰거나 되풀이하거나 혹은 우리가 입력하려고 했던 정보를 부정확하게 유지하는 것은 놀랍지 않다.

우리의 강점은 새로운 문제에 대한 해결책을 제시하는 데에서 우리가 보이는 융통성과 창의성에 있다. 우리는 창의적이고 상상적이며, 기계적이지 않고 정밀하지 않다. 기계들은 정밀성과 정확성을 요구한다. 사람은 그렇지 않다. 우리는 특히 정밀하고 정확한 입력에 서투르다. 그런데 왜 우리가 항상 그렇게 하도록 요구받는가? 왜 우리는 기계의 요구를 사람들의 요구 위에 두는가?

사람들이 기계와 상호작용할 때, 일은 항상 부드럽게 진행되는 것은 아니다. 그것이 당연하다. 그래서 디자이너들은 그것을 예상해야 한다. 모든 것이 계획된 대로 진행될 때 잘 작동하는 장치를 디자인하는 것은 쉽다. 디자인의 어렵고 필수적인 부분은 일이 계획된 대로 진행되지 않을 때조차 일이 잘 되도록 하는 것이다.

기술이 인간 행동에 어떻게 부응할 수 있는가

과거에는 비용 때문에 많은 제조사가 정확한 개념 모형을 만드는 데 사람들을 도와줄 수 있는 유용한 피드백을 제공하지 못했다. 필요한 정보를 제공하는 데 충분히 크고 유연성 있는 컬러 디스플레이는 비용 때문에 작고 비싸지 않은 장치를 위해서는 쓸 수 없었다. 그러나 센서와 디스플레이 비용이 떨어지면서 이제 더 많은 것을 할 수도 있다.

디스플레이 스크린 때문에 전화기들은 이전보다 쓰기가 훨씬 더 쉬워졌고, 그래서 이 책의 이전 판에서 있었던 전화기에 대한 내 광범한 비판은 사라졌다. 나는 이제 모든 장치가 크게 향상될 것이라고 기대하고 있다. 이 디자인 원칙의 중요성이 인정되고 있으며, 더 향상된 디스플레이와 더 낮은 비용으로 이 생각을 구현하는 것이 가능하기 때문이다.

가정용 온도 조절기를 위한 개념 모형 제공하기

예를 들어, 내 방의 온도 조절기(네스트랩 디자인)는 보통 꺼져 있지만 화려한 디스플레이를 가지고 있는데, 내가 근처에 있다는 것을 감지할 때에만 켜진다. 그다음 그것은 방의 현재 온도, 설정되어 있는 온도 그리고 난방 중인지 냉방 중인지를 알려 준다(난방도 냉방도 하지 않을 때의 검정 배경색에서, 난방 중일 때에는 오렌지색으로, 냉방 중일 때 파랑으로 변한다). 그것은 나의 일상 패턴을 학습해서 온도를 자동으로 바꾸는데, 잠잘 때는 낮추고, 아침에는 다시 올리고, 아무도 집에 없다는 것을 탐지할 때에는 '외출'모드에 들어간다. 항상 그것은 무엇을 하고 있는지를 알려 준다. 그래서 방 온도를 상당히 바꾸어야 할 때(누군가가 직접 바꾸거나 조절기가 전환할 때가 되었다고 결정했을 때), 그 장치는 예측을 한다. "지금 75도(화씨)인데, 20분 내에 72도가 될 것입니다." 게다가 네스트(Nest)는 스마트 기기에 무선으로 연결될 수 있어서 온도 조절기를 원격으로 조작할 수 있게 한다. 또한 그 성능에 대한 상세한 분석을 제공하는 더 큰 화면을 쓸 수 있게 하는데, 이것은 거주자가 네스트에 대한 그리고 집의 에너지 소모에 대한 개념 모형을 발달시키는 것을 도와준다. 네스트는 완벽한가? 아니다. 그러나 그것은 사람과 일상용품의 협동적인 상호작용을 향상시킨 사례로 주목된다.

A

B

[그림 2-6] 명시적인 개념 모형을 가진 온도 조절기 이 온도 조절기는 네스트 랩(Nest Labs)에서 만들었는데, 사람들이 그 작동 방식에 대한 좋은 개념 모형을 형성하도록 도와준다. 사진 A는 온도 조절기를 보여 준다. 파란색 배경은 그것이 집을 식히고 있다는 것을 나타낸다. 현재의 온도는 화씨 75°(섭씨 24°)이며 목표 온도는 화씨 72°(섭씨 22°)인데, 20분 후에 도달할 것으로 기대된다. 사진 B는 온도 조절기의 설정과 집의 에너지 사용에 대한 요약을 보여 주기 위한 스마트폰의 이용법이다. A와 B는 결합하여, 거주자가 온도 조절기와 집의 에너지 소모에 대한 개념 모형들을 발달시키는 것을 돕는다(사진은 네스트랩의 허가를 받음).

날짜, 시간 및 전화번호 입력하기

많은 기계가 프로그램화되어 있어서 그것들이 요구하는 입력 형식은 매우 까다롭다. 그 까다로움은 기계의 필요사항이 아니라 소프트웨어의 디자인에 사람에 대한 고려가 부족하기 때문이다. 다른 말로 하면, 부적절한 프로그래밍인 것이다. 다음 예들을 생각해 보라.

많은 사람이 컴퓨터의 양식을 채우는 데 시간을 보낸다. 이름, 날짜, 주소, 전화번호, 일시적 합 및 다른 정보를 고정되고 빡빡한 형식으로 입력해야 하는 양식이다. 더 나쁜 것은 종종 우리는 잘못할 때까지 정확한 형식에 대해 듣지 못하기도 한다는 것이다. 왜 어떤 양식을 채우는 다양한 방식을 알아차리고 그것들 모두 이용할 수 있게 하지 못하는가? 어떤 회사는 이 점에서 뛰어난 일을 했는데, 그들의 조치를 기념하도록 하자.

마이크로소프트의 일정 프로그램을 보자. 여기에서는 당신이 좋아하는 어떤 방식으로든 날짜를 표시할 수 있다. '11월 23일, 2015' '23일 11월, 15' 혹은 '11. 23. 15' '목요일로부터 일주일' '내일' '내일로부터 일주일' 혹은 '어제'와 같은 구절조차 받아들인다. 시간의 경우도 마찬가지다. 당신이 원하는 어떤 방식으로든 시간을 입력할 수 있다. '3:45 PM' '15.35' '한 시간' '두 시간 반' 등 전화번호도 마찬가지다. (국제전화 코드를 표시하는) + 기호로 시작하기를 원하는가? 문제가 없다. 숫자 필드를 공백, 대시, 괄호, 슬래시, 구두점으로 분리하는 것을 좋아하는가? 아무 문제가 없다. 프로그램이 날짜, 시간 혹은 전화번호를 정당한 형식으로 판독할 수 있는 한 그것은 수용된다. 이 일을 작업한 팀이 보너스와 승진 기회를 얻었기를 바란다.

나는 아주 다양한 형식을 수용하는 데에 개척적인 예로 마이크로소프트를 추려 냈지만, 이제 이것은 표준 관행이 되고 있다. 당신이 이 글을 읽을 때쯤 모든 프로그램이 이름, 날짜, 전화번호, 주소 등에 대해 이해 가능한 어떤 형식이든 허용하고, 입력된 무엇이든 내부 프로그램이 필요로 하는 어떤 형식으로 변환하게 되기를 희망한다. 그러나 나의 예측은 22세기에서조차 아무 이유 없이 프로그래밍 팀의 게으름 때문에 정밀하고 정확한 (그러나 임의적인) 형식을 필요로 하는 양식이 여전히 있을 것이라는 것이다. 이 책이 출판된 시점과 당신이 이 책을 읽는 시점 사이의 수년 내에 큰 향상이 있을 것이다. 당신이 매우 운이 좋다면, 이 절은 몹시 시대에 뒤떨어진 것이 될 것이다. 그렇게 되길 희망한다.

행위의 일곱 단계: 일곱 가지 기본적인 디자인 원칙

행위 사이클의 일곱 단계 모형은 가치 있는 디자인 도구가 될 수 있다. 그것은 질문해야 할 기본적인 점검 목록을 제공하기 때문이다. 보통 행위의 각 단계는 그 자신의 특정한 디자인 전략을 필요로 하고, 반대로 보면 각각이 재난을 일으킬 자체적 기회가 된다. [그림 2-7]은 이런 질문을 요약한다.

① 무엇을 달성하기를 원하는가?
② 무엇이 대안적인 행동 순서인가?
③ 지금 무슨 행동을 할 수 있는가?
④ 어떻게 그것을 하는가?
⑤ 무엇이 일어났는가?
⑥ 이것은 무엇을 의미하는가?
⑦ 이것으로 충분한가? 내가 내 목표를 달성했는가?

어떤 제품을 쓰는 사람은 누구나 항상 이 모든 일곱 가지 질문에 답을 할 수 있어야 한다. 이것은 디자이너에게 부담을 지우는데, 각 단계에서 그 제품이 이 질문에 답하는 데 필요한 정보를 제공하는 것을 보장해야 하기 때문이다.

실행(하기)의 질문에 답하는 데 도움이 되는 정보는 피드포워드(feedforward)다. 일어난 일을 이해하는 데 도움이 되는 정보는 피드백(feedback)이다. 피드백이 무엇인지는 누구나 안다. 그것은 일어난 것을 당신이 알도록 도와준다. 그러나 당신이 할 수

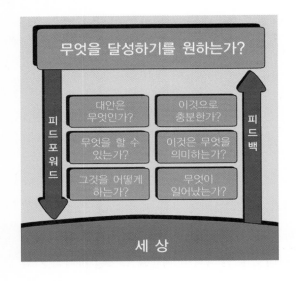

[그림 2-7] 디자인 보조물로서 행위의 일곱 단계 일곱 단계 각각은 시스템을 쓰는 사람이 질문하는 곳을 나타낸다. 일곱 개의 질문은 일곱 개의 디자인 주제를 제기한다. 디자인은 사용자의 질문에 답하는 데 요구되는 정보를 어떻게 전달해야 하는가? 적절한 제약과 대응, 기표들과 개념 모형들, 피드백과 가시성을 통해서다. 실행(하는 일)의 질문에 답하는 것을 도와주는 정보는 **피드포워드**다. 일어난 일을 이해하는 데 도움이 되는 정보는 **피드백**이다.

있는 것을 어떻게 아는가? 그것은 피드포워드의 역할인데, 이것은 제어이론에서 빌려온 용어다.

피드포워드는 기표, 제약 및 대응을 적절히 사용함으로써 달성된다. 개념 모형은 중요한 역할을 한다. 피드백은 행위의 영향에 대한 명시적인 정보를 통해 달성된다. 다시 한 번 개념 모형은 중요한 역할을 한다.

피드백과 피드포워드는 모두 시스템을 쓰는 사람들이 즉각 해석할 수 있는 형태로 제시되어야 한다. 그 제시는 사람들이 달성하려고 하는 목표를 생각하는 방식과 그들의 기대를 일치시켜야 한다. 정보는 인간의 필요와 짝지어져야 한다.

행위의 일곱 단계로부터의 통찰은 디자인의 근본적인 일곱 원칙으로 우리를 인도한다.

① **발견 가능성**(discoverability): 어떤 행위가 가능하며 기기의 현재 상태가 무엇인지를 판정할 수 있다.
② **피드백**(feedback): 행위의 결과와 제품 혹은 서비스의 현재 상태에 관해 완전하고 연속적인 정보가 있다. 행위가 수행된 이후에는, 새 상태를 확인하는 것이 쉽다.

③ **개념 모형**(conceptual model): 디자인은, 이해와 통제감으로 연결되는, 시스템에 대한 좋은 개념 모형을 생성하는 데에 필요한 모든 정보를 보여 준다.

④ **행위 지원성**(affordance): 적당한 행위 지원성은 원하는 행위를 가능하게 하기 위해 존재한다.

⑤ **기표**(signifiers): 기표의 효과적 사용은 발견 가능성과 피드백이 잘 의사소통되고 이해 가능한 것이 된다는 것을 보장한다.

⑥ **대응**(mappings): 조절기와 작동 간의 관계성은 좋은 대응의 원칙을 따르고, 공간적 레이아웃과 시간적 인접성을 통해 가능한 한 크게 향상되어야 한다.

⑦ **제약**(constraints): 물리적·논리적·의미적 및 문화적 제약의 제공은 행위를 인도하고 이해를 쉽게 한다.

이제부터 당신이 호텔방의 샤워 조절기를 곧바로 이해할 수 없거나 익숙하지 않은 TV나 부엌의 설비를 쓰는 데 어려움을 겪는다면, 문제는 디자인에 있다는 것을 기억하라. 문제가 어디에 있는지를 자신에게 물어라. 행위의 일곱 단계 중 어느 단계에서 실패했는가? 어떤 디자인 원칙에 결함이 있는가?

결점을 찾기는 쉽다. 핵심은 일을 더 잘할 수 있어야 한다는 것이다. 어려움이 어떻게 생기는지를 자신에게 물어라. 여러 다른 집단의 사람들이 관련되어 있을 것이며, 그 집단 중 각각은 자신의 행위에 지능적이고, 이해할 만한 이유를 가지고 있으리라는 것을 깨달아라. 예를 들어, 말썽 많은 욕실 샤워기는 그것이 어떻게 설치될 것인지를 알 수 없는 사람들에 의해 디자인되었으며, 그 샤워 조절기는 건축업자에 의해 선택되었을 것인데, 그는 또 다른 사람이 제공한 집 설계도에 맞추려고 했으리라. 마지막으로, 이들 중 누구와도 접촉이 없었을 가능성이 많은 배관공이 그것을 설치했다. 문제는 어디에서 생겼는가? 그것은 이 단계 중 어느 한 (혹은 여러) 단계에 있을 수도 있다. 그 결과는 나쁜 디자인으로 보이겠지만, 실제로 나쁜 의사소통에서 생길 수도 있다.

내가 스스로에게 부과한 규칙 중 하나는 "당신이 더 잘하지 않는다면 비난하지 마라."는 것이다. 잘못된 디자인이 어떻게 생기게 되었을지를 이해하려고 해 보라. 다른 식이라면 어떻게 될 수 있었을지를 알아내려고 해 보라. 나쁜 디자인의 원인과 가능한 교정에 대해 생각함으로써 당신은 좋은 디자인을 더 잘 평가할 수 있을 것이다. 그래서 당신이 잘 디자인된 물건, 즉 처음인데도 부드럽고 노력을 들이지 않고도 쓸 수 있는 것을 만나면 잠시 멈추고 살펴보라. 그것이 행위의 일곱 단계와 디자인 원칙을 얼마나 잘 숙달했는지를 생각해 보라. 제품과 우리의 상호작용 중 대부분은 실제로 복잡한 시스템과의 상호작용이라는 것을 알아야 한다. 좋은 디자인은 시스템 전체를 고려해야 하며, 각 단계에서 필요조건, 의도 및 욕망은 충실하게 이해되고 다른 모든 단계에서 존중될 것을 요구한다.

머릿속의 지식과 세상 속의 지식

머릿속의 지식과 세상 속의 지식

친구가 친절하게도 차를 빌려 주었는데 오래된 클래식 사브였다. 막 출발하기 전 쪽지를 발견했다. "시동 키를 빼려면 기어를 후진 상태에 둬야 한다고 말하는 것을 깜박 잊었네." 기어를 후진 상태에 두다니! 만약 그 쪽지를 발견하지 못했더라면, 결코 그것을 알아내지 못했을 것이다. 차에는 눈에 띄는 실마리도 없었다. 이러한 방법을 쓰기 위해 필요한 지식은 머릿속에 있어야 했다. 운전자가 그걸 알지 못했다면 시동 키를 영원히 뺄 수 없을 것이다.

우리는 매일 여러 개의 물건, 기기 및 서비스에 직면한다. 각각은 어떤 특정한 방식으로 행동하거나 작동하는 것을 필요로 한다. 대체로 우리는 꽤 잘한다. 우리 지식은 종종 꽤 불완전하고 애매하고 또 틀리기도 하지만, 그것은 중요하지 않다. 우리는 여전히 하루를 그런대로 괜찮게 살아간다. 우리는 어떻게 해 나가는가? 머릿속의 지식과 세상 속의 지식을 결합한다. 왜 결합하는가? 어느 것도 단독으로는 충분하지 않을 것이기 때문이다.

[그림 3-1] 어느 것이 1센트짜리 미국 동전(페니)인가? 이 그림 세트를 제시받고 맞는 이미지를 고르도록 요청받은 미국 대학생들 중에서 반도 못 미치는 사람들이 정답을 맞혔다. 수행이 아주 나쁘지만, 학생들이 그 돈을 쓰는 데에는 당연히 어려움이 없다. 일상에서 우리는 페니와 다른 동전들을 구별해야 하지만, 한 액수의 여러 형태 사이를 구별할 필요가 없다. 비록 이것은 미국 동전을 사용한 오래된 연구이지만, 그 결과는 어떤 다른 통화의 동전을 사용하더라도 오늘날까지 여전히 들어맞는다.

사람들의 지식과 기억에 잘못이 있다는 것을 보이기는 쉽다. 심리학자인 레이 니커슨(Ray Nickerson)과 메릴린 애덤스(Marilyn Adams)는 사람들이 흔한 동전들이 어떤 모습인지를 잘 기억하지 못한다는 것을 보였다([그림 3-1] 참조). 비록 그 예가 미국의 1센트짜리인 페니이지만 세계 여러 나라의 통화에서도 이같은 현상이 발견된다. 그러나 동전 외관에 대한 무지에도 불구하고, 우리는 우리 돈을 제대로 쓴다.

왜 행동의 정밀성과 지식의 비정밀성이라는 명백한 불일치가 있는가? 정밀한 행동에 필요한 지식의 모든 것이 머릿속에 있을 필요가 없기 때문이다. 그것은 분산되어 부분적으로 머리에, 세상에 그리고 세상의 제약에 각각 있을 수 있다.

부정확한 지식으로 정확한 행동하기

다음 네 가지 이유로 정밀하지 않은 지식에도 불구하고 행동은 정확할 수 있다.

① **정보는 머릿속과 세상 속 모두에 있다.** 전문적으로 말할 때, 지식은 단지 머릿속에만 있을 수 있다. 지식은 해석과 이해를 필요로 하기 때문이다. 그러나 세상의 구조가 해석되고 이해되기만 하면, 그 구조는 지식인 셈이다. 한 사람이 어떤 과제를 하는 데 필요한 지식의 상당 부분은 세상에 있는 정보에서 도출될 수 있다. 행동은 머릿속의 지식을 세상 속에 있는 지식과 결합함으로써 결정된다. 이 장에서 나는 '지식'이란 용어를 머릿속에 있는 것과 세상 속에 있는 것 모두를 가리키기 위해 쓸 것이다. 전문적으로 볼 때 정밀하지 않지만, 그것으로 논의와 이해가 단순해진다.

② **높은 정밀성이 요구되지 않는다.** 지식의 정밀성, 정확성 및 완전성은 거의 필요하지 않다. 머리와 세상의 결합된 지식이 옳은 선택과 그렇지 않은 것을 구별하기에 충분하기만 하면 완벽한 행동은 가능하다.

③ **자연스러운 제약이 세상에 있다.** 세상이 가능한 행동을 제한하는 여러 자연스러운, 물리적 제약을 가지고 있다. 예를 들어, 부품들이 조립되는 순서나 물건을 움직이거나 끄집어내거나 혹은 조작되는 방식을 제한한다. 이것이 세상 속의 지식이다. 모든 물건이 돌출부나 함몰부, 나사머리 및 부속물과 같은 물리적 특징을 가지고 있어 이런 것들이 다른 것들과의 관계나 수행될 수 있는 조작, 추가될 수 있는 것 등을 제한한다.

④ **문화적 제약과 관습에 대한 지식이 머릿속에 있다.** 문화적 제약과 관습은 학습된 인위적 제한인데, 그럴듯한 행동의 집합을 줄여서 여러 사례에서 단지 한두 가능성만을 남겨 놓는다. 이것은 머릿속의 지식이다. 한번 학습되고 나면 이런 제약은 많은 다양한 상황에 적용된다.

행동은 내적·외적 지식과 제약의 결합에 의해 인도될 수 있으므로, 사람들은 완전성, 정밀성 혹은 학습의 깊이뿐만 아니라 학습해야 할 자료의 양을 최소화할 수 있다. 그들은 또한 환경이 행동을 지원하도록 환경을 교묘하게 조직할 수 있다. 이것이 글을 읽을 줄 모르는 사람이 독서 기술이 필요한 상황에서도 읽지 못한다는 것을 속일 수 있는 방법이다. 청력 손상이 (혹은 정상 청력이 있으나 소란스러운 환경에) 있는 사람은 다른 단서를 사용하는 것을 배운다. 많은 사람이 무엇을 해야 할지를 모르는 새롭고, 혼란스러운 상황에서도 꽤 잘 해 나간다. 우리는 이 일을 어떻게 하는가? 우리는 완벽한 지식을 가질 필요가 없도록 일을 배치하거나 혹은 주변 사람들의 지식에 의존해서 그들의 행동을 모방하거나 그들이 필요한 행동을 하도록 한다. 얼마나 자주 자신의 무지를 속이고 이해하지 못하거나 또는 많은 관심조차 없이도 일을 할 수 있는지, 그 정도는 실제로 꽤 놀랄 만하다.

사람들이 특정한 제품을 쓸 때 상당한—머릿속의—지식과 경험을 가지고 있을 때 가장 좋지만, 디자이너는 사전 지식이 없을 때에도 잘 수행할 수 있도록 디자인—세상 속의 지식—에 충분한 단서를 넣을 수 있다. 머릿속의 지식과 세상 속의 지식을 결합하면 수행이 한층 더 좋아진다. 디자이너는 기기 그 자체에 지식을 어떻게 넣을 수 있는가?

제1장과 제2장에서 인간 인지와 감정에 대한 연구에서 도출되는 광범한 근본적인 디자인 원칙을 소개했다. 이 장은 머릿속의 지식이 세상 속의 지식과 어떻게 결합하는가를 보여 줄 것이다. 머릿속의 지식은 인간 기억 시스템에 있는 지식이며, 이 장은 기억에 관한 핵심을 간단하게 개관할 것이다. 이것은 사용 편의한 제품의 디자인에 꼭 필요하다. 내가 강조하는 것은 실제 목적에서 보면 과학 이론들의 세부사항을 알 필요는 없지만 더 간단하고, 더 일반적이고 유용한 대략의 것을 알 필요가 있다는 것이다. 단순화된 모형은 성공적인 응용의 열쇠다. 이 장은 자연스러운 대응이 즉각 해석되고 사용하기 쉬운 방식으로 세상 속의 정보를 어떻게 제시하는지를 논의하면서 결론지을 것이다.

지식은 세상 속에 있다

일을 하는 데 필요한 정보를 세상에서 즉각 얻을 수 있다면 그것을 배울 필요는 사라진다. 가령, 우리는 흔한 동전을 문제없이 알아보지만 그것에 대한 지식은 부족하다([그림 3-1] 참조). 우리의 통화가 어떤 모양인지를 아는 데 모든 세부사항을 알 필요가 없고, 한 가치의 통화를 다른 것과 구별할 수 있는 지식만으로 충분하다. 아주 소수의 사람만이 위폐와 정당한 돈을 구별하기 위해 충분히 알 필요가 있을 뿐이다.

타자를 예로 들어 보자. 많은 타자수가 자판을 기억하지 못한다. 보통 각 키마다 문자가 표시되어 있어서 타자수가 아닌 사람도 문자를 하나하나 찾아서 찍을 수 있는데, 이는 세상 속의 지식에 의존하는 것으로서 배우는 데 필요한 시간은 최소다. 문제는 그런 타자는 느리고 어렵다는 것이다. 물론 경험이 쌓이면서 찾아서 찍던 사람도 가르쳐 주지 않아도 자판에서 많은 문자의 위치를 알 수 있고, 타자 속도도 눈에 띄게 증가하여 곧 손으로 쓰는 속도를 능가하며, 어떤 사람은 매우 빠른 속도에 도달한다. 주변 시야와 자판의 감각이 버튼의 위치에 관해 어느 정도의 정보를 준다. 자주 사용되는 키는 완전히 학습되며, 덜 자주 사용되는 키는 잘 학습되지 않으며, 그리고 다른 키들은 부분적으로 학습된다. 그러나 타자수가 자판을 보고 쳐야 한다면, 속도는 제한된다. 지식은 여전히 머릿속이 아니라 주로 세상 속에 있는 것이다.

만약 많은 양을 정기적으로 타자할 필요가 있다면, 더 많은 투자, 즉 강습이나 교재나 상호작용 프로그램*을 이용하는 것이 가치가 있다. 중요한 것은 자판에서 손가락의 올바른 위치를 배우며, 보지 않고 타자하는 것을 배우고, 자판에 대한 지식을 세상에서 머릿속으로 넣는 것이다. 그 시스템을 배우는 데 여러 주가 걸리고, 숙달하는 데 여러 달이 걸린다. 그러나 이러한 노력의 대가로 타자 속도가 빨라지고 더 정확해지며, 타자할 때의 심리적 부하와 노력은 줄어든다.

우리는 과제를 완수하는 데 충분한 지식을 기억할 필요가 있을 뿐이다. 환경에서 많은 지식을 얻을 수 있기 때문에 배워야 할 것이 얼마나 적은지 놀라울 뿐이다. 이것

---

* 컴퓨터 SW를 이용해서 하는 학습

이 사람들이 자신의 환경에서 일을 잘할 수 있으면서도 여전히 자신이 하는 것을 묘사할 수 없는 한 가지 이유다.

사람들은 두 종류의 지식을 활용하면서 움직인다. '**무엇**'에 관한 지식과 '**어떻게**'에 관한 지식이다. '**무엇**'에 관한 지식은 심리학자들이 **서술적 지식**이라고 부르는 것으로, 사실과 규칙에 관한 지식이 포함된다. '빨간 신호등에는 멈춤' '뉴욕은 로마의 북쪽에 있다.' '중국은 인구가 인도보다 두 배 많다.' '사브 차의 시동 스위치에서 열쇠를 빼려면 기어 막대는 후진 상태에 있어야 한다.' 서술적 지식은 쓰기도 쉽고 가르치기도 쉽다. 단, 규칙에 대한 지식이 그것들이 지켜진다는 것을 뜻하지는 않는다는 것을 유의해야 한다. 많은 도시에서 운전자들은 종종 공식적인 운전 규칙에 대해 아주 잘 알지만, 반드시 그들이 그 규칙들을 지키는 것은 아니다. 더욱이 지식은 진실할 필요가 없다. 뉴욕 시는 실제로 로마보다 남쪽에 있다. 중국은 인도보다 인구가 조금 더 많을 뿐이다(약 10퍼센트). 사람들은 많은 것을 알지 몰라도, 그것들은 진실이 아닐 수 있다.

'**어떻게**'에 대한 지식은 심리학자들이 **절차적 지식**이라고 부르는데, 이것은 사람들로 하여금 숙련된 음악가가 되게 하거나 테니스의 서브를 받아넘기거나 혹은 '간장공장공장장'이라고 말할 때 혀를 제대로 움직이게 하는 지식이다. 절차적 지식은 표현하기가 어렵거나 불가능하고 가르치기도 어렵다. 그것은 시범을 통해 가장 잘 가르쳐질 수 있고, 연습을 통해 가장 잘 학습될 수 있다. 매우 유능한 교사들도 자신이 하고 있는 것을 흔히 잘 묘사할 수 없다. 절차적 지식은 대체로 잠재의식적이고, 행동적 처리 수준에 있다.

세상 속의 지식은 보통 쉽게 얻을 수 있다. 기표, 물리적 제약 그리고 자연스러운 대응은 모두 세상 속의 지식으로 작동하는 지각 가능한 단서다. 이런 종류의 지식은 매우 흔하기 때문에 우리는 그것을 당연하게 받아들인다. 그것은 어디에나 있다. 자판에서 문자들의 위치가 그렇고, 조절기의 불빛이나 표지판도 그 목적을 일깨워 주고, 기기의 현재 상태에 대한 정보를 준다. 산업용 기기에서는 신호등, 표시기 및 다른 확인 수단으로 가득하다. 우리는 글로 쓴 쪽지도 많이 사용한다. 물건들을 특정한 장소에 둠으로써 잊지 않도록 하기도 한다. 일반적으로 사람들은 환경을 구조화하여 무엇인가를 기억하는 데 필요한 상당량의 지식을 환경이 제공하도록 한다.

많은 사람이 자신의 생활을 세상 속에서 공간적으로 조직하여 여기에 한 더미, 저기에도 한 더미를 만드는데, 각각이 할 일이나 진행 중인 어떤 사건을 가리킨다. 아마도 모든 사람이 어느 정도까지는 그런 전략을 쓴다. 당신 주변에서 사람들이 자신의 방이나 책상을 배치하는 다양한 방법을 보라. 여러 스타일의 조직화가 가능하지만, 예외 없이 항목들의 물리적 배치와 가시성이 항목들의 상대적 중요성에 관한 정보를 준다.

정밀성이 뜻밖에 필요할 때

보통 사람들은 자신의 판단에서 정밀성을 필요로 하지 않는다. 필요한 것은 세상 속의 지식과 머릿속의 지식의 결합이며 이것이 결정을 명확하게 한다. 결합된 지식이 더 이상 충분하지 않을 정도로 환경이 변하지 않는 한 모든 일은 문제없이 진행된다. 이것이 대혼란을 일으킬 수 있다. 적어도 세 개의 나라가 이런 사실을 어렵게 깨우쳤다. 미국은 1달러짜리 수전 B. 안토니 동전을 만들었을 때, 영국은 1파운드 동전을 만들었을 때(십진법 통화로 바꾸기 전), 그리고 프랑스는 10프랑 동전을 만들었을 때(유로라는 유럽 공통 통화로 바꾸기 전) 일어났다. 미국의 1달러짜리 동전은 전부터 있던 25센트짜리(쿼터)와 혼동되었고, 영국의 파운드 동전은 같은 직경을 가졌던 당시의 5펜스 동전과 혼동되었다. 프랑스에서는 다음과 같은 일이 일어났다.

> [파리 발] 팡파르를 울리면서 프랑스 정부는 10월 22일(1986년) 새로운 10프랑 동전(약 1.5달러 남짓의 가치다)을 발행했다. 대중은 그것을 살펴보고, 무게를 재어 보고, 곧 반 프랑짜리의 동전(단지 8센트의 가치다)과 혼동하기 시작했다. 정부와 동전에 대한 분노와 조소가 쏟아졌다.
>
> 5주 후에 재무장관인 에두아르 발라뒤르(Edouard Balladur)는 그 동전의 유통을 유보했다. 다시 4주 뒤에 그는 10프랑 동전의 유통을 완전히 철회했다.

돌이켜 보건대, 프랑스 정부의 결정은 매우 어리석어서 어떻게 그런 결정을 했는지를 알 수 없을 정도다. 디자이너들은 충분히 검토한 끝에 니켈로 된, 조아껭 지메네(Joaquim Jimenez)가 현대적으로 그린 골 지방풍의 빛나는 수탉 그림이 한 면에 있고 다른 면에는 프랑스 공화국의 여성적 상징인 마리안느가 그려진 은빛 동전을 고안했다. 그 동전은 가벼웠고, 전자식 자판기에서도 쉽게 판독되도록 테두리에 특별한 이랑이 새겨졌으며 위조하기도 어려워 보였다.

그러나 디자이너들과 관리들은 그들의 창작품에 매우 흥분하여 새로운 동전이 유통 중인 수억 개의 은빛의 니켈로 만든 반 프랑짜리 동전과 유사하다는 것을 무시했거나 인정하지 않았다. (그런데) 그 동전의 크기와 무게는 위험하게도 서로 비슷했다(Stanley Meisler © 1986, *Los Angeles Times*. 승인 후 인쇄).

이러한 혼동이 생긴 것은 동전의 사용자들에게 이미 형성된 기억 표상이 그들이 사용하는 데 익숙해진 동전들을 서로 구별할 수 있을 정도만 정밀하였기 때문일 것이다. 심리학 연구는 사람들이 기억해야 할 것에 대해 단지 부분적인 묘사만 유지한다고 주장한다. 미국, 영국, 프랑스에서 도입한 동전들에 대한 이 세 사례에서, 국내 통화들을 서로 구별하는 데 형성된 묘사는 새 동전과 옛 동전들 중 적어도 어느 하나와 구별하는 데에는 충분히 정밀하지 않았던 것이다.

내가 작고 붉은 공책에 모든 기록을 한다고 가정해 보자. 만약 이 공책이 유일한 것이라면, 나는 이것을 간단히 나의 공책이라 부를 수 있다. 그러나 만약 공책을 몇 권 더 산다면, 이전의 묘사는 더 이상 들어맞지 않을 것이다. 이제는 어떻게 부르면 잘 구별되느냐에 따라 첫 번째 것을 작은 것 혹은 붉은 것이라고 부르거나 아니면 작고 붉은 것이라고 불러서 식별해야 한다. 그러나 작고 붉은 공책을 몇 권 더 구입했다면 어떻게 될 것인가? 이제는 묘사 방법을 더 다양하게 해서 여러 개의 비슷한 것을 변별할 수 있는, 또 다른 방법을 찾아서 첫 번째 공책을 묘사해야 할 것이다. 이러한 묘사는 내 앞에 있는 선택지들을 서로 변별하기만 하면 되지만, 한 목적에 쓸모 있는 묘사가 다른 목적에도 쓸모 있는 것은 아닐 수 있다.

비슷해 보이는 물건들이 모두 혼동을 일으키는 것은 아니다. 이 책을 개정하면서 나는 동전 혼동에 대한 더 최근 사례가 있는지를 찾아보았다. Wikicoins.com이라는 웹사이트에서 다음과 같은 흥미 있는 내용을 발견했다.

> 어느 날 주요한 심리학자가 우리 시대의 당황스러운 질문 중 하나에 끼어들 수도 있다. 즉, 만일 미국 대중이 수전 B. 안토니 달러와 비슷한 크기인 쿼터를 계속 혼동한다면, 어떻게 그들은 20달러 지폐와 똑같은 크기인 1달러 지폐를 계속 혼동하지 않는 것일까? (James A. Capp, 'Susan B. Anthony Dollar' at www.wikicoins.com. 2012년 5월 29일 검색)

여기에 그 답이 있다. 왜 혼동이 없겠는가? 우리는 변별에 도움이 되는 특징을 살펴 사물들을 구별하는 것을 배운다. 미국에서 크기는 동전을 변별하는 데 중요한 방법이지만, 지폐에서는 아니다. 지폐에서는 모든 지폐가 크기가 같으므로, 미국인은 크기를 무시하고 인쇄된 숫자와 이미지를 본다. 그래서 우리는 종종 비슷한 크기의 미국 동전들을 혼동하지만 비슷한 크기의 미국 지폐들을 거의 혼동하지 않는다. 그러나 크기와 색깔로 지폐의 값을 구별하는 나라(예: 영국 또는 유로를 쓰는 어느 나라)에서 온 사람들은 지폐를 구별하기 위해 크기와 색깔을 쓰는 것을 배웠으며, 그래서 미국 지폐들을 취급할 때 예외 없이 혼동한다.

더 확증적인 증거는 영국에서 장기간 거주한 사람들은 1파운드 동전과 5펜스 동전이 혼동된다고 불평하지만, 최근에 이주한 사람들(그리고 아이들)은 이 같은 혼동을 보이지 않는다는 사실에서 나온다. 이것은 장기 거주자들은 원래 쓰던 묘사들을 쓰는데, 이것은 이 두 가지 동전을 구별하는 데에 크게 도움이 되지 않았다. 그러나 새로 온 사람들은 선입견 없이 시작했고 그러므로 모든 동전을 구별하는 일단의 묘사를 만든 것이었다. 이 상황에서 1파운드 동전은 특별한 문제를 일으키지 않았다. 미국에서 수전 B. 안토니 달러 동전은 결코 널리 쓰이지 않았으며 더 이상 만들어지지 않으므로, 이 같은 관찰을 할 수가 없다.

혼동되는 것은 내력(history), 즉 과거에 물건들을 구별하게끔 해 준 측면에 크게 달려 있다. 변별 규칙이 변하면 사람들은 혼동하게 되고 오류를 범한다. 시간이 지나면 그들은 적응하고 문제없이 변별하는 것을 배우고 초기의 혼동 기간을 잊기도 할 것이다. 문제는 많은 상황에서, 특히 통화의 크기, 모양 및 색깔처럼 정치적인 색채가 있는 상황에서, 대중의 분노는 조용한 논의를 가로막고, 어떤 조절 시간을 허용하지 않는다는 것이다.

이것을 디자인 원칙이 실제 세계의 골치 아픈 실제성과 상호작용하는 예로 보자. 원칙적으로 좋아 보이는 것이 실제 세계에 도입될 때 때때로 실패한다. 가끔 나쁜 제품이 성공하고 좋은 제품이 실패한다. 세계는 복잡하다.

제약은 기억을 간단하게 한다

문자 해독력이 보편화되기 전에, 특히 녹음 기기들이 도래하기 전에 연기자들은 마을에서 마을로 다니면서 수천 행이나 되는 서사시를 읊었다. 이런 전통은 어떤 사회에서는 여전히 존재한다. 어떻게 그들은 그런 막대한 양의 재료를 기억할 수 있었을까? 어떤 사람들은 머릿속에 방대한 양의 지식을 갖고 있다는 말인가? 사실은 그렇지 않다. 외적 제약이 단어들의 가능한 선택을 제어하므로 기억 부담을 크게 줄인다는 것이 밝혀졌다. 비밀 중 한 가지는 시의 강력한 제약에서 온다.

운율이라는 제약을 생각해 보자. 어떤 한 단어를 다른 단어와 운을 맞추려면 많은 대안이 있다. 그러나 특별한 뜻을 가지면서 운도 맞는 단어를 찾는다면, 의미와 운율이라는 제약을 결합할 수 있는 후보들의 수를 극적으로 줄일 수 있고, 가끔은 커다란 집합에서 단 하나의 선택으로 줄인다. 가끔 후보자가 전혀 없을 수도 있다. 이것이 시를 만드는 것보다 시를 외우는 것이 훨씬 더 쉬운 이유다. 시는 여러 다른 형태이지만, 그 모두는 구성에 형식적 제약을 가지고 있다. 유랑하는 이야기꾼이 읊는 발라드와 이야기는, 각운, 운율, 박자, 유사음 구사, 두운, 의성어 사용 등 여러 개의 시적 제약을 쓰는데, 그러면서도 또한 들려주는 이야기와 의미가 일관되어야 한다.

다음 두 예를 보자.

> 하나. 나는 세 개의 단어를 생각하고 있다. 하나는 '신비적인 것'이란 뜻이고, 둘째는 '건축 재료의 이름'이란 뜻이며, 셋째는 '시간의 단위'다. 내가 염두에 두고 있는 단어들은 무엇인가?

> 둘. 이번에는 운이 맞는 단어들을 찾는다. 나는 세 개의 단어를 생각하고 있다. 하나는 'post'와 두 번째는 'eel'과 세 번째는 'ear'와 각운이 맞다. 내가 생각하고 있는 단어들은 무엇인가?(Rubin & Wallace, 1989)

두 예에서 당신은 답을 찾았을지 몰라도, 그것들은 내가 마음에 두고 있는 바로 그 세 단어는 아닐 것이다. 왜냐하면 아직 제약이 충분하지 않기 때문이다. 이제 내가 찾는 단어들이 앞 두 과제에서 같은 것이라고 가르쳐 준다고 가정하자. 신비적인 것을 뜻하며 'post'와 운율이 맞는 단어는 무엇인가? 건축 재료의 이름이면서 'eel'과 운율이 맞는 단어는 무엇인가? 시간의 단위를 가리키면서 'ear'와 운율이 맞는 단어는 무엇인가? 이제 이 일은 쉽다. 단어들을 두 가지로 지정하면 선택이 거의 한정된다. 심리학자 데이비드 루빈(David Rubin)과 완다 웰리스(Wanda Wallace)가 실험실에서 이 예들을 연구했을 때, 사람들은 첫 두 과제에서 올바른 의미나 운율을 거의 찾지 못했다. 하지만 결합 과제에서는 대부분의 사람이 '고스트(ghost)' '스틸(steel)' 그리고 '이어(year)'라고 맞게 답하였다.

서사시의 기억에 관한 고전적인 연구가 앨버트 베이츠 로드(Albert Bates Lord)에 의해 이루어졌다. 1900년대 중반에 그는 유고슬라비아(이제 여러 개의 별개의 독립국가가 되었다)를 샅샅이 여행하면서 구전 전통을 여전히 따르는 사람들을 발견했다. '이야기 노래꾼', 즉 서사시를 외우고 이 마을 저 마을로 다니면서 그것을 암송하는 사람들은 사실은 서사시를 재창조하는 것임을, 즉 운율과 주제, 행의 연결, 구조 및 다른 시의 특성에 맞춰 시를 재빨리 짓는다는 것을 보여 주었다. 이 일은 굉장한 재주이지만, 암기의 예는 아니다.

다중적인 제약의 힘이 한 노래꾼이 다른 노래꾼이 이야기하는 긴 이야기를 한 번 들으면 그다음 몇 시간이나 하루가 지난 다음에 '같은 노래를 단어 하나 행 하나 틀리지 않고' 암송할 수 있도록 해 준다. 사실 로드가 지적했듯이 원래의 암송과 새로운 암송은 글자 하나하나까지 똑같은 것은 아니다. 그러나 이야기꾼과 청중은 두 번째 노래가 첫 번째 노래보다 두 배나 길다 할지라도 그것들이 똑같다고 지각할 것이다. 그것들은 청중이 중요시하는 점에서 같다. 두 노래는 같은 이야기를 할 뿐만 아니라 같은 생각을 표현하며, 같은 운율과 박자를 따른다. 두 노래는 그 문화에서 가치 있는 모든 의미에서 같다. 로드는 시에 대한 기억, 주제와 표현 양식의 결합이 문화적 구조와 결합하여 이전 암송과 동일한 것으로 지각되는, 즉 그가 시를 낳는 '공식'이라고 부르는 것이 어떻게 만들어지는지를 보여 준다.

단어 하나하나를 그대로 암송할 수 있어야 한다는 생각은 비교적 현대적인 것이다. 이러한 생각은 인쇄된 대본을 얻을 수 있는 연후에야 가질 수 있다. 그렇지 않다면 누가 암송의 정확성을 판단할 수 있을 것인가? 아마 더 중요한 점인데, 누가 그것에 관심을 둘 것인가?

이런 말은 암송의 위업을 얕보려는 것이 아니다. 호머(Homer)의 「오디세이(Odyssey)」나 「일리아드(Iliad)」와 같은 서사시를 외고 암송하는 것은 노래꾼이 그것을 재창조한다 할지라도 어려운 일이다. 결합된 인쇄본에서 27,000행이나 된다. 로드는 이 길이는 과도하며, 아마 호머(혹은 어떤 다른 가수)가 그 이야기를 처음 받아 쓴 사람에게 천천히 그리고 반복적으로 이야기를 받아쓰게 하는 특별한 상황에서만 만들어질 수 있다는 것을 지적한다. 보통 그 길이는 청중의 기분에 맞추기 위해 달라질 것이며, 보통 관중은 누구라도 2만 7천 행을 내내 앉아 들을 수 없을 것이다. 그러나 그 길이의 3분의 1인 9천 행에서도 그 시를 암송할 수 있다는 것은 매우 인상적이다. 한 행에 1초의 속도로 그 운문을 암송해도 두 시간 반이 걸릴 것이다. 시가 기억된 것과는 반대로 재창조된 것이라는 사실을 고려해도 인상적인데, 왜냐하면 가수도, 청중도 단어 대 단어의 정확성을 기대하지 않기 때문이다(그 누구도 그것을 검증할 수 있는 방법을 가지고 있지 않을 것이다).

대부분 사람은 서사시를 외지 않는다. 그러나 우리는 기억 속에 담아 둬야 할 것을 간단히 하는 데 도움이 되는 강력한 제약을 활용한다. 완전히 다른 예를 들어 보자. 기계 장치를 분해하고 재조립하는 것이다. 모험심이 많은 사람이라면 흔히 고쳐 보려고 할 만한 전형적인 가정용품들로 문의 자물쇠, 토스트기 그리고 세탁기 등이 있다. 이러한 장치들은 수십 개의 부품들로 이루어져 있는 경우가 많다. 부품들을 옳은 순서로 다시 끼워 맞추기 위해서 기억해야 할 것은 무엇일까? 최초의 분석으로 보면 그리 많지 않아 보일 것이다. 극단적인 경우로서, 만약 열 개의 부품이 있다면 그것들을 조립할 수 있는 서로 다른 방법이 10!(10팩토리얼: 10×9×8×……×2×1) 가지가 있는데, 즉 삼백오십만 개 남짓이다.

그러나 모든 가능한 조립 방식 중 아주 일부만이 가능하다. 여러 물리적인 제약이 조립 순서에 적용될 것이다. 어떤 부품은 다른 것을 조립하기 위해 먼저 조립되어야 하고, 어떤 부품은 다른 것이 맞는 장소에 물리적으로 들어맞지 않는다. 수나사는 그것에 맞는 적당한 크기의 직경과 깊이를 갖는 구멍에 끼워야만 한다. 암나사와 나사받침은 적당한 크기의 수나사와 나사산과 짝지어져야 한다. 나사받침은 항상 암나사보다 먼저 놓여야 한다. 문화적인 제약도 있다. 나사를 죄기 위해서는 시계 방향으로 돌리고 풀기 위해서는 시계 반대 방향으로 돌리는 것이다. 나사의 머리는 부품이 보이는 부분(앞이나 위)에 오는 경우가 많고 수나사는 잘 보이지 않는 부분(밑, 옆, 내부)에 끼워지는 경향이 있다. 나무용 나사와 기계용 나사는 다르게 생겼으며 다른 종류의 재료에 끼워진다. 결국 굉장히 많아 보이던 선택 가능성이 몇 개 안 되는 선택으로 줄어들고, 그것만 해체할 때 기억하거나 표시해 두면 된다. 제약 그 자체만으로는 가끔 장치의 재조립 순서를 충분히 결정하지 못할 수도 있지만—그래서 착오가 생긴다— 이러한 제약 때문에 외워야 할 양은 납득할 만한 정도로 줄어든다. 제약은 디자이너들에게 강력한 도구인데, 제4장에서 자세히 다룰 것이다.

기억은 머릿속에 있는 지식이다

오래된 동화인 『알리바바와 40인의 도적』은 불쌍한 나무꾼인 알리바바가 도적들의 비밀 동굴을 어떻게 발견했는지를 이야기해 준다. 알리바바는 도적들이 동굴로 들어가는 것을 엿듣고 동굴을 여는 주문을 알았다. "열려라 참깨(open simsim)." (Simsim은 페르시아어로 '참깨'를 뜻하므로, 이 이야기의 많은 판본은 이 구절을 "open sesame"로 번역한다.) 알리바바의 처남인 카심은 그에게 비밀을 털어놓게 했다. 카심은 동굴로 갔다.

> 그는 동굴 입구로 가서 "열려라 참깨!"라고 외쳤다.
>
> 문이 곧 열렸다. 그가 안으로 들어가자 문은 닫혔다. 동굴 안을 살펴보고는 기대했던 것보다 훨씬 많은 보화를 발견하고 굉장히 놀랐다. 그는 곧 동굴의 입구에 열 마리의 노새가 나를 수 있을 만큼의 많은 황금 자루를 갖다 놓았다. 그러나 그는 자기가 갖게 될 어마어마한 재산 생각으로 가득 차 문을 여는 데 필요한 말을 생각할 수가 없었다. '열려라 참깨!' 대신에 그는 '열려라 보리!'라고 외쳤으나 문이 열리지 않자 몹시 당황했다. 몇 가지의 곡물 이름을 더 외쳐 보았으나, 문은 여전히 열리지 않았다.
>
> 카심은 그런 일이 닥치리라고 전혀 생각하지 않았고 그가 처한 위험에 굉장히 당황했기 때문에 참깨를 기억하려고 애쓸수록 기억은 더 많이 혼동되었다. 그는 마치 참깨라는 말을 들은 적이 없는 것처럼 깡그리 잊어 먹었다. 카심은 결코 동굴에서 나오지 못했다. 도적들이 돌아와서 카심의 목을 자르고 그의 몸뚱어리를 네 갈래로 찢었다(Colum의 『천일야화(The Arabian Nights)』 1953년판).

비밀코드를 기억하지 못한다 해서 목을 잘리는 일은 거의 없겠지만, 그래도 비밀코드를 기억한다는 것은 몹시 어려운 일이다. 한두 개의 비밀코드를, 즉 (자물쇠의) 조합번호나 패스워드 혹은 문을 여는 비밀코드 등을 기억하는 것은 간단한 일이다. 그러나 비밀코드의 개수가 너무 많아지면 기억이 틀리게 된다. 기억을 과부하시켜 우리의 안녕을 파괴하려고 계획된 음모가 이 세상에 있는 것처럼 보인다. 많은 코드, 우편번호나 전화번호는 일차적으로 사람들에게 주어지는 부담을 조금도 고려하지 않고 기계들과 디자이너들이 일을 더 쉽게 하기 위해 존재한다. 다행히도 기술의 발달로 이제 대부분의 사람은 이런 임의적인 지식을 기억해야 할 필요가 없게 되었고 기술장치가 우리를 위해 그 일을 하게 되었다. 전화번호, 주소와 우편번호, 인터넷 및 이메일 주소들은 모두 자동으로 인출될 수 있으며, 우리는 더 이상 그것들을 외울 필요가 없게 되었다. 그러나 보안 코드는 다른 문제이며, 흰 모자와 검은 모자, 즉 좋은 친구들과 나쁜 친구들 사이에서 벌어지는, 결코 끝나지 않고 더 치열해지는 전투에서 우리가 기억해야 하는 여러 임의적 코드 혹은 우리가 지니고 다녀야 하는 특수 보안 기기의 수와 복잡성은 계속 치솟고 있다.

이러한 숫자들과 코드들의 대부분은 비밀로 해야만 한다. 이 모든 숫자나 구절을 욀 수 있는 방법이란 없다. 잠깐! 카심은 동굴 문을 열기 위해 어떤 주문을 기억하려고 했던가?

대부분의 사람은 어떻게 대처하는가? 그들은 간단한 패스워드를 쓴다. 가장 흔한 패스워드 중 다섯 가지는 'password' '123456' '12345678' 'qwerty' 및 'abc123'이라는 것을 연구가 보여 준다. 이들 모두는 분명 쉬운 암기와 타자를 위해 선택된 것이다. 그러므로 이 모두는 도둑이나 비행을 범하는 자들이 시도하기에도 쉽다. (나를 포함해) 대부분의 사람은 가능한 한 많은 사이트에서 쓰는 소수의 패스워드를 가지고 있다. 보안 전문가들조차도 이 점을 인정한다. 그러니까 위선적으로 자신의 규칙을 위반하는 것이다.

보안 요건 중 많은 것은 불필요하며, 불필요하게 복잡하다. 그러면 왜 그것들이 요구되는가? 이유는 많다. 하나는 실제로 필요성이 있다는 것이다. 범죄자들은 사람들의 돈과 소유물을 훔치기 위해 다른 사람을 가장한다. 사람들은 비도덕적이거나 무해한 목적에서도 다른 사람들의 프라이버시를 침해한다. 교수들과 교사들은 시험 문제들과 성적을 안전하게 보호할 필요가 있다. 회사와 국가는 비밀을 유지하는 것이 중요하다. 일들을 잠긴 문 뒤에 혹은 패스워드로 보호된 벽 뒤로 감춰야 할 많은 이유가 있다. 그러나 문제는 인간 능력에 대한 적절한 이해가 부족하다는 것이다.

우리는 보호받아야 하지만 학교, 회사 및 정부에서 보안 요건을 강제하는 대부분의 사람은 기술자이거나 법집행 관리들일 것이다. 그들은 범죄를 이해하지만 인간 행동을 이해하지는 못한다. 그들은 '강한' 패스워드, 즉 추측하기 힘든 것이 필요하며, 그것들은 자주 변경되어야 한다고 믿는다. 우리는 이제 너무 많은 패스워드―쉬운 것이라 할지라도―가 필요하며, 어느 것이 어느 요건과 짝지어지는지를 기억하는 것이 어렵다는 것을 그들은 알아차리지 못하는 것처럼 보인다. 이것은 취약성이 발생하는 새로운 층을 만들어 낸다.

패스워드 요건이 더 복잡해질수록 시스템은 덜 안전해진다. 왜? 이 모든 조합을 기억할 수 없는 사람들이 패스워드들을 써 놓기 때문이다. 그들은 이 사적이고, 가치 있는 지식을 어디에 저장하는가? 자신의 지갑이나 컴퓨터 자판 아래에 테이프로 붙여 놓고, 아니면 발견하기 쉬운 곳이면 어디든지 놓아둔다. 왜냐하면 그것이 매우 자주 필요하기 때문이다. 그래서 도둑은 지갑을 훔치거나 목록을 찾기만 하면, 모든 비밀을 알 수 있다. 대부분의 사람은 정직하고, 성실한 일꾼이다. 복잡한 보안 시스템이 일하는 것을 막으며, 가장 많이 방해하는 사람은 바로 이런 일을 하는 개인이다. 그 결과, 종종 가장 헌신적인 직원이 보안 규칙을 위반하고 전반적인 시스템을 약화시킨다.

이 장을 위해 자료를 조사하고 있던 중 사람들이 안전하지 않은 기억 장치를 쓰도록 강요하는 안전한 패스워드에 대한 수많은 예를 발견했다. 영국 신문 「데일리 메일 (Daily Mail)」의 포럼인 '메일 온라인(Mail Online)'에 실린 한 포스트는 그 기법을 다음과 같이 서술했다.

> 내가 지방정부 조직에서 일했을 때 우리는 패스워드를 3개월마다 바꾸어야 했다. 그것을 확실히 기억하기 위해 나는 포스트잇 메모지에 써 놓고 책상 위에 붙여 놓곤 했다.

어떻게 하면 이 모든 것을 기억할 수 있을까? 우리 대부분은 설령 무의미한 것을 의미 있게 만드는 기억술을 동원한다 하더라도 이 모든 것을 기억할 수 없다. 기억을 증진하는 데 관한 책이나 강좌들은 효과는 있으나, 그 방법은 배우기 힘들고 쓸 만하게 유지하기 위해서는 계속 연습을 해야 한다. 그래서 우리는 기억을 세상 속에 둔다. 책이나 종이철이나 손등에다 적어 둔다. 우리는 도둑이 찾아내지 못하게끔 속이기도 한다. 이것이 또 다른 문제를 일으킨다. 어떻게 그것들을 위장하고, 어떻게 숨길 것인가? 어떻게 위장했는지 혹은 어디에 숨겨 뒀는지를 어떻게 기억할 것인가? 아, 기억의 약함이여.

아무도 찾지 못하게 하려면 어디에 숨겨야 하는가? 그럴 법하지 않은 장소다. 돈은 냉장고에, 보석은 약 상자나 옷장의 구두 안에, 현관문 열쇠는 매트 밑이나 창문틀 바로 밑에, 차 열쇠는 범퍼 아래에, 연애편지는 꽃병에 넣어 두는 것이다. 그런데 문제는 집 안에서는 그럴 법하지 않은 장소가 많지 않다는 것이다. 당신은 연애편지나 열쇠들을 어디에 숨겼는지를 기억하지 못해도, 강도는 찾아낼 수도 있다. 이 문제를 조사한 두 심리학자는 다음과 같이 말했다.

> 그럴 법하지 않은 장소를 선택할 때에도 종종 어떤 논리가 관련되어 있다. 예를 들어, 한 친구는 그녀의 비싼 보석을 보험에 들기를 원했다. 보험회사는 금고를 마련하도록 권했다. 그러나 금고의 조합번호를 잊을지도 모른다는 생각에서 그녀는 그 번호를 어디에 써 둘 것인가를 고심했다. 그녀의 해결책은 그것을 개인용 전화번호부에 S자 난에 'Safe(금고) 부부'라 적고 금고번호를 마치 전화번호인 것처럼 써 놓는 것이었다. 여기에는 분명한 논리가 있다. 숫자에 관한 정보는 다른 숫자 정보와 함께 저장한다는 것이다. 그러나 개과천선한 도둑이 텔레비전 대담 프로에서 금고를 발견하면 사람들이 조합번호를 전화번호부에 적어 두기 때문에 그걸 찾는다는 내용을 듣고, 그녀는 오싹해졌다(Winograd & Soloway, 1986, 승인 후 인쇄).

기억할 필요가 있는 임의적인 모든 것이 더해져서 폭군처럼 될 것이다. 이를 거부할 때가 되었다. 그러나 거부하기 전에 해결책을 아는 것이 중요하다. 앞서 언급했듯이 내가 스스로 정한 규칙 중 하나는 "당신이 더 좋은 대안을 가지고 있지 않다면 결코 비난하지 마라."는 것이다. 이 경우, 더 좋은 시스템이 무엇일지는 분명하지 않다.

어떤 일은 대규모의 문화 변화에 의해서만 해결될 수 있는데, 이는 아마 그것들이 결코 해결될 수 없을 것이라는 것을 뜻한다. 예를 들면, 사람을 이름으로 식별하는 문제를 보자. 사람의 이름은 수천 년에 걸쳐 진화해 왔는데, 원래는 함께 살았던 가족이나 집단 내에서 사람들을 단순히 구별하는 것이었다. 여러 개의 이름(성과 이름)을 쓰는 것은 비교적 최근의 일이며, 그것조차 한 사람을 이 세계의 70억 인구에서 구별하지 못한다. 이름을 먼저 써야 할까, 성을 먼저 써야 할까? 그것은 당신이 어느 나라에 사느냐에 달려 있다. 한 사람은 얼마나 많은 이름을 가지고 있는가? 한 이름에 얼마나 많은 철자가 있는가? 어떤 철자들이 합법적인가? 예를 들어, 이름에 숫자가 들어가 있을 수 있는가? (나는 'h3nry'라는 이름을 쓰려고 했던 사람을 알고 있다. 나는 'Autonom3'이라는 이름의 회사를 알고 있다.)

이름은 한 알파벳에서 다른 알파벳으로 어떻게 번역되는가? 내 한국인 친구 중 일부는 한국 알파벳, 즉 한글로 썼을 때 똑같지만 영어 철자로 바꾸었을 때는 서로 다른 이름을 보여 주었다.

많은 사람이 결혼할 때나 이혼할 때, 어떤 문화에서는 중요한 인생 사건을 통과할 때 이름을 바꾼다. 인터넷을 검색해 보면 아시아인이 하는 여러 개의 질문을 볼 수 있는데, 그들은 미국이나 유럽 여권 양식을 어떻게 채워야 하는지에 관해 혼동한다. 자신의 이름이 그 요건에 상응하지 않기 때문이다.

도둑이 한 사람의 신원을 훔쳐서 다른 사람처럼 가장하고, 그의 돈과 신용을 쓰면 어떤 일이 일어나는가? 미국에서 이런 신원 도둑은 소득세 환불을 신청하고 받을 수 있기 때문에 합법적 납세자가 합법적 환불을 받으려 할 때, 자신은 이미 받았다는 말을 들을 수도 있다.

언젠가 구글 캠퍼스에서 열린 보안 전문가 모임에 참석한 적이 있다. 구글은 대부분의 회사처럼 회사의 처리 방식과 고급 연구 프로젝트의 보안에 대해 매우 예민해서, 대부분의 빌딩은 잠겨 있고, 경비되고 있었다. 보안 회의의 참석자들은 (당연히 구글에서 일하는 사람을 제외하고는) 접근이 허락되지 않았다. 우리 모임은 보안 빌딩의 공공장소에 있는 회의실에서 열렸다. 그러나 화장실은 모두 보안 영역 안에 위치하고 있었다. 어떻게 해결해야 했던가? 이 세계적으로 유명한, 보안에서 선도적 권위자들은 해결책을 생각해 냈다. 그들은 벽돌을 찾아내서 보안 영역으로 가는 문을 열린 채로 고정시켰다. 보안에 관해서도 마찬가지다. 무엇인가를 너무 안전하게 하면, 그것은 덜 안전해진다.

우리는 이런 문제를 어떻게 해결하는가? 사람들이 자신의 기록, 은행 계좌 및 컴퓨터 시스템에 접근하는 것을 어떻게 보장하는가? 당신이 상상하는 거의 모든 계획은 이미 제안되었고, 연구되었고, 그리고 결함이 있는 것으로 드러났다. 생체 측정 지표 (동공이나 망막 패턴, 지문, 목소리 인식, 신체 유형, DNA)는? 모든 것이 위조될 수 있고 시스템의 데이터베이스가 조작될 수 있다. 누군가가 시스템을 농락하자고 하면 어떤 대책이 있겠는가? 생체 측정 지표들을 바꿀 수는 없다. 그래서 한번 엉뚱한 사람을 가리키면 다시 바꾸는 것은 극히 힘들다.

패스워드의 강도는 실제로 아주 무관하다. 대부분의 패스워드는 '키 로그처리기 (key loggers)'를 통해 입수되거나 도난당하기 때문이다. 키 로거는 당신의 컴퓨터 시스템 안에 숨어 있는 소프트웨어로, 당신이 타자한 것을 기록해서 나쁜 사람에게 보낸다. 컴퓨터 시스템이 고장 날 때 수백만의 패스워드가 도난당할 수 있으며, 그것들이 암호화되어 있을지라도 나쁜 사람들은 종종 그것을 해독할 수 있다. 이 모든 경우에 패스워드가 아무리 안전한 것이라 하더라도 나쁜 사람은 그것이 무엇인지를 안다.

가장 안전한 방법은 다수의 식별자를 필요로 하는데, 가장 널리 쓰이는 방법은 적어도 두 개의 다른 종류, '당신이 가지고 있는 것' 더하기 '당신이 아는 것'을 요구하는 것이다. '당신이 가지고 있는 것'은 종종 물리적 식별자로서 카드나 열쇠 아마 피부 아래 이식된 것들, 아니면 지문이나 동공 패턴과 같은 생체 측정적 식별자다. '당신이 아는 것'은 머릿속의 지식일 것인데, 기억되어 있는 것일 가능성이 가장 높다. 기억된 항목은 오늘날의 패스워드처럼 보안될 필요가 없는데, '당신이 가지고 있는 것'이 없이는 작동하지 않을 것이기 때문이다. 어떤 시스템은 경계용의 제2의 패스워드를 허용해서 나쁜 사람들이 누군가에게 패스워드를 시스템에 입력하도록 강요한다면 그 사람은 경계 패스워드를 사용할 수 있고, 이것은 관련 당사자에게 불법 입장을 경고할 것이다.

보안은 주요한 디자인 문제를 제기한다. 인간 행동뿐만 아니라 복잡한 기술을 필요로 하는 것이다. 거기에 심각하고, 근본적인 어려움이 있다. 해결책이 있는가? 없다, 아직까지는. 우리는 아마 오랫동안 이런 복잡성에서 벗어날 수 없을 것이다.

기억의 구조

다음 숫자들 1, 7, 4, 2, 8을 크게 읽어 보아라. 다음에는 보지 말고 되풀이해서 외어 보라. 다시 해 봐야겠다면 다시 하라. 눈을 감고 외면 머릿속에서 메아리치는 소리가 더 잘 '들릴' 것이다. 누군가에게 아무 문장이나 읽어 달라고 요청해 봐라. 어떤 단어가 있었는가? 방금 제시되었던 것에 대한 기억은 노력을 들이지 않더라도 곧 명백하고 완전하게 끄집어 낼 수 있다.

사흘 전 저녁에 무엇을 먹었는가? 이제 느낌이 다르다. 답을 찾는 데 시간이 걸리고, 그 답도 방금 있었던 것의 회상만큼 명백하거나 완전하지도 않으며, 기억해 내는 데에도 상당한 심리적 노력이 요구된다. 과거의 기억을 인출해 내는 것은 방금 있었던 것을 인출해 내는 것과는 다르다. 더 많은 노력이 필요하지만, 결과는 분명하지 않다. 여기서 말하는 '과거'란 그렇게 오래된 것만을 뜻하는 것은 아니다. 다시 보지 말고 앞에서 본 그 숫자들이 무엇이었는가? 어떤 사람들은 이 기억을 인출하는 데 시간과 노력을 들여야 할 것이다(Norman, 1982).

심리학자들은 크게 두 가지의 기억을 구별하는데, 단기 혹은 작업 기억과 장기 기억이 그것이다. 이 둘은 매우 다르고, 디자인에서 서로 다른 점을 함축한다.

단기 기억 혹은 작업 기억

단기 기억 혹은 작업 기억(short-term or working memory: STM)은 현재 생각 중에 있는 가장 최근의 경험이나 재료를 보유한다. 그것은 바로 현재에 대한 기억이다. 정보는 자동적으로 저장되고 힘들이지 않고 인출된다. 그러나 이런 식으로 저장될 수 있는 정보의 양은 매우 제한되어 있다. 대략 다섯에서 일곱 항목이 단기 기억의 한계다. 그러나 심리학자들이 '시연(암송)'이라 부르는 것이 있는데, 재료를 계속 되풀이하여 왼다면 한계는 열이나 열두 개가 될 수 있다.

머릿속에서 27 곱하기 293을 해 보라. 종이와 연필로 하는 것과 같은 방식으로 하려 한다면, 모든 숫자와 중간 답을 단기 기억 내에 유지할 수 없을 것이라는 것이 거의 확실하다. 당신은 실패할 것이다. 전통적인 곱셈 방법은 종이와 연필을 쓰는 것에 최적화되어 있다. 종이에 쓴 숫자들이 기억 기능(세상 속의 지식)을 하기 때문에 작업 기억의 부담을 최소화할 필요가 없으며, 단기 기억, 즉 머릿속 지식의 부담은 꽤 제한된다. 마음속으로 곱하기하는 방법(암산)이 있는데, 그 방법은 종이와 연필로 하는 것과 꽤 다르며 상당한 훈련과 연습이 필요하다.

단기 기억은 일상 과제를 수행할 때, 즉 단어, 이름, 문장의 구절 그리고 과제를 기억할 때 더할 나위 없이 중요하다. 그래서 그것의 다른 이름이 작업 기억이다. 그러나 단기 기억에서 유지되고 있는 재료는 매우 취약하다. 다른 일로 정신이 산만해지면 단기 기억의 내용은 '팟' 하고 사라진다. 다른 방해가 일어나지 않는 한 단기 기억은 우편번호나 전화번호를 그것을 사용할 때까지 유지할 수 있다. 아홉 내지 열 자리 숫자는 말썽을 일으키며, 수가 그 이상이 되면 짜증내지 말고 적어 두라. 혹은 그 숫자를 몇 개의 더 작은 부분으로 나누고, 긴 숫자를 의미 있는 덩어리로 바꾸어라.

기억 전문가들은 **기억술**(mnemonics)이라는 특수한 기법을 써서 엄청나게 많은 양의 재료를 종종 단지 한 번만 보고도 기억한다. 한 가지 방법은 그 숫자들을 의미 있는 부분으로 바꾸는 것이다(어느 유명한 연구는 운동선수가 숫자 열을 달리기 기록으로 생각하는 방식을 보여 주었는데, 오랜 기간 그 방법을 다듬은 후에 그 선수는 한 번 본 것만으로 믿을 수 없으리만치 긴 숫자열을 외울 수 있었다). 긴 숫자 열을 부호화하는 데 쓰이는 한 가지 전통적 방법은 먼저 각 숫자를 자음으로 바꾸고, 그다음 자음 순서를 기억하기 좋은 구절로 바꾸는 것이다. 숫자들을 자음으로 바꾸는 표준적인 변환표는 수백 년 동안 여기저기 있어 왔는데, 쉽게 배울 수 있도록 교묘하게 디자인되었다. 왜냐하면 자음들이 숫자들의 모양에서 도출될 수 있기 때문이다. 그래서 '1'은 't'(혹은 비슷하게 소리 나는 'd')로 변환되고, '2'는 'n', '3'은 'm', '4'는 'r'* 그리고 '5'는 (로마 숫자로 50을 가리키는 것처럼) 'L'이 된다. 이 쌍들을 외우는 데 완전한 표와 기억술은 인터넷에서 '숫자-자음 기억술(number-consonant mnemonic)'을 검색하면 쉽게 찾을 수 있다.

숫자-자음 변환을 쓰면, 4194780135092770이란 열은 rtbrkfstmlspncks란 문자들로 변환되는데, 이것은 다시 'A hearty breakfast meal has pancakes(정성껏 차린 아침 식사에 팬케이크가 나왔다).'로 될 수 있다. 대부분의 사람은 어떤 것이든 임의적인 긴 계열을 기억하는 데 전문가가 아니다. 그래서 기억의 대가들을 관찰하는 것은 흥미롭지만, 이런 수준의 능숙도를 가정하고 시스템을 디자인하는 것은 잘못일 것이다.

단기 기억의 용량은 측정하기가 놀라우리만치 어려운데, 얼마나 많이 보유할 수 있는가는 재료의 친숙성에 달려 있기 때문이다. 게다가 파지(기억이 유지되는)의 기준은 (몇) 초나 개별적 소리나 문자들과 같이 더 간단한 측정치가 아니라 의미 있는 항목인 것처럼 보인다. 항목의 수가 시간보다 더 중요한데, 새 항목이 추가될 때마다 이전의 모든 항목을 기억할 가능성이 떨어진다. 그 용량은 항목 단위인데 사람들은 대략 같은 수의 숫자들과 단어들 그리고 거의 같은 수의 간단한 셋 내지 다섯 단어로 된 구절을 기억할 수 있기 때문이다. 어떻게 이것이 가능한가? 단기 기억은 장기 기억에 이미 부호화되어 있는 항목에 대한 포인터**와 비슷한 것을 보유하지 않을까 하고 생각하는

---

* 미국인이 이 숫자들과 문자들을 필기체로 쓰는 모양을 고려하라.
** pointer: 컴퓨터 용어로 이미 지정된 다른 변수(항목)를 가리키는 기호.

데, 이것은 기억 용량이 그것이 유지할 수 있는 포인터의 수라는 것을 뜻한다. 이것은 항목의 길이나 복잡성이 거의 영향을 주지 않고 단지 항목의 수가 중요한 사실을 설명해 줄 것이다. 이것은 우리가 단기 기억에서 음향적인 오류를 범한다는 사실을 깔끔하게 설명하지 못한다. 포인터들이 일종의 음향적 기억으로 유지되지 않는 한 이것은 과학적 탐구가 필요한 미해결 주제다.

단기 기억 용량에 대한 전통적인 측정치들은 다섯에서 일곱 항목에 걸쳐 있는데, 실제 관점에서 보면 셋에서 다섯 항목만 유지하는 것으로 생각하는 것이 최선이다. 그것이 너무 적은 수처럼 보이는가? 글쎄 당신이 낯선 사람을 만날 때, 당신은 항상 그의 이름을 기억하는가? 전화번호를 돌려야 할 때 숫자들을 입력하는 동안 그것을 여러 번 봐야 하는가? 사소한 주의 산만도 우리가 단기 기억에 유지하려고 하는 재료를 싹 지워 버릴 수 있다.

이것이 디자인에 대해 함축하는 것은 무엇인가? 많은 것이 단기 기억에 보유되어 있다고 생각하지 마라. 컴퓨터 시스템이 종종 사람들을 좌절시키는 때는 핵심 정보를 메시지로 제시해서 사용자가 쓰려고 하는 바로 그때, 그 정보가 화면으로부터 사라지는 경우다. 그래서 사람들은 핵심 정보를 어떻게 기억할 수 있는가? 사람들이 손으로 치고, 발로 차고, 그 밖의 방법으로 자신의 컴퓨터를 공격한다고 해도 놀랍지 않다.

나는 간호사들이 환자에 대한 핵심 의료 정보를 자신의 손에 적어 두는 것을 보았다. 만일 간호사가 누군가의 질문으로 잠시 동안이라도 주의가 흐트러진다면 핵심 정보가 사라질 것이기 때문이다. 전자 의료 기록 시스템은 시스템이 사용되고 있지 않은 것처럼 보일 때 사용자들을 자동으로 로그아웃시킨다. 왜 자동 로그아웃을 하는가? 환자의 개인 정보를 보호하기 위해서다. 그 이유는 좋은 뜻으로 시작된 것일 수 있으나, 그 조치는 간호사들에게 심각한 난제를 제기한다. 간호사들은 의사, 동료들 또는 환자의 요청 때문에 일하면서 계속 방해받기 때문이다. 그들이 방해되는 일에 관심을 주는 동안 시스템은 그들을 로그아웃시키고, 그래서 그들은 다시 시작해야 한다. 간호사들이 그 정보를 적어 두는 것은 놀라운 일이 아니다. 비록 이것이 필기의 오류를 최소화하는 일에서 컴퓨터 시스템의 가치를 상당 부분 부정하는 것이지만 말이다. 그러나 그들이 다른 무엇을 할 수 있는가? 다른 어떤 방법으로 핵심 정보에 접근할 수 있는가? 그들은 그것을 전혀 기억할 수 없다. 그것이 그들이 컴퓨터를 가지고 있는 이유다.

방해하는 과제들이 우리 단기 기억 시스템에 유발하는 제한은 몇 가지 기법에 의해 완화될 수 있다. 하나는 다중의 감각 양식을 쓰는 것이다. 시각 정보는 청각 정보를 많이 간섭하지 않고, 행위는 청각이나 쓰인 재료와 많이 간섭하지 않는다. 촉 지각(haptics)은 최소한도로만 간섭한다. 작업 기억의 효율성을 최대화하기 위해 여러 정보를, 시각, 소리, 접촉(촉 지각), 청각, 공간적 위치 및 몸짓 등 여러 다른 양식으로 제시하는 것이 가장 좋다. 자동차들은 운전 정보에 대한 시각 처리를 방해하지 않도록 운전 안내의 경우에는 청각 제시를, 운전자가 차로를 이탈할 때 또는 왼쪽이나 오른쪽에 다른 차들이 있을 때를 경고하기 위해서는 운전석이나 운전대의 해당하는 측면에 촉각적 진동을 써야 한다. 운전은 일차적으로 시각적이며, 청각 및 촉각 양식의 사용은 시각 과제와의 간섭을 최소화한다.

장기 기억

장기 기억(long-term memory: LTM)은 과거에 관한 기억이다. 일반적으로 어떤 것을 장기 기억에 넣고 또 다시 끄집어내는 데에는 시간과 노력이 필요하다. 잠은 매일의 경험에 대한 기억을 강화시키는 데 중요한 역할을 하는 것처럼 보인다. 우리는 우리의 경험을 정확한 기록으로 기억하는 것이 아니라는 점을 유의하라. 오히려 우리가 기억을 복구할 때마다 재구성되고 해석된 조각들로 기억한다. 이것이 뜻하는 바는 기억은 인간의 설명적 기제가 인생에 부과한 모든 왜곡과 변화의 대상이 된다는 것이다. 장기 기억으로부터 경험과 지식을 얼마나 잘 인출할 수 있는지는 처음에 그 내용이 어떻게 해석되었느냐에 달려 있다. 어떤 한 가지 방식으로 해석되어 장기 기억에 저장되어 있는 것은 나중에 다른 해석 방식에 기초해서 찾을 때에는 발견되지 않을 수도 있다. 장기 기억이 얼마나 큰지는 실제로 아무도 모른다. 기가 혹은 테라 단위의 항목일지 모른다. 우리는 어떤 단위가 사용되어야 하는지조차 모른다. 진짜 크기가 얼마이든 이 정도라면 실제적인 한계는 없다고 볼 수 있다.

장기 기억을 강화하는 데에서 잠의 역할은 아직 명확히 밝혀진 바는 없지만, 이 주제를 다루는 수많은 논문이 있다. 하나의 가능한 기제는 시연 기제다. 재료의 시연, 즉 작업 기억(단기 기억)에 계속 활성화되어 있는 동안 그 재료를 심적으로 검토하는 것은 장기 기억 흔적의 형성에 중요한 성분이다. 이 주제에 대한 최근 연구(Oudiette, Anthony, Creery, & Paller, 2013)의 저자 중 한 사람인 노스웨스턴 대학교의 켄 팰러(Ken Paller) 교수는 "자는 동안 당신이 시연하도록 하는 것은 무엇이든지 당신이 나중에 기억할 것을, 반대로 말하면 당신이 잊게 될 것을 결정할 것이다."라고 말했다. 그러나 비록 수면 중 시연이 기억을 강화시키긴 하지만 기억을 틀리게 할 수도 있다. "우리 뇌의 기억은 항상 변하고 있다. 가끔 모든 세부사항을 시연하여 기억 저장을 향상시킨다. 그래서 나중에 당신은 더 잘 기억할 수 있다. 그런데 당신이 너무 많이 꾸민다면 기억을 더 못할 수도 있다."

제2장에서 나온 이 질문에 대해 당신이 어떻게 대답했는지 기억하는가?

이전에 살았던 세 번째 전의 집에서 현관문으로 들어갈 때, 문고리가 왼쪽에 있었는가, 오른쪽에 있었는가?

대부분의 사람에게 이 질문은 어느 집이 관련되는지를 기억하는 데만도 상당한 노력이 필요하고, 당신을 이전 장면들로 되돌리고 답을 재구성하는 데 제2장에서 서술한 특수한 기법 중 하나가 필요하다. 이것은 절차 기억, 즉 일을 하는 방법에 대한 기억의 예인데, 사실 정보에 대한 기억인 서술 기억과 반대되는 것이다. 두 경우 답에 도달하기 위해 상당한 시간과 노력이 들 수 있다. 더욱이 그 답은 우리가 책이나 웹사이트에서 답을 읽는 방법과 유사한 방식으로 직접 인출되지 않는다. 그 답은 지식의 재구성이며, 편중과 왜곡의 대상이 된다. 기억 속의 지식은 의미 있는 것이며, 인출할 때 완전히 정확하기보다 의미 있는 다른 해석의 지배를 받을 수 있다.

장기 기억에서 주요한 어려움은 조직화에 있다. 우리가 기억하려고 하는 것을 어떻게 찾을 수 있는가? 대부분의 사람은 이름이나 단어를 기억하려 할 때 '설단현상'을 경험한다. 안다는 느낌(a feeling of knowing)이 있는데, 이 지식은 의식적으로 가용되지 않는다. 나중의 어느 때, 어떤 다른 활동에 몰입할 때, 그 이름이 의식적 마음속에서 갑자기 튀어나올 수 있다. 사람들이 필요한 지식을 인출하는 방식은 아직 알려지지 않았지만, 아마 어떤 종류의 패턴 대응 기제와 이와 결합된 (필요한 지식과의 일관성을 점검하는) 검증 과정이 관여할 것이다. 이것이 당신이 어떤 이름을 찾지만 계속 틀린 이름을 인출할 때 그것이 틀렸다고 당신이 아는 이유다. 이런 틀린 인출은 정확한 인출을 방해하기 때문에 당신은 다른 활동으로 전환하여 잠재의식적인 기억 인출 과정이 스스로 쉴 수 있도록 해야 한다.

인출은 재구성적인 과정이기 때문에 그것은 잘못될 수 있다. 우리가 경험한 그대로 보다 기억하고자 하는 방식으로 우리는 사건을 재구성할 수 있다. 사람들을 편향시켜서 그들이 틀린 기억을 형성하도록 하는 것은 비교적 쉽다. 실제로 전혀 일어나지 않았음에도 자신의 삶의 사건들을 매우 명확하게 '기억하는' 틀린 기억 말이다. 이것이 법정에서 목격자 증언이 매우 문제가 많은 이유다. 목격자들은 신뢰할 수 없는 것으로 악명이 높다. 굉장히 많은 수의 심리학 실험이 사람들의 마음속에 틀린 기억을 매우 그럴듯하게 이식해서 그 기억이 결코 일어나지 않은 사건들에 대한 것이라는 것을 사람들이 인정하기를 거부하도록 하는 것이 얼마나 쉬운지를 보여 주었다.

머릿속의 지식은 실제로 기억된 지식, 즉 내적 지식이다. 사람들이 어떻게 그들의 기억을 사용하고 정보를 인출하는가를 조사해 보면, 몇 개의 범주를 발견할 수 있다. 지금 우리에게는 두 가지가 중요하다.

① **임의적인 것들의 기억:** 파지해야 할 항목들이 임의적이고, 아무 의미가 없으며 항목 간이나 이미 알려져 있는 것과 특정한 관계가 없다.
② **의미 있는 것들의 기억:** 파지해야 할 항목들 그 자체로 혹은 이미 알려져 있는 다른 것들과 의미 있는 관계성을 이룬다.

임의적인 것과 의미 있는 것에 대한 기억

임의적인 지식이란 배후의 의미나 구조를 갖고 있지 않은 것들에 대한 단순한 기억이라고 분류할 수 있다. 좋은 예는 알파벳 문자나 그 순서, 사람들의 이름, 외래 어휘인데, 거기에는 재료에서 어떤 명백한 구조가 있는 것처럼 보이지 않는다. 이것은 또한 임의적인 키 순서, 명령어, 제스처 및 많은 현대 기술의 절차에도 적용된다. 이것은 무턱대고 외우기(기계적 암기)를 필요로 하는데, 현대인의 골칫거리다.

어떤 것은 기계적 암기를 필요로 한다. 예컨대, 알파벳 문자가 그렇다. 그러나 여기에서도 의미 없었을 단어 목록에 구조를 더해서 알파벳을 노래로 바꾸는데, 구조를 만들어 내기 위해 각운과 운율이라는 자연스러운 제약을 사용하는 것이다.

기계적 암기는 문제를 일으킨다. 첫째, 외워야 하는 것이 임의적이기 때문에 암기가 어려워 상당한 시간과 노력이 필요하다. 둘째, 문제가 생겨도 기억한 행동의 순서는 무엇이 잘못되었는지에 관해 아무런 암시도 주지 않으며, 문제를 고치기 위해 무엇을 해야 하는지에 관해서도 아무런 시사도 주지 않는다. 어떤 것은 무턱대고 외는 것이 적절하겠지만, 대부분은 그렇지 않다. 애석하게도 많은 교육기관이나 성인 훈련기관에서도 이것이 주된 교수 방법이다. 이런 식으로 사람들은 컴퓨터를 사용하고, 요리하는 법을 배운다. 이것이 일부 새로운 (잘못 디자인된) 기술장치를 쓰는 것을 배우는 방법이다.

우리는 인위적으로 구조를 제공함으로써 임의적인 연합이나 순서를 배운다. 기억향상법(기억술)에 관한 대부분의 책이나 강좌들은 구조를 제공하는 다양한 표준 방법을 쓰는데, 식료품 목록이나 사람들의 이름을 그들의 외모와 짝짓는 일처럼 완전히 임의적으로 보이는 것들에 대해서도 그렇다. 단기 기억과 관련하여 이런 방법에 대한 토론에서 보았듯이 숫자들의 열조차도 그것들이 의미 있는 구조와 연합될 수 있다면 기억될 수 있다. 이런 훈련을 받지 않은 혹은 어떤 방법을 스스로 만들어 내지 않은 사람은 종종 어떤 인위적 구조를 만들려고 하지만, 이것들은 다소 성공적이지 않을 수 있다. 이것이 학습이 안 되는 이유다.

세상 속의 대부분의 일은 납득할 만한 구조를 가지고 있는데, 이는 기억 과제를 굉장히 단순하게 한다. 일이 사리에 맞을 때, 그 일은 우리가 이미 가지고 있는 지식에 상응하여 새 재료는 이해되고, 해석되고, 이전에 획득된 재료와 통합될 수 있다. 이제 우리는 일이 함께 어울리는 것을 이해하는 것을 도와주는 규칙과 제약을 쓸 수 있다. 의미 있는 구조는 외현적인 혼란과 임의성을 조직할 수 있다.

　제1장에서 개념 모형에 관해 논의했던 것을 기억하는가? 좋은 개념 모형의 힘의 일부분은 일에 의미를 제공하는 능력에 있다. 의미 있는 해석이 외현적으로 임의적인 과제를 자연스러운 것으로 바꾸는 방법을 보여 주는 예를 살펴보자. 처음에는 적절한 해석이 명백하지 않을 수도 있음을 주목하라. 해석 또한 지식이고 발견되어야 하는 것이다.

　도쿄 대학교의 일본인 동료 유타카 사예키(Yutaka Sayeki) 교수는 자신의 오토바이 왼쪽 핸들 위에 있는 회전 방향 지시 스위치를 사용하는 법을 기억하기가 어려웠다. 스위치를 앞으로 움직이면 오른쪽을 신호하고, 뒤로 하면 왼쪽을 신호한다. 스위치의 의미는 명백하나, 그것을 어느 쪽으로 움직이느냐는 애매했다. 사예키는 스위치가 왼쪽 핸들 위에 있기 때문에 그것을 앞으로 밀면 왼쪽 방향 지시기가 깜박인다고 계속 생각했다. 즉, 그는 '왼쪽 스위치를 앞으로'라는 행동을 '좌회전'이라는 잘못된 의도와 짝지우려 하고 있었다. 그 결과, 회전을 위해 어떤 스위치 방향을 써야 할지를 기억하는 데 곤란을 겪었다. 대부분 오토바이의 회전 스위치는 90도 회전되어 장착되어 있어서 그것을 왼쪽으로 돌리면 왼쪽을 신호하고 오른쪽으로 돌리면 오른쪽을 신호한다. 이러한 대응은 배우기 쉽다(이 장의 끝에서 논의된, 자연스러운 대응의 예다). 그러나 사예키의 오토바이 회전 스위치는 좌우가 아니라 앞뒤로 움직였다. 그는 어떻게 그것을 배울 수 있었을까?

　사예키는 행위를 재해석하여 이 문제를 해결했다. 오토바이의 핸들이 회전하는 방식을 생각해 보자. 좌회전에서는 왼쪽 핸들이 뒤로 움직인다. 우회전에서는 왼쪽 핸들이 앞으로 움직인다. 필요한 스위치의 움직임도 핸들의 움직임과 똑같다. 만약 오토바이의 회전 방향이 아니라 핸들의 운동 방향을 신호하는 것으로 과제가 개념화되면, 스위치의 움직임은 희망하는 움직임을 따르는 것처럼 보일 수 있다. 마침내 자연스러운 대응을 찾아냈다.

스위치의 움직임이 임의적으로 보였을 때, 기억하기가 어려웠다. 사예키 교수가 의미 있는 관련성을 만들어 내자 바른 스위치 조작을 기억하는 것이 쉬웠다. (숙련된 라이더들은 이런 개념 모형은 잘못되었다고 지적할 것이다. 자전거를 회전하기 위해 먼저 회전하려는 방향의 반대로 먼저 핸들을 돌린다. 이것은 다음 절 '근사 모형'에서 예 3으로 논의된다.)

디자인에서의 함축은 분명하다. 의미 있는 구조를 제공하는 것이다. 아마 가장 좋은 방법은 기억할 필요가 없게 만드는 것이다. 요구되는 정보를 세상 속에 넣어라. 이것이 구식의 메뉴 구조를 유지하는 전통적인 그래픽 유저 인터페이스(GUI)의 힘이다. 의심이 될 때, 원하는 것이 발견될 때까지 항상 모든 메뉴 항목을 조사할 수 있을 것이다. 메뉴를 쓰지 않는 시스템조차 어떤 구조, 즉 적절한 제약과 강제 기능, 자연스러운 좋은 대응 및 피드포워드와 피드백의 모든 도구를 제공할 필요가 있다. 사람들이 기억하도록 도와주는 가장 효과적인 방법은 기억이 필요없게 하는 것이다.

근사 모형: 실제 세계에서의 기억

의식적인 사고에는 시간과 정신 자원이 든다. 잘 학습된 기술은 의식적 감시와 제어의 필요를 건너뛴다. 의식적 제어는 최초의 학습과 예기치 않은 상황에서만 요구된다. 지속적인 연습은 행위 사이클이 자동으로 되게 하고, 행위에 필요한 의식적 사고와 문제해결의 양이 최소가 되게 한다. 테니스를 치는 것이든 악기를 연주하는 것이든 혹은 수학이나 과학을 하든, 대부분의 전문적이고 숙달된 행동은 이런 식으로 작동한다. 전문가들은 의식적 추리의 필요성을 최소화한다. 철학자이자 수학자인 알프레드 노스 화이트헤드(Alfred North Whitehead)는 한 세기 이전에 이런 원칙을 언급했다.

매우 심각하고 오류투성이의 뻔한 소리는 모든 복사판 책에서 그리고
뛰어난 사람들이 연설을 할 때에 반복되고 있다. 우리는 우리가 하는 일

에 대해 생각하는 습관을 개발해야 한다는 것이다. 정확히 그 반대가 옳다. 문명은 우리가 그것에 대해 생각하지 않고도 수행할 수 있는 중요한 조작의 수를 확장함으로써 진보한다(Alfred North Whitehead, 1911).

생각을 단순화시키는 한 방법은 단순화된 모형, 즉 배후에 있는 진실한 사태에 대한 근사 모형을 쓰는 것이다. 과학은 진실을 다루고, 연습은 근사치들을 다룬다. 실천가들은 진실을 필요로 하지 않는다. 그들은 부정확하더라도 그들이 적용하려는 목적에 '충분히 좋은' 결과를 비교적 빨리 필요로 한다. 다음 예들을 보자.

예 1: 섭씨와 화씨 간에 온도 전환하기

캘리포니아에 있는 집 밖 온도는 지금 화씨 55도. 섭씨로 몇 도인가? 즉시, 다른 기술장치를 쓰지 말고 머릿속으로 해라. 답이 무엇인가?

여러분은 모두 다음 변환 공식을 기억하고 있으리라고 확신한다.

$$섭씨 = (화씨 - 32) \times 5/9$$

화씨에 55를 넣으면, 섭씨는 (55-32)×5/9=12.8도다. 그러나 대부분의 사람은 연필과 종이 없이 이것을 할 수 없다. 왜냐하면 단기 기억에 유지하기에 너무 많은 중간 값이 있기 때문이다.

더 단순한 방식을 원하는가? 이런 근사 모형을 사용해 보라. 당신은 머릿속에서 이것을 할 수 있고, 종이나 연필이 필요 없다.

$$섭씨 = (화씨 - 30)/2$$

화씨에 55를 넣으면, 섭씨는 (55-30)/2=12.5도다. 이 공식이 정확한 변환인가? 아니다. 그러나 12.5라는 근사치 답은 12.8이라는 정확한 값에 충분히 가깝다. 나는 스웨터를 입어야 할지를 간단히 알고 싶었을 뿐이었다. 실제 값에서 (오차가) 화씨 5도 내의 어떤 값은 이런 목적에서 유용할 것이다.

근사치 답들은 전문적으로 보면 틀렸을지라도 충분히 적당할 때가 있다. 온도 변환에 관한 이 간단한 근사치 방법은 보통 범위의 실내 및 실외 온도에 대해서는 '충분히 좋다'. 이것은 섭씨 −5도에서 25도(화씨 20도에서 80도)의 범위에서 (오차가) 1.7도(즉, 화씨 3도) 내에 있다. 더 낮거나 더 높은 온도에 대해서는 더 많이 차이 나지만, 일상적 사용 목적으로는 아주 좋다. 근사치들은 실제로 쓰기에 충분히 좋다.

예 2: 단기 기억의 모형

여기에 단기 기억의 근사치 모형이 있다.

> 단기 기억에서 다섯 개의 기억 슬롯(칸)이 있다. 매번 새 항목이 더해질 때마다 그것은 한 슬롯을 차지하고, 이전에 거기에 있었던 것은 무엇이든지 탈락시킨다.

이 모형은 참인가? 아니다. 전 세계에서 어느 기억 연구자도 이것이 단기 기억에 대한 정확한 모형이라고 믿고 있지 않다. 그러나 응용하는 데에는 충분히 좋다. 이 모형을 쓰면 당신 디자인의 사용성이 더 좋아질 것이다.

예 3: 오토바이 조종하기

앞에서 사예키 교수가 오토바이의 회전 방향을 방향 지시기에 어떻게 대응시켜 정확한 사용법을 기억할 수 있었는지를 알았다. 그러나 거기에서 나는 개념 모형이 틀렸다는 것을 지적했다.

왜 오토바이를 조종하는 개념 모형은 비록 틀렸지만 유용했는가? 오토바이를 조종하는 것은 반직관적이다. 좌회전하기 위해 핸들은 먼저 오른쪽으로 회전되어야 한다. 이것은 반대 조종(countersteering)이라고 불리는데, 대부분 사람의 개념 모형에 위반되는 것이다. 왜 이것이 맞는가? 오토바이를 왼쪽으로 틀기 위해 핸들을 왼쪽으로 돌리면 안 되는가? 이륜차의 방향을 바꿀 때 가장 중요한 성분은 기울다. 오토바이가 왼쪽으로 회전할 때, 운전자는 왼쪽으로 기대어야 한다. 반대 조종은 운전자가 바른 방향으로 기대도록 만든다. 핸들이 오른쪽으로 돌려지면, 그 결과로 운전자에 가해지는 힘은 몸이 왼쪽으로 기울어지게 한다. 이 무게(중심) 이동이 그다음에 오토바이가 왼쪽으로 회전하게 한다.

경험 많은 라이더들은 종종 잠재의식적으로 정확히 조작하는데, 그들이 의도하는 방향과 반대로 핸들을 돌려 회전을 시작하고, 그래서 자신의 개념 모형을 위반한다는 것을 알아차리지 못한다. 오토바이 훈련 코스는 이 방법이 그들이 하는 것이라는 것을 확신시키기 위해 특별한 연습을 시켜야 한다.

자전거나 오토바이로 속도를 적절히 낸 다음 이 반직관적인 개념을 시험해 볼 수 있는데, 왼쪽 핸들의 끝에 손바닥을 놓고, 가볍게 그것을 앞으로 밀어 보라. 핸들과 앞바퀴는 오른쪽으로 돌 것이고 몸은 왼쪽으로 기울 것인데, 그 결과로 오토바이와 핸들은 왼쪽으로 회전할 것이다.

사예키 교수는 자신의 정신적 계획과 실재 간의 이런 모순을 잘 알고 있었지만, 그는 자신의 개념 모형에 어울리는 기억 보조물(memory aid)을 원했다. 개념 모형은 강력한 설명적 장치여서 다양한 상황에서 유용하다. 그것들이 원하는 상황에서 정확한 행동으로 이끌어 주는 한, 아주 정확할 필요가 없다.

예 4: '그것으로 충분해' 산수

우리 대부분은 머릿속에서 두 개의 큰 수를 곱할 수 없다. 계산 중 어디에 있었는지를 잊는다. 기억 전문가들은 머릿속에서 두 개의 큰 수를 빨리 별 노력 없이 곱할 수 있어서 그런 기술로 청중을 놀라게 한다. 더욱이 숫자들은 우리가 사용하는 방식대로 왼쪽에서 오른쪽으로 나오지, 연필과 종이를 써서 답을 힘들게 계산할 때 숫자들을 쓰는 것처럼 오른쪽에서 왼쪽으로 나오지 않는다. 이런 전문가들은 작업 기억에 부하를 최소화하는 특수한 기법을 쓰지만, 그들은 여러 범위와 형태의 문제에 대해 수많은 특수 방법을 배워야 하는 대가를 치른다.

이것이 우리 모두가 배워야 하는 것은 아닐까? 왜 학교 시스템은 이것을 가르치지 않는가? 내 대답은 간단하다. 왜 신경을 쓰는가? 나는 종종 목적에 충분히 유용한 정도로 상당히 정확하게 머릿속의 답을 추산할 수 있다. 내가 정밀성과 정확성을 필요로 할 때라면, 그것이 계산기가 있는 이유다.

앞에서 든 예인 머릿속으로 27과 293의 곱하기를 기억하는가? 누군가가 정밀한 답을 알 필요가 있는가? 근사치도 충분히 좋고, 구하기도 꽤 쉽다. 27을 30으로, 293을 300으로 바꾸면, 30×300=9,000(3×3=9이고 뒤에 0을 세 개 더하라)이다. 정확한 답은 7,911이므로, 추정치 9,000은 단지 14퍼센트 더 크다. 많은 경우에 이것으로 충분하다. 약간 더 정확한 것을 원하는가? 곱하기를 쉽게 하기 위해 우리는 27을 30으로 바꾸었다. 즉, 3이 더 많다. 그래서 답에서 3×300을 빼라(9,000-900). 이제 우리는 8,100을 얻는데, 이것은 2퍼센트 내로 정확하다.

복잡한 산수 문제들의 답을 매우 정밀하게 알아야 할 필요가 있는 일은 드물다. 거의 항상 대략적 추정치로도 충분히 적당하다. 정밀성이 필요할 때는 계산기를 써라. 그것이 기계가 좋은 이유다. 즉, 높은 정밀성을 제공하는 것이다. 대부분의 경우 추정치로 충분하다. 기계는 산수 문제를 해결하는 데 초점을 맞추어야 한다. 사람들은 '그 답이 필요한 이유'와 같이 더 상위 수준의 이슈에 초점을 맞추어야 한다.

나이트클럽 공연자가 되거나 뛰어난 기억술로 사람들을 놀라게 하는 야망이 있는 게 아니라면, 기억과 정확성을 모두 극적으로 높이는 더 간단한 방법이 있다. 적어 두는 것이다. 쓰기는 강력한 기술이다. 왜 그것을 쓰지 않는가? 종이나 손등을 사용하라. 쓰거나 타이프하라. 전화나 컴퓨터를 사용하라. 받아 적게 하라. 이것이 기술의 이유다.

도움을 받지 않는 마음은 놀라우리만치 제한되어 있다. 우리를 똑똑하게 만들어 주는 것이 있다. 그것들을 활용하라.

과학 이론 대 일상의 실제

과학은 진실을 추구한다. 그 결과 과학자들은 항상 토론하고 논쟁하며, 서로 동의하지 않는다. 과학적 방법은 토론과 갈등의 방법이다. 여러 다른 과학자들의 비판적 조사를 거친 아이디어만 살아남는다. 지속적인 불일치는 종종 비과학자에게 이상하게 보인다. 왜냐하면 과학자들은 아무것도 모르는 것처럼 보이기 때문이다. 어떤 주제든지 골라 보라. 그러면 당신은 그 영역에서 일하는 과학자들이 끊임없이 의견을 달리한다는 것을 발견할 것이다.

그러나 그런 불일치는 착각이다. 즉, 대부분의 과학자는 전반적인 사항에 대해서는 보통 동의한다. 그들의 불일치는 종종 두 개의 경쟁적인 이론을 가리는 데 중요한 작은 세부사항에 대한 것이다. 그러나 이런 점은 현장과 응용이라는 실제 세계에 거의 영향을 주지 않을 것이다.

실제 세계에서 우리는 절대적 진실을 필요로 하지 않는다. 근사 모형도 문제없이 작동한다. 오토바이 조종에 대한 사에키 교수의 단순화된 개념 모형은 그에게 방향 지시등의 스위치를 어느 방향으로 움직일지를 기억하도록 해 주었다. 온도 변환에 대한 간단한 공식 그리고 근사치 산수에 대한 간단한 모형은 머릿속에서 '충분히 좋은' 답을 할 수 있도록 해 주었다. 단기 기억에 대한 단순화된 모형은 비록 과학적으로 틀렸을지라도 유용한 디자인 지침을 제공한다. 이런 근사 모형 각각은 틀렸으나 이 모두는 생각거리를 줄이고 '충분히 좋은' 정확성을 가진, 빠르고 쉬운 결과를 낳는 데에 가치가 있다.

머릿속에 있는 지식

세상 속의 지식, 즉 외적 지식은 기억에 매우 가치 있는 도구이지만, 적절한 상황에서 제자리에서 제때에 가용할 때에만 그렇다. 그렇지 않으면 우리는 머릿속의, 즉 기억하고 있는 지식을 써야 한다. 속담에 이 사실이 잘 표현되어 있다. "보이지 않으면 잊힌다." 효과적인 기억은 가용한 모든 단서를 사용한다. 즉, 세상과 마음을 결합하는 세상 속의 지식과 머릿속의 지식이다. 어느 한쪽의 지식 출처가 그 자체로 불충분하더라도 그런 결합이 어떻게 세상 속에서 꽤 잘 기능할 수 있도록 해 주는지를 이미 보았다.

조종사는 항공 관제사가 말하는 것을 어떻게 기억하나

비행기 조종사는 항공 관제소에서 빠른 속도로 전달되는 명령을 듣고, 그다음 정확하게 반응해야 한다. 그들의 삶은 지시를 정확하게 따를 수 있는가에 달려 있다. 이 문제를 다루는 한 웹사이트는 이륙하려 하는 조종사에 대한 지시의 예를 보여 주었다.

프라스카(Frasca) 141, 메스퀴트 공항까지 원활함, 메스퀴트 공항까지 레이더 백터 090 방향으로 좌회전. 상승 후 2,000 유지. 출발 후 10분경 3,000 예상. 출발 주파수 124.3, 스코윅(squawk) 코드 5270(전형적인 항공 관제 순서, 보통 매우 빠르게 말한다. 출처 언급 없이 여러 웹사이트에 있는 「항공 관제 어법(ATC Phraseology)」에서 인용).

"이륙하느라 집중하고 있을 때 어떻게 이 모든 것을 기억할 수 있나요?"라고 한 초보 조종사가 질문했다. 좋은 질문이다. 이륙은 비행기 내부와 외부에서 많은 일이 진행되는, 바쁘고, 위험한 절차다. 조종사들은 어떻게 기억하는가? 그들은 기억력이 월등한가?

조종사들은 세 가지 주요 기법을 쓴다.

① 그들은 핵심 정보를 적어 둔다.
② 그들은 정보가 들리는 대로 장비에 입력하므로, 최소한의 기억만 요구된다.
③ 그들은 정보의 일부를 의미 있는 구절로 기억한다.

비록 외부 관찰자에게 이 모든 지시와 숫자는 무선적이고 혼란스러워 보일지라도 조종사에게 그것들은 친숙한 이름이고 친숙한 숫자다. 한 응답자가 지적했듯이 그것들은 이륙에 쓰이는 흔한 숫자이고 친숙한 패턴이다. '프라스카 141'은 비행기 이름이며, 이 지시에서 의도된 수신자를 말한다. 기억해야 할 첫 번째 핵심 항목은 나침반 방위가 090이 되도록 좌회전한 다음, 2,000의 고도로 올라가는 것이다. 그 두 숫자를 적어라. 라디오 주파수 124.3을 당신이 듣고 있는 라디오(무선 장치)에 입력하라. 그러나 대부분의 경우 이 주파수는 미리 알려져 있으므로, 라디오는 아마 그 주파수로 이미 설정되어 있을 것이다. 당신이 해야 할 일은 그것을 보고 제대로 설정되어 있는지를 확인하는 것뿐이다. 마찬가지로 '스코웍 박스를 5270'에 설정하는 것은 비행기가 레이더 신호에 부딪힐 때마다 항공 관제소에 그 비행기를 식별시키는 특별 부호다. 그것을 적어 두거나 아니면 그 말이 들릴 때 장비에 설정한다. 하나 남은 것은 '출발 후 10분경에 3,000 예상'에 대해서는 할 것이 없다. 이것은 십분 후에 아마 프라스카 141이 3,000 피트 고도로 올라가라고 권고하는 것을 그냥 재확인하는 것이며, 그러면 새로운 명령이 있을 것이다.

조종사들은 어떻게 기억하는가? 그들은 방금 받은 새 지식을 가끔은 글로 써서, 가끔은 비행기의 장비를 이용하여 세상 속의 기억으로 변환한다.

이에 대한 디자인의 함축은 무엇인가? 정보가 들릴 때 관련 장비에 그것을 입력하는 것이 더 쉬울수록 기억 오류의 가능성은 더 적어진다. 항공 관제 시스템은 이를 도와주기 위해 진화하고 있다. 항공 관제사들의 지시는 디지털로 보내져 그 지시가 조종사가 원할 때까지 화면에 표시될 수 있다. 디지털 전송은 또한 자동화된 장비가 스스로 정확한 수치로 설정하는 것을 쉽게 만든다. 반면에 관제사 명령의 디지털 전송은 일부 난점이 있다. 다른 비행기가 그 명령을 들을 수 없을 것이고, 이로 인해 주변의 모든 다른 비행기에서 진행되는 일에 대한 조종사의 자각이 떨어진다. 항공 관제 및 항공 안전의 연구자들은 이런 이슈를 조사하고 있다. 그렇다. 이것은 디자인 이슈다.

비망: 미래계획기억

미래계획기억(prospective memory), 혹은 **미래를 위한 기억**(memory for the future)이란 말은 반직관적이고 아마 공상과학 소설의 제목처럼 들릴지 모르겠지만, 기억 연구자들에게 미래계획기억이란 말은 미래의 어떤 시점에 어떤 활동을 할 것을 기억하는 과제를 가리킬 뿐이다. '미래를 위한 기억'이란 말은 계획하기 능력, 즉 미래의 시나리오를 상상하는 능력을 가리킨다. 둘은 밀접하게 관련되어 있다.

생각나게 하기(reminding, 비망)를 생각해 보라. 당신이 수요일 오후 3시 30분에 카페에서 친구를 만나기로 약속했다고 가정해 보자. 이 지식은 머릿속에 있지만, 그것을 적절한 때에 어떻게 기억할 것인가? 기억이 일깨워져야 한다. 이것은 미래계획기억의 분명한 예이지만, 필요한 단서를 제공하는 능력은 미래를 위한 기억의 어떤 측면을 마찬가지로 필요로 한다. 계획된 모임 직전 수요일 당신은 어디에 있을 것인가? 어떤 것이 그때 당신이 기억하는 것을 도와줄 것이라고 지금 생각할 수 있는가?

비망은 여러 전략이 있다. 하나는 머릿속에 지식을 그냥 유지하는 것이며, 결정적인 시간에 그것을 회상할 것이라고 믿는 것이다. 그 사건이 매우 중요하다면, 당신은 그것을 기억하는 데 아무 문제가 없을 것이다. 기억을 일깨우기 위해 달력에 '오후 3시에 결혼하기'라고 알림을 설정해야 한다면 꽤 이상할 것이다.

흔한 사건에 대해서는 머릿속의 기억에 의지하는 것이 좋은 기법은 아니다. 친구들과의 모임을 잊은 적이 있는가? 그것은 자주 일어난다. 그뿐 아니라 그 약속을 기억한다고 할지라도, 당신은 모든 세부사항, 예컨대 당신이 친구 중 한 사람에게 책을 빌려주려고 했다와 같은 것을 기억할 것인가? 쇼핑을 가면 당신은 집으로 오는 도중에 가게에 들르는 것을 기억할 수도 있지만, 당신이 사기로 한 모든 물건을 기억할 것인가?

그 사건이 개인적으로 중요하지 않고 며칠 후의 일이라면, 기억 부담의 일부를 세상 속에 옮겨 두는 것이 현명하다. 메모, 달력의 비망기(프로그램), 휴대전화나 컴퓨터의 특정한 알림 서비스 등으로 말이다. 친구들에게 당신을 일깨워 달라고 요청하는 방법도 있다. 비서가 있는 사람들은 그 부담을 그들에게 넘긴다. 그다음 차례로 그들은 메모를 하거나 달력에 사건들을 입력하거나 컴퓨터 시스템에 알림을 설정한다.

우리가 그 부담을 일 그 자체에 둘 수 있을 때 왜 다른 사람에게 부담 지우는가? 동료에게 책을 가져다주는 것을 기억하기 원하는가? 나는 집을 떠날 때 보지 않으면 안 되는 장소에 책을 둔다. 좋은 장소는 현관문에 기대어 두는 것인데, 그 위를 지나지 않고서는 집을 떠날 수 없다. 차 열쇠를 그 위에 올려 두면, 집을 떠날 때 일깨워질 것이다. 만약 잊는다 해도 열쇠 없이는 차를 운전할 수 없을 것이다. (더 좋은 것은 열쇠를 책 밑에 두는 것인데, 그렇게 하지 않으면 책을 잊을 수도 있기 때문이다.)

비망기(reminder)에는 두 가지 측면이 있다. 신호와 메시지가 그것이다. 행동을 할 때 **무엇**을 해야 할지와 **어떻게** 해야 할지를 구별할 수 있는 것과 마찬가지로, 비망에서는 무언가를 기억해야 한다는 것을 아는 **신호**와 정보 자체를 기억하는 **메시지**를 구별해야 한다. 자주 이용되는 비망 도구는 이 두 개의 주요한 측면 중 단지 이것 아니면 저것만을 보통 제공한다. 널리 쓰이는 방법인 '손가락에 끈을 묶어라.'는 비망법은 단지 신호만을 제공한다. 그것은 기억해야 할 것에 관해서는 아무 단서도 제공하지 않는다. 메모로 남기는 것은 메시지만을 제공한다. 그것은 당신이 그것을 보도록 일깨워 주지는 않는다. 이상적인 비망 방법은 두 요소, 즉 무언가가 기억되어야 한다는 신호와 그것이 무엇인지에 대한 메시지를 모두 갖추어야 한다.

무언가가 기억되어야 한다는 신호는 그것이 맞는 때와 장소에 일어난다면 충분한 기억 단서가 될 수 있다. 너무 일찍 혹은 너무 늦게 일깨워진다면 아무 비망기가 없는 것처럼 무용하다. 그러나 비망기가 적절한 시간이나 장소에 온다면 환경적 단서는 충분한 지식을 제공해서 기억되어야 할 항목의 인출을 도와줄 것이다. 시간-기반의 비망기는 효과적일 수 있다. 내 휴대전화의 빙(bing)은 다음 약속을 상기시켜 준다. 장소-기반의 비망기들은 그것이 필요하게 될 정확한 장소에서 단서를 주는 데 효과적일 것이다. 필요한 모든 지식이 세상 속에, 우리 기술장치에 있을 수 있다.

때맞추는 비망기의 필요로 인해 지식을 세상 속에 더 쉽게 넣도록 하는 수많은 제품들, 즉 타이머, 일기장 그리고 달력이 생겨났다. 전자 비망기의 필요는 잘 알려져 있는데, 스마트폰, 태블릿 및 다른 휴대용 기기의 앱이 급증하는 것이 이를 입증한다. 그러나 스크린-기반 시대에 놀랍게도 종이 도구도 여전히 매우 인기가 있고 효과적인데, 종이-기반 일기장과 비망기의 수가 이를 보여 준다.

여러 가지 비망법의 수만 보더라도 기억을 도와줄 필요성이 정말로 매우 크지만, 많은 방식과 기기 중 어느 것도 완전히 만족스럽지는 않다. 결국 그것 중 어느 하나가 만족스럽다면 우리는 그렇게 많은 것이 필요하지 않을 것이다. 덜 효과적인 것은 사라질 것이고, 새로운 방식은 계속 고안되지 않을 것이기 때문이다.

세상 속의 지식과 머릿속의 지식 간의 교환 관계

세상 속의 지식과 머릿속의 지식은 모두 일상적인 활동에서 필수다. 그러나 어느 정도는 이쪽 아니면 저쪽에 더 많은 비중을 둘 것인지를 선택할 수 있다. 이러한 선택에는 어떤 교환 관계가 필요한데, 즉 세상 속 지식의 이점을 얻는다는 것은 머릿속의 지식의 이점을 잃는다는 것이다(<표 3-1> 참조).

〈표 3-1〉 세상 속의 지식과 머릿속의 지식 간의 교환 관계

세상 속의 지식	머릿속의 지식
지각 가능할 때에는 언제나 정보가 곧장 그리고 쉽게 얻어진다.	작업 기억에 있는 재료는 곧바로 쓸 수 있다. 그렇지 않으면 상당한 검색과 노력이 필요할 수 있다.
학습 대신에 해석하면 된다. 세상 속의 지식을 해석하는 것이 얼마나 쉬운가는 디자이너의 기술에 달려 있다.	상당량이 될 수 있는 학습이 필요하다. 학습은 재료에 의미 혹은 구조가 있거나 좋은 개념 모형이 있으면 더 쉬워진다.
지식을 찾고 해석할 필요 때문에 느려진다.	효율적일 수 있는데, 특히 잘 학습되어 자동화되면 그렇다.
처음에 사용 편의성이 높다.	처음에 사용 편의성이 낮다.
못생기고 우아하지 않을 수 있는데, 특히 많은 지식을 유지해야 할 때 그렇다. 이로 인해 잡동사니가 될 수 있다. 여기가 그래픽 및 산업 디자이너가 중요한 역할을 하는 곳이다.	아무것도 가시적일 필요가 없으므로 디자이너에게 더 많은 자유를 준다. 이것은 최초의 (낮은) 사용 편의성, 학습 및 기억 부담의 대가로 더 깨끗하고, 더 유쾌한 외관을 갖도록 한다.

세상 속의 지식은 그 자체가 비망 도구인 것처럼 작용한다. 그렇지 않았다면 잊어버릴 구조를 복원할 수 있게 해 준다. 머릿속의 지식은 효율적이어서 환경을 탐색하거나 해석할 필요가 없다. 그 교환 관계는 머릿속의 지식을 사용하기 위해서는 지식을 머릿속에 저장하고 인출할 수 있어야 하는데, 이것은 상당한 양의 학습을 요구한다. 세상 속의 지식은 학습이 필요하지는 않으나 사용하기는 더 어려울 수 있다. 그리고 지식이 계속 물리적으로 제시되는 것에 의존한다. 환경이 변하면 지식은 사라질 수 있다. 과제 수행은 과제의 환경이 물리적으로 안정적인가에 달려 있다.

방금 논의했듯이 비망기들은 세상 속의 지식과 머릿속의 지식 간의 상대적 교환을 보여 주는 좋은 예다. 세상 속의 지식은 접근하기 쉽다. 그것은 자체로 기억 내용을 일깨운다. 언제나 거기에 있어서 눈에 띄길 기다리고, 사용되기를 기다린다. 이것이 바로 우리가 사무실과 일터를 신중하게 구조화하는 이유다. 우리는 서류 묶음을 잘 보이는 곳에 두며, 책상을 치울 때에는 그것들을 표준화된 장소에 두고 이 표준화된 장소를 정기적으로 살펴보도록 스스로를 가르친다(머릿속의 지식). 우리는 시계나 달력, 메모를 사용한다. 마음속의 지식은 오래 가지 않는다. 지금 있다가도 조금 지나면 사라져 버린다. 외적 사건에 의해 생각이 나거나 혹은 계속적인 반복을 통해 의도적으로 명심하지 않으면(이것은 다른 의식적인 생각을 하는 것을 방해한다), 그것이 특정한 시점에 마음속에 있으리라고 믿을 수 없다. 보이지 않으면 잊힌다.

인쇄된 책, 잡지, 종이에 쓴 메모 그리고 달력과 같은 여러 물리적 보조 도구에서 멀어지면서 우리가 오늘날 세상 속의 지식으로 쓰는 것 중 많은 것이 보이지 않게 될 것이다. 그렇다. 그것은 디스플레이 화면에서 볼 수는 있겠지만, 화면이 늘 이 재료를 보여 주지 않는다면 우리는 머릿속의 기억이라는 부담을 더하게 될 것이다. 우리를 위해 따로 저장된 정보의 모든 세부사항을 기억할 필요는 없겠지만, 우리는 그것이 거기에 있다는 것을 기억해야 한다. 이것은 사용하기 위해서든 상기하기 위해서든 적절한 시점에 다시 표시될 필요가 있다.

여러 머리, 여러 기기에서의 기억

세상 속의 지식과 구조가 머릿속의 지식과 결합되어 기억 수행을 향상시킬 수 있다면, 여러 머릿속의 혹은 여러 기기의 지식은 왜 쓰지 않는가?

우리 대부분은 일을 기억하는 데 여러 마음의 힘을 경험해 오고 있다. 당신은 친구들과 함께 영화 제목이나 음식점을 기억하려 하는데, 잘 안 된다. 다른 사람들이 도와주려 한다. 대화는 이와 비슷하게 진행된다.

"고기를 굽는 새로운 곳이야."

"오, 5번가에 있는 한국 불고기집?"

"아니, 한식이 아니고, 음, 남미식."

"오, 그래, 브라질식, 그 이름이 뭐였지?"

"그래, 바로 그거야!"

"팸퍼스 어쩌고."

"그래, 팸퍼스 츄이, 음, 처리인가, 음."

"츄래스캐어리아, 팸퍼스 츄래스캐어리아."

얼마나 많은 사람이 관련되었는가? 그 수가 얼마이든 요점은 각자가 자신의 조각 지식을 더하고, 천천히 선택지를 제한해서 그중 어느 한 사람도 혼자서는 할 수 없었던 것을 기억해 낸다는 것이다. 하버드 대학교 심리학 교수인 대니얼 웨그너(Daniel Wegner)는 이것을 '교류적 기억(transactive memory)'이라고 불렀다.

물론 우리는 종종 질문에 답하기 위해 기술적인 보조물을 이용하고, 전자 자원과 인터넷을 검색하기 위해 스마트 기기로 달려간다. 우리가 다른 사람들에게서 도움을 구하는 것으로부터 우리 기술에서 도움을 구하는 것, 즉 웨그너가 '사이버마인드(cybermind)'라고 이름 붙인 것으로 확장될 때 그 원칙은 기본적으로 똑같다. 사이버마인드는 항상 정답을 낳지는 않지만, 그것은 충분한 단서를 낳아서 우리가 정답을 생성할 수 있게 한다. 기술이 정답을 낳는 경우에서도 그것은 종종 잠재적 답들의 목록에 파묻혀서 자신이나 친구들의 지식을 써서 잠재적 항목 중 어느 것이 맞는 것인지를 판정해야 한다.

우리가 외적 지식에, 그것이 세상 속의 지식이든, 친구들의 지식이든 혹은 우리 기술이 제공하는 지식이든, 너무 많이 의존할 때 무슨 일이 일어나는가? 한편으로 '너무 많은'과 같은 그런 것은 없다. 이들 자원을 쓰는 것을 더 많이 배울수록 우리의 수행은 더 좋아진다. 외적 지식은 향상된 지능을 위한 강력한 도구다. 다른 한편으로는 외적 지식은 종종 오류투성이다. 온라인 출처를 신뢰하는 것에 대한 어려움과 위키피디아(Wikipedia) 항목에 대해 제기되는 논쟁을 주시하라. 우리 지식이 어디에서 오는가는 중요하지 않다. 중요한 것은 최종 결과물의 질이다.

이전 책, 『생각 있는 디자인(Things That Make Us Smart)』에서 나는 초강력한 존재를 만드는 것은 바로 이 기술과 사람의 결합이라고 주장했다. 기술은 우리를 더 똑똑하게 만들지 못한다. 사람은 기술을 똑똑하게 만들지 못한다. 똑똑한 것은 이 둘의 결합, 사람 더하기 인공물이다. 함께하면, 즉 우리의 도구와 더불어, 우리는 강력한 조합이 된다. 다른 한편으로, 우리에게 이런 외적 기기들이 갑자기 없어지면 그때 우리는 잘할 수 없다. 여러 측면에서 우리는 덜 똑똑해진다.

계산기를 치우면 많은 사람은 산수를 할 수 없다. 내비게이션을 치우면 사람들은 자기가 사는 도시에서조차 돌아다닐 수 없다. 전화기나 컴퓨터의 주소록을 치우면 사람들은 친구에게 더 이상 연락할 수 없다(내 경우, 내 전화번호도 기억할 수 없다). 자판 없이 나는 쓸 수 없다. 철자 교정기가 없으면 나는 철자를 제대로 쓸 수 없다.

이 모든 것이 의미하는 것은 무엇인가? 이것은 나쁜가, 좋은가? 이것은 새로운 현상이 아니다. 가스 공급과 전기 서비스를 치우면 우리는 굶어 죽을 것이다. 주거 시설, 옷을 치우면 얼어 죽을 것이다. 우리는 생활 필수품을 우리에게 제공해 주는, 가게와 운송, 정부 서비스에 의존한다. 이것이 나쁜가?

기술과 사람의 파트너십은 우리를 더 똑똑하게, 더 강하게, 현대 세계에서 더 잘 살 수 있게 한다. 우리는 기술에 의지하도록 되어 왔고, 우리는 더 이상 그것 없이 기능할 수 없다. 이 의존성은 어느 때보다 오늘날 한층 더 강한데, 주거, 옷, 난방, 음식 준비와 저장 그리고 운송과 같은 기계적·물리적인 것을 포함한다. 이제 이런 범위의 의존성은 의사소통, 뉴스, 오락, 교육 및 사회적 상호작용 등의 정보 서비스에도 마찬가지로 확장된다. 일이 제대로 될 때, 우리는 정보를 받고, 안락하고, 효과적이다. 일이 잘 안 될 때 우리는 더 이상 기능할 수 없을 것이다. 기술에 대한 이런 의존성은 매우 오래되었지만 십 년마다 그 영향은 점점 더 많은 활동에 미친다.

자연스러운 대응

제1장에서 나온 주제인 대응은 세상 속의 지식과 머릿속의 지식을 결합하는 위력을 보여 주는 좋은 예다. 레인지(stove)*에서 틀린 화구(burner)를 켜거나 끈 적이 있는가? 누구나 쉽게 할 수 있는 일이라고 생각할 것이다. 간단한 조절기는 화구를 켜고, 온도를 조절하고, 화구가 꺼지도록 한다. 사실 이 과제는 매우 간단해서 잘못했을 때, ─ 그런 일은 당신이 생각하는 것보다 더 자주 일어나는데─그들은 자신 탓을 한다. '이렇게 바보 같아서야, 어떻게 이 간단한 일을 틀릴 수 있을까?'라고 속으로 생각한다. 이것은 그렇게 간단하지 않으며, 그들의 잘못이 아니다. 늘 쓰는 부엌 레인지와 같은 간단한 장치조차 자주 나쁘게 디자인되고, 오류가 생기도록 되어 있다.

대부분의 레인지는 일대일의 대응 관계로 있는 네 개의 화구와 네 개의 조절기가 있다. 네 가지를 기억하는 것이 왜 그렇게 어려운가? 원칙적으로, 조절기와 화구 간의 관계를 기억하는 것은 쉬워야 한다. 그러나 실제로는 거의 불가능하다. 왜? 조절기와 화구 간의 대응 관계가 좋지 않기 때문이다. [그림 3-2]를 보라. 이것은 네 개의 화구와 네 개의 조절기 간의 가능한 네 가지 대응 관계를 묘사한다. [그림 3-2]의 A와 B는 어떻게 한 차원(조절기)을 두 차원(화구)으로 대응시키지 못하는지를 보여 준다. [그림 3-2]의 C와

---

* stove: 이 책에서는 레인지로 번역함.

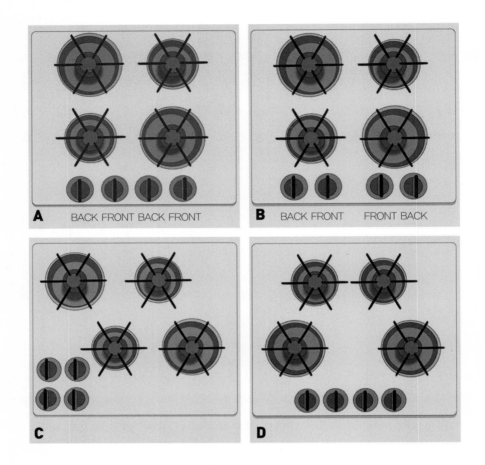

[그림 3–2] 레인지 조절기와 화구의 대응 그림 A와 B에 보이는 레인지 화구들을 전통적인 방식에 따라 배치할 경우에 화구들은 직사각형으로, 조절기들은 직선으로 배치되어 있다. 보통 이러한 배치에는 부분적으로 자연스러운 대응이 있는데, 왼쪽의 두 조절기는 왼쪽 화구들을 작동시키고, 오른쪽 두 조절기는 오른쪽 화구들을 작동시킨다. 그렇다 하더라도 조절기와 화구 간에 네 가지 대응이 가능한데, 이 네 가지가 모두 상업용 레인지에 사용된다. 어느 조절기가 어느 화구를 작동시키는가를 아는 유일한 방법은 이름표를 읽는 것이다. 그러나 조절기들도 사각형(그림 C) 모양이거나 화구들이 어긋나게 배치되어(그림 D) 있다면, 어떤 이름표도 필요하지 않을 것이다. 학습은 쉬워질 것이고, 오류는 줄어들 것이다.

D는 그것을 제대로 하는 두 가지 방법을 보여 준다. 조절기들을 2차원(C)으로 혹은 화구들을 비스듬하게(D) 배치해서 그것들이 왼쪽에서 오른쪽 순으로 놓이게 하라.

더 나쁜 일은 레인지 제조 회사들이 대응이 어떻게 되어야 하는지에 대해 합의할 수 없다는 것이다. 모든 레인지가 같은 조절기 배치를 쓴다면 그것이 자연스럽지 않다고 하더라도 모든 사람이 제대로 파악한 다음에는 그것을 한 번만 배우고도 계속 기억할 수 있을 것이다. [그림 3-2]의 그림 설명이 가리키듯이 레인지 제조 회사가 조절기의 각 쌍이 그쪽에 있는 화구들의 쌍을 작동시킨다는 것이 확실할 만큼 잘해도, 거기에는 여전히 네 가지 가능한 대응이 남는다. 네 가지 모두가 흔히 사용된다. 어떤 레인지는 조절기들을 수직으로 배치해서 더 많은 대응이 가능하게 한다. 모든 레인지가 다른 것처럼 보인다. 같은 제조 회사에서 나온 여러 레인지도 서로 다르다. 사람들이 곤란을 겪고, 음식이 조리되지 못하게 되거나, 나쁜 경우로 불이 나게 만든다.

자연스러운 대응은 조절기들과 조절되는 물체(이 경우, 화구들) 간의 관계성이 명확한 대응이다. 상황에 따라 자연스러운 대응은 공간적인 단서를 채택할 것이다. 여기에 세 수준의 대응이 있는데, 기억 보조물로서 효과성이 떨어지는 순으로 배치되어 있다.

- 최상의 대응: 조절기는 제어되어야 할 항목 바로 위에 놓여 있다.
- 두 번째로 좋은 대응: 조절기는 제어해야 할 물체에 가능한 한 가까이 있다.
- 세 번째로 좋은 대응: 조절기는 제어해야 할 물체와 같은 공간적 형상으로 배치되어 있다.

이상적인 경우와 두 번째로 좋은 경우에, 그 대응은 정말로 명확하고 애매하지 않다.

자연스러운 대응이 뛰어난 예를 원하는가? 제스처로 통제되는 수도꼭지, 비누 배출기 및 손 건조기를 생각해 보라. 손을 수도꼭지나 비누 배출기 아래 넣으면 물이나 비누가 나타난다. 종이수건 배출기 앞에서 손을 흔들면 새 수건이 튀어나오거나, 송풍기식의 손 건조기 경우 손을 건조기 아래나 그 사이로 넣기만 하면 건조한 공기가 배출된다. 비록 이런 기기의 대응은 적절하지만 그것들도 문제를 갖고 있다는 것을 유의해라. 첫째, 그것들은 종종 기표가 부족해서 그 결과 발견 가능성이 떨어진다. 조절기들은 종종 보이지 않아서 우리는 가끔 물이 나오길 기대하고 손을 수도꼭지 아래로 넣어 보지만 헛수고다. 이것들은 기계적 수도꼭지여서 꼭지를 돌려야 하는 것이다. 아니면 물이 나오거나 그쳐서 물이 틀어지는 정밀한 위치를 찾으려고 우리는 손을 위아래로 흔든다. 수건 배출기 앞에 손을 흔들었지만 수건이 나오지 않았을 때, 나는 배출기가 고장 났는지 아니면 수건이 떨어졌는지를 모른다. 혹은 내가 잘못 손을 흔들었는지 혹은 틀린 장소에 있었는지 혹은 이것이 제스처로 작동하지 않는지를 모른 채, 나는 밀고, 당기고, 무엇인가를 돌리고 해야 한다. 기표의 부족은 심각한 결점이다. 이 기기들은 완벽하지 않지만, 적어도 그것들은 대응을 제대로 시켰다.

레인지 조절기의 경우, 조절기를 화구 바로 위에 두는 것은 명백히 불가능하다. 대부분 조절기를 화구에 가까이 두는 것은 위험하다. 레인지를 쓰는 사람이 불에 델 염려뿐만 아니라 요리 기구들을 놓는 것을 방해하기도 하기 때문이다. 레인지 조절기들은 보통 레인지의 옆, 뒤 혹은 전면 패널에 놓이는데, 이 경우에 그것들은 [그림 3-2]의 C와 D처럼 화구들과 공간적인 조화를 이루게 배치되어야 한다.

좋은 자연스러운 대응이 있으면, 화구에 대한 조절기의 관계는 세상 속에 완전히 내포된다. 기억의 부담이 상당히 감소한다. 그러나 나쁜 대응이 있으면, 부담이 기억에 놓이고 더 많은 심적 노력이 필요하고 더 높은 오류의 가능성이 생긴다. 좋은 대응이 없으면, 레인지에 낯선 사람은 어느 화구가 어느 조절기와 짝지어지는지를 곧바로 판정할 수 없고, 심지어 자주 쓰는 사용자들도 가끔씩 틀릴 것이다.

왜 레인지 디자이너들은 화구를 직사각형으로 배치하고 스위치들을 일렬로 배치하기를 고집하는가? 그런 배치가 얼마나 나쁜가를 대략 백 년 동안이나 배워 왔다. 때때로 레인지에 어느 스위치가 어느 화구를 작동시키는지를 표시하는 작은 도표가 부착된 것도 있었다. 때로는 짧은 이름표가 붙기도 했다. 그러나 제대로 된 자연스러운 대응은 어떤 도표도 이름표도 지시문도 필요하지 않다.

레인지 디자인에 관한 역설은 제대로 하기가 어렵지 않다는 데 있다. 인간공학, 인간요인, 심리학, 산업공학 등의 교재들은 문제점과 해결책을 지난 50년 동안이나 제시해 왔다. 어떤 레인지 제조 회사들은 좋은 디자인을 사용한다. 이상하게도 가끔 가장 좋은 디자인과 가장 나쁜 디자인이 똑같은 회사에서 제작되며 상품 소개서에서도 나란히 소개되어 있다. 왜 사용자들은 그렇게 많은 말썽을 일으키는 레인지를 계속 구입하는가? 그 조절기들이 화구들과 똑똑한 관계성을 가지지 않는다면 왜 그것들에 반발하고 구입을 거부하지 않는가?

레인지 문제는 사소해 보일 수도 있으나, 비슷한 대응 문제가 상업적·산업적 상황을 포함해서 여러 장면에서 제기된다. 틀린 단추, 다이얼 혹은 레버를 선택하는 것은 경제적 충격이나 사망자를 낳을 수도 있다.

산업 장면에서 좋은 대응은 특별히 중요하다. 그것이 원격으로 조종되는 비행기이든, 조작되는 물체로부터 운전자가 멀리 떨어져 있는 큰 빌딩 크레인이든 또는 운전자가 고속도로나 복잡한 거리에서 운전하는 동안 온도나 창문을 조절하기를 원하는 경우의 자동차 안이든 그렇다. 이들 경우에, 가장 좋은 조절기는 보통 조절되고 있는 항목에 대해 조절기들이 공간적으로 대응되는 것이다. 운전자들이 창문과 공간적으로 상응되게 배치되어 있는 스위치를 통해 창문을 조작할 수 있는, 제대로 되어 있는 것을 대부분의 자동차에서 본다.

사용(편의)성(usability)은 구매 과정에서 그렇게 자주 고려되지 않는다. 실제 상황에서 흔히 하는 일을 가지고 여러 개를 실제로 시험하지 않으면, 사용하기 쉬움과 어려움을 알아차리기가 쉽지 않다. 단지 보기만 하면, 그것은 충분히 괜찮아 보이고 여러 놀라운 특징은 장점으로 보인다. 그러나 당신은 그런 특징을 어떻게 사용하는지를 알아내지 못할 수도 있다는 것을 깨닫지 못할 수 있다. 나는 당신이 물건을 사기 전에 시험해 보기를 권한다. 새 레인지를 구입하기 전에 음식을 요리하는 시늉을 해 보라. 가게에서 바로 해 보라. 실수를 하거나 어리석은 질문을 하는 것을 걱정하지 마라. 당신이 겪는 어떤 문제도 당신의 잘못이 아니라 디자인 잘못이란 것을 기억하라.

중요한 장애는 종종 구입자가 사용자가 아니라는 점이다. 가정용품들은 집에 미리 설치되어 있는 것일 수도 있다. 사무실에서는 구매부에서 가격이나 공급자와의 관계

그리고 신뢰도와 같은 요인에 근거해서 설비를 주문한다. 사용성은 거의 고려되지 않는다. 마지막으로 구매자 자신이 최종 사용자인 경우에도 때로는 하나의 바람직한 특징을 다른 바람직하지 않은 특징과 교환하는 것이 필요한 경우도 있다. 내 집에 있는 레인지의 경우에는 조절기들의 배치는 마음에 들지 않았으나 어쨌든 그것을 구입했다. 우리는 화구 조절기들의 배열을, 우리에게 더 중요하고 단지 한 제조 회사에서만 가능했던 다른 디자인 특징과 교환했다. 그러나 왜 우리는 교환을 해야 하는가? 모든 레인지 제조 회사가 자연스러운 대응을 쓰는 것은, 혹은 적어도 그 대응들을 표준화하는 것은 힘들지 않을 텐데 말이다.

문화와 디자인:
자연스러운 대응은 문화에 따라 다를 수 있다

나는 아시아에서 강연을 하고 있었다. 내 컴퓨터가 프로젝터에 연결되어 있었고, 화면들을 넘기기 위한 원격 조종기가 주어졌다. 이것은 두 개의 단추를 가지고 있었는데, 단추들은 위아래로 있었다. 제목은 이미 화면에 표시되어 있었으므로 시작할 때 내가 할 일은 프레젠테이션의 첫 번째 사진으로 가는 것뿐이었다. 그러나 내가 위 단추를 눌렀을 때, 놀랍게도 화면상에서 뒤로 갔다. 앞으로가 아니라.

"어떻게 이런 일이 일어났을까?" 나는 놀랐다. 나에게 위는 '앞으로'를 의미한다. 아래는 '뒤로'다. 이 대응은 명백하다. 만일 단추들이 나란히 있었다면, 그때에는 조정이 애매했을 것이다. 무엇이 먼저일까, 오른쪽 또는 왼쪽? 이 조절기는 위와 아래라는 적절한 대응을 쓰는 것처럼 보였다. 왜 그것이 거꾸로 작용했을까? 이것이 나쁜 디자인의 또 다른 예였던가?

나는 청중에게 묻기로 결심했다. 나는 그들에게 조절기를 보여 주고 물었다. "다음 그림으로 가기 위해 어느 단추를 눌러야 합니까? 위의 것 아니면 아래 것?" 깜짝 놀라게도 청중의 반응은 갈렸다. 많은 사람이 위 단추여야 한다고 생각했는데, 이것은 내가 생각했던 것과 같았다. 그러나 다른 많은 사람은 아래 단추여야 한다고 생각했다.

무엇이 정답인가? 나는 이 질문을 세계 여러 곳에서 나의 청중에게 묻기로 하였다. 내가 발견한 것은 그들도 역시 의견이 갈렸다는 것이다. 어떤 사람들은 위 단추여야 한다고 확고하게 믿으며, 어떤 사람들은 확고하게 아래 단추여야 한다고 믿는다. 모든 사람이 다른 누군가는 다르게 생각할 수 있다는 것을 알고는 놀랐다.

이것이 관점의 문제, 즉 문화에 따라 시간을 보는 방식이 다른 것과 매우 유사하다는 것을 깨달을 때까지 나는 어리둥절했다. 어떤 문화에서 시간은 마치 그것이 사람의 앞으로 뻗어 있는 길인 것처럼 마음속으로 표상된다. 한 사람이 시간을 따라 움직이면 그 사람은 시간 선을 따라 앞으로 움직인다. 다른 문화는 같은 표상을 쓰지만, 이제 고정되어 있는 것은 사람이고 움직이는 것은 시간이다. 미래의 사건이 사람을 향해 움직인다.

이것이 조절기에서 일어났던 바로 그것이다. 그렇다. 위 단추는 무엇인가가 앞으로 움직이도록 하지만, 질문은 '무엇이 움직이는가?'다. 어떤 사람은 이미지들을 통과해서 사람이 움직일 것으로 생각했고, 다른 사람들은 이미지가 움직일 것으로 생각했다. 자신이 이미지를 통과해서 움직인다고 생각했던 사람은 그다음 것을 가리키기 위해 위 단추를 선택했다. 움직이는 것은 화면이라고 생각했던 사람들은 아래 단추를 눌러서 이미지들이 자신으로 움직이게 하여 다음 이미지에 갈 수 있을 것으로 생각했다.

어떤 문화는 시간 선을, 위는 미래, 아래는 과거로, 수직으로 표상한다. 어떤 문화는 다소 다른 관점을 가지고 있다. 예를 들면, 미래는 앞에 있는가 아니면 뒤에 있는가? 우리 대부분에게 이 질문은 무의미하다. 물론 시간은 앞에 있고 과거는 뒤에 있다. 우리는 미래의 '도래'를 논하면서 이런 식으로 말한다. 우리는 과거의 많은 불행한 사건들이 '뒤에 남겨졌다.'고 기뻐한다.

그러나 왜 과거는 우리 앞에 있고 미래는 뒤에 있을 수 없는가? 그것이 이상하게 들리는가? 왜? 우리는 앞에 있는 것을 볼 수 있으나 뒤에 있는 것을 볼 수 없다. 이는 우리가 과거에 일어난 것을 기억할 수 있으나, 미래를 기억할 수 없는 것과 비슷하다. 그뿐 아니라 우리는 오랜 과거의 사건보다 최근의 사건을 훨씬 더 분명하게 기억할 수 있는데, 이것은 과거가 우리 앞에 줄지어 서 있고, 가장 최근의 사건은 가장 가까이 있어서 분명히 지각되고(기억되고), 오랜 과거의 사건은 멀리 떨어져 있어서 쉽게 기억되거나 지각되지 않는, 그런 시각적 비유에 의해 깔끔하게 포착된다. 여전히 이상한가? 이것이 남미 인디언인 아이머라(Aymara) 족이 시간을 표상하는 방식이다. 그들이 미래에 대해 말할 때, 그들은 '뒤쪽 날들'(back days)이란 구절을 쓰고 종종 그들 뒤를 몸짓으로 가리킨다. 생각해 보라. 이것은 세상을 보는 하나의 완벽하게 논리적인 방식이다.

만일 시간이 수평선을 따라 표시된다면, 그것은 왼쪽에서 오른쪽으로 아니면 오른쪽에서 왼쪽으로 갈까? 어느 답도 옳은데, 왜냐하면 그 선택은 텍스트가 페이지의 왼쪽에서 오른쪽으로 아니면 오른쪽에서 왼쪽으로 이어져야 하는지의 선택이 임의적인 것과 마찬가지로 임의적이기 때문이다. 텍스트 방향의 선택은 또한 시간 방향에 대한 사람들의 선호에 상응한다. 모국어가 아랍어이거나 히브리어인 사람은 시간이 오른쪽에서 왼쪽으로 (미래가 왼쪽을 향하고 있다) 흐르는 것을 더 좋아하는 반면, 왼쪽에서 오른쪽 방향의 쓰기 시스템을 쓰는 사람은 시간도 같은 방향으로 흐르도록 하는데, 그래서 미래는 오른쪽으로 있다.

그러나 기다려라. 아직 끝나지 않았다. 시간 선은 그 사람에 상대해서 있는가 아니면 환경에 상대해서 있는가? 어떤 호주 원주민 사회에서 시간은 해가 뜨고 지는 방향에 근거해서 환경에 상대해서 흐른다. 이런 공동체의 사람들에게 시간 순으로 구조화된 일련의 사진(예: 여러 나이에 걸친 한 사람의 사진들 혹은 어떤 음식을 먹는 아이의 사진들)을 주고 그들에게 사진들을 시간 순으로 놓으라고 요구해 보라. 기술적 문화의 사람은 사진들을 왼쪽에서 오른쪽으로 배치할 것이며, 가장 최근의 사진이 자신의 인쇄 언어가 쓰이는 방식에 따라 오른쪽에 아니면 왼쪽에 둘 것이다. 그러나 이 호주 공동체의 사람은 그것들을 동쪽에서 서쪽으로 배치할 것이고, 가장 최근 것을 서쪽에 둘 것이다. 그 사람이 남쪽을 향하고 있었다면, 사진들은 왼쪽에서 오른쪽으로 배치될 것이다. 만일 그 사람이 북쪽을 향하고 있었다면, 사진들은 오른쪽에서 왼쪽으로 배치될 것이다. 만일 그 사람이 서쪽을 향하고 있었다면, 사진들은 몸에서 바깥으로 뻗어 나가고, 바깥쪽이 가장 최근이 되는 수직선을 따라 배치될 것이다. 물론 그 사람이 동쪽을 향하고 있었다면, 사진들은 몸에서 밖으로 뻗어 나가는 선 위에 있을 것이지만, 가장 최근 사진은 몸에 가장 가깝게 놓일 것이다.

비유의 선택이 상호작용을 위한 적절한 디자인이 무엇인지를 지시한다. 비슷한 이슈가 다른 영역에도 나타난다. 컴퓨터 디스플레이에서 텍스트를 스크롤하는 표준적인 문제를 보자. 스크롤 조절기는 텍스트를 움직이는가 아니면 창을 움직이는가? 이것은 현대 컴퓨터 시스템이 발달하기 훨씬 이전에 디스플레이 단말기들이 개발되던 초기 몇 년 동안 격렬한 논쟁거리였다. 마침내 화살표 커서 키가 그리고 그다음 나중에는 마우스가 움직이는 창 비유를 따라야 한다는 동의가 상호 간 있었다. 화면 아래에서 더 많은 텍스트를 보려면 창을 아래로 움직여라. 이것이 실제로 의미하는 것은 화면 바닥에서 더 많은 텍스트를 보기 위해 마우스를 아래로 움직이라는 것이며, 이것은 창을 아래로 움직여서 텍스트가 위로 움직인다는 것이다. 마우스와 텍스트는 반대 방향으로 움직인다. 움직이는 텍스트 비유에서는 마우스와 텍스트가 같은 방향으로 움직인다. 마우스를 위로 움직이면 텍스트가 위로 움직인다. 이십 년이 넘는 동안에 텍스트가 위로 움직이도록 하기 위해 모든 사람이 스크롤바와 마우스를 아래로 움직였다.

그러나 그다음 터치로 조작되는 화면을 가진 스마트 디스플레이가 도래했다. 이제 손가락으로 텍스트를 터치하고 그것을 직접 위로, 아래로, 오른쪽으로 혹은 왼쪽으로 움직이는 것이 자연스러울 뿐이다. 텍스트는 손가락과 같은 방향으로 움직였다. 움직이는 텍스트 비유가 일반적이게 되었다. 사실 그것은 더 이상 비유로 생각되지 않았다. 그것은 실제였다. 그러나 사람들이 움직이는 창 비유를 쓴 전통적인 컴퓨터 시스템과 움직이는 텍스트 모형을 쓴 터치스크린 시스템 사이를 왔다 갔다 하면서 혼란이 퍼졌다. 그 결과, 컴퓨터와 스마트 스크린 모두에서 주요한 제조 회사인 애플은 모든 것을 움직이는 텍스트 모형으로 전환시켰지만, 어느 다른 회사도 애플의 선도를 따르지 않았다. 내가 이것을 쓰면서도 혼란은 여전했다. 이것이 어떻게 끝날 것인가? 나는 움직이는 창 비유의 종말을 예언한다. 터치스크린과 컨트롤 패드가 지배할 것이며, 이것은 움직이는 텍스트 모형이 주도권을 잡게 만들 것이다. 모든 시스템은 손과 조절기를, 그들이 화면 이미지가 움직이기를 원하는 것과 같은 방향으로 움직일 것이다. 기술을 예언하는 것은 인간 행동의 예언과 혹은 이 경우에 사회적 관습을 채택하는 것에 관한 예언과 비교해서 비교적 쉽다. 이런 예언이 맞을까? 당신은 스스로 판단할 수 있을 것이다.

비슷한 이슈가 항공 문제에서 일어났다. 비행기의 방향, 좌우경사각(roll 혹은 bank), 상하요동각(pitch)을 나타내는 디스플레이인 조종사의 자세(attitude) 지시기와 관련한 것이었다. 이 장치는 수평선을 나타내기 위해 뒤에서 보이는 비행기의 실루엣을 가진 수평선을 보여 준다. 날개가 수평이고 수평선상에 있으면, 비행기는 좌우가 편평한 자세로 날고 있다. 비행기가 왼쪽으로 방향을 돌린다고 가정해 보자. 그러면 그것은 왼쪽으로 비스듬해진다. 디스플레이가 어떻게 보여야 하는가? 그것이 고정된 수평선에 대해서 왼쪽으로 기운 비행기를 보여 주어야 하는가, 아니면 오른쪽으로 기운 수평선에 대해서 고정된 비행기를 보여 주어야 하는가? 첫째는 누군가가 비행기를 뒤에서 보는, 그래서 수평선은 언제나 수평적인 관점에서 보면 맞다. 이런 종류의 디스플레이는 바깥에서 안쪽(outside-in)이라 불린다. 둘째는 조종사의 관점에서 보면 맞다. 여기에서 비행기는 항상 안정되고 위치상 고정되어 있어서 비행기가 비스듬해질 때, 수평선이 기운다. 이런 종류의 디스플레이는 안에서 바깥쪽(inside-out)이라 불린다.

이 모든 경우에서 모든 관점은 맞다. 그것은 당신이 무엇이 움직이는 것으로 보느냐에 따라 달려 있다. 이 모든 것이 디자인에 대해 의미하는 것은 무엇인가? 자연스러운 것은 관점과 비유의 선택으로, 문화에 달려 있다. 디자인상의 어려움은 비유에서 전환이 있을 때 일어난다. 비행기 조종사들은 한 벌의 기기(예: 바깥에서 안쪽 비유를 가진 것들)에서 다른 것(안에서 바깥쪽 비유를 가진 것들)으로 전환하도록 허락 받기 전 훈련과 시험을 받아야 한다. 여러 나라에서 도로에서 차의 진행 방향을 바꾸기로 하였을 때, 그 결과로 나타난 일시적 혼란은 위험천만이었다(전환했던 대부분의 지역은 왼쪽 측면 운전에서 오른쪽 측면 운전으로 옮겨갔지만, 몇 지역 특히 오키나와, 사모아 및 동티모르는 오른쪽에서 왼쪽으로 바꾸었다.). 이 모든 관습 전환에 사람들은 마침내 적응했다. 관습을 깨고 비유를 전환하는 것은 가능하지만, 사람들이 새 시스템에 적응할 때까지 일정한 기간의 혼란을 예상해야 한다.

할 일 알기: 제약, 발견 가능성, 피드백

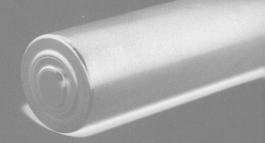

할 일 알기:
제약, 발견 가능성, 피드백

처음 보는 물건을 다루는 방법을 우리는 어떻게 알 수 있겠는가? 세상 속의 지식과 머릿속의 지식을 결합하는 것 외에 다른 도리가 없다. 세상 속의 지식에는 지각된 행위 지원성, 기표, 조작하는 조절기 혹은 장소로 보이는 부분과 그 결과 행위 간의 대응, 할 수 있는 것을 제한하는 물리적 제약 등이 포함된다. 머릿속 지식에는 개념 모형, 행동에 대한 문화적·의미적·논리적 제약, 현재 상황과 다른 상황에 대한 이전 경험 간의 유사성이 포함된다. 제3장은 우리가 지식을 어떻게 획득하고 사용하는지에 대한 논의다. 거기에서 크게 강조한 것은 머릿속 지식에 대한 것이었다. 이 장은 세상 속 지식에 초점을 둔다. 즉, 낯선 기기나 상황을 경험할 때조차 사람들에게 무엇을 할지를 알게 하는 핵심 정보를 디자이너들이 어떻게 제공할 수 있는가의 문제다.

예를 들어 설명해 보자. 레고 세트로 오토바이를 만드는 일이다. [그림 4-1]에 보이는 레고 오토바이는 15개의 조각이 있는데, 몇 개는 다소 특수한 것이다. 이 15개 조각 중 단지 두 쌍만이 비슷한데, '경찰(police)'이라는 단어가 쓰인 두 직사각형과 경찰관의 두 손이다. 다른 조각들은 크기나 모양에서 다른 것과 짝지어지지만 색깔이 다르

[그림 4-1] 레고 오토바이 장난감
레고 오토바이가 조립된 모양(A)과 조각 상태(B)로 보인다. 이것은 15개의 조각으로 되어 있는데, 아주 똑똑하게 만들어져서 어른도 조립할 수 있다. 이 디자인은 어떤 조각이 어디에 맞는지를 명시하기 위해 제약을 잘 활용한다. 물리적 제약은 다른 위치에 놓는 것을 제한한다. 문화적 · 의미적 제약은 추가 결정을 위한 필수 단서를 제공한다. 예를 들어, 문화적 제약은 세 개의 불(빨강, 파랑, 노랑)을 놓을 자리를 지시하며 의미적 제약은 사용자들이 머리를 몸에서 뒤쪽으로 놓거나 'police'가 붙은 조각을 뒤집어 놓지 못하도록 한다.

다. 그래서 여러 개의 조각이 물리적으로 상호 교환될 수 있다. 즉, 물리적 제약이 그 조각들이 어디로 가야 할지를 식별하기에 충분하지 않지만, 오토바이의 각 단일 조각의 적절한 역할은 여전히 명확하게 결정된다. 어떻게? 문화적 · 의미적 · 논리적 제약을 물리적 제약과 결합함으로써 가능하다. 그 결과, 어떤 지시나 보조 없이도 오토바이를 구성하는 것이 가능하다.

나도 이 실험을 해 봤다. 나는 사람들에게 조각들을 끼어 맞추라고 요구했다. 그들은 완성된 구조를 본 적이 없었고, 그것이 오토바이라는 것조차 듣지 못했다(비록 그들이 이것을 알아차리는 데에는 오래 걸리지 않았지만). 아무도 어떤 어려움도 겪지 않았다.

조각들의 가시적 행위 지원성이 그것들이 서로 들어맞는지를 결정하는 데 중요했다. 레고의 특징인 원통 돌기와 구멍은 주요한 조립 규칙을, 조각들의 크기와 모양은 그 조작을 암시했다. 물리적 제약은 어떤 부분이 서로 들어맞을지를 제한했다. 문화적 · 의미적 제약은 남아 있는 조각 중 하나를 제외한 모든 조각에 대해 무엇이 적절할지를 크게 제한했다. 한 조각만 남아 있고, 그것이 들어맞을 만한 곳이 하나밖에 없다면, 간단한 논리로 위치가 결정된다. 이 네 종류의 물리적 · 문화적 · 의미적 · 논리적 제약은 보편적인 것처럼 보이고, 광범한 상황에서 나타난다.

제약은 강력한 단서이고, 가능한 행위의 집합을 제한한다. 디자인에서 제약의 사려 깊은 사용은 사람들이 새로운 상황에서도 적당한 행동 방침을 즉각 결정할 수 있게 한다.

네 종류의 제약: 물리적 · 문화적 · 의미적 · 논리적

물리적 제약

물리적 제약이 가능한 조작을 제한한다. 즉, 큰 나무못이 작은 구멍 안에 들어갈 수 없다. 레고 오토바이에서 앞 유리는 단지 한 곳에만 들어맞는다. 물리적인 제약의 가치는 물리적 특성에 의존하여 작동하기 때문에 어떤 특별한 훈련이 필요 없다는 점이다. 물리적인 제약을 잘 이용하면 한정된 수의 가능한 행위만이 남을 것이다. 아니면 적어도 보통 눈에 잘 띄기 때문에 원하는 행위는 명백해질 수 있다.

물리적 제약이 쉽게 보이고 해석될 수 있다면 더욱 효과적이고 유용하다. 왜냐하면 무엇인가가 완료되기 전에 가능한 행위의 집합이 제한되기 때문이다. 그렇지 않다 하더라도 물리적 제약은 잘못된 행위가 시도된 다음에야 성공하는 일이 없도록 막는다.

[그림 4-2]의 A에 있는 전통적인 원통형의 건전지는 충분한 물리적 제약이 부족하다. 그것은 건전지 함에 두 방향으로 들어갈 수 있다. 하나는 맞는 것이며, 다른 방향은 장치를 손상시킬 수 있다. [그림 4-2]의 B에 있는 지시는 전극이 중요하다는 것을

보여 주지만, 건전지 함 안에 있는 열등한 기표는 건전지에 대한 적절한 방향을 결정하는 것을 매우 어렵게 한다.

왜 오류를 범하는 것이 불가능한 건전지를 디자인하지 않는가? 방향이 바를 때만 건전지가 들어맞도록 물리적인 제약을 써라. 다른 방법으로, 방향이 상관없도록 건전지나 제품의 접촉부를 디자인하라.

[그림 4-2] 원통형 건전지: 제약이 필요한 곳 그림 A는 제대로 작동하기 위해(그리고 장치를 손상시키는 것을 피하기 위해) 구멍에 바른 방향으로 넣어야 하는 전통적인 원통형 건전지를 보여 준다. 그러나 두 개의 건전지가 장착되어야 하는 곳을 보여 주는 그림 B를 보라. 사용 설명서의 지시가 사진에 씌워져서 보인다. 간단해 보이지만, 각 건전지의 끝이 어디로 가는지를 알아내기 위해 어두운 구석진 곳을 알아볼 수 있는가? 아니다. 글자들은 검은 배경에서 검은색이고, 검은 플라스틱에 약간 도드라진 모양이다.

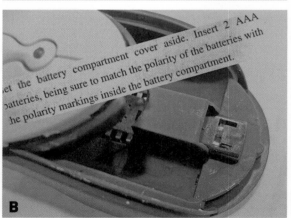

[그림 4-3] 배터리 방향이 무관하게 만들기 이 사진은 그 방향이 중요하지 않은 건전지를 보여 준다. 이것은 어느 방향으로든지 장치에 삽입될 수 있다. 어떻게? 배터리의 각 끝은 서로 같은 세 개의 동심원 고리를 가지고 있으며, 두 끝에서 가운데 있는 고리는 '양극' 단자이고, 중간 것은 '음극' 단자다.

[그림 4-3]은 방향이 무관하게 디자인된 건전지를 보여 준다. 건전지의 양쪽 끝은 동일한데, 건전지의 양극과 음극 단자가 각각 중심과 중간 고리에 있다. 양극의 접촉부는 건전지가 중심 고리에만 닿도록 디자인되어 있다. 마찬가지로 음극의 접촉부는 중간 고리에만 닿는다. 이것이 문제를 해결해 주긴 하지만, 이러한 건전지의 예를 지금까지 한 개만 보았을 뿐이다. 이 건전지들은 쉽게 구할 수 있지도 않고 사용되지도 않는다.

다른 대안은 기존의 원통형 건전지들이 어느 방향으로 삽입되더라도 문제없이 작동하도록 하는 건전지 접촉부를 발명하는 것이다. 마이크로소프트는 이런 접촉부를 발명하였다. 그리고 그것을 인스타로드(InstaLoad)라고 부르며, 장비회사들이 그것을 쓰도록 확신시키려 하고 있다.

세 번째 대안은 건전지가 단지 한 방법으로만 들어맞도록 건전지 모양을 디자인하는 것이다. 대부분의 플러그인(plug-in) 부속은 이 일을 잘하는데, 삽입을 한 방향으로만 제한하기 위해 모양, 특이한 표시 혹은 돌출부를 사용한다. 그런데 우리의 일상 건전지들은 이같이 하면 왜 안 되는가?

왜 우아하지 않은 디자인이 그렇게 오랫동안 지속되는가? 이것은 **유산 문제**(legacy problem)라고 불리는데, 이 문제는 이 책에서 여러 번 나올 것이다. 너무 많은 기기가 기존의 표준을 사용하는데, 그것이 유산이다. 만약 대칭적인 원통형의 건전지로 바꿔면 굉장히 많은 제품에서 주요한 변화가 있어야 할 것이다. 새 건전지는 오래된 장치에서는 작동하지 않을 것이며, 오래된 건전지들은 새 장치에서 작동하지 않을 것이다. 마이크로소프트의 접촉부 디자인은 우리가 익숙한 같은 건전지를 계속 사용할 수 있게 해 주지만, 제품들은 새 접촉부로 전환되어야 할 것이다. 마이크로소프트가 인스타로드를 도입한 지 2년 후, 긍정적인 보도에도 불구하고 나는 그것들을 쓰는 제품을, 심지어 마이크로소프트 제품에서도 보지 못했다.

자물쇠와 열쇠도 이와 비슷한 문제를 겪는다. 열쇠의 부드러운 등 부분을 들쑥날쑥한 아래 부분과 구별하는 것은 어려운 일이 아니지만, 자물쇠에서 열쇠를 어느 방향으로 넣어야 할지를 아는 것은, 특히 어두운 곳에서 어렵다. 많은 전기 및 전자 플러그와 소켓도 이같은 문제를 가지고 있다. 비록 그것들은 부적절한 삽입을 막기 위한 물리적 제약을 가지고 있지만, 종종 맞는 방향을 알아차리는 것은 매우 어렵고, 특히 열쇠 구멍과 전자제품 소켓이 닿기 어려운, 조명이 흐린 곳에 있을 때 그렇다. USB 플러그와 같은 어떤 기기는 제약을 가지고 있지만, 그 제약은 매우 미묘해서 맞는 방향을 찾기까지 많은 소란과 더듬거림이 필요하다. 왜 이 모든 기기는 방향과 무관하게 되어 있지 않은가?

어떻게 끼워 넣느냐와 무관하게 작동하는 열쇠와 플러그를 디자인하는 것은 어렵지 않다. 방향과 무관한 자동차 열쇠는 오랫동안 사용되었지만, 모든 제조 회사가 그것을 쓰지는 않는다. 이와 마찬가지로 많은 전기 연결부는 방향과 무관하지만, 단지 몇 곳의 제조 회사만 그런 것을 쓴다. 왜 저항하는가? 유산으로 생긴 결과의 일부는 대규모 변화의 비용과 관련된다. 그러나 많은 것이 기업적 사고방식의 고전적인 예인 것처럼 보인다. "이것은 우리가 항상 일을 해 왔던 방식이다. 우리는 고객에 대해서 상관치 않는다." 물론 열쇠나 건전지, 플러그를 넣는 것의 어려움은 무엇을 살 것인지의 결정에 영향을 미칠 큰 문제는 아니라는 것이 사실이지만, 그럼에도 단순한 일에 대해서조차 고객의 필요에 대한 주의 부족은, 종종 더 큰 영향을 가진 더 큰 이슈에 대한 징후가 된다.

뛰어난 해결책은 근본적 필요를 해결하는 것, 즉 근본 필요의 해결이라는 것을 유의하라. 결국 우리는 열쇠와 자물쇠에 대해 정말로 염려하는 것은 아니다. 우리가 필요한 것은 승인된 사람만 잠겨 있는 그 무엇에 접근할 수 있다는 것을 보장하는 어떤 방법이다. 물리적 열쇠의 모양을 개조하는 대신에 그것들이 무관하게 하라. 이것이 한 번 인정되면 전체 해결책이 저절로 드러난다. 열쇠를 필요로 하지 않는 조합 자물쇠, 즉 승인된 사람에 의해서만 작동될 수 있는 무열쇠(keyless) 자물쇠다. 한 방법은 전자적 무선기기를 소지하도록 하는 것이다. 예컨대, 센서 가까이 다가갈 때 문을 열어 주는 식별 배지나 주머니나 가방 안에 넣어둘 수 있는 자동차 열쇠 같은 것이다. 생체 측정 기기들은 얼굴이나 목소리 인식, 지문 또는 동공 패턴과 같은 다른 생체 측정치를 통해 사람을 식별할 수 있다. 이 접근은 제3장, 125페이지에서 논의되었다.

문화적 제약

각 문화에는 사회적 상황에 따라 일단의 허용 가능한 행위가 있다. 그래서 우리 자신의 문화에서 우리는 식당에서, 이전에 가본 적이 결코 없었던 곳이라 할지라도, 어떻게 행동해야 할지를 안다. 이것이 초청자가 낯선 방에 우리를 홀로 남겨 둘 때 대처해 나가는 방식이다. 이것이 우리가 낯선 문화의 사람이나 음식점에 맞닥뜨릴 때 가끔 좌절하고, 아무것도 못하게 되는 이유다. 그런 낯선 문화에서는 정상적으로 수용되던 우리 행동이 분명히 부적절하고 못마땅하게 취급된다. 문화적 이슈는 우리가 새 기계에 대해 갖는 많은 문제점의 뿌리에 있다. 그것을 다루는 데 보편적으로 수용되는 관습이 아직 전혀 없다는 것이다.

이런 것을 연구하는 학자들은 문화적 행동 지침이 도식에 의해 마음에 표상된다고 믿는데, 도식은 상황을 해석하고 행동을 인도하는 데 필수적인 일반 규칙과 정보를 포함하는 지식 구조다. 어떤 전형적인 상황(예: 식당에서) 도식은 매우 특수화된 것일 수 있다. 인지과학자인 로저 생크(Roger Schank)와 밥 에벌슨(Bob Abelson)은 이런 경우에 우리는 행동 순서를 인도할 수 있는 '각본(scripts)'을 따른다고 주장했다. 사회학자인 어빙 고프만(Erving Goffman)은 수용 가능한 행동에 대한 사회적 제약을 '틀(frames)'이라 부르고, 어떤 사람이 새로운 상황이나 새로운 문화에 있을 때조차 그것이 행동을 지배하는 방식을 보여 준다. 문화의 틀을 교묘하게 위반하는 사람에게는 위험이 기다린다.

다음에 엘리베이터를 타거든 문화 규범을 어기려고 해 보고 그것이 엘리베이터에서 당신과 다른 사람들을 얼마나 불편하게 만드는지를 보라. 많은 일이 필요하지 않다. 안쪽 벽을 향해서 서라. 또는 탑승자 중 누구를 똑바로 쳐다보라. 버스나 전차 안에서 운동선수처럼 보이는 옆 사람에게 자리를 양보하라. (이런 행위는 당신이 나이가 많거나 임산부이거나 장애인라면 특히 효과적이다.)

[그림 4-1]에 있는 레고 오토바이의 경우, 문화적 제약이 오토바이의 세 개 전구 위치를 결정한다. 그렇지 않았다면 이들은 물리적으로 바꿔치기가 가능하다. 빨강은 브레이크 등을 가리키는, 문화적으로 정의된 표준이다. 그래서 뒤에 놓인다. 경찰차는 종종 위에 파란색의 번쩍이는 등이 있다. 노란 조각의 경우에 이것은 문화적 변화의 흥미로운 예다. 유럽에서 그리고 몇 안 되는 다른 지역에서(레고는 덴마크산이다) 노랑이 표준적인 전조등 색깔이었다는 것을 기억하는 사람은 오늘날 아주 적다. 오늘날 유럽과 북미의 표준은 흰 전조등이다. 그 결과 노란 조각이 오토바이의 전면에 있는 전조등을 나타낸다는 것을 알아차리는 것은 전처럼 쉽지 않다. 문화적 제약은 시간이 감에 따라 변하기 쉽다.

의미적 제약

의미론은 의미에 대한 연구다. 의미적 제약은 주어진 상황의 의미에 따라서 가능한 행위의 집합을 제어하는 것이다. 오토바이의 경우, 운전자에게 의미 있는 자리는 단 하나뿐이다. 운전자가 앞으로 향하고 앉아야 하기 때문이다. 앞 유리창의 목적은 운전자의 얼굴을 보호하는 것이므로, 운전자 앞에 있어야 한다. 의미적 제약은 상황과 세상에 관한 지식에 의존한다. 그런 지식이 강력하고 중요한 단서가 될 수 있다. 그러나 문화적 제약이 시간과 더불어 변하듯이 의미적 제약도 그럴 수 있다. 극한 스포츠는 우리가 의미 있고 납득할 만하고 생각하는 것의 경계들을 밀어 낸다. 새로운 기술은 일의 의미를 바꾼다. 그리고 창의적인 사람은 우리 기술과 다른 사람들과 우리가 상호작용하는 방식을 계속 변화시킨다. 차가 완전히 자동화되어 차들끼리 무선 네트워크로 의사소통할 때, 자동차 후면의 빨간 불빛의 의미는 무엇이 될 것인가? 차가 제동하고 있다는 것? 그러나 그 신호는 누구를 위해 의도된 것일까? 다른 차들은 이미 알고 있을 것이다. 빨간 등은 무의미해질 것이고, 그래서 사라지게 되거나 다른 어떤 상황을 나타내는 것으로 재정의될 수 있을 것이다. 오늘날의 의미가 미래의 의미는 아닐 수 있다.

논리적 제약

레고 오토바이의 파란색 등은 특별한 문제를 제기한다. 많은 사람은 도움이 될 만한 지식이 없었고, 모든 다른 조각이 오토바이에 장착된 후에 단 한 조각만이 남았는데, 끼워야 할 곳도 한 곳만 가능하다. 파란 등은 논리적으로 제약되어 있다.

논리적 제약은 종종 수리 일을 하는 집 안의 거주자에 의해 쓰인다. 당신이 워셔(나 사받이)를 교체하기 위해 물이 새는 수도꼭지를 분해한다고 가정하자. 그러나 수도꼭지를 다시 조립할 때, 당신은 부품 하나가 남아 있는 것을 알아차린다. 이런! 명백히 오류가 있었다. 그 부품은 설치되어야 한다. 이것이 논리적 제약의 예다.

제3장에서 논의한 자연스러운 대응이 논리적 제약을 제공함으로써 작용한다. 여기에는 어떤 물리적이나 문화적 원칙이 있는 것이 아니다. 구성품의 공간적·기능적 배치와 그것들이 영향을 주거나 영향을 받는 일 간에 논리적 관계성이 있다. 만약 두 개의 스위치가 두 전등을 조절한다면 왼쪽 스위치는 왼쪽 전등을, 오른쪽 스위치는 오른쪽 전등을 작동시켜야 한다. 전등의 배치와 스위치의 배치가 다르면, 자연스러운 대응은 파괴된다.

문화적 규준, 관습 및 표준

모든 문화는 자체의 관습이 있다. 당신은 누군가를 만날 때 키스를 하는가 아니면 악수를 하는가? 키스를 하면, 어느 뺨에 그리고 몇 번이나? 키스하듯 하는 것인가 아니면 실제 키스인가? 혹은 당신이 고개를 숙인다면 젊은 사람이 먼저 깊이 숙여야 할 것이다. 혹은 손을 드는가? 혹은 손을 함께 누르는가? 코를 킁킁거리는가? 여러 문화에서 사용되는 여러 형태의 인사를 탐색하며 인터넷에서 흥미로운 시간을 보낼 수도 있다. 더 냉정하고 형식적인 나라에서 온 사람들이 정이 많고 속된 나라에서 온 사람들과 처음 대면할 때, 완전히 낯선데도 한 사람은 고개를 숙이고 악수하려 하고 다른 사람들은 껴안고 키스하려고 할 때 생기는 놀람을 지켜보는 것 또한 재미있다. 그러나 악수하거나 고개 숙이려는 동안 껴안기거나 키스당하는 사람이 되는 것은 그렇게 재미있지 않다. 그 반대도 마찬가지다. 그 사람은 단지 한 번만 기대하는데 누군가의 **뺨**을 세 번(왼쪽, 오른쪽, 왼쪽) 키스하려고 해 보라. 상대방이 악수를 기대하는 경우에는 더욱 좋지 않다. 문화적 관습의 위반은 상호작용을 완전히 방해할 수 있다.

관습은 실제로 일종의 문화적 제약이며, 보통 사람들이 행동하는 방식과 연관된다. 어떤 관습은 어떤 활동이 행해져야 하는지를 결정하고, 어떤 관습은 행위를 금지하거나 의욕을 꺾는다. 그러나 이 모든 경우에 관습은 그 문화를 알 만한 사람에게 행동에 대한 강력한 제약을 준다.

가끔 이런 관습이 국제적 표준으로, 가끔은 법으로, 가끔은 그 모두로 성문화된다. 말이든, 사륜차든, 자동차든 간에 통행이 많았던 거리에서는 초창기에 정체와 사고가 발생했다. 시간이 가면서 도로의 어느 쪽으로 운전해야 할 것인지에 관한, 나라마다 다른 관습이 발달했다. 누가 교차로에서 우선권이 있는가? 먼저 온 사람? 오른쪽에 있는 차나 사람, 아니면 사회적 지위가 가장 높은 사람? 이런 관습 모두는 이런저런 시대에 적용되었다. 오늘날 세계적인 표준은 여러 교통 상황에 적용된다. 즉, 거리의 한쪽으로만 운전하라. 교차로에 들어온 첫 번째 차가 우선권이 있다. 둘이 동시에 도착하면 오른쪽(혹은 왼쪽) 차가 우선권이 있다. 차로가 합류할 때 저 차로에서 한 대 그다음 이 차로에서 한 대와 같이 차들은 교대한다. 마지막 규칙은 비공식적인 관습의 측면이 많다. 이것은 내가 알고 있는 어떤 법규집에 있지 않으며, 이 같은 개념은 내가 운전하고 다니는 캘리포니아 거리에서는 매우 잘 지켜지고 있지만, 세계의 다른 지역에서는 이상하게 보일 수 있다.

때때로 관습은 충돌한다. 멕시코에서 두 차가 좁은 일차로 다리로 마주 보고 접근할 때 어떤 차가 전조등을 깜박거리면, 그것은 '내가 여기에 먼저 왔기에 내가 다리를 건널 것이다.'를 뜻한다. 영국에서 차가 등을 깜박거리면, 그것은 '내가 너를 보고 있으니, 먼저 가시오.'를 뜻한다. 어느 신호이든 똑같이 적절하고 유용하지만, 만약 두 운전자가 서로 다른 관습을 따르면 그렇지 않다. 멕시코 운전자가 제3의 나라에서 영국 운전자와 만나는 것을 상상해 보라. (운전 전문가들은 전조등 깜박임을 신호로 쓰는 것에 경고한다. 왜냐하면 한 나라 내에서도 여러 운전자가 이런저런 해석을 갖고 있는데, 운전자들 중 누구도 다른 사람은 반대로 해석할 것이라고 상상하지 않기 때문이다.)

공식적인 만찬 파티에서 모든 좌석의 세팅에 수십 개의 주방기구가 있어서 당황한 적이 있는가? 당신은 어떻게 하는가? 저 멋진 보울(그릇)에 있는 물을 마실 것인가 아니면 그것은 당신의 손가락을 깨끗이 하기 위해 손가락을 담그는 것인가? 당신은 닭다리를 또는 피자 조각을 손으로 먹는가 아니면 나이프와 포크로 먹는가?

이런 이슈들이 중요한가? 그렇다. 중요하다. 관습을 어기면 당신은 국외자로 찍힌다. 게다가 무례한 국외자로.

일상용품에 대한 행위 지원성, 기표 및 제약의 적용

행위 지원성, 기표, 대응 및 제약은 일상 물건과의 만남을 단순하게 만들어 줄 수 있다. 이런 단서를 적절하게 사용하지 못하면 문제가 생긴다.

출입문이 갖는 문제

제1장에서 우체국의 유리문들 사이에 갇혔던, 문의 조작법을 나타내 주는 단서가 없었기에 갇혔던, 내 친구의 이야기를 들었다. 문을 조작할 때에는 문이 열리는 쪽과 조작해야 할 부분을 찾아야 한다. 다른 말로 하면, 무엇을 하고, 어디에 해야 할지를 파악해야 한다. 우리는 맞는 조작을 하기 위한 어떤 가시적인 신호, 기표를 기대한다. 예컨대, 판, 확장부(extension), 움푹한 부분, 들어간 부분, 즉 손을 대거나, 붙잡거나,

돌리거나 꼭 넣을 수 있는 무엇인가가 필요하다. 이런 것들이 어디를 조작해야 할지를 말해 준다. 그다음 단계는 '어떻게'를 알아내는 것이다. 우리는 기표를 쓰기도 하고, 제약에 의해 인도되기도 하면서 어떤 조작이 허용되는지를 판정해야 한다.

문의 종류는 무척 다양하다. 어떤 것은 단추만 누르면 열리지만, 어떤 것은 단추나 다른 장치도 없고, 조작에 대한 어떤 표시도 없어서 어떻게 열어야 할지를 알려 주지 않는다. 발로 페달을 밟아야 열리는 문도 있다. 혹은 목소리로 작동되어 주문을 말해야 한다("열려라, 참깨!"). 더구나 어떤 문은 그 위에 표시가 있다. 당기시오, 미시오, 옆으로 미시오, 올리시오, 벨을 누르시오, 카드를 넣으시오, 비밀 번호를 치시오, 미소 지으시오, 한 바퀴 도시오, 절하시오, 춤추시오 혹은 요청하시오 등등. 도대체 출입문 같이 간단한 것에 당길지 밀지 혹은 옆으로 밀지를 알려 주는 표시가 있어야 하다니. 그렇다면 그것은 실패한 것이고 잘못 디자인된 것이다.

문의 장치를 보자. 문은 움직이는 부품을 가지고 있을 필요가 없고 고정된 손잡이, 판, 핸들이나 홈이 있으면 된다. 적절한 장치는 문이 부드럽게 조작되도록 할 뿐만 아니라 문을 어떻게 조작하여야 할 것인지를 가리킨다. 그것은 명백한 단서, 즉 기표를 포함할 것이다. 문이 밀어서 열린다고 하자. 이것을 나타내는 가장 쉬운 방법은 밀어야 할 장소에 판을 두는 것이다.

납작한 판이나 막대는 적절한 행위와 위치 모두를 명백하게 나타낼 수 있다. 왜냐하면 그것들의 행위 지원성이 가능한 행위를 밀기로 제한하기 때문이다. 제2장에서 방화문과 비상용 빗장(panic bar)에 대한 논의를 기억하는가([그림 2-5] 참조)? 수평적인 넓은 표면이 있는 비상용 빗장은 밀도록 되어 있는 부분이 종종 구별되는 색으로 표시되어 있는데, 이는 명백한 기표의 좋은 예가 된다. 그것은 공황(panic)에 빠진 사람이 화재로부터 도망하려고 문을 누를 때 부적절한 행동을 멋지게 제한한다. 가장 좋은 누름 막대는 행위에 대한 물리적 제한을 주는 가시적 행위 지원성과 가시적 기표도 제공해서 **무엇**을 할지와 **어디에** 할지를 야단스럽지 않게 명시한다.

어떤 문에는 적절한 장치가 제자리에 있다. 현대의 자동차 대부분에서 볼 수 있는 바깥 문손잡이는 뛰어난 디자인 사례다. 손잡이들은 종종 안으로 들어가 있는 형태인데, 행위의 장소와 방식을 동시에 표시한다. 수평적인 틈은 손을 당겨야 하는 위치로 안내한다. 수직적 틈은 옆으로 미는 동작을 신호한다. 아주 이상하게도 자동차의 안쪽 문손잡이는 아주 다르다. 여기에서 디자이너는 여러 문제에 직면하며, 적절한 해결책은 아직 발견되지 않았다. 그 결과, 차의 바깥 문손잡이는 뛰어나지만, 안쪽 손잡이는 종종 찾기 어렵고, 어떻게 조작해야 할지를 알아내기 어렵거나 사용하기가 거북하다.

내 경험으로 볼 때, 최악은 캐비닛 문이다. 문을 옆으로 밀어야 할지, 위로 올려야 할지, 밀지 혹은 당길지 그리고 어떻게 할지는 제쳐 놓고, 가끔 문이 어디에 있는지를 아는 것조차 가능하지 않기도 하다. 심미성에 역점을 두다가 디자이너(그리고 구매자)는 사용성의 부족에 눈을 감고 말았으리라. 특히 좌절감을 주는 디자인은 안으로 밀 때 밖으로 열리는 캐비닛 문이다. 문을 밀면 고리가 풀리면서 용수철이 작용하여 손을 떼면 문이 밖으로 튀어나오며 열린다. 매우 기발한 디자인이지만 처음 사용하는 사람에게는 가장 당황스러운 것이다. 판이 붙어 있으면 적절한 신호가 될 텐데, 디자이너는 보통 매끄러운 문의 겉면에 홈을 내는 것을 원하지 않는다. 집에 있는 캐비닛 중 하나는 유리문에 이런 걸쇠들이 있다. 유리가 안에 있는 선반들에 대한 가시성을 제공하므로 문을 안으로 밀 여유가 없다는 것이 분명하다. 그러므로 문을 미는 것은 모순적으로 보인다. 이런 문을 처음 써 보거나 자주 쓰지 않는 사람은 보통 밀기를 거부하고, 종종 손톱, 칼날 혹은 지레로 여는 더 기발한 방식으로 당겨서 문을 열려고 한다. 이와 비슷한, 반직관적인 유형의 디자인은 런던 호텔에서 세면대의 더러운 물을 비우는 데에 어려움을 겪는 출처가 되었다([그림 1-4] 참조).

외관이 사람을 속일 수 있다. 나는 자동으로 열리는 문을 밀어서 열려고 했을 때 헛디뎌 넘어지는 사람을 보았다. 그 문은 밀려고 하는 바로 그때 안으로 열렸다. 대부분의 지하철 전동차는 각 역에서 문이 자동으로 열린다. 그러나 파리에서는 그렇지 않다. 필자는 파리의 메트로(전철)에서 한 사람이 내리려고 하다가 못 내리는 것을 본 적이 있다. 전동차가 역에 도착했을 때 그는 일어나 문 앞에서 열리기를 참을성 있게 기다렸다. 문은 열리지 않았다. 전동차는 그냥 다시 출발하여 다음 역으로 갔다. 메트로에서 당신은 단추나 레버를 누르거나 문을 옆으로 밀어서(어떤 종류의 전동차에 탔느냐에 따라 다르다) 스스로 문을 열어야 한다. 어떤 교통 시스템에서는 승객이 문을 조작하도록 되어 있지만, 다른 곳에서는 이것이 금지되어 있다. 여행을 자주 하는 사람은 계속 이런 상황에 직면한다. 한 곳에서 적절한 행동이 다른 곳에서는 심지어 똑같아 보이는 상황에서도 부적절하다. 알려진 문화 규준은 안락과 조화를 낳을 수 있다. 알려지지 않은 규준은 불편과 혼동을 일으킬 수 있다.

스위치 문제

강연을 할 때, 나는 종종 첫 번째 시범은 준비할 필요가 없다. 다루기 힘든 강의실이나 강당의 전등 스위치를 이용하면 된다. "불 좀 켜 주세요."라고 누군가가 말한다. 그다음 이리 허둥대고, 저리 허둥댄다. 스위치들이 어디에 있는지, 어떤 스위치가 어떤 전등을 조절하는지를 누가 알겠는가? 전등불은 고용된 기술자가 어디엔가 있는 제어실에 앉아서 스위치를 켜고 끌 때에만 부드럽게 작동하는 것처럼 보인다.

강당에서 겪는 스위치 문제는 짜증 날 뿐이지만, 산업 시설에서 비슷한 문제가 생기면 위험천만이다. 많은 제어실에서 조작자들은 줄지어 있는, 똑같아 보이는 스위치들을 만난다. 그들은 어떻게 가끔의 오류나 혼동 혹은 엉뚱한 조절기가 우발적으로 부딪치는 것을 피하는가? 혹은 틀린 것을 누르는 것을 피하는가? 그들도 피할 수 없다. 다행스럽게도 산업 시설들은 꽤 안정적이다. 보통 가끔 일어나는 몇 가지 오류는 중요하지 않다.

한 인기 있는 소형 비행기에는 날개 조정용 기어와 착륙용 기어가 똑같이 생겼고 나란히 놓여 있다. 당신은 얼마나 많은 조종사가 활주로에서 날개를 올리려 했으나 그 대신 바퀴를 올리는지를 알면 놀랄 것이다. 이런 매우 값비싼 오류는 매우 자주 일어나기 때문에 국립운수안전위원회(National Transportation Safety Board: NTSB)는 이에 대한 보고서까지 작성했다. 분석가들은 이런 오류를 피할 수 있는 디자인 원칙이 지난 50년 동안이나 알려져 왔다고 정중하게 지적했다. 그렇다면 왜 이런 디자인 오류가 여전히 계속되고 있는가?

기본적인 스위치나 조절기는 비교적 간단해서 잘 디자인될 수 있다. 하지만 두 가지의 근본적인 어려움이 있다. 첫째는 그것들이 어떤 종류의 기기들을 제어할 것인지를 결정하는 것이다. 예를 들어, 날개 조정용 기어인가, 착륙용 기어인가? 둘째는 제1장과 제3장에서 광범하게 논의한 대응 문제다. 예를 들어, 수많은 전등과 스위치의 열이 있을 때, 어느 스위치가 어느 전등을 제어할 것인가?

스위치의 문제가 심각해지는 것은 많은 스위치가 있을 때다. 하나의 스위치가 있는 경우에는 문제가 아니고, 두 개가 있을 때에도 문제는 사소할 뿐이다. 그러나 한 곳에 세 개 이상의 스위치가 있으면 어려움은 급속히 늘어난다. 여러 개의 스위치로 인한 문제는 보통 가정에서보다는 사무실이나 강당, 산업 장면에서 더 생기기 쉽다.

많은 전등과 스위치가 있는 복잡한 설비의 경우, 전등 조절기는 상황의 필요에 들어맞는 일이 거의 없다. 나는 강연할 때, 이미지가 잘 보이도록 영사 스크린에 닿는 빛을 약하게 하면서도, 청중이 메모를 할 수 있도록 (그리고 강연에 대한 그들의 반응을 내가 주시할 수 있도록) 청중에게 충분한 빛을 유지하는 방법이 필요하다. 이런 제어는 거의 제공되지 않는다. 전기 기술자들은 과제 분석을 하는 훈련을 받지 않는다.

이것은 누구의 잘못인가? 누구의 잘못도 아닐 것이다. 어떤 사람을 비난하는 것은 적절하지도 도움이 되지도 않는데, 이 점은 제5장에서 다시 다룰 것이다. 문제는 전등 조절기를 설치하는 데 관련된 여러 전문가가 협조하도록 조정하는 일의 어려움에 기인할 것이다.

한때 캘리포니아 델 마 절벽에 있는 멋진 집에 살았다. 이 집은 수상 경력이 있는 두 명의 젊은 건축가가 디자인했다. 집은 멋졌고, 건축가들은 집의 멋진 위치 선정과 바다를 굽어보는 넓은 창문들로 자신의 가치를 입증했다. 그러나 그들은 지나칠 정도로 여유 있고, 깔끔하고, 현대적인 디자인을 좋아했다. 무엇보다도 집 안에는 깔끔하게 배치된 전등 스위치가 여러 줄 있었다. 현관에는 수평으로 배열된 네 개의 동일한 스위치의 줄이 있었고, 거실에는 여섯 개의 동일한 스위치의 수직 줄이 있었다. 우리가 불평하자 건축가들은 "곧 익숙해질 것입니다."라고 우리를 안심시켰다. 우리는 결코 그렇게 되지 않았다. [그림 4-4]는 내가 방문했던 집에서 발견한 여덟 개의 스위치

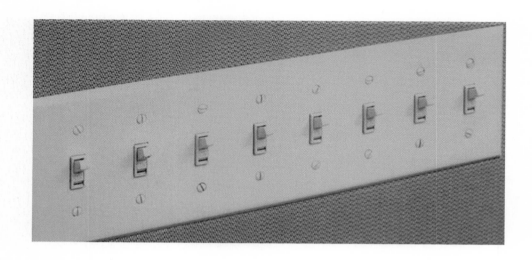

[그림 4-4] 이해할 수 없는 전등 스위치 이와 같은 스위치들의 열은 집에서 드물지 않다. 스위치와 조절되는 전등 간에 명백한 대응이 없다. 단지 여섯 개의 스위치였지만, 한때 내 집에 비슷한 스위치 판이 있었다. 그 집에서 수년 동안 산 이후에도 나는 어느 것을 써야 할지를 결코 기억할 수 없었으므로, 그냥 모든 스위치를 올리거나(켜기) 내려(끄기) 두었다. 내가 이 문제를 어떻게 해결했는가? [그림 4-5]를 보라.

열을 보여 준다. 각각이 무엇을 하는지를 누가 기억할 것인가? 내 집에는 단지 여섯 개의 스위치가 있었고, 그것만으로도 심각하게 좋지 않았다. (델 마에 있던 내 집의 스위치 판의 사진은 더 이상 사용할 수 없다.)

사람들과 한 시스템의 부서들을 이루는 조직들 간의 분명한 의사소통의 부족이 아마 복잡하고 혼란스러운 디자인의 가장 흔한 원인일 것이다. 사용성이 있는 디자인은 지원되고 있는 과제들이 실제로 어떻게 수행되는지에 대한 조심스러운 관찰과 더불어 시작한다. 그 관찰은 과제들을 수행하는 실제 방식에 잘 들어맞는 결과를 낳는 디자인 과정으로 이어진다. 이런 방법에 대한 전문 용어가 **과제 분석**(task analysis)이다. 그 전 과정에 대한 이름은 **인간 중심 디자인**(Human-Centered Design: HCD)인데, 이는 제6장에서 논의된다.

델 마 집에서 제기된 문제에 대한 해결책은 제3장에서 서술한 자연스러운 대응이 필요하다. 여섯 개의 전등 스위치가 벽에 수직으로 일차원 열로 설치되어 있다면, 그것들이 천장에 있는 전등들의 이차원적인 수평적 배치와 자연스럽게 대응할 수 있는 방법이 없다. 왜 스위치를 벽에 편평하게 놓는가? 왜 이것들을 개조하지 않는가? 왜 스위치를 그것이 조절하는 것들과 정확하게 유사하도록 수평으로 놓지 않는가? 즉, 스위치들이 조절하는 영역에 정확하게 대응하도록 빌딩의 평면도에 스위치가 배치될 수 있는 이차원적인 레이아웃을 만들지 않는가? 전등의 레이아웃과 스위치의 배열을 대응시켜라. 즉, 자연스러운 대응의 원칙이다. 그 결과가 [그림 4-5]에 나와 있다. 우리는 판 위에 평면도를 올려놓고 그것이 방에 대응되도록 방향을 잡았다. 스위치들은 평면도 위에 놓여서 각 스위치는 그 스위치에 의해 제어되는 영역에 위치하게 되었다. 그 판은 쉽게 볼 수 있고 대응이 분명하도록 수평에서 약간 기울어지게 설치되었다. 그 판이 수직이었다면 대응은 여전히 애매했을 것이다. 그 판은 사람들(우리나 방문객들)이 컵과 같은 물건들을 판 위에 올려놓는 것을 막으려고 수평보다 기울어지게 되어 있었는데, 이것은 반행위 지원성(anti-affordance)의 예다. (게다가 우리는 여섯 번째 스위치를 다른 장소로 옮겨서 조작을 단순화했는데, 거기에서 스위치의 의미는 분명하였고, 홀로 있었기 때문에 혼동되지 않았다.)

전등에 대해 스위치를 공간적으로 대응시키는 것은 쓸데없이 힘들다. 필요한 부분이 가용하지 않기 때문이다. 나는 벽에 설치된 박스를 만들고 특수한 스위치들과 조절 장치들을 설치하기 위해 숙련된 기술자를 고용해야 했다. 건축가들과 전기 기술자들은 표준화된 부품을 필요로 한다. 오늘날 전기 기술자들이 구할 수 있는 스위치 박스들은 직사각형 박스로 조직되어 있어서 길고 직선적인 열을 이룬 스위치들이 있고, 벽에 수평이나 수직으로 부착될 수 있다. 적절한 공간 배치를 만들기 위해서 바닥에 평행하게 설치될 수 있고, 거기에 스위치들이 박스 상부의 수평면에 부착될 수 있는 이차원적인 구조가 필요할 것이다. 스위치 박스에는 버팀대 격자판이 있어서 방에 가장 잘 들어맞는 패턴이 무엇이든 스위치들이 자유롭게, 비교적 제한되지 않고 배치될 수 있어야 할 것이다. 이상적으로 보면, 그 박스는 작은 스위치들을 쓰고, 전등을 다루는 별개로 설치된 제어 구조를 조절하는 저전압 스위치를 쓸 것이다(이것이 내 집에서 한 것이다). 스위치들과 전등들은 집 안을 연결하는 전선들 대신에 무선으로 의사소통

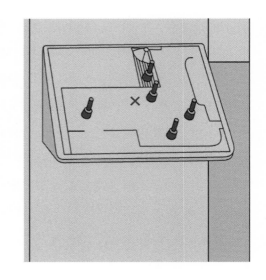

[그림 4-5] 전등에 맞는 전등 스위치의 자연스러운 대응 이것이 내 거실에 있는 전등에 다섯 개의 스위치를 대응시킨 방법이다. 나는 집 거실, 발코니 및 복도의 평면도에 맞게 작은 토글 스위치를 전등이 놓여 있는 곳에 각 스위치가 놓이도록 해 두었다. 가운데 스위치 옆의 X는 이 판이 위치한 곳을 가리킨다. 표면은 전등의 수평적 배치와 관계시키기 쉽게 기울어져 있었으며, 경사는 자연스러운 반행위 지원성을 제공해서 사람들이 커피 잔이나 음료 용기를 조절기 위에 놓지 못하게 한다.

할 수 있을 것이다. 오늘날의 크고 덩치 큰 스위치들을 위한 표준화된 전등(스위치) 판 대신에, 그 판은 작은 스위치에 맞는 작은 구멍을 쓸 수 있게 디자인되어야 하고, 스위치 덮개에 평면도를 넣는 것도 가능해야 한다.

내 제안은 요즘 박스들이 스위치가 벽에서 튀어나오지 않게 설치되는 것과 달리 스위치 박스가 벽에서 튀어나와야 한다는 것이다. 그러나 이런 새 스위치 박스는 꼭 튀어나와야 할 필요가 없을지도 모른다. 스위치들은 벽 안에 들어간 구멍에 설치될 수 있을 것이다. 기존의 스위치 박스를 위한 벽 안의 공간이 있듯이 들어간 수평면을 위한 공간도 있다. 아니면 스위치들은 작은 받침대 위에 설치될 수 있을 것이다.

곁다리로 말하면, 이 책의 초판이 출판된 지 수십 년이 지났는데, 전등 스위치와 관련한 어려움과 자연스러운 대응에 대한 절이 매우 널리 환영을 받았다. 그럼에도 이런 아이디어를 집에 쉽게 구현해 주는 어떤 상업용 도구도 구할 수 없다. 내가 [그림 4-5]의 조절기들을 구현하기 위해 썼던 스마트 홈 기기들을 만든 회사의 CEO에게 이 아이디어를 써 보라고 설득하려 한 적이 있다. "사람들이 이것을 쉽게 할 수 있게 하는 구성품을 만드는 것이 어떻습니까?"라고 제안했지만, 나는 실패했다.

어느 날, 우리는 선들로 연결된 스위치들을 쓰지 않을 것이다. 이것들은 지나치게 긴 전선들이 필요하고, 집 건축의 비용과 어려움을 가중시키며, 전기 회로의 리모델링을 극히 어렵고 많은 시간이 드는 일로 만든다. 우리는 인터넷이나 무선 신호를 써서 제어할 기기에 스위치를 연결하게 될 것이다. 이런 식으로 조절기들은 어디에나 위치할 수 있을 것이다. 그것들은 재구성되거나 이동될 수 있을 것이다. 우리는 같은 기기에 대해 어떤 조절기는 전화기 또는 다른 휴대용 기기에 두는 식으로 여러 개의 조절기를 사용하게 될 것이다. 나는 집에 있는 온도 조절기를 세계 어디에서나 조절할 수 있다. 전등에 대해서도 같은 일을 왜 할 수 없는가? 필수적인 기술의 일부는 전문 매장과 맞춤식 건축회사에 지금도 존재한다. 그러나 그것들은 주요한 제조 회사들이 필수 구성품들을 만들고, 전통적인 전기 기사들이 그것들을 수월하게 설치하게 될 때까지 널리 사용되지는 않을 것이다. 좋은 대응 원칙을 쓰는 스위치 구성을 만드는 도구들은 표준이 될 것이고 적용하기 쉬워질 것이다. 그런 일은 일어날 것이지만, 상당한 시간이 걸릴 것이다.

아아, 변화하는 많은 일처럼 새로운 기술은 좋은 점과 결점을 가져올 것이다. 아마도 조절기들은 터치로 작동하는 화면을 사용할 것이다. 이것은 필요한 공간적 레이아웃에 탁월하게 자연스럽게 대응되지만, 물리적 스위치가 갖는 물리적 행위 지원성이 부족하다. 그것들은 손에 짐이나 커피를 들고 방에 들어가려 할 때, 팔의 측면이나 팔꿈치로 조작될 수 없을 것이다. 손이 비어 있을 때에 터치스크린은 문제없다. 아마 제스처를 인식하는 카메라가 그 일을 할 것이다.

활동 중심 조절기

스위치의 공간적 대응이 항상 적절하지는 않다. 많은 경우에 스위치가 활동을 제어하도록 하는 것이 더 낫다. 즉, 활동 중심 조절기다. 학교나 회사에서 많은 강당은 컴퓨터 기반의 조절기를 가지고 있는데, 스위치들은 '비디오' '컴퓨터' '완전 점등' 및 '강의'와 같은 딱지가 붙어 있다. 지원해야 할 활동에 대한 훌륭하고 상세한 분석과 더불어 신중하게 디자인되어 있을 때, 활동과 조절기의 대응은 아주 잘 작동한다. 비디오는 어두운 강당과 음량 조절을 필요로 하고, 프레젠테이션을 시작시키고, 잠시 멈추게 하고, 끝나게 하는 조절기를 필요로 한다. 이미지의 투영은 어두운 화면에다, 청중석에는 사람들이 메모를 할 수 있도록 충분한 조명이 필요하다. 강의는 연사가 보이도록 무대 조명 비슷한 것이 필요하다. 활동-기반 조절기들은 이론적으로는 뛰어나지만, 실제로는 제대로 하기가 어렵다. 그것이 잘되지 않을 때, 어려움이 발생한다.

이와 관련되면서 잘못된 접근은 활동 중심이 아니라 기기 중심이 되는 것이다. 기기 중심으로 될 때, 여러 조절 화면이 각각 조명, 음향, 컴퓨터 및 비디오 프로젝션을 다룬다. 이것은 강사가 조명을 조절하기 위해 한 화면으로 가고, 음량을 조절하기 위해 다른 화면으로, 그리고 이미지를 전진시키거나 조정하기 위해 또 다른 화면으로 가도록 만든다. 화면 사이를 이리저리 다니는 것은, 또 촌평을 하거나 질문에 답하기 위해 비디오를 멈추는 것은, 강연의 흐름을 유지하는 데 끔찍한 인지적 방해다. 활동-기반의 조절기들은 이런 필요를 예상하고, 조명, 음량 및 프로젝션 조절기 등을 한 곳에 둔다.

나는 한때 활동 중심 조절기를 썼는데, 사진들을 청중에게 보여 주는 것으로 설정했다. 내가 질문을 받을 때까지 모든 것이 잘 작동했다. 나는 질문에 답하려고 잠시 멈추었고, 청중을 볼 수 있도록 조명을 높이길 원했다. 되지 않았다. 시각적으로 이미지를 제시하면서 강연을 하는 활동은 방의 조명이 어두운 설정으로 고정되는 것을 의미했다. 내가 조명 강도를 높이려고 했을 때, 나는 '강연하기' 활동에서 나가야 했고, 그때야 내가 원했던 조명(수준)을 가질 수 있었다. 그러나 그때 영사 스크린 또한 천장으로 올라갔고, 프로젝터는 꺼졌다. 활동-기반 조절기들과의 어려움은 예외적인 경우, 즉 디자인할 동안에 생각하지 못한 경우를 다루는 것이다.

활동 중심 조절기는 활동이 실제 요구 조건에 대응하도록 신중하게 선택된다면 가야 할 올바른 길이다. 그러나 이런 경우에도 수동 조절기가 여전히 필요할 것인데, 항상 특이한 설정이 필요한, 새롭고 예기치 않았던 요구가 있을 것이기 때문이다. 나의 예가 보여 주듯이 수동 설정을 작동시키는 것이 현재 활동이 취소되도록 해서는 안될 것이다.

원하는 행동을 강제하는 제약

강제 기능

강제 기능은 일종의 물리적 제약이다. 그것은 어떤 한 단계에서 실패하면 다음 단계가 일어나지 않도록 행위가 제약되어 있는 상황이다. 자동차 시동을 걸 때에도 그것과 관련된 강제 기능이 있다. 운전자는 그 차를 사용할 허락을 나타내는 물체를 가지고 있어야 한다. 예전에는 그것은 차문을 잠금 해제하고 또 시동 스위치 안으로 넣을 수 있는 물리적 열쇠였는데, 열쇠가 전기 시스템을 켜고 마지막 위치까지 회전되면 엔진이 작동한다.

오늘날의 차는 정당한 사용자를 검증하는 여러 수단을 가지고 있다. 어떤 것은 여전히 열쇠가 필요하지만, 그것은 운전자의 주머니나 가방 안에 그대로 있을 수 있다. 점점 더 열쇠는 필요하지 않고, 카드나 전화 또는 차와 의사소통할 수 있는 어떤 물리적 토큰으로 대체되고 있다. 승인받은 사람만이 그 카드를 (물론 열쇠의 경우에도 동일하다.) 가지는 한 모든 것은 문제없이 작동한다. 전기나 하이브리드 차는 차를 움직이기 전에 엔진을 시동할 필요가 없지만, 그 절차는 여전히 비슷하다. 운전자들이 물리적 항목을 소유함으로써 자신이 본인임을 증명해야 한다. 차는 열쇠의 소유에 의해 입증되는 인증 없이는 출발하지 않을 것이기 때문에 이것이 하나의 강제 기능이다.

강제 기능은 부적절한 행동을 막을 수 있는 강력한 제약의 극단적 사례다. 모든 상황에서 그런 강력한 제약이 작동 가능한 것은 아니지만, 일반 원칙은 다양한 상황으로 확장될 수 있다. 안전 공학 분야에서 강제 기능은 다른 이름으로, 특히 사고를 예방하기 위한 전문화된 방법들로 등장한다. 그런 방법 세 가지는 맞잠금, 안잠금 및 바깥잠금이다.

맞잠금

맞잠금(interlock)은 조작이 올바른 순서대로 일어나게끔 강제한다. 고압에 노출되는 내부를 가진 전자 오븐이나 그 밖의 기기들은 맞잠금 장치가 있어서 사람들이 전원을 먼저 *끄*지 않고 오븐의 문을 열거나 기기를 분해하는 것을 막는다. 맞잠금은 문이 열리거나 뒷면이 제거되는 순간 전원을 차단시킨다. 자동 변속기가 있는 자동차에서 맞잠금은 차의 브레이크 페달이 눌러지지 않으면 기어가 주차 위치에서 이동하지 않도록 막는다.

맞잠금의 또 다른 형태는 여러 안전 장면에서 쓰이는 '사망자의 스위치'인데, 특히 열차, 잔디 깎는 기계, 체인 톱 및 여러 여가 활동용 차에 쓰인다. 영국에서 이것들은 '운전자의 안전 장치'라고 불린다. 이런 여러 가지는 장비를 조작하기 위해서 조작자가 스프링이 달린 스위치를 아래로 계속 누르도록 한다. 그래서 만일 조작자가 죽으면(또는 제어를 못하면), 스위치가 해제될 것이고, 장비는 멈출 것이다. 어떤 조작자들은 조절기가 눌리도록 묶어 둠으로써 (혹은 발로 조작하는 것들 위에 무거운 것을 놓아 둠으로써) 이런 특징을 건너뛰기 때문에 사람들이 실제로 살아 있고 깨어 있는지를 판정하기 위해 여러 방식이 개발되어 왔다. 어떤 것은 중간 수준의 압력을 필요로 하고, 어떤 것은 반복된 누름과 해제를 필요로 한다. 어떤 것은 질문에 대한 반응을 필요로 한다. 이 모든 경우는 조작자가 무능력해졌을 때 조작을 막는 안전 관련 맞잠금의 예다.

안잠금

안잠금(lock-in)은 어떤 작동이 계속되게 해서 누군가가 섣부르게 작동을 멈추는 것을 막는다. 표준적인 안잠금은 여러 컴퓨터 응용 프로그램에서 볼 수 있는데, 작업을 저장하지 않고 응용 프로그램을 나가려는 어떤 시도이든 그것이 정말로 원한 일인지를 묻는 확인 메시지에 의해 제지된다([그림 4-6] 참조). 이것은 매우 효과적이어서 나는 표준적 종료 방법으로 그것들을 교묘하게 사용한다. 파일을 저장하고 프로그램을 나가기보다 내 작업을 저장하는 간단한 방법이 주어질 것이라는 것을 알기 때문에 나는 그냥 나간다. 한때 오류 메시지로 만들어진 것이 효율적인 지름길이 되었다.

안잠금은 글자 그대로, 감옥이나 아기들의 놀이울에서처럼 한 사람이 그 영역을 떠나는 것을 막을 수 있다.

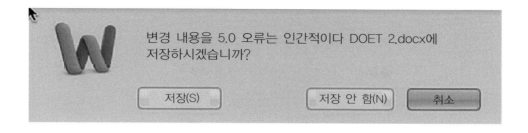

[그림 4-6] 안잠금의 강제 기능 이 안잠금은 작업을 저장하거나 의식적으로 저장 거부를 말하지 않고서는 프로그램을 빠져나가는 것을 어렵게 한다. 원하는 조작이 메시지로부터 올바르게 선택될 수 있도록 질문이 공손한 형태를 띠고 있다는 것에 유의하라.

어떤 회사들은 자신의 모든 제품이 서로 조화를 이루어 작동하지만, 경쟁자들의 제품과는 조화되지 않도록 함으로써 고객들을 안으로 잠그려고 한다. 그래서 한 회사에서 구입된 음악, 비디오 혹은 전자책은 그 회사에서 만든 음악 및 비디오 플레이어와 전자책 리더(판독기)로는 재생되거나 읽을 수 있지만, 다른 제조 회사들에서 만든 비슷한 기기로는 되지 않는다. 그 목적은 디자인을 사업 전략으로 쓰는 것이다. 주어진 제조 회사 내의 일관성은 사람들이 한번 그 시스템을 배우면 그들이 그 안에 머물고 변화하는 것을 주저할 것이라는 것을 의미한다. 다른 회사의 시스템을 쓸 때 경험하는 혼동은 나아가 고객들이 시스템을 바꾸는 것을 막는다. 끝으로, 여러 개의 시스템을 사용해야 하는 사람은 패자가 된다. 실제로 지배적인 제품의 제조사를 제외한 모두가 패자가 된다.

바깥잠금

안잠금이 어떤 사람이 한 공간 안에 있도록 하거나 원하는 조작이 이뤄질 때까지 어떤 행위를 막는 것과는 달리, 바깥잠금은 위험한 장소에 들어가거나 혹은 어떤 사건이 일어나는 것을 막는다. 바깥잠금의 좋은 예는, 적어도 미국에서, 공공건물의 계단에서 발견된다([그림 4-7] 참조). 화재가 났을 때, 사람들은 공황에 빠져 계단 아래로, 아래로 도망치다가 일층을 지나 지하실로 내려가는 경향이 있는데, 거기에 갇힐 수 있다. 해결책은 (소방법에 따라) 일층에서 지하로 쉽게 내려가지 못하게 하는 것이다.

바깥잠금은 보통 안전을 이유로 사용된다. 그래서 어린아이들은 캐비닛 문에 있는 아기 자물쇠, 전기 소켓의 덮개 및 약이나 독성 물질 용기에 있는 특수한 뚜껑에 의해 보호된다. 소화기의 핀은 제거될 때까지 소화기가 작동하지 않도록 하는데, 우연한 방출을 막는 기능을 강제하는 바깥잠금이다.

강제 기능은 정상적으로 사용할 때에는 귀찮은 것일 수 있다. 그 결과로 많은 사람이 강제 기능을 교묘하게 무력화해서 그것의 안전 특징을 무력화할 수 있다. 영리한 디자이너는 사용할 때의 불편을 최소화하면서 이따금 일어나는 비극을 막기 위해 강제 기능의 안전 특징을 유지하면서도 귀찮음을 최소화해야 한다. [그림 4-7]에 있는 문은 영리한 타협이다. 사람들이 일층을 떠나고 있다는 것을 깨닫게 할 만큼 충분한 제한이 있지만, 사람들이 문을 열어 놓을 정도로 정상 행동에 큰 장애가 되지는 않는다.

다른 유용한 기기도 강제 기능을 사용한다. 몇몇 공용 화장실에서는 당겨서 내리는 선반이 화장실 문 바로 뒤 벽에 불편하게 설치되어 있는데, 이것은 스프링으로 수직으로 달려 있다. 선반을 수평 상태로 내리면, 짐이나 손가방의 무게로 그것이 수평으로 유지된다. 선반의 위치가 강제적인 기능이다. 선반이 내려져 있으면, 선반이 문을

[그림 4-7] 화재 탈출구를 위한 바깥잠금 강제 기능 문은 계단 1층에 놓여 있는데, 화재를 피하려 달려 내려가는 사람들이 지하로 계속 내려가 갇힐지도 모를 일을 막는다.

완전히 가로막는다. 그래서 화장실 밖으로 나가기 위해서 당신은 선반에 놓인 것은 무엇이든 치우고 선반을 올려 방해되지 않도록 해야 한다. 영리한 디자인이다.

관습, 제약 및 행위 지원성

제1장에서 행위 지원성, 지각된 행위 지원성 및 기표 간의 구별에 대해서 배웠다. 행위 지원성은 가능한 잠재적 행위를 가리키지만, 그것들은 지각 가능할 때에만 쉽게 발견될 수 있다. 즉, 지각된 행위 지원성을 말한다. 사람들이 가능한 행위를 결정하도록 해 주는 것은 지각된 행위 지원성에서 기표 성분이다. 그러나 어떻게 해서 행위 지원성의 지각에서부터 잠재적 행위의 이해로 넘어가는가? 많은 경우에 관습을 통해서다.

문고리는 '붙잡을 수 있음'이란 지각된 행위 지원성을 가지고 있다. 그러나 그것이 문을 여닫는 데 사용되는 문고리라는 것을 안다는 것은 학습된 것이다. 문고리, 손잡이, 막대들이 문 위에 놓여 있을 때, 문을 열거나 닫는 것이 가능하도록 의도되었다는 것은 디자인의 문화적 측면이다. 같은 장치들이 고정된 벽에 붙어 있을 때에는 다른 해석을 낳을 것이다. 그것들은, 예컨대 받침을 제시할 것이지만, 벽 열기의 가능성을 제시하지 않는다는 것은 확실하다. 지각된 행위 지원성의 해석은 일종의 문화적 관습이다.

관습은 문화적 제약이다

관습은 특별한 종류의 문화적 제약이다. 예컨대, 사람들이 먹는 수단은 강한 문화적 제약과 관습의 대상이다. 문화가 다르면 다른 식사 도구를 쓴다. 어떤 문화는 주로 손가락과 빵으로 (닦아) 먹는다. 어떤 문화는 정교한 식사 도구를 쓴다. 상상할 수 있는 행위의 거의 모든 측면에 대해, 입는 옷부터 한 사람이 연장자나 동년배나 하급자를 부르는 방식에 이르기까지, 심지어 사람이 방을 드나들 때의 순서에까지 같은 원리가 적용된다. 한 문화에서 옳거나 적당하다고 생각되는 것이 다른 문화에서는 무례한 것으로 간주될 수 있다.

비록 관습은 낯선 상황에 대처하는 데 가치 있는 안내를 제공하지만, 그것들의 존재는 변화가 생기게 하는 것을 어렵게 할 수 있다. 목적지-제어 엘리베이터의 이야기를 생각해 보라.

관습이 바뀔 때: 목적지-제어 엘리베이터의 사례

> 보통 엘리베이터를 조작하는 것은 아주 쉬운 것처럼 보인다. 단추를 누르고, 칸에 타고, 위로 가거나 아래로 가면 내린다. 그러나 우리는 이런 단순한 상호작용에서 흥미로운 디자인 변화를 준 것들을 접하고 문서화해 왔다. 그러면서 '왜?'라는 질문을 제기하게 된다(Portigal & Norvaisas, 2011).

이 인용은 엘리베이터 시스템의 조절기 변화로 인해 곤란을 겪고서 전적으로 그에 대한 불평에 관한 논문을 쓴 두 명의 디자인 전문가들에게서 나온 것이다.

도대체 무엇이 그런 곤란을 유발하였을까? 그것은 정말로 나쁜 디자인이었는가, 아니면 저자들이 암시하듯이 그만두어도 만족스러웠을 시스템에 완전히 불필요한 변화였을까? 실제로 일어난 일은 이와 같다. 저자들은 '엘리베이터 목적지-제어'라고 하는 새로운 엘리베이터 관습에 맞닥뜨렸다. (나를 포함해) 많은 사람은 그것이 우리가 써 오던 것보다 더 낫다고 생각한다. 그것의 주요 단점은 다르다는 것이다. 그것은 의례적인 관습을 위반한다. 관습의 위반은 매우 불안한 것이 될 수 있다. 그 역사는 다음과 같다.

'현대' 엘리베이터가 1800년대 후반 빌딩에 처음 설치되었을 때, 엘리베이터의 속도와 방향을 조절하고, 적절한 층에서 멈추고, 문을 열거나 닫는 인간 조작원이 엘리베이터에 있었다. 사람들은 엘리베이터에 들어가서 조작원에게 인사하고, 어느 층으로 가기를 원하는지를 말하곤 했다. 엘리베이터가 자동화되었을 때, 비슷한 관습이 지켜졌다. 사람들은 엘리베이터에 들어가서 그 안에 적당하게 표시된 단추를 눌러 자신이 가고 싶은 층을 엘리베이터에게 말했다.

이것은 꽤 비효율적인 일처리 방식이다. 대부분의 사람은 모든 사람이 각기 다른 층에 가고 싶어 하는 것처럼 보이는 혼잡한 엘리베이터를 경험해 보았을 텐데, 이것은 더 높은 층으로 가는 사람들에게는 매우 느린 여정이 될 것임을 뜻한다. 목적지-제어 엘리베이터 시스템은 승객을 집단화해서 같은 층에 가는 사람은 같은 엘리베이터를 쓰도록 요청하여 승객들의 부하(중량)가 최대한 효율적으로 분배된다. 비록 이런 집단화는 엘리베이터가 많은 빌딩에만 의미가 있는데, 여기에는 큰 호텔, 사무실 또는 아파트가 포함될 것이다.

전통적인 엘리베이터에서 승객들은 엘리베이터가 있는 복도에 서서 자신이 위로 갈지 아래로 갈지를 표시한다. 적당한 방향으로 가는 엘리베이터가 도착하면 그들은 들어가서 자신의 목적지 층을 가리키기 위해 안에 있는 단추 판을 사용한다. 그 결과, 다섯 사람이 각각 다른 층을 원하는데도 같은 엘리베이터에 탈 수 있다. 목적지-제어 방식에서는, 목적지 단추 판이 엘리베이터 바깥의 복도에 있고 엘리베이터 안에는 단추 판이 없다([그림 4-8]의 A와 D). 사람들은 어느 엘리베이터가 원하는 층에 도달하는 데 가장 효율적일지에 대해 지시받는다. 엘리베이터를 기다리는 다섯 사람이 있다면, 그 사람들은 다섯 개의 다른 엘리베이터에 할당될 수도 있다. 그 결과로 모든 사람은 더 빨리 이동하며, (중간) 멈춤은 최소화된다. 사람들이 곧 도착하지 않는 엘리베이터에 할당된다 하더라도, 더 빨리 도착하는 엘리베이터를 타는 것보다 목적지에 더 빨리 도착할 것이다.

목적지-제어는 1985년에 개발되었는데, 최초의 상업적인 설치는 1990년 이후에야 (Schindler 엘리베이터에서) 등장했다. 수십 년이 지난 요즈음 고층 빌딩 개발자들이 목적지-제어가 더 나은 서비스를 승객에게 제공하며 더 적은 수의 엘리베이터로 동등한 서비스를 제공한다는 것을 알아차리게 됨에 따라 목적지-제어는 더 자주 등장하고 있다.

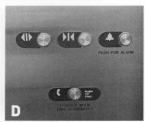

[그림 4-8] 목적지-제어 엘리베이터 목적지-제어 시스템에서 원하는 목적지 층은 엘리베이터 바깥에 있는 제어판(A와 B)에 입력된다. 목적지 층을 B에 입력하면, 표시판은 C에서 보이듯이 적절한 엘리베이터로 이동하도록 여행자에게 지시한다. 여기에서 '32'가 희망하는 목적지 층으로 입력되었으며, 그 사람은 엘리베이터 'L'(그림 A에서 왼쪽에 있는 첫 번째 엘리베이터)로 가도록 지시된다. 엘리베이터 안에서는 층을 명시할 수 있는 방법이 없다. 안에 있는 조절기는 단지 문을 열고 닫는 것과 경보뿐이다(D). 이것은 한층 효율적인 디자인이지만, 전통적인 시스템에 익숙한 사람에게는 혼란스럽다(저자의 사진).

두려움! [그림 4-8]의 D가 확인해 주듯이 엘리베이터 안에는 어떤 층을 표시할 수 있는 조절기가 없다. 승객들이 마음이 바뀌어 다른 층에 내리고 싶어 하면 어떻게 하는가? (베이직 북스 출판사에 있는 내 책의 편집인도 여백에 쓴 메모에서 이 점에 대해 불평했다.) 그다음에는 무엇을 하지? 엘리베이터가 7층을 막 통과할 때 실제로는 6층에서 내리고자 했다고 판단한다면 정상적 엘리베이터에서 당신은 어떻게 하는가? 간단하다. 다음 멈춤(층)에서 내려서 엘리베이터 홀에 있는 목적지 제어기로 가서 원하는 층을 표시하면 된다.

관습의 변화에 대한 사람들의 반응

새로운 접근이 기존의 제품과 시스템에 소개될 때에는 언제나 사람들은 변함없이 반대하고 불평한다. 관습이 위반되고, 새로운 학습이 필요하기 때문이다. 새 시스템의 장점은 무관하다. 불편한 것은 바로 그 변화다. 목적지-제어 엘리베이터는 그런 많은 예 중 하나에 불과하다. 미터법은 사람들의 관습을 바꾸는 데에서 발생하는 어려움에 대한 아주 좋은 예다.

미터식 측정 척도는 거의 모든 차원에서 영국식 척도 단위보다 더 우수하다. 그것은 논리적이고, 배우기 쉽고, 계산할 때 쓰기 쉽다. 1790년대에 프랑스에서 미터법이 개발된 이후 거의 두 세기가 지나갔는데, 아직도 세 개의 나라가 여전히 그것을 사용하는 데 저항한다. 미국, 라이베리아 그리고 미얀마다. 영국조차 거의 바꾸었고, 그래서 낡은 영국식 단위 체계를 사용하는 유일한 주요 국가는 미국이다. 왜 우리는 바꾸지 못했는가? 그 변화는 새로운 시스템을 배워야 하는 사람에게 너무 성가시고, 새 도구와 측정 장치를 구입하는 최초 비용은 과도한 것처럼 보인다. 그러나 학습의 어려움은 결코 말하는 것만큼 복잡하지 않으며, 그 비용은 비교적 적을 것이다. 왜냐하면 미터법이 이미 미국에서조차 널리 쓰이고 있기 때문이다.

디자인에서 일관성은 미덕이다. 그것은 한 시스템에서 배운 내용이 곧 다른 시스템으로 전이된다는 것을 뜻한다. 전체적으로 일관성은 따라야 한다. 새로운 일처리 방식이 이전 것보다 아주 약간만 더 낫다면 일관적인 것이 더 낫다. 그러나 만일 변화가 있어야 한다면 모든 사람이 변해야 한다. 혼합된 시스템은 모든 사람에게 혼란스럽다. 새로운 일처리 방식이 다른 것보다 아주 우수하다면 변화의 장점이 변화의 어려움을 능가한다. 어떤 것이 다르다는 이유만으로 그것이 나쁘다는 뜻이 되지 않는다. 만일 우리가 옛것을 고수했다면 우리는 결코 진보하지 못했을 것이다.

수도꼭지: 디자인의 사례사

늘 쓰는 수도꼭지가 사용 설명서가 필요하리라고 믿기는 어려울 것이다. 나는 그런 것을 보았는데, 영국 쉐필드에서 열린 영국심리학회 모임에서였다. 참가자들은 기숙사에 숙박했다. 랜무어 하우스(Ranmoor House)에 체크인하자마자, 손님들은 식사 시간은 언제인지, 교회나 우체국은 어디에 있는지, 그리고 수도꼭지를 어떻게 쓰는지 등 유용한 정보를 안내하는 팸플릿을 받았다. "세면대에 있는 꼭지들은 부드럽게 누르면 작동됩니다."

회의에서 내가 말할 차례가 되었을 때, 나는 그 수도꼭지에 대해 청중에게 물었다. 얼마나 많은 사람이 쓰는 데 불편했습니까? 청중으로부터 점잖게 킬킬거리는 소리가 들렸다. 손잡이를 돌리려 했던 분이 계신가요? 많은 사람이 손을 들었다. 도움을 요청해야 했던 분이 계신가요? 정직한 사람 몇몇이 손을 들었다. 나중에 한 여성은 나에게 와서 자신은 포기하고, 수도꼭지 사용법을 설명해 줄 수 있는 사람을 찾을 때까지 복도를 걸었다고 말했다. 간단한 세면대이고 간단해 보이는 수도꼭지였다. 그러나 그것은 미는 것이 아니라 돌려야 하는 것처럼 보인다. 만일 수도꼭지를 밀게 하고 싶다면, 그것이 밀려야 하는 것처럼 보이게 만들어라. (물론 이것은 제1장에서 서술한, 호텔에서 세면대의 물을 비우면서 내가 경험했던 문제와 비슷한 것이다.)

왜 수도꼭지와 같이 그런 간단하고, 표준적인 것이 바로 쓰기에 그렇게 어려운가? 수도꼭지를 쓰는 사람은 두 가지 일, 즉 수온과 수량에 대해 생각한다. 그러나 물은 뜨겁고 차가운, 두 개의 관을 통해 수도꼭지에 들어온다. 수온과 수량에 대한 인간의 필요와 뜨거운 그리고 차가운 물에 대한 물리적 구조 간에 갈등이 있다.

이 문제를 다루는 몇 가지 방법이 있다.

- **뜨거운 물과 찬 물 모두 조절하기:** 두 개의 조절기로, 그중 하나는 온수용이고 나머지는 냉수용이다.
- **온도만 조절하기:** 하나의 조절기가 필요하고, 수량은 고정되어 있다. 고정된 위

치에서 조절기를 돌리면 사전에 지정된 유속에 따라 물이 나오고, 온도는 손잡이의 위치에 의해 조절된다.

- **수량만 조절하기:** 하나의 조절기가 필요하고, 온도는 고정되어 있으며, 수량은 손잡이의 위치에 의해 조절된다.
- **틀고 잠그기:** 하나의 조절기가 물을 틀거나 잠근다. 이것은 손짓에 의해 제어되는 수도꼭지가 작동하는 방식이다. 손을 주둥이 아래로 또는 그 반대로 움직이면 물이 틀어지거나 잠긴다. 온도와 유속은 고정된다.
- **온도 및 유속 조절하기:** 두 개의 개별적 조절기를 쓰는데, 하나는 수온 조절용이고 다른 것은 유속 조절용이다. (나는 이런 방식을 본 적이 전혀 없다.)
- **온도와 유속 모두 하나로 조절하기:** 하나의 통합된 조절기가 있어서 한 방향으로의 움직임은 온도를 조절하고 다른 방향으로의 움직임은 양을 조절한다.

두 개의 조절기, 즉 온수용과 냉수용이 있을 때, 네 가지 대응 문제가 있다.

- 어떤 손잡이가 온수를, 어떤 것이 냉수를 조절하는가?
- 유속에 영향을 주지 않으면서 어떻게 온도를 바꾸는가?
- 온도에 영향을 주지 않으면서 어떻게 유속을 바꾸는가?
- 어느 방향이 수량을 늘리는가?

대응 문제는 문화적 관습이나 제약을 통해 해결된다. 왼쪽 수도꼭지가 뜨거운 것이고 오른쪽이 찬 것이라는 것은 세계적인 관습이다. 나사의 날은 시계 방향으로 돌릴 때 죄어지고 반시계 방향으로는 풀어진다는 것 또한 보편적인 관습이다. 당신은 나사 날을 죄어서 (놓인 자리에 대해 나사받이를 조여) 수도꼭지를 잠그고, 그렇게 해서 물의 흐름을 차단한다. 그래서 시계 방향의 돌리기는 물을 잠그고, 반시계 방향은 물을 튼다.

불행히도 제약은 항상 유지되지 않는다. 내가 물어본 영국인의 대부분은 왼쪽/뜨거움, 오른쪽/차가움이 하나의 관습이라는 것을 의식하지 않고 있었다. 그것은 영국에서 관습으로 생각되기에는 너무 자주 위반되었다. 이 관습은 미국에서도 보편적이지 않다. 나는 수직으로 배치된 샤워 조절기를 경험한 적이 있다. 어느 것이 뜨거운 물을 조절하지? 위 꼭지 혹은 아래 꼭지?

만일 두 개의 수도꼭지 손잡이가 둥근 손잡이라면, 어느 것이든 시계 방향의 회전은 양을 줄일 것이다. 그러나 각 수도꼭지가 단일한 '칼날' 모양의 손잡이를 가지고 있다면, 사람들은 손잡이를 회전해야 한다고 생각하지 않는다. 대신 손잡이를 밀거나 당기는 것이라고 생각한다. 일관성을 유지하기 위해 어느 손잡이든 당기는 것은 수량을 늘리는 것이어야 한다. 비록 이것이 왼쪽 수도꼭지를 시계 반대 방향으로 회전시키고 오른쪽 꼭지를 시계 방향으로 회전시키는 것을 뜻할지라도 말이다. 비록 회전 방향은 비일관적이지만 당기기와 밀기는 일관적인데, 이것이 사람들이 자신의 행동을 개념화하는 방식이다.

아아, 가끔 똑똑한 사람은 이런 일에 너무 똑똑하다. 선의를 가진 어떤 배관 디자이너들은 자신의 사적인 심리학 브랜드를 좋아한 나머지 일관성이 무시되어야 한다고 결정했다. 인체는 거울상으로 대칭적이라고, 이런 유사 심리학자들은 말한다. 그래서 만일 왼손이 시계 방향으로 움직이면, —왜 그렇지?—오른손은 시계 반대 방향으로 움직여야 한다. 주의하라. 당신의 배관공이나 건축가는 시계 방향의 회전이 찬 물과 뜨거운 물에서 다른 결과를 낳는 욕실 설비를 설치할 수 있다.

비누는 눈 위로 흘러내리는데 한 손으로 물 조절기를 바꾸려고 더듬고 다른 손으로는 비누나 샴푸를 움켜잡고서 물 온도를 조절하려고 할 때, 당신은 잘못에 빠지게끔 되어 있다. 만일 물이 너무 차다면 더듬는 손은 델 정도로 물을 뜨겁게 하거나 마찬가지로 물을 더 차게 하기 쉽다.

거울상 난센스를 개발한 사람은 누구든지 강제로 샤워를 해 봐야 한다. 그렇다. 그것에는 어떤 논리가 있다. 그런 계획의 발명자에게 조금이라도 공정하도록 말한다면, 그것은 당신이 항상 두 손을 써서 두 개의 수도꼭지를 동시에 조절하는 한 그것은 제대로 된다. 그러나 한 손이 두 개의 조절기 사이를 왔다 갔다 하면서 쓰일 때에는 지독하게 실패한다. 그다음 당신은 어느 방향이 어떤 일을 하는지를 기억할 수 없을 것이다. 이것은 개별적인 수도꼭지들을 교환해서는 고쳐질 수 없다는 것을 다시 한번 유의하라. 대신 핸들을 '날'로 바꾸어라. 중요한 것은 심리적 지각, 즉 개념 모형이지 물리적 일관성이 아니다.

수도꼭지의 조작은 표준화되어서 조작에 관한 심리적인 개념 모형이 모든 종류의 수도꼭지에 똑같을 필요가 있다. 온수와 냉수에 대한 전통적인 이중 수도꼭지 조절기의 경우에 표준은 다음과 같아야 할 것이다.

- 손잡이가 둥글 때에는 수량을 바꾸기 위해 두 개 모두 같은 방향으로 회전해야 한다.
- 핸들이 단일한 날 모양일 때,* 수량을 바꾸기 위해 두 개 모두 당겨야 한다(즉, 수도꼭지 자체로 보면 반대 방향으로 회전한다는 뜻이다).

다른 손잡이 배치도 가능하다. 손잡이가 수평축 상에 놓여 있어 그것들이 수직으로 회전해야 한다고 가정해 보자. 그러면 무엇을 해야 하나? 그 답은 단일한 날 손잡이와 둥근 손잡이에 따라 다를 것인가? 이 문제는 연습으로 남겨 놓겠다.

평가 문제는 어떤가? 대부분의 수도꼭지의 사용에서 피드백은 신속하고 직접적이어서 수도꼭지를 엉뚱한 방향으로 돌리는 일은 쉽게 발견되고 고칠 수 있다. 이 평가-행위 주기는 지나가기 쉽다. 그 결과, 당신이 샤워실에 있고 당신이 데이거나 얼어붙었을 때 피드백이 오지 않는 한, 정상적인 규칙과의 불일치가 종종 눈에 띄지 않는다. 수도꼭지는 욕조의 한가운데 있고 물 주둥이는 끝 쪽 벽에 높이 달려 있는 경우처럼 수도꼭지가 주둥이에서 멀리 떨어져 있을 때, 수도꼭지를 돌리는 것과 온도의 변화 간의 지연은 꽤 오래될 수 있다. 한때 나는 샤워 조절기의 시간을 재어 봤는데 5초가 걸렸다. 이것은 온도 설정을 다소 어렵게 한다. 수도꼭지를 잘못된 방향으로 돌리면

---

* 온수 및 냉수 손잡이가 날 모양으로 좌우에 따로 있는 수도꼭지의 경우.

수온이 델 정도로 뜨겁거나 얼어붙을 정도로 차가워 샤워실 안을 이리저리 춤추게 되고, 온도가 재빨리 안정되기를 바라며 맞는 방향으로 수도꼭지를 미친 듯이 돌린다. 여기에서 문제는 액체 흐름의 속성에서 생기는데, 물이 수도꼭지와 물 주둥이를 연결하는 2미터가량의 파이프를 통과하는 데 시간이 걸리며, 그래서 쉽게 고쳐지지 않는다. 그러나 문제는 나쁜 조절기 디자인으로 인해 악화된다.

이제 현대의 단일 주둥이, 단일 조절기 수도꼭지를 살펴보자. 조절기를 한 방향으로 움직이면 온도가 조절된다. 그것을 다른 방향으로 움직이면 수량이 조절된다. 와! 문제의 변수가 정확하게 조절되며, 물을 혼합시키는 주둥이는 평가 문제를 해결해 준다.

그렇다. 이 새로운 수도꼭지는 아름답다. 맵시 있고, 우아하고, 상을 받은 것이다. 그러나 사용할 수 없다. 그것들은 일단의 문제를 해결했지만 다른 문제를 만들었을 뿐이다. 이제 대응 문제가 두드러진다. 어려움은 조절기 차원의 표준화가 결핍된 데에 있다. 즉, 어떤 방향의 움직임이 무엇을 의미하는가? 가끔 밀거나 당길 수 있는 시계 방향으로 혹은 반시계 방향으로 회전하는 손잡이가 있다. 그러나 밀기 혹은 당기기가 수량이나 온도를 조절하는가? 당기기가 더 많은 양을 혹은 더 적은 양을 가리키는가, 더 뜨거운 온도를 혹은 더 차가운 온도를 가리키는가? 때때로 옆에서 옆으로 움직이거나 앞으로 뒤로 움직이는 레버가 있다. 어떤 움직임이 양이고, 어떤 것이 온도인가? 이 경우에도 어느 방향이 더 많은 것(혹은 더 뜨거운 것)이며, 어느 것이 더 적은 것(혹은 더 차가운 것)인가? 지각적으로 단순한 단일 조절기 수도꼭지는 여전히 네 개의 대응 문제를 가지고 있다.

- 조절기의 어느 차원이 온도에 영향을 주는가?
- 그 차원에서 어느 방향이 더 뜨거운 것을 가리키는가?
- 조절기의 어느 차원이 유속에 영향을 주는가?
- 그 차원에서 어느 방향이 더 많은 것을 가리키는가?

우아함의 이름으로, 움직이는 부분은 가끔 수도꼭지 구조 안에 보이지 않도록 들어가 그것이 움직이는 방향이나 그것이 조절하는 것을 알아내는 것은 고사하고, 조절기를 찾는 것조차 거의 불가능하게 한다. 게다가 여러 수도꼭지 디자인은 서로 다른 해결책을 쓴다. 단일 조절기 수도꼭지는 그것들이 문제의 심리적 변수를 조절하기 때문에 우수해야 할 것이다. 그러나 표준화의 결여와 어색한 디자인(그것을 '어색하다.'라고 하는 것은 친절한 표현이다) 때문에 그것은 많은 사람을 좌절시키고, 칭찬받기보다는 미움받는 경향이 있다.

욕실과 부엌의 수도꼭지 디자인은 단순해야 하지만, 예컨대 다음과 같은 많은 디자인 원칙을 위반하곤 한다.

- 가시적 행위 지원성과 기표
- 발견 가능성
- 피드백의 즉시성

끝으로, 많은 디자인이 다음과 같은 최후의 원칙을 위반한다.

- 다른 모든 것이 안 되면, 표준화하라.

표준화는 정말로 최후의 기본 원칙이다. 어떤 다른 해결책도 가능해 보이지 않을 때, 모든 것을 같은 방식으로 디자인해서 사람들이 한 번만 배우면 되게 하라. 모든 수도꼭지 제작자가 물의 양과 온도를 조절하는 일단의 표준적인 움직임에 동의할 수 있다면(위아래는 양을 조절하고, 위는 증가를 의미하고, 좌우는 온도를 조절하고, 왼쪽은 뜨거움을 가리키는 것으로 하는 것은 어떨까?), 그러면 우리는 표준을 한 번 배우고 그 뒤로 영원히 우리가 만나는 모든 새로운 수도꼭지에 대해 그 지식을 사용할 수 있을 것이다.

당신이 그 지식(즉, 세상 속의 지식)을 기기에 넣을 수 없다면, 문화적 제약을 발달시켜라. 머릿속에 지녀야 할 것을 표준화하라. 그리고 194쪽에 있는 수도꼭지 회전에서 배운 교훈을 기억하라. 표준은 물리적 기계 장치가 아니라 심리적인 개념 모형을 반영해야 한다.

표준은 모든 사람에게 삶을 단순하게 만든다. 동시에 그것들은 미래의 개발을 방해하는 경향이 있다. 제6장에서 논의되듯이 의견 일치를 보는 과정에는 어려운 정치적인 싸움이 있다. 그럼에도 모든 다른 것이 실패할 때, 표준화가 나아갈 길이다.

소리를 기표로 사용하기

때론 필요한 모든 것이 가시적이게 될 수 없다. 이때 소리를 넣어라. 소리는 다른 방식으로는 얻을 수 없는 정보를 제공할 수 있다. 소리는 일이 제대로 되고 있는지 혹은 점검이나 수리가 필요한지를 우리에게 말해 줄 수 있다. 심지어 사고로부터 우리를 구해 줄 수 있다. 다음에 의해 얻을 수 있는 정보를 고려해 보자.

- 문의 빗장이 제자리로 돌아갈 때 나는 찰깍하는 소리
- 문이 잘 닫히지 않을 때 나는 작은 소리
- 차의 머플러가 구멍이 났을 때 나는 그르렁하는 소리
- 물건이 고정되지 않을 때 나는 덜거덕하는 소리
- 물이 끓을 때 주전자에서 나는 휘파람 소리
- 토스터기에서 빵이 튀어나올 때 나는 덜컥하는 소리
- 진공청소기가 막혔을 때 나는 높은 음 소리
- 복잡한 기계에 문제가 생기기 시작할 때 나는 표현하기 어려운 소리의 변화

많은 장치가 '삐' 소리나 트림 소리를 낸다. 이것들은 자연스러운 소리가 아니다. 그것들은 숨은 정보를 전달하지 않는다. 적절하게 사용하면 삐 소리는 당신이 단추를 눌렀다는 것을 확신시켜 줄 수 있으나 소리는 정보적인 만큼 성가시다. 소리는 출처

에 관한 지식을 주기 위해 생성되어야 한다. 그것들은 현재 일어나고 있는 작동, 즉 사용자에게 중요하지만 다른 방법으로는 보일 수 없는 작동에 대한 무엇인가를 전달해야 한다. 전화걸 때 듣는 윙, 찰칵, 웅 소리가 좋은 예다. 그런 소리가 없다면 당신은 연결이 되고 있는지를 확신할 수 없을 것이다.

실재하는 자연스러운 소리는 시각 정보만큼이나 필수적이다. 소리는 우리가 볼 수 없는 것을 말해 주며, 게다가 눈으로 다른 것을 보고 있을 때에도 그러하기 때문이다. 자연스러운 소리는 자연에 있는 물체들의 복잡한 상호작용을 반영한다. 한 부분이 다른 부분에 대해 움직이는 방식이나 그 부분이 만들어진 재료, 즉 속이 비었는지, 딱딱한지, 금속인지 혹은 나무인지, 부드러운지, 거친지 등을 말해 준다. 소리는 물질이 상호 작용할 때도 발생한다. 부딪치기, 미끄러지기, 깨지기, 찢어지는, 부스러뜨리는, 튀는 것 등을 소리가 알려 준다. 숙련된 기계공은 듣기만 해도 기계 장치의 상태를 진단할 수 있다. 소리가 인위적으로 생성될 때, 만일 풍부한 청각 스펙트럼을 써서 성가시지 않으면서 정보적인 미묘한 단서를 제공하도록 세심하게 지능적으로 만들어진다면, 그것들은 실재 세계의 소리만큼이나 유용할 수 있다.

소리는 까다롭다. 그것은 도움을 주는 만큼이나 쉽게 방해하고 산만하게 할 수 있다. 처음에는 즐겁고 귀여운 소리가 유용한 것이라기보다 곧잘 성가신 것이 된다. 소리의 미덕 중 하나는 주의가 다른 데 주어질 때조차 탐지될 수 있다는 것이다. 이 미덕은 또한 결점도 되는데, 소리는 종종 거슬리기 때문이다. 소리는 강도가 낮거나 이어폰을 쓰지 않는다면 은밀하게 제공하기가 어렵다. 이것은 이웃들을 짜증 나게 하고 다른 사람들도 당신의 활동을 주시할 수 있다는 것을 뜻한다. 지식을 전달하는 데 소리의 사용은 강력하고 중요한 아이디어이지만, 아직 초보 단계에 있다.

소리의 출현이 사건에 대한 피드백을 제공하는 데 유용한 역할을 할 수 있는 것과 마찬가지로, 소리의 부재는 피드백의 부재와 관련해서 이미 다룬 적이 있는 것과 같은 종류의 어려움을 낳을 수 있다. 소리의 부재는 지식의 부재를 의미할 수 있는데, 만일 한 행위의 피드백이 소리로 나올 것이라 기대된다면 침묵은 문제가 있다는 뜻이다.

독일 뮌헨에서 즐거운 유월의 어느 날이었다. 필자는 호텔에서 차를 타고 좁은 이 차로인 도로의 양편에 농장들이 있는 시골로 갔다. 이따금 보행자들이 옆으로 걸어갔고, 그만큼이나 자주 자전거 타는 사람들이 지나쳤다. 우리는 길 언저리에 차를 세우고 도로를 위아래로 쳐다보는 일단의 사람들과 합류했다. "좋아, 준비됐어, 눈을 감고 들어 봐."라는 말을 들었다. 나는 그렇게 하고서 약 일 분 후에 윙윙거리는 낮은 소리가 동반된 고음의 끼익하는 소리를 들었다. 어떤 자동차가 접근하고 있었다. 그것이 더 가까이 오자 나는 타이어 소음을 들을 수 있었다. 차가 지나간 후, 나는 소리에 대한 판단을 질문받았다. 우리는 이 연습을 수없이 되풀이했는데, 매번 그 소리가 달랐다. 무슨 일이 일어나고 있었는가? 우리는 BMW의 새 전기 자동차를 위한 소리 디자인을 평가하고 있었다.

전기 차는 매우 조용하다. 차가 내는 유일한 소리는 타이어, 공기 그리고 가끔 전자 부품이 내는 고음의 윙 소리에서 나온다. 차 애호가들은 침묵을 정말로 좋아한다. 보행자들은 뒤섞인 감정을 가지고 있지만, 맹인은 크게 걱정한다. 결국 맹인은 차들의 소리에 의존해서 차들이 다니는 거리를 건너간다. 이것이 그들이 언제 건너는 것이 안전한지를 아는 방식이다. 맹인에게 이러한 사실은 주의가 산만한 가운데 길 위로 발을 디디는 누구에게나 똑같은 사실일 수 있다. 만일 자동차가 어떤 소리도 내지 않는다면, 자동차는 살인을 할 수 있다. 미국 국립고속도로교통안전처(The Unites States National Highway Traffic Safety Administration)는 보행자들은 내연 엔진을 가지고 있는 차보다 하이브리드 차나 전기 차에 치일 확률이 상당히 더 높다고 결론을 내렸다. 가장 큰 위험은 하이브리드 차나 전기 차들이 천천히 움직일 때, 그것들이 거의 완전하게 조용할 때다. 자동차의 소리는 그것의 출현을 알리는 중요한 기표다.

보행자에게 경고하기 위해 자동차에 소리를 더하는 것은 새로운 아이디어가 아니다. 수년 동안 상업용 트럭과 건설 장비들은 후진할 때 삐 소리를 내야만 했다. 경적은 법으로 요구되는데, 아마 필요하다면 운전자들이 보행자들과 다른 운전자들을 경고하는 데 쓰기 위해서일 것이다. 비록 경적들이 그 대신 화와 분노를 터뜨리는 방법으로 종종 쓰이곤 했지만 말이다. 그러나 그렇게 하지 않으면 너무 조용할 것이기 때문에 정상적 차에 연속적인 소리를 더하는 것은 하나의 도전이다.

당신은 어떤 소리를 원할 것인가? 한 집단의 맹인들은 바퀴의 덮개 안에 돌을 넣는 것을 제안했다. 나는 이것이 멋진 생각이라고 생각했다. 돌은 자연스러운 단서를 제공할 것인데, 의미도 풍부하고 해석하기도 쉽다. 차는 바퀴가 돌기 시작할 때까지는 조용할 것이다. 그다음 돌들이 저속에서는 자연스럽고 연속적인 긁는 소리를 낼 것이고, 고속에서는 떨어지는 돌들이 내는 후드득 하는 소리로 바뀔 것이다. 차가 충분히 빨리 달려서 돌들이 바퀴의 가장자리에 조용히 들러붙어 있을 때까지 돌이 떨어지는 빈도는 차의 속도에 따라 증가할 것이다. 이것은 좋다. 소리는 고속으로 움직이는 차에는 필요가 없는데, 그때에는 타이어 소음이 들리기 때문이다. 그러나 차가 움직이지 않을 때 소리의 부재는 문제가 될 것이다.

자동차 제조업체들의 마케팅 부서는 인위적 소리를 추가하는 것이 놀라운 브랜드 부여 기회가 될 것이고, 그래서 각 차 브랜드나 모델은 그 브랜드가 전달하고자 하는 차의 개성을 바로 포착한 그 자체의 고유한 소리를 내야 한다고 생각했다. 포르쉐는 전기 차 모형에 가솔린 동력의 차와 같은 '그르렁거리는 목쉰 소리'를 내기 위해 스피커를 추가했다. 닛산은 하이브리드 자동차가 지저귀는 새처럼 소리를 내면 어떨지에 대해 궁금해했다. 어떤 제조업체들은 모든 차가 표준화된 소리와 음량으로 똑같이 소리가 나서 모든 사람이 그 소리를 어떻게 해석해야 할지를 배우기 쉽게 만들어야 한다고 생각했다. 어떤 맹인은 차들은 차처럼, 즉 알다시피 가솔린 엔진처럼 소리 나야 한다고 생각했다. 이것은 새로운 기술이 오래된 것을 항상 복제해야 한다는 오랜 전통을 따르는 것이다.

스큐어모픽(Skeuomorphic)은 오래되고 친숙한 아이디어가 기능적 역할을 더는 하지 않을지라도 그것을 새 기술에 통합하는 것을 가리키는 전문어다. 스큐어모픽 디자인은 종종 전통주의자들에게 익숙한 것인데, 기술의 역사는 새 기술과 재료가 종종 낡은 것을 노예같이 모방한다는 것을 보여 준다. 단지 그것이 사람들이 할 줄 아는 것일 뿐, 다른 명백한 이유가 없는데도 말이다. 초기 자동차들은 말이 없이 말이 끄는 마

차처럼 생겼다(이것이 또한 차들이 말 없는 마차라고 불린 이유다). 초기의 플라스틱은 나무처럼 보이도록 디자인되었다. 컴퓨터 파일 시스템의 폴더는 종종 탭을 가진 종이 폴더와 똑같이 보인다. 새로운 것의 두려움을 극복하는 한 가지 방법은 그것이 오래된 것처럼 보이게 하는 것이다. 이런 관행은 디자인 순수주의자에 의해 매도되었지만, 이것은 오래된 것에서 새 것으로 쉽게 전환하는 이점이 있다. 이것은 안심을 주고 학습을 더 쉽게 한다. 기존의 개념 모형은 대체되기보다 수정되기만 하면 된다. 마침내 이전과는 아무 관계가 없는 새로운 형식이 출현하지만, 스큐어모픽 디자인이 아마도 이런 전환에 도움이 되었을 것이다.

새로운 침묵하는 차가 어떤 소리를 내야 하는지를 결정하는 문제가 나왔을 때, 차별을 원했던 사람들이 우세했지만, 어떤 표준이 있어야 한다는 데에는 동의했다. 그 소리가 자동차에서 나오고 있다는 것을 판정하고, 위치, 방향 및 속도를 식별할 수 있어야 한다. 차가 충분히 빨리 달린다면 어떤 소리도 필요하지 않을 것이다. 부분적으로는 타이어 소음으로 충분할 것이기 때문이다. 비록 자유재량이 많아야겠지만 이와 더불어 어떤 표준화가 필요할 것이다. 국제적인 표준위원회가 절차에 돌입했다. 여러 나라는 표준 협정에 통상적으로 걸리는 매우 느린 속도에 만족하지 못하고, 자신의 공동체로부터 압력을 받으며 법률을 입안하기 시작했다. 회사들은 심리음향학 전문가들, 심리학자들 그리고 할리우드의 소리 디자이너들을 고용해서 적절한 소리를 개발하느라고 종종걸음을 쳤다.

미국 국립고속도로교통안전처는 음량, 소리 분포(스펙트럼) 및 다른 기준을 포함한 요구사항의 자세한 목록과 더불어 일단의 원칙을 발표했다. 그 전체 문서는 248면에 달한다. 그 문서는 다음과 같이 주장한다.

> 이 표준은 눈멀거나 시각적으로 장애가 있거나 그 밖의 다른 보행자들이 인근의 하이브리드 및 전기 차를 탐지하고 알아차릴 수 있다는 것을 분명히 할 것이다. 이를 위해 하이브리드 및 전기 차는 보행자가 어떤 범위의 주변 환경에서 들을 수 있는 소리를 내고, 보행자가 차에서

나고 있는 것으로 알아차릴 수 있는 음향적인 신호 내용을 포함할 것을 요구한다. 제안된 표준은 하이브리드 및 전기 차가 시속 30km/h 이하로 작동할 때, 그 차의 시동 시스템이 작동되었지만 차가 정지해 있을 때, 그리고 차가 후진할 때에 최소한의 소리 요구 조건을 수립한다. 당국은 30km/h를 전환 속도로 선정했는데, 이것이 당국이 측정한 하이브리드 및 전기 차의 음량이 비슷한 내연 엔진 차에 의해 생성되는 음량에 근접하는 속도였기 때문이다(Department of Transportation, 2013).

내가 이 책을 쓰는 동안에도 소리 디자이너들은 여전히 실험하고 있다. 자동차 회사들, 입법가들 및 표준위원회들은 여전히 작업 중이다. 표준은 2014년이나 그 이후에도 나올 것 같지 않다. 그다음 세계 여기저기에 있는 수백만 대의 자동차에 보급되는 데에는 상당한 시간이 걸릴 것이다.

(하이브리드를 포함해) 전기 자동차들의 디자인된 소리를 위해 어떤 원칙이 사용되어야 할 것인가? 소리는 몇 가지 기준을 충족해야 한다.

- **경고:** 소리는 전기 차의 출현을 표시할 것이다.
- **전반적 제시:** 소리는 차가 어디에 위치해 있는지, 속도에 대한 대략적인 감 그리고 차가 청자를 향해 오는지 혹은 멀어지는지를 판단하는 것이 가능하게 할 것이다.
- **성가시지 않게 하기:** 이 소리는 교통량이 적을 때에도 자주 들리고, 정체가 있을 때에는 연속적으로 들릴 것이기 때문에 성가시지 않아야 한다. 사이렌 소리, 경적 소리 및 후진 신호 간의 대비에 주목하라. 이 모든 것은 공격적인 경고가 되도록 의도되었다. 그런 소리는 불쾌하도록 의도되었지만, 흔하지 않고 비교적 짧은 동안 쓰이기 때문에 수용될 수 있다. 전기 차 소리가 직면한 도전은 경고하고, 전반적인 것을 제시하면서도 성가시지 않게 하는 것이다.
- **표준화 대 개성화:** 표준화는 모든 전기 차 소리가 즉각 해석될 수 있게 하기 위해 필수다. 만일 그것들이 너무 많이 바뀐다면, 새로운 소리는 청자에게 혼동을 일

으킬 것이다. 개성화는 두 가지 기능을 가지고 있다. 안전과 마케팅이다. 안전 관점에서 보면, 도로에 많은 차가 있다면 개성화는 차들이 추적될 수 있도록 해 줄 것이다. 이것은 혼잡한 교차로에서 특히 중요하다. 마케팅 관점에서 보면, 개성화는 각 전기 차 브랜드가 자신의 고유한 특성을 가지며, 아마 소리의 질을 브랜드 이미지와 짝지우는 것을 보장할 것이다.

거리의 모퉁이에 가만히 서서 주변의 자동차에 조심스럽게 귀 기울여 보라. 조용한 자전거와 전기 차의 인공 소리를 들어 보라. 차는 그 기준을 맞추는가? 오랫동안 차가 더 조용하게 달리도록 애쓴 후에 어느 날 우리가 소리를 추가하기 위해 많은 시간의 노력과 수천만 달러를 쓸 것이라고 누가 생각했겠는가?

제5장

인간 오류? 아니, 나쁜 디자인

인간 오류? 아니, 나쁜 디자인

대부분의 산업재해는 인간 오류에 기인한다. 그 추정치는 75퍼센트에서 95퍼센트 범위다. 어떻게 그렇게 많은 사람이 그렇게 무능할까? 답을 말하자면, 그들은 무능하지 않다. 그것은 디자인 문제다.

인간 오류로 비난받는 재해의 수가 1퍼센트 내지 5퍼센트라면 사람들에게 잘못이 있다고 믿을지도 모른다. 그러나 그 퍼센트가 너무 높다면 분명히 다른 요인이 관련되어 있음에 틀림없다. 무엇인가가 이렇게 자주 일어날 때, 거기에는 다른 근본적인 요인이 분명히 있다.

다리가 무너질 때, 우리는 그 사고를 분석해서 붕괴 원인을 찾고 그런 사고가 결코 다시 일어나지 않도록 하기 위해 디자인 규칙을 새로 만든다. 전자 장비가 불가피한 전기 소음에 반응하기 때문에 오작동한다는 것을 발견할 때, 우리는 소음에 더 잘 견디도록 회로를 재설계한다. 그러나 사고가 사람에 의해 유발된 것으로 생각될 때, 우리는 사람들을 비난한 다음에는 항상 해 온 것과 똑같이 계속 일을 한다.

물리적 제한은 디자이너들이 잘 이해하고 있지만, 정신적 제한은 크게 오해되고 있다. 우리는 모든 실패를 같은 식으로 다루어야 한다. 근본 원인을 찾고 더는 그런 문제에 이르지 않도록 시스템을 재디자인하는 것이다. 우리는 사람들이 충분히 경계하고 수 시간 동안 주의하도록 요구하거나 장비들이 단지 이따금, 때때로 일생에 단 한 번 쓰일 뿐일지라도 구식의 혼란스러운 절차를 기억하게끔 요구하는 장비를 디자인한다. 우리는 사람들이 수 시간 내내 아무 할 일도 없는 지루한 환경에 빠지게 하고, 갑자기 빨리, 정확하게 반응해야 하게 한다. 혹은 사람들을 복잡하고, 고-작업 부하의 환경에 처하게 해서 몇 개의 과제를 동시에 해야 하는 동안에 계속 방해받도록 한다. 그다음 우리는 왜 실패했는지 의아해한다.

더 나쁜 것은 내가 이런 시스템에 대해 디자이너들과 행정가들에게 말할 때, 그들 또한 일하는 동안 졸기도 했다고 인정한다는 점이다. 어떤 사람은 운전하는 동안 잠깐 졸았다는 것을 인정하기도 한다. 그들은 집에서 엉뚱한 레인지 화구를 켜거나 껐으며, 다른 작지만 심각한 오류를 범했다는 것을 인정한다. 그러나 자신의 일꾼들이 이럴 때, 그들은 '인간 오류'로 그 사람들을 비난한다. 피고용자들이나 고객들이 비슷한 문제를 제기할 때, 그들은 지시를 제대로 따르지 않았거나 충분히 경계하고 주의를 주지 않았다고 비난받는다.

오류가 생기는 이유의 이해

오류는 여러 이유로 일어난다. 가장 흔한 이유는, 예컨대 한 번에 수 시간 동안 경계하거나, 정밀하고 정확한 제어 명세사항을 제시하게 하거나, 줄곧 다중 작업을, 즉 동시에 여러 일을 하게 하거나, 여러 간섭적인 활동에 처하게 하는 것과 같이 사람들이 비자연스러운 방식으로 행동하게 요구하는 과제와 절차의 성질에 있다. 간섭은 오류의 흔한 이유인데, 이것은 충분하고 전적인 주의를 가정하지만 방해받은 후에 조작을 쉽게 재개할 수 있도록 하지 않는 디자인과 절차에 의해서 도움을 받지는 못한다. 마지막으로 무엇보다 가장 나쁜 장본인은 아마 오류에 대한 사람들의 태도일 것이다.

오류가 재정 손실을 가져오거나 혹은 더 나쁘게도 부상자나 사망자를 낳게 될 때,

특별위원회가 소집되어 원인을 조사한다. 거의 예외 없이 책임져야 할 사람이 발견된다. 그다음 단계는 벌금이나 해고 또는 감옥행을 통해 그들을 비난하고 처벌하는 것이다. 때때로 더 약한 처벌이 선언된다. 책임 있는 측이 더 많은 훈련을 받도록 하는 것이다. 비난하고 처벌한다. 그리고 비난하고 훈련시킨다. 조사와 그 결과의 처벌은 그럴싸해 보인다. "우리는 범인을 잡았어." 그러나 그것이 문제를 해결해 주지 않는다. 같은 오류가 반복해서 일어날 것이다. 그 대신 오류가 일어날 때 우리는 그 이유를 판정해야 하며, 그다음 그 오류가 결코 다시 일어나지 않도록 혹은 일어나더라도 그것이 최소한의 영향을 미치도록 준수해야 할 절차나 제품을 재디자인해야 한다.

근본 원인 분석

근본 원인 분석(root cause analysis)은 단일한 근본 원인이 발견될 때까지 사고를 조사하라는 게임의 이름이다. 이것이 뜻하는 것은 사람이 정말로 오류가 있는 결정이나 행위를 했을 때, 우리는 무엇이 그들로 하여금 오류를 범하게 했는지를 판정해야 한다는 것이다. 이것이 근본 원인 분석이 관심을 갖는 부분이다. 너무나도 자주 그 분석은 어떤 사람이 부적절하게 행위했다는 것이 발견될 때 끝난다.

한 사고의 원인을 찾으려고 하는 것은 그럴듯해 보이지만 두 가지 이유로 문제가 있다. 첫째, 대부분의 사고에서 원인은 하나가 아니다. 보통 잘못된 일이 여러 개이고, 그중 어느 하나라도 일어나지 않았더라면 사고를 막았을 법한 여러 사건이 있다. 이것이 인간 오류에 대해 유명한 권위자인 영국인 제임스 리즌(James Reason)이 '사고의 스위스 치즈 모형'([그림 5-3] 참조, 거기에서 더 자세히 논의된다)이라 불렀던 것이다.

둘째, 왜 근본 원인 분석은 인간 오류가 발견되자마자 멈추는가? 어떤 기계가 작동하지 않으면, 우리는 부서진 부품을 발견할 때 분석을 멈추지 않는다. 대신에 다음과 같이 묻는다. "왜 그 부품이 부서졌지? 부품이 불량인가? 요구되는 명세가 너무 낮은가? 무엇인가가 부품에 과부하를 주었는가?" 우리는 계속 질문해서 실패의 이유를 이해할 때에야 비로소 만족한다. 그다음 우리는 그것들을 고치는 일에 착수한다. 우리는 인간 오류를 찾을 때 이와 같은 식으로 일을 해야 한다. 무엇이 오류에 이르게 했는지를 발견해야 한다. 근본 원인 분석이 행위의 연쇄에서 인간 오류를 발견할 때, 그 작업은 겨우 시작한 것이다. 이제 그 분석을 적용해서 왜 그 오류가 발생했는지 그리고 그것을 막기 위해 무엇을 해야 하는지를 이해해야 한다.

세계에서 가장 뛰어난 비행기 중 하나는 미공군의 F-22다. 그러나 그것도 여러 차례 사고에 개입되어 왔으며 조종사들은 산소 결핍(저산소증)을 겪었다고 불평해 왔다. 2010년 충돌이 일어나서 F-22가 파괴되고 조종사가 죽었다. 공군조사위원회는 그 사고를 조사하였고, 2년 뒤인 2012년에 사고를 조종사 오류 탓으로 돌린 보고서를 다음과 같이 발표하였다. "채널화되어 좁아진 주의, 시각 주사(scan)의 붕괴 및 불명확한 공간 주의로 인해 시의적절한 급강하 회복(dive recovery)*의 필요성을 알아차리고 실행하지 못했다."

2013년에 미 국방성 감찰국은 이런 평가에 이견을 보이면서 공군의 보고를 재검토했다. 내 의견으로는 이번에는 적절한 근본 원인이 분석되었다. 감찰관은 "왜 급작스러운 무력화나 비의식이 한 가지 원인으로 고려되지 않았는지"를 물었다. 예상했듯이 공군은 이런 비판에 동의하지 않았다. 그들은 철저히 검토했으며 그들의 결론은 "명백하고 신뢰할 만한 증거에 의해 지지되었다."고 주장했다. 그들의 유일한 잘못은 그 보고서를 '더 명확하게 쓸 수 있었다.'는 것이었다.

그 두 가지 보고를 이런 식으로 패러디해도 그다지 불공평하지는 않을 것이다.

공군: 그것은 조종사 오류였다. 조종사는 수정 조치를 취하지 못했다.
감찰관: 그것은 조종사가 아마 의식이 없었기 때문이었다.
공군: 당신이 동의하듯이 조종사는 그 문제를 고치지 못했다.

다섯 가지 이유

근본 원인 분석은 사고의 근접 원인이 아니라 근본 원인을 판정하기 위한 것이다. 일본인은 오랫동안 그들이 '다섯 가지 이유(five whys)'라고 부른 근본 원인을 찾는 절

---

* 비행기가 급강하에서 벗어나는 것.

차를 따라 왔다. 이것은 원래 사키치 토요다(Sakichi Toyoda)가 개발하여 도요타 자동차 회사에 의해 품질 향상을 위한 도요타 생산 시스템의 일부로 쓰였다. 오늘날 이것은 널리 적용된다. 기본적으로 이것은 이유를 찾을 때, 비록 한 가지 이유를 찾은 이후에도 멈추지 말라는 뜻이다. 왜 바로 그런 일이 있었는가를 물어라. 그다음 다시 왜를 물어라. 당신이 진정한 근본 원인을 파헤칠 때까지 계속 물어라. 그것은 정확하게 다섯 가지인가? 아니다. 그러나 그 절차를 '다섯 가지 이유'라고 부르는 것은 한 가지 이유가 발견된 이후에도 계속 나아갈 필요를 강조한다. 이것이 F-22의 충돌 분석에 어떻게 적용될지를 생각해 보라.

다섯 가지 이유

질문	답변
Q 1: 왜 비행기가 충돌했는가?	비행기가 통제되지 않은 급강하 상태에 있었기 때문이었다.
Q 2: 왜 조종사가 급강하로부터 회복하지 못했는가?	조종사가 시의적절한 회복을 개시하지 못하였기 때문이다.
Q 3: 왜 그랬는가?	아마도 비의식(혹은 산소 결핍) 상태에 있었기 때문일 것이다.
Q 4: 왜 그랬는가?	우리는 모른다. 알아낼 필요가 있다.
등등	

이 예에서 다섯 가지 이유는 부분적인 분석일 뿐이다. 예를 들어, 우리는 왜 그 비행기가 급강하에 있었는지를 알 필요가 있다(보고서에는 설명이 있지만, 이것은 너무 전문적이어서 여기에서 다룰 수 없다. 보고서 또한 급강하가 산소 결핍과 관련된다고 시사했다는 것

으로 충분하다.)

　다섯 가지 이유는 성공을 보장하지 않는다. '왜'라는 질문은 애매하고 다른 조사관들에 의해 열 가지 답변으로 이어질 수 있다. 거기에도 여전히 너무 일찍 멈추는 경향성이 있는데, 아마 조사관의 이해가 한계에 도달했을 때 그럴 것이다. 사고의 단일 원인을 찾을 필요성을 강조하는 경향도 있다. 반면에 대부분의 복잡한 사건은 복수의, 복잡한 원인 요인을 가지고 있다. 그럼에도 불구하고 이것은 강력한 기법이다.

　인간 오류가 발견되자마자 이유 찾기를 중단하는 경향은 널리 퍼져 있다. 전기설비 회사에서 고도로 훈련된 일꾼들이 자신이 손 보고 있는 고압 전선에 닿거나 너무 가까이 가서 감전된 사고를 여러 차례 검토한 적이 있다. 조사위원회들은 모두 작업자에게 잘못이 있다고 판정했으며, (살아남은) 작업자들조차도 이에 대해 논쟁하지 않았다. 그러나 위원회들이 사고의 복잡한 원인을 조사하고 있었을 때, 왜 그들은 인간 오류를 찾기만 하면 멈추었는가? 그들은 그 오류가 왜 일어났는지, 어떤 조건이 그렇게 만들었는지, 그리고 그다음 그런 조건이 왜 발생했는지를 알아내려고 왜 계속 노력하지 않았는가? 그 위원회들은 결코 더 깊은, 근본 사고 원인을 찾는 데 충분할 정도로 나아가지 않았다. 또한 그들은 그 사고들이 불가능하거나 발생 가능성이 훨씬 낮아지도록 하는 시스템이나 절차의 재디자인을 고려하지도 않았다. 사람들이 오류를 범할 때, 시스템을 바꾸어서 그런 오류가 감소되거나 제거되도록 해야 한다. 완전한 제거가 가능하지 않을 때, 재디자인해서 그 충격을 줄여야 한다.

　설비 회사에서 일어난 대부분의 사고를 막을 수 있는 절차의 간단한 변화를 제안하는 것은 어렵지 않았다. 그런데 위원회에서 이런 생각을 하는 일은 결코 일어나지 않았다. 문제는 현장 근무자 가운데는 '우리는 슈퍼맨이야. 우리는 어떤 문제든 해결할 수 있고, 가장 복잡한 고장도 고칠 수 있어. 우리는 잘못하지 않아.'라는 식의 태도가 있는데, 나의 권고사항을 따르는 것은 이런 문화를 바꾸는 것을 의미하리라는 것이다. 오류가 개인의 실패로 생각되고 절차나 장비의 나쁜 디자인의 징조로 생각되지 않는다면 인간 오류를 제거할 수 없다. 회사 이사진에 제출된 내 보고는 정중하게 접수되었다. 나는 감사하다는 말까지 들었다. 몇 년 뒤 내가 그 회사에 있는 친구와 연락이 되어 어떤 변화가 있었는지를 물어보았다. "달라진 건 없어. 그리고 여전히 사람들이 다치고 있어."라는 답이 돌아왔다.

한 가지 큰 문제는 오류를 어떤 사람 탓으로 돌리는 자연적인 경향성이 오류를 범하는 사람에게도 공유되어 그들은 종종 그것이 자신의 잘못이라고 동의한다는 것이다. 사람들은 사후에 변명의 여지가 없어 보이는 어떤 일을 할 때, 자신을 탓하는 경향이 있다. "내가 더 잘할 수 있었는데."라는 말은 잘못을 저지른 사람들이 하는 흔한 코멘트다. 그러나 누군가가 "그것은 내 잘못이었고, 나는 더 잘할 수 있었어요."라고 말할 때, 이것은 문제에 대한 정당한 분석이 아니다. 그것은 문제의 재발을 막는 데 도움이 되지 않는다. 다수 모두가 같은 문제를 가지고 있을 때, 다른 원인은 발견되어서는 안 되는가? 만일 그 시스템이 당신이 오류를 범하도록 했을 때, 그것은 잘못 디자인된 것이다. 만일 그 시스템이 당신이 오류를 범하도록 유도한다면, 그것은 정말로 잘못 디자인된 것이다. 내가 엉뚱한 레인지 화구를 켰을 때, 그것은 내 지식이 부족해서가 아니다. 그것은 조절기와 화구 간의 대응이 나쁘기 때문이다. 나에게 그 관계를 가르치는 것은 그 오류가 재발하는 것을 멈추게 하지 못할 것이다. 레인지를 재디자인하는 것이 재발을 멈추게 할 것이다.

사람들이 문제가 있다고 인정하지 않는다면 우리는 문제를 고칠 수 없다. 문제를 사람들 탓으로 돌릴 때, 이런 문제를 없애기 위해 디자인을 재구조화해야 한다고 조직을 확신시키는 것은 어렵다. 최종적으로 잘못이 사람에게 있으면 사람을 대체한다. 그러나 이런 경우는 거의 없다. 보통 시스템이나 절차, 사회적 압력이 문제를 일으키고, 그 문제들은 이런 모든 요인을 다루지 않으면 고쳐지지 않을 것이다.

왜 사람들은 오류를 저지르는가? 디자인이 시스템과 기계의 요구사항에 초점을 맞추고, 사람의 요구사항에 초점을 맞추지 않기 때문이다. 대부분의 기계는 정밀한 명령어와 지침을 요구하고, 사람에게 수치 정보를 완벽하게 입력하도록 강제한다. 그러나 사람들은 높은 정밀성에는 능숙하지 않다. 우리는 일련의 숫자나 문자를 타이프하거나 쓰도록 요구받을 때 자주 오류를 범한다. 이 점은 잘 알려져 있다. 그런데 왜 기계들은 여전히 그런 높은 정밀성을 요구하고, 엉뚱한 키를 누르면 충격적인 결과가 나오도록 디자인되고 있는가?

사람들은 창의적이고, 건설적이며, 탐색적인 존재다. 특히 우리는 새로운 것을 잘 다루고, 새로운 일 처리 방식을 만드는 데, 새로운 기회를 보는 데 능숙하다. 따분하고, 반복적이고, 정밀한 요구 조건은 사람의 이런 특징과 대립된다. 우리는 환경의 변화에 기민하고, 새로운 것을 잘 알아차리고, 그다음 그것들과 함축성을 생각한다. 이것들은 미덕이지만, 우리가 기계에 봉사하도록 강제될 때에는 이것들이 부정적인 특징들로 전환된다. 그다음 우리는 주의 과실로, 엄밀하게 처방된 루틴에서 벗어났다는 이유로 벌을 받는다.

오류의 한 주요 원인은 시간 스트레스다. 시간은 종종 결정적인데, 제조나 화학 처리 단지나 병원 같은 곳에서 특히 그렇다. 일상 과제조차 시간 압력이 있다. 좋지 않은 날씨나 교통 체증 같은 환경 요인이 더해지면, 시간 스트레스는 증가한다. 상업 기관에서는 처리를 늦추지 않게 하는 강한 압력이 있다. 그 이유는 그렇게 하면 많은 사람이 불편해지고, 이것은 상당한 금전 손실로 이어지며, 병원에서는 환자 간호의 질을 떨어뜨릴 것이기 때문이다. 외부 관찰자가 그렇게 하는 것이 위험하다고 말할 때조차 일을 밀고 나아가려는 압력이 상당하다. 많은 산업에서 조작원들이 실제로 모든 절차를 준수한다면, 일은 결코 완수되지 않을 것이다. 그래서 우리는 그 경계를 밖으로 민다. 자연스러운 정도보다 더 오랫동안 일한다. 우리는 동시에 너무 많은 과제를 하려 한다. 우리는 안전한 정도보다 더 빨리 달린다. 대부분의 경우에 우리는 문제없이 한다. 우리의 영웅적 노력에 대해 보상받거나 칭찬받기도 할 것이다. 그러나 일이 잘못되고 실패할 때, 이런 동일한 행동이 비난받고 처벌받는다.

고의적 위반

오류는 인간 실패의 유일한 형태는 아니다. 때때로 사람들은 알면서도 위험을 택한다. 결과가 긍정적일 때 그들은 종종 보상을 받는다. 결과가 부정적일 때 그들은 처벌받을 수도 있다. 그러나 알려진, 적절한 행동에 대한 교묘한 위반을 우리는 어떻게 분류하는가? 오류에 관한 문헌에서 그것들은 무시되는 경향이 있다. 사고 문헌에서 그것들은 중요한 성분이다.

고의적 일탈은 많은 사고에서 중요한 역할을 한다. 그것들은 사람들이 의도적으로 절차나 규정을 위반하는 사례로 정의된다. 왜 그런 일이 일어날까? 글쎄, 우리 중 대부분은 아마도 고의로 법, 규칙, 때로는 우리 자신이 내린 최상의 판단을 위반했으리라. 제한 속도보다 더 빨리 달린 적은 없는가? 눈길이나 빗길에서 너무 빨리 달린 적은? 그렇게 하는 것이 무모하다고 생각하면서도 어떤 위험스러운 행위에 동의한 적은 없는가?

많은 산업에서 규칙은 작업 요건의 이해보다는 법을 준수하려는 목표를 갖고 작성된다. 그 결과, 작업자들이 그 규칙을 따르면 그들은 자신의 일을 완수할 수 없게 될 수도 있다. 당신은 때때로 잠가야 할 문을 열어 둔 채로 두는가? 잠이 부족한 채로 운전하는가? 아픈 데도 (그리고 감염될 수도 있는데) 동료들과 함께 일하는가?

통상적인 위반은 불이행이 매우 흔해서 무시될 때 일어난다. 상황적 위반은 특정한 상황(예: '다른 어떤 차도 보이지 않고 내가 늦었기 때문에' 빨간 신호등에도 통과하는 것)이 있을 때 일어난다. 어떤 경우에는 일을 완수하는 유일한 길이 규칙이나 절차를 위반하는 것일 수도 있다.

위반의 주요한 원인은 위반을 불러일으킬 뿐만 아니라 격려하기도 하는 부적절한 규칙이나 절차다. 위반이 없다면, 일은 끝날 수 없을 것이다. 더 나쁜 것은 피고용인이 일을 끝내려고 규칙을 위반하는 것이 필요하다고 느끼고, 그 결과 성공할 때 그들은 아마 축하를 받거나 보상을 받을 것이라는 점이다. 물론 이것은 부지불식간에 규칙의 불이행에 보상을 준다. 위반을 격려하고 권하는 문화는 나쁜 역할 모형을 설정한다.

비록 위반은 일종의 오류이지만, 이것은 조직적이고 사회적인 오류이며, 중요하지만 일용품의 디자인의 범위 밖에 있다. 여기에서 조사되는 인간 오류는 비의도적인 것이다. 정의상 고의적 위반은 해를 끼칠 잠재성이 있는, 위험하다고 알려진 의도적 일탈이다.

두 종류의 오류: 실수와 착오

수년 전 영국의 심리학자인 제임스 리즌(James Reason)과 나는 인간 오류에 관한 분류를 개발했다. 우리는 인간 오류를 두 개의 주요한 범주, 실수와 착오([그림 5-1])로 나누었다. 이 분류는 이론과 실제 모두에서 가치 있는 것으로 입증되었다. 이것은 산업 및 항공 재해 및 의료적 오류와 같이 다양한 영역에서 오류의 연구에 사용된다. 이 논의는 다소 전문적이어서 세부사항은 최소한으로 했다. 이 주제는 디자인에 매우 중요하므로 계속 살펴보자.

정의: 오류, 실수 및 착오

인간 오류는 '적절한' 행동에서 벗어난 어떤 것으로 정의된다. '적절한'이란 단어는 따옴표 안에 있는데, 많은 상황에서 적절한 행동은 알려져 있지 않거나 사후에만 판정되기 때문이다. 그러나 여전히 오류는 일반적으로 받아들여지는 옳은 또는 적절한 행동으로부터의 일탈로 정의된다.

오류(error)는 모든 잘못된 행위를 가리키는 일반적인 용어다. 오류는 [그림 5-1]에 보는 바와 같이 **실수**(slip)와 **착오**(mistake)로 분류된다. 실수는 주요한 두 가지 종류로 더 세분되고 착오는 세 가지로 세분된다. 오류의 이런 범주는 모두 디자인에서 여러 가지를 함축한다. 이제 오류의 분류와 그것들의 디자인 함축을 더 자세히 살펴보자.

실 수

실수는 어떤 사람이 한 행위를 하려고 의도하지만 어떤 다른 것을 하는 것으로 끝날 때 생긴다. 실수에서 수행된 행위는 의도된 행위와 같지 않다.

실수의 두 가지 주요 분류는 **행위 기반**(action-based) 실수와 **기억 과실**(memory-lapse) 실수다. 행위 기반 실수에서 잘못된 행위가 수행된다. 과실에서는 기억이 실패하고, 그래서 의도된 행위가 수행되지 않고 그 결과는 평가되지 않는다. 행위 기반 실수와 기억 과실은 원인에 따라 더 세분될 수 있다.

[그림 5-1] **오류의 분류** 오류에는 두 가지 주요한 형태로 실수와 착오가 있다. 실수는 목표가 맞으나 요구되는 행위가 제대로 되지 않을 때 일어난다. 실행에 문제가 있는 것이다. 착오는 목적이나 계획이 잘못일 때 일어난다. 실수와 착오는 배후의 원인에 따라 더 세분될 수 있다. 기억 과실은 실수나 착오로 이어질 수 있는데, 기억 실패가 인지의 최상위 수준에서인지(착오) 더 낮은 (잠재의식적) 수준에서인지(실수)에 달려 있다. 비록 고의적인 절차 위반은 명백히 사고로 이어지는 부적절한 행동이지만, 이것은 오류로 간주되지 않는다(본문의 논의를 보라).

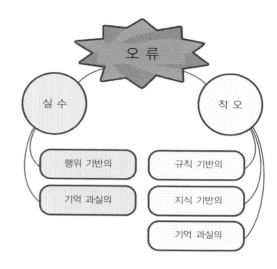

- **행위 기반 실수의 예:** 나는 커피에 우유를 약간 부었고, 그다음 커피 컵을 냉장고에 넣었다. 이것은 올바른 행위가 엉뚱한 물체에 적용된 것이다.
- **기억 과실 실수의 예:** 나는 저녁을 조리한 뒤에 레인지의 가스 화구를 끄는 것을 잊었다.

착 오

착오는 틀린 목표가 설정되거나 틀린 계획이 형성될 때 일어난다. 그런 관점에서 보면, 행위가 적절하게 수행되었을지라도 그것들은 오류의 일부분이다. 행위 그 자체가 부적절하고, 행위가 틀린 계획의 일부분이기 때문이다. 착오의 경우에 수행된 행위는 계획과 어울린다. 잘못된 것은 바로 계획이다.

착오에는 세 가지 주요 분류가 있다. **규칙 기반, 지식 기반, 기억 과실**이 그것이다. 규칙 기반 착오에서 사람은 상황을 적절하게 진단하였으나, 그다음 틀린 행동방침에 따라 결정했다. 잘못된 규칙이 준수되고 있다. 지식 기반 착오에서 문제가 잘못 진단되는 데에는 잘못되거나 불완전한 지식 때문이다. 기억 과실 착오는 목표, 계획 또는 평가 단계에서 망각이 있을 때 일어난다. '김리 글라이더(Gimli Glider)'라 불린 보잉 767기의 긴급 사태를 낳은 두 가지 착오는 다음과 같았다.

- **지식 기반 착오의 예:** 연료 무게가 킬로그램 대신 파운드로 계산되었다.
- **기억 과실 착오의 예:** 기계공이 주의 산만 때문에 완벽한 문제 해결에 실패했다.

오류와 행위의 일곱 단계

오류는 제2장의 행위 주기의 일곱 단계([그림 5-2] 참조)를 참조하면 이해할 수 있다. 착오는 목표나 계획을 세우고, 결과를 기대와 비교하는 고등 수준의 인지에서 생기는 오류다. 실수는 계획의 실행이나 결과의 지각 또는 해석에서, 즉 낮은 단계에서 생긴다. 기억 과실은 [그림 5-2]의 B에서 X로 표시된 것과 같이 단계 간의 여덟 개 전이 중 어느 곳에서나 생길 수 있다. 이들 전이 중 하나에서 기억 과실은 행위 주기가 진행되는 것을 막고, 원하는 행위는 완수되지 않는다.

실수는 도중에 호출된 잠재의식적인 행위의 결과다. 착오는 의식적인 심사숙고의 결과다. 인간이 창의적이고 통찰력 있다는 것은 일견 무관해 보이는 사건 간의 관계성을 보거나, 부분적인, 심지어는 잘못된 증거를 갖고 올바른 결론을 도출하는 데 있다. 그러나 바로 이러한 과정으로 인해 우리는 또한 오류를 저지른다. 적은 양의 정보에서 일반화할 수 있는 능력은 새로운 상황에서는 큰 도움이 된다. 그러나 때로 우리는 너무 빨리 일반화하여 새로운 상황과 옛것 간에는 사실상 중요한 차이가 있는 데도 새로운 상황을 옛것으로 분류한다. 이런 일은, 제거하기는 말할 것도 없고 발견하기도 어려운 착오를 낳는다.

[그림 5-2] 행위 주기의 어디에서 실수와 착오가 비롯되는가 그림 A는 행위 실수가 행위 주기의 아래 네 단계에서부터 오며, 착오는 위의 세 단계에서 온다는 것을 보여 준다. 기억 과실은 단계 간의 전환에 영향을 준다(그림 B에서 X로 표시되어 있다). 상위 수준의 기억 과실은 착오를 낳고, 하위 수준의 기억 과실은 실수를 낳는다.

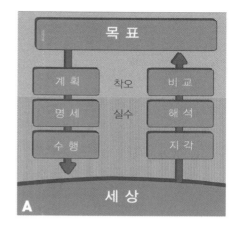

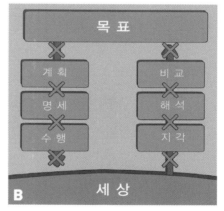

실수의 분류

동료가 차를 몰고 출근하던 때의 이야기를 해 주었다. 한참 갔을 때, 그는 서류가방을 잊은 것을 깨닫고 차를 돌려 집으로 돌아왔다. 차를 멈추고, 엔진을 끄고, 손목시계를 풀었다. 안전띠가 아니라 손목시계를 말이다.

이 이야기는 기억 과실 실수와 행위 실수 모두를 보여 준다. 서류가방을 잊은 것은 기억 과실 실수다. 손목시계를 푼 것은 행위 실수이며, 이 경우 묘사-유사성 및 포착 오류가 결합된 것이다(이 장의 뒤에서 서술할 것이다).

대부분의 일상적 오류는 실수다. 어떤 행동을 하려고 했는데 알고 보니 엉뚱한 짓을 하고 있거나 누군가가 당신에게 무엇을 분명하게 말했는데, 전혀 다른 것으로 '듣는다'. 이와 같은 실수에 대한 연구는 일상적 오류에 대한 심리학적 연구인데, 프로이트는 이것을 '일상생활의 정신병리학'이라고 불렀다. 프로이트는 실수가 숨겨진 나쁜 의도를 갖고 있다고 믿었으나, 대부분의 실수는 그보다 단순한 정신적 기제로 설명될 수 있다.

실수의 흥미로운 속성은 역설적이게도 초보자보다 숙련자에게서 더 자주 일어나는 경향이 있다는 것이다. 왜? 실수는 종종 과제에 대한 주의 결핍에서 일어나기 때문이다. 숙련된 사람들, 즉 전문가는 과제들을 잠재의식적으로 제어하며 자동적으로 수행하는 경향이 있다. 초보자들은 상당히 의식적인 주의를 기울이므로, 결과적으로 실수가 비교적 낮게 발생한다.

어떤 실수는 행위의 유사성 때문에 생긴다. 혹은 세상에서의 어떤 사건이 자동적으로 행위를 유발시키기도 한다. 때때로 우리의 생각과 행동이 의도하지 않았던 행동을 상기시키고 그래서 그 일이 수행될 수도 있다. 여러 다른 종류의 행위 실수가 있는데, 그것들을 일으키는 배후 기제에 따라 분류된다. 디자인에 가장 관련 깊은 세 가지는 다음과 같다.

- 포착 실수
- 묘사-유사성 실수
- 모드 실수

포착 실수

"나는 복사기를 사용하면서 페이지를 세고 있었다. 그러다가 내가 '1, 2, 3, 4, 5, 6, 7, 8, 9, 10, 잭, 퀸, 킹'이라고 세고 있는 것을 깨달았다.

나는 최근에 카드놀이를 했던 것이다."

　포착 실수는 바라는 활동 대신에 더 자주 혹은 최근에 수행된 활동이 수행되는 상황으로 정의된다. 그것이 활동을 포착한다. 포착 오류는 두 가지 활동에 관련된 행위 연쇄의 일부분이 동일하고, 한 연쇄가 다른 것보다 훨씬 더 친숙한 조건을 필요로 한다. 동일한 부분을 한 뒤에 더 자주 혹은 더 최근에 한 활동이 계속되고, 의도된 활동은 수행되지 않는다. 있다손 치더라도, 친숙하지 않은 연쇄가 친숙한 것을 포착하는 일은 거의 없다. 포착에 필요한 모든 것은 연쇄에서 동일한 부분이 두 개의 다른 활동으로 갈라지는 핵심 분기점에서 바라는 행위에 대한 주의가 결핍되는 것이다. 그러므로 포착 오류는 부분적인 기억 과실 오류다. 흥미롭게도 포착 오류는 초보자보다 경험 많은 숙련자에게 더 일반적이다. 숙련자는 요구되는 행위를 자동적으로 하고, 의도된 행위가 더 자주 하는 행위와 다를 때 의식적인 주의를 주지 않기도 하는 데에 일부분 이유가 있다.

　디자이너들은 시작 단계는 같지만 곧 분기되는 절차를 피할 필요가 있다. 작업자들이 숙련될수록 그들은 포착 오류의 먹잇감이 될 가능성이 더 높다. 가능할 때는 언제나, 행위 연쇄는 출발점부터 다르게 디자인되어야 한다.

묘사-유사성 실수

　　옛 제자가 조깅을 하고 집에 돌아와 땀에 젖은 셔츠를 벗어 공처럼 말아 세탁물 통에 던지려 하였는데, 대신 그것을 변기에 던졌다고 보고 하였다. (그것은 잘못 겨냥한 것은 아니었다. 세탁물 통과 변기는 다른 방에 있었다.)

　묘사-유사성 실수라고 알려진 것에서 오류는 표적과 유사한 항목에 작용되는 것이다. 이것은 표적의 묘사가 충분히 막연할 때 일어난다. 사람들이 돈의 내적 묘사가 충분한 변별 정보를 가지고 있지 않기 때문에 여러 돈의 이미지를 구별하는 데 어려움이 있었던, 제3장의 [그림 3-1]에서 많이 보았던 일이 우리에게, 특히 우리가 피로하거나 스트레스를 받거나 혹은 과부하되어 있을 때 일어난다. 이 절의 처음에 나온 예에서 세탁물 바구니와 화장실 변기는 모두 용기이고, 표적의 묘사가 '충분히 큰 용기'와 같이 충분히 애매하다면, 이 실수를 유발할 수 있을 것이다.

대부분의 물체는 정밀한 묘사를 필요로 하지 않고, 원하는 표적을 다른 것들과 구별하는 데 충분한 정밀성만을 필요로 한다는 제3장의 논의가 기억나는가. 이것이 뜻하는 바는 평소에는 충분한 묘사가 상황이 변해서 이제 여러 개의 비슷한 항목이 그 묘사와 들어맞을 때에는 실패할 수 있다는 것이다. 묘사-유사성 오류는 엉뚱한 물체에 맞는 행위를 수행하는 결과를 낳는다. 명백하게도 틀린 것과 옳은 물체가 더 많이 공통될수록 오류가 더 많이 일어나기 쉽다. 마찬가지로 동시에 더 많은 물체가 있을 때, 오류가 더 많이 일어날 수 있다.

디자이너들은 목적이 다른 조절기와 표시기(디스플레이)는 서로 크게 다르도록 분명히 할 필요가 있다. 똑같이 보이는 스위치나 디스플레이의 배열은 묘사-유사성 오류를 일으키기가 매우 쉽다. 비행기 조종실 디자인에서 여러 조절기는 모양으로 부호화되어 있어서 그것들은 서로 다르게 보이고 느껴진다. 연료 조절 레버는 (날개처럼 보이고 느껴질 수 있는) 보조 날개 레버와 다르고, 또 이것은 (바퀴처럼 보이고 느껴지는) 랜딩기어 조절기와 다르다.

기억 과실 실수

기억 실패에 기인한 오류는 흔하다. 다음 예들을 보자.

- 서류를 복사하다가 원본은 기계 안에 내버려 두고 사본만 들고 가는 일
- 아이 잃어버리기. 이 오류에는 많은 예가 있다. 아이를 자동차 여행 중 휴게소에 두고 떠나거나, 백화점 탈의실에 두거나, 산모가 한 살 된 아기를 잃어버리고 아기를 찾으러 경찰서에 달려가야 했던 일
- 뭔가를 쓰려고 꺼냈다가 어떤 다른 일을 하는 동안 놔둬서 펜을 잃어버리는 일.

펜은 수표책을 치우거나, 상품을 집거나, 판매원이나 친구들에게 말하거나 그 밖의 활동을 하는 중 망각된다. 혹은 그 반대로, 펜을 빌려 쓴 다음 그것이 다른 사람의 것인데도 펜을 당신의 주머니나 지갑에 넣는다(이것은 또한 포착 오류다).

- 금전 출납기에서 돈을 인출하기 위해 카드를 쓴 다음 카드를 두고 떠나는 것은 아주 흔한 오류라서 많은 기계는 이제 강제 기능을 가지고 있다. 돈을 찾기 전에 카드가 제거되어야 한다. 물론 돈을 가지지 않고 떠날 수도 있지만, 이것은 카드를 잊는 일보다 일어나기가 쉽지 않다. 돈은 기계를 사용하는 목적이기 때문이다.

기억 과실은 오류의 원인으로 흔한 것이다. 그것들은 여러 오류를 낳는다. 절차의 모든 단계를 수행하지 못하는 일, 단계를 반복하기, 행위의 결과를 잊기 또는 목표나 계획을 잊어서 행위가 중단되게끔 하는 일이다.

대부분의 기억 과실 실패의 즉각적 원인은 방해인데, 행위가 결정되는 시점과 그것이 완료되는 시점 간에 끼어드는 사건이다. 아주 종종 간섭은 우리가 사용하는 기계에서 온다. 조작의 시작과 종료 사이에 요구되는 많은 단계는 단기 혹은 작업 기억의 용량을 과부하시킬 수 있다.

기억 과실 오류와 싸우는 몇 가지 방법이 있다. 하나는 단계의 수를 최소화하는 것이며, 다른 것은 완료될 필요가 있는 단계에 대한 생생한 비망기(reminder)를 제공하는 것이다. 제4장에서 말한 강제 기능을 쓰는 것은 우수한 방법이다. 예를 들어, 현금 자동 입출금기는 종종 인출하는 돈을 주기 전에 은행 카드를 제거해야 한다. 이것은 은행 카드를 잊어버리는 것을 막아 주는데 사람들은 활동의 목표, 이 경우에는 돈을 거의 잊지 않는다는 사실을 최대한 활용한다. 펜의 경우에 해결책은 단순히 제거를 막는 것인데, 아마도 공용 펜을 계산대에 묶어 두면 될 것이다. 모든 기억 과실 오류가 단순한 해결책으로 해결되지 않는다. 많은 경우에 방해는 시스템 밖에서, 그래서 디자이너가 통제할 수 없는 데에서 온다.

모드 오류 실수

모드 오류는 어떤 기기에서 같은 조절기가 다른 의미를 갖는 여러 상태를 가질 때 일어난다. 우리는 이런 상태를 모드(modes)라 부른다. 모드 오류는 기기가 가지고 있는 스위치나 표시기보다 더 많은 행위가 가능한 것에서는 피할 수 없다. 즉, 조절기들이 여러 다른 모드에서 다른 일을 의미한다. 이것은 우리 기기에 점점 더 많은 기능을 더함에 따라 피할 수 없다.

당신의 홈엔터테인먼트 시스템에서 엉뚱한 기기를 끈 적이 있는가? 이런 일은 한 조절기가 여러 목적으로 사용될 때 일어난다. 집에서 이것은 단지 불만스러울 뿐이다. 산업 장면에서 시스템이 한 모드에 있다고 조작자가 믿고 있지만 실제로는 다른 모드에 있을 때 일어나는 혼동은 심각한 재해나 생명 손상을 낳는다.

한 조절기를 여러 목적에 사용되게 하여 돈과 공간을 절약하려는 유혹이 있다. 한 장치에 열 개의 다른 기능이 있다고 가정해 보자. 열 개의 별개의 손잡이 혹은 스위치를 사용하는 것은 상당한 공간이 필요하고, 추가 비용이 들고, 굉장히 복잡해 보인다. 그 대신 왜 두 개의 조절기를 써서 한 개는 기능을 선택하고, 다른 것은 기능을 원하는 조건으로 설정하도록 하지 않는가? 비록 그 결과로 나온 디자인은 꽤 단순하고 사용하기 쉬워 보이지만, 이런 외현적 단순성은 배후의 사용 복잡성을 가린다. 조작자는 항상 그 모드를, 어떤 기능이 작동 중인지를 완전히 의식해야 한다. 아, 모드 오류가 흔하다는 것은 이런 가정이 틀렸다는 것을 보여 준다. 그렇다. 만일 내가 어떤 모드를 선택한 다음 즉시 설정치를 조정한다면, 나는 그 상태에 관해 잘 혼동하지 않을 것이다. 그러나 내가 그 모드를 선택한 다음, 다른 사건들에 의해 방해를 받는다면? 혹은 그 모드가 상당 기간 유지된다면? 혹은 다음에서 논의되는 에어버스 사고의 경우처럼 선택된 두 모드가 제어나 기능에서 매우 유사하지만, 작동 특성이 달라서 그 결과로 모드 오류를 발견하기 어렵다면? 때때로 모드의 사용은 많은 조절기와 표시기를 제한된 작은 공간에 넣을 필요처럼 정당화될 수 있지만, 그 이유가 어떠하든 모드는 혼동과 오류의 흔한 원인이다.

알람시계는 종종 시간 설정과 알람이 울려야 할 시간의 설정에 같은 조절기와 표시기를 사용하고, 그래서 많은 이들이 그중 하나를 설정하려 했다가 다른 것을 설정한다. 마찬가지로 시간이 12시간 척도로 표시될 때, 알람을 A.M. 7시에 울리도록 설정했다가 나중에야 알람이 P.M. 7시에 설정된 것을 발견하기 쉽다. 오전과 오후의 시간을 구별하기 위해 'A.M.'과 'P.M.'의 사용은 혼동과 오류가 일어나는 흔한 출처이므로 세계의 대부분(주요한 예외는 북미, 호주, 인도 및 필리핀이다)에서 24시간 표시를 흔히 사용한다. 여러 개의 기능이 있는 시계는 비슷한 문제를 가지고 있는데, 이 경우 조절기나 표시기에 쓸 수 있는 공간이 작기 때문에 생긴다. 모드는 대부분의 컴퓨터 프로그램, 휴대전화 및 상업용 비행기의 자동 조절에 사용된다. 민간 비행에서 많은 심각한 사고가 모드 오류 탓으로 돌릴 수 있는데, 특히 자동 시스템을 쓰는 비행기에서 그렇다(이것은 아주 많은 수의 복잡한 모드를 가지고 있다). 자동차가 운전, 난방 및 공기 조절, 오락 및 내비게이션을 위한 계기판 조절기로 더 복잡해지면서 모드는 점점 더 흔해지고 있다.

에어버스 비행기의 사고는 이 문제를 보여 준다. (종종 자동 조종사라 불리는) 비행 제어 장치는 두 개의 모드, 수직 속도의 제어를 위한 것과 비행 경로의 하강 각도의 제어를 위한 것을 가지고 있다. 어떤 사례에서 조종사들이 착륙을 시도하면서 자신들이 하강 각도를 제어하고 있다고 생각했지만, 그들은 실수로 하강 속도를 제어하는 모드를 선택했다. 적절한 각도(-3.3°)를 나타내기 위해 시스템에 입력된 숫자(-3.3)는 수직 속도로 해석했을 때 너무 가파른 하강 속도였다(분당 -3,300 피트: -3.3°는 단지 분당 -800피트가 될 것이다). 이런 모드 혼동은 뒤따르는 치명적 사고의 원인이 되었다. 사고에 대한 자세한 조사 후에 에어버스는 계기의 표시부를 바꾸어서 수직 속도가 항상 네 개의 숫자로 표시되고 각도는 두 개의 숫자로 표시되도록 했는데, 이것은 혼동 확률을 낮추었다.

모드 오류는 정말로 디자인 오류다. 모드 오류는 장비에서 모드를 볼 수 없을 때 그래서 사용자가 어느 모드가, 때로는 수 시간 이전에, 설정되어 있는지를 기억하도록 기대될 때, 그동안 많은 사건이 끼어들 수 있을 때, 특히 일어나기 쉽다. 디자이너들은 모드 오류를 피하려고 해야 한다. 그것이 꼭 필요하다면 장비는 어느 모드가 적용되어 있는지를 명백하게 해야 한다. 다시 한번 강조하면, 디자이너는 항상 간섭적인 활동에 대해 보상 방안을 만들어야 한다.

착오의 분류

착오는 부적절한 목표와 계획을 선정했을 때 또는 평가하는 동안에 결과를 목표와 잘못 비교했을 때 일어난다. 착오에서 사람들은 나쁜 결정을 내리기도 하고, 상황을 잘못 분류하기도 하고, 관련된 요인들을 모두 고려하지 못하기도 한다. 많은 착오가 인간 사고의 엉뚱한 변덕 때문에 생기는데, 왜냐하면 사람들은 체계적인 분석에 의존하기보다는 기억된 경험에 의존하는 경향이 있기 때문이다. 우리는 우리의 기억에 있는 것에 근거해서 결정을 내린다. 그러나 제3장에서 논의했듯이 장기 기억에서의 인출은 실제로 정확한 기록이기보다는 재구성이다. 그 결과, 기억은 여러 편중을 갖게 된다. 여러 일 중에서도 기억은 공통적인 것을 지나치게 일반화하거나 불일치한 것을 지나치게 강조하는 쪽으로 편중되는 경향이 있다.

덴마크의 공학자인 옌스 라스무슨(Jens Rasmussen)은 세 가지 모드의 행동, 즉 기술 기반, 규칙 기반, 지식 기반을 구별했다. 이 세 수준의 분류 도식은 여러 산업 시스템의 디자인 같은 응용 영역에 널리 수용되는 실제적 도구를 제공한다. 기술 기반 행동이 일어나는 때는 작업자들이 자신의 일에 매우 전문적이어서 일상적·통상적 과제에 대해 의식적 주의나 사고를 거의 또는 전혀 주지 않고 할 수 있을 때다. 기술 기반 행동에서 가장 흔한 오류는 실수다.

규칙 기반 행동이 일어날 때는 보통의 정례적 일이 더 이상 적용되지 않지만 그 새로운 상황이 알려진 것이고 이에 대해 이미 잘 처방된 행동 방침이 있을 때다. 규칙은 이전 경험에서 학습된 행동일 수도 있지만, 강습 과정 및 매뉴얼에서 사전 처방된 형식적 절차를 포함하고 있다. 이것들은 보통 '만약-그러면(if-then)' 진술문, 예컨대 '**만약** 엔진이 시동 걸리지 않으면, **그러면** (적절한 행동을) 하라.'의 형태다. 규칙 기반 행동의 오류는 착오이거나 실수일 수 있다. 만일 틀린 규칙이 선택되면, 이것은 착오가 될 것이다. 만일 오류가 규칙을 실행하는 동안 일어난다면 그것은 실수에 더 가까울 것이다.

지식 기반 절차는 친숙하지 않은 사건이 일어날 때, 기존 기술이나 규칙의 어떤 것도 적용되지 않을 때 일어난다. 이 경우, 상당한 추리와 문제해결이 있어야 한다. 계획은 개발되고, 검증되고, 그다음 사용되고 수정될 것이다. 여기에서 개념 모형은 계획의 개발과 상황의 해석을 인도하는 데 필수다.

규칙 기반 및 지식 기반 상황 모두에서 가장 심각한 착오는 상황이 잘못 진단될 때 일어난다. 그 결과 부적절한 규칙이 실행되거나 지식 기반 문제의 경우에 노력이 엉뚱한 문제를 푸는 데 주어진다. 게다가 문제의 오진단은 현재 상태를 예상과 잘못 비교하는 것뿐만 아니라, 환경의 오해와 더불어 온다. 이런 종류의 착오는 탐지하거나 고치기가 매우 어려울 것이다.

규칙 기반 착오

새로운 절차가 요구되거나 단순한 문제가 생길 때, 우리는 숙련된 사람들의 행위를 규칙 기반적인 것으로 특징지을 수 있다. 어떤 규칙은 경험에서 나오며, 다른 것은 매뉴얼이나 규정집에 있는 형식 절차이며, 음식 준비를 위한 요리책과 같은 덜 형식적인 지침들이기도 한다. 어떤 경우이든 우리가 해야 하는 모든 것은 상황을 식별하고, 적절한 규칙을 선택한 다음 그것을 따르는 것이다.

운전할 때, 행동은 잘 학습된 규칙을 따른다. 불빛이 빨강인가? 그러면 차를 멈추어라. 왼쪽으로 돌고 싶은가? 회전하려는 의도를 신호하고 법적으로 허용된 가장 왼쪽 길로 이동하라. 교통 규칙과 관련된 표지나 신호등을 준수하면서 차 속도를 낮추고 교통량에 안전한 빈틈이 생길 때를 기다려라.*

규칙 기반 착오는 여러 방식으로 일어난다.

---

* 미국의 경우 비보호 좌회전 혹은 U턴이 표지가 없는 곳에서도 흔히 허용된다.

- 상황이 잘못 해석되고, 그래서 엉뚱한 목표나 계획을 불러일으키고, 부적절한 규칙을 따르도록 한다.
- 맞는 규칙이 요청되었으나 규칙 그 자체에 잘못이 있다. 규칙이 부적절하게 공식화되었거나 규칙을 결정하는 데 사용된 지식이 불완전하기 때문이다. 이 모든 것은 지식 기반 착오를 일으킨다.
- 맞는 규칙이 요청되었으나, 결과가 틀리게 평가된다. 평가의 이 오류는 보통 자체로는 규칙이나 지식 기반적인데, 행위 주기가 계속되면서 추가 문제를 일으킨다.

예 1: 2013년에 브라질 산타 마리아에 있는 키스 나이트클럽에서 밴드가 사용한 불꽃놀이가 화재를 일으켜 230명 이상의 사람이 죽었다. 이 비극은 몇 가지 착오를 보여 준다. 그 밴드는 천장의 음향 타일에 불을 낸 옥외 조명탄을 사용했을 때, 지식 기반 착오를 범했다. 밴드는 조명탄이 안전하다고 생각했다. 또한 많은 사람이 화장실로 뛰어들었는데, 그곳이 출구라고 잘못 생각했기 때문이다. 그들은 모두 죽었다. 초기 보고서는 안내원들이 불길을 알아차리지 못하고, 사람들이 빌딩을 떠나는 것을 처음에는 막았다고 주장했다. 왜? 나이트클럽 입장객들은 때때로 음료 값을 지불하지 않고 나가곤 하기 때문이었다. 착오는 긴급 사태를 고려하지 않은 규칙을 만든 데 있었다. 근본 원인 분석은 목표가 부적절한 퇴장을 막는 것이었지만 여전히 그 문이 긴급 사태에 사용되도록 한 것에 있다는 것을 드러내 줄 것이다. 한 가지 해결책은 사용하려 할 때 경보를 울려 사람들이 빠져나가는 것을 막지만, 필요할 때에는 출구로 쓰이도록 하는 문이다.

예 2: 적절한 요리 온도에 더 빨리 도달하기 위해 오븐의 온도계를 최대 온도로 돌리는 것은 오븐이 작동하는 방식에 대한 잘못된 개념 모형에 기반을 둔 착오다. 다른 데 정신을 팔다가 상당 기간 후에 돌아와서 오븐 온도를 점검하는 것을 잊는다면(기억 과실 실수), 부적절하게 높은 오븐 온도 설정으로 아마도 화재와 같은 사고가 일어날 수 있다.

예 3: 잠김 방지(anti-lock) 제동 장치에 익숙하지 않은 운전자가 비가 오는, 땅이 젖은 날에 도로에서 예기치 않은 물체를 만난다. 운전자는 브레이크를 힘껏 밟지만 차는 미끄러지면서, 잠김 방지 브레이크가 그렇게 설계되었듯이 브레이크를 신속하게 잡았다 풀었다 한다. 운전자는 진동을 느끼고는 이것이 오작동을 나타낸다고 믿고 브레이크 페달 판에서 발을 뗀다. 사실 그 진동은 잠김 방지 브레이크가 제대로 작동하고 있다는 신호다. 운전자의 잘못된 평가는 틀린 행동으로 이어진다.

규칙 기반 착오는 피하기도 어렵고 탐지하기도 어렵다. 상황이 한번 분류되면, 적절한 규칙의 선택은 종종 간단하다. 그러나 상황이 잘못 분류된다면? 이것은 발견하기 어려운데, 보통 상황이 잘못 분류되고 규칙이 선택된다는 것을 지지하는 증거가 상당히 많기 때문이다. 복잡한 상황에서 문제는 너무 많은 정보다. 그 결정을 지지하고 또한 그것에 모순되는 정보 말이다. 결정을 내려야 하는 시간 압력에 직면해서 어떤 증거를 고려하고 어떤 것을 기각해야 할지를 아는 것은 어렵다. 사람들은 보통 현재 상황을 취하고 그것을 이전에 일어난 어떤 것과 대응시키면서 결정한다. 비록 인간 기억은 과거의 예들을 현재 상황에 대응시키는 데 꽤 능숙하지만, 그렇다고 그 대응이 정확하거나 적절하다는 것을 뜻하지는 않는다. 대응은 최신성, 규칙성 및 독특성에 의해 편중된다. 최근의 사건들은 덜 최근의 사건보다 훨씬 더 잘 기억된다. 잦은 사건은 그것들의 규칙성을 통해 기억되며, 독특한 사건은 그 독특성 때문에 기억된다. 그러나 현재 사건이 이전에 경험되었던 모든 것과 다르다고 가정해 보자. 사람들은 여전히 어떤 지침으로 사용하기 위해 기억 속에 어떤 대응을 찾으려고 한다. 우리가 흔한 일과 독특한 일을 잘 다루게 만드는 동일한 힘이 새로운 사건에는 심각한 오류를 낳도록 한다.

디자이너는 무엇을 해야 하나? 현재 사태가 일관성 있고 쉽게 해석될 수 있는 형식으로, 이상적으로 보면 그래픽으로, 틀림없이 표시되도록 안내를 가능한 한 많이 제공하라. 이것은 어려운 문제다. 모든 주요 의사결정자들은 실제 세계 사건의 복잡성에 대해 염려하는데, 여기에서 문제는 종종 너무 많은 정보이며, 그것의 상당 부분은 모순적이라는 것이다. 종종 결정은 빨리 내려야 한다. 때때로 어떤 사고가 있었는지 혹은 어떤 결정이 실제로 내려지고 있는지조차 분명하지 않다.

이 문제를 이처럼 생각해 보라. 당신 집에는 부서지거나 제대로 작동하지 않는 물건이 여러 개 있다. 선이 끊어진 전구 또는 (우리 집에서) 잠시 동안은 켜지나 그다음 불이 나가는 독서등이 있을 것이다. 우리는 이리저리 다니며 형광등을 만지작거려야 한다. 당신이 알고 있으나 수리는 지체되는, 물이 새는 수도꼭지나 다른 사소한 결함이 있을 것이다. 이제 주요한 처리 제어 생산 플랜트(정유회사, 화학 플랜트 또는 원자력 발전소)를 생각해 보자. 이것들에는 수천의, 아마 수만의 밸브와 측정기, 표시기 및 조절기 등이 있다. 가장 우수한 플랜트조차 항상 불량 부품이 있다. 유지 보수반은 항상 보살펴야 할 품목의 목록을 가지고 있다. 비록 사소하더라도 문제가 생길 때 작동하는 모든 알람에 대해, 그리고 모든 일상적 고장에 대해, 어느 것이 주요한 문제를 알리는 심각한 표시일 수 있다는 것을 어떻게 아는가? 모든 일 하나하나에 보통 하나의 단순하고 합리적인 설명이 있으므로, 그것이 긴급한 항목이 되지 않게 하는 것이 사려 깊은 판단이다. 사실 유지 보수반은 그것을 목록에 추가할 뿐이다. 대부분의 경우에 이것은 옳은 결정이다. 이 판단이 잘못되는, 천에 한 번(혹은 백만에 한 번)으로 인해 그들은 비난받을 것이다. 그들은 어떻게 그렇게 명백한 신호를 놓쳤을까?

후견지명(hindsight)은 항상 예견보다 우수하다. 사고 조사위원회가 문제의 원인이 되는 사건들을 검토할 때, 그들은 실제로 일어난 일을 알고 있어서 관련된 정보와 관련되지 않은 정보를 뽑아내는 것이 쉽다. 이것은 회고적 의사결정이다. 그러나 사고가 일어나고 있었을 때, 당사자들은 아마 많은 관련 정보가 아니라 너무 많은 무관한 정보로 압도되었을 것이다. 그들은 어떤 것에 주의를 주고 어떤 것을 무시할지를 어떻게 알 수 있었을까? 대부분의 경우 숙련된 조작자들은 일을 제대로 한다. 그들이 실패하는 순간 회고적 분석은 그들이 명백한 것을 놓쳤다고 비난하기 쉽다. 글쎄, 사건이 진행되는 동안에는 어떤 것도 명백하지 않을 것이다. 나는 이 주제를 이 장의 뒤에서 다시 다룰 것이다.

운전하는 동안, 재정 문제를 처리하는 동안 그리고 일과를 해 나가는 동안, 당신은 이런 문제에 직면할 것이다. 당신이 읽은 흔치 않은 사고의 대부분은 당신과 관련 있지 않으며, 당신은 안심하고 그것들을 무시할 수 있다. 어떤 일이 주의를 받아야 하는가, 어떤 것이 무시되어야 하는가? 산업에서는 항상 이런 문제가 있으며, 정부도 마찬가지다. 정보 단체는 데이터로 넘쳐난다. 그들은 어느 경우가 심각한지를 어떻게 결정하는가? 대중은 그들의 착오에 대해 듣지만, 그들이 훨씬 더 자주 제대로 한 경우 혹은 그들이 의미 있지 않다고 자료를 무시했고 그렇게 하는 것이 옳았던 경우에 대해서는 듣지 않는다.

모든 결정이 의심받아야 한다면 어떤 것도 결코 수행될 수 없을 것이다. 그러나 결정이 의심받지 않는다면, 드물지만 종종 중대한 대가를 치르는 심각한 착오가 있을 것이다.

디자인의 난제는 시스템(장치, 자동차, 플랜트 또는 주시되고 있는 활동)의 상태에 관한 정보를 이해하고 해석하기 쉬운 방식으로 제시하는 것이며, 또한 대안 설명과 해석을 제공하는 것이다. 결정을 의심하는 것은 유용하지만, 모든 행위 또는 하지 못한 행위에 면밀한 주의가 필요하다면 결정을 의심하는 것은 불가능하다.

이것은 명백한 해결책이 없는 어려운 문제다.

지식 기반 착오

지식 기반 행동은 상황이 충분히 새롭지만 그것을 다룰 기술이나 규칙이 없을 때 일어난다. 이 경우에 새로운 절차가 고안되어야 한다. 기술과 규칙은 인간 정보처리의 행동 수준에서 제어된다. 그래서 잠재의식적이고 자동적인 반면에 지식 기반 행동은 숙고적 수준에서 제어되고 그래서 느리고 의식적이다.

지식 기반 행동의 경우, 사람들은 의식적으로 문제를 해결한다. 그들은 알려지지 않은 상황에 놓여 있으며 직접 적용할 수 있는 기술이나 규칙을 활용할 수 없다. 지식 기반 행동이 필요할 때는 한 사람이 알려지지 않은 상황에 부딪힐 때, 어떤 새로운 장비를 사용하도록 요구받을 때, 아니면 친숙한 과제를 할 때에도 일이 잘못되어 새롭고 해석되지 않는 상태에 빠졌을 때다.

지식 기반 상황에 대한 가장 좋은 해결책은 상황에 대한 훌륭한 이해에서 발견되어야 하는데, 대부분의 경우 이 이해는 적절한 개념 모형으로 전환된다. 복잡한 경우에 도움이 필요하며, 이 경우에 좋은 협력적 문제해결 기술과 도구가 필요하다. 때때로 좋은 절차 매뉴얼(서류이든 전자문서이든)이 그 일을 할 것인데, 특히 따라야 할 적절한 절차를 수행하기 위해 핵심적 관찰을 해야 할 때다. 더 강력한 접근은 능숙한 탐색과 적절한 추리 기법을 사용하는 지능적 컴퓨터 시스템(인공지능 의사결정 및 문제해결)을 개발하는 것이다. 여기에서의 어려움은 사람과 자동화의 상호작용을 정립하는 데 있다. 인간 팀과 자동화된 시스템은 공동으로 협력하는 시스템으로 생각해야 한다. 그 대신 그것들은 종종 기계가 할 수 있는 과제를 기계에 할당하고 인간에게는 그 나머지를 남겨 주는 식으로 구성된다. 이것이 흔히 뜻하는 바는 기계는 인간이 하기 쉬운 부분은 해내지만 문제가 복잡해져서 사람들이 지원을 받아야 할 바로 그때, 기계가 보통 실패한다는 것이다. (이 문제는 『미래 세상의 디자인(The Design of Future Things)』에서 깊이 다루었다.)

기억 과실 착오

기억 과실은 기억 실패로 목표나 행위 계획을 잊을 때 착오를 일으킬 수 있다. 과실의 흔한 원인은 방해로써, 이것은 환경의 현 상태에 대한 평가를 잊게 한다. 이것은 착오를 일으키지 실수를 일으키지 않는데, 목표와 계획이 잘못되기 때문이다. 이전 평가를 망각하는 것은 종종 결정을 다시, 그것도 때로는 틀리게 하는 것을 의미한다.

기억 과실 착오에 대한 디자인 치료는 기억 과실 실수에 대한 것과 같다. 모든 유관 정보를 지속적으로 활용할 수 있게 하는 것이다. 목표, 계획 및 시스템에 대한 현재의 평가는 특히 중요하며 계속 활용 가능해야 한다. 너무 많은 디자인이 한번 만들어지거나 적용되기만 하면, 이런 항목에 대한 모든 신호를 제거한다. 디자이너는 사람들이 활동하는 동안 방해받을 것이며, 그들은 기기 조작을 다시 할 때 도움이 필요할지 모른다고 다시 한번 가정해야 한다.

사회적 · 제도적 압력

많은 사고에서 등장하는 것처럼 보이는 미묘한 쟁점은 사회적 압력이다. 비록 처음에는 그것이 디자인과 관계 있는 것처럼 보이지 않지만 그것은 일상 행동에 강한 영향을 준다. 산업 장면에서 사회적 압력은 오해, 착오 및 사고로 이어질 수 있다. 인간 오류를 이해하기 위해 사회적 압력을 이해하는 것이 필수적이다.

지식 기반 문제에 직면할 때 복잡한 문제해결이 요구된다. 어떤 경우에, 무엇이 잘못되었는지, 최선의 반응은 무엇인지를 이해하는 데 여러 팀이 수일에 걸쳐 애써야 한다. 이런 일은 문제 진단에 착오가 일어난 상황에서 특히 사실이다. 한번 진단이 잘못 내려지면, 그때부터 얻는 모든 정보는 잘못된 관점에서 해석된다. 적절한 재고찰은 팀이 교체되는 동안에 일어날 수 있을 것이다. 그때 새로운 사람이 새로운 관점으로 상황에 들어오고, 그 사건들에 대해 다른 해석을 형성할 수 있게 된다. 때때로 팀원 중 한 사람 혹은 그 이상에게 몇 시간 쉬라고 요구하는 것만으로도 이 같은 참신한 분석에 이르게 할 수 있다(비록 긴급 상황을 처리하고 있는 사람에게 몇 시간 동안 쉬도록 설득하는 것이 어렵다는 것은 이해할 만하지만).

상업적 설비에서 시스템을 계속 운영하려는 압력은 엄청나다. 비싼 시스템이 멈춘다면 상당한 돈이 손실될 수 있다. 조작원들은 이런 일을 하지 않도록 종종 압력을 받는다. 그 결과는 때때로 비극적이었다. 원자력 발전소는 안전한 기간보다 더 오래 운영되어 왔다. 비행기는 모든 것이 준비되기 전에 그리고 조종사가 승인을 받기 전에 이륙해 왔다. 그런 사고의 하나는 항공 역사에서 가장 큰 사고로 이어졌다. 비록 그 사고는 오래전인 1977년에 일어났지만, 그때 배운 교훈은 오늘날까지 여전히 매우 적절하다.

카나리아 제도의 테너리페(Tenerife)에서 KLM사의 보잉 747기가 이륙 중에 같은 활주로에서 이동하고 있던 팬아메리카의 747기와 충돌하여 583명이 죽었다. 그때 KLM기는 아직 이륙이 허가되지 않았으나 날씨가 나빠지기 시작했고, 승무원은 이미 너무 오랫동안 대기하고 있었다(카나리아 제도에 기착하는 것 자체가 정상 항로를 이탈한 것이었다. 안 좋은 날씨 때문에 예정된 목적지로 갈 수 없었다). 그리고 팬아메리카기도 활주로에 있어서는 안 되었으나, 조종사들과 항공 관제사들 사이에 상당한 오해가 있었다. 더욱이 안개가 매우 짙어져 비행기 승무원들은 서로 상대편을 볼 수 없었다.

테네리페 참사에서 시간 압력과 경제적 압력이 문화적 및 날씨 조건과 함께 작용했다. 팬아메리카 조종사들은 활주로 위로 이동하라는 관제사의 지시에 의문을 가졌으나 하여튼 이동을 계속했다. KLM기의 부조종사는 조종사에게 아직 이륙할 만큼 활주로가 정리되지 않았다고 약간의 이의를 제기했다(그러나 부조종사는 KLM에서 가장 존경받는 조종사 중 한 사람인 기장에 비해 아주 하급자였다). 요컨대, 사회적 압력과 불일치한 관찰을 논리적으로 설명해 버리는 것이 복잡하게 얽힌 결과로 커다란 비극이 일어났다.

당신도 비슷한 압력을 경험하다가, 차에 기름을 넣거나 충전하는 것을 연기하다가, 때로는 정말로 불편한 곳에서(이런 일이 나에게 있었다) 너무 늦은 시각에 차가 멈춘 적이 있을 것이다. 학교 시험에서 훔쳐보거나 혹은 다른 사람이 훔쳐보는 것을 도와주는 사회적 압력은 무엇인가? 혹은 다른 사람의 훔쳐보기를 보고하지 않는 사회적 압력은? 행동에 대한 사회적 압력은 양식 있는 사람들로 하여금 잘못되거나 위험하다고 알고 있는 일을 하게 만든다. 그 힘을 과소평가하지 마라.

내가 수중 잠수(스쿠버 다이빙)를 훈련받고 있었을 때, 강사는 이 점을 매우 염려해서 안전을 위해서 잠수를 일찍 멈추는 사람이면 누구든지 보상을 하겠노라고 말했다. 사람은 보통 물에 뜨므로 수면 밑으로 들어가기 위해서는 추가 필요하다. 물이 차가울 때 문제는 더 심해지는데 그때 잠수부들은 체온을 유지해 주는 잠수복을 입어야 하는데, 이 옷은 부력을 더해 주기 때문이다. 부력을 조절하는 것은 잠수의 중요한 부분이며, 추와 더불어 잠수부는 공기 조끼를 입는데 그 안에 그들은 계속 공기를 넣거나 빼서 몸이 중립적 부력에 가깝게 되도록 한다. (잠수부들이 깊이 들어갈수록 증가되는 물의 압력은 보호 잠수복과 폐에 있는 공기를 누르므로, 그들은 점점 더 무거워진다. 잠수부들은 이를 막기 위해 조끼에 공기를 더할 필요가 있다.)

잠수부들이 어려움에 빠져서 수면으로 빨리 올라와야 할 때 혹은 그들이 해안 가까이의 수면에 있지만 파도에 의해 이리저리 던져질 때, 어떤 사람은 익사한다. 여전히 무거운 추를 차고 있었기 때문이다. 추는 비싸기 때문에 잠수부들은 그것들을 풀어 버리는 것을 원치 않았다. 게다가 만일 잠수부들이 추를 풀고서 안전하게 귀환했다면, 그들은 추를 해제할 필요가 있었다는 것을 결코 증명할 수 없을 것이다. 그래서 그들은 스스로 유발한 사회적 압력을 만들어 내면서 당황하게 될 것이다. 우리 강사는 추를 해제하는 결정적 조치를 취하는 것이 꼭 필요하다는 것이 확실하지 않을 때, 결과적으로 사람들이 그렇게 하는 것을 싫어한다는 것을 잘 알고 있었다. 이런 경향에 대응하기 위해 그는 누군가가 안전을 이유로 추를 떨어뜨린다면 그 잠수부를 공개적으로 칭찬하고 그 사람에게 아무 비용도 물리지 않고 추를 교체해 줄 것이라고 선언했다. 이것은 사회적 압력을 극복하려는 매우 설득력 있는 시도였다.

사회적 압력은 점진적으로 드러난다. 그것들은 보통 문서화하기 어려운데, 대부분의 사람과 조직은 이런 요인을 인정하기 싫어하기 때문이다. 그래서 사고 조사 과정에서 이런 것이 발견되더라도, 그 결과는 종종 공개 조사에서 숨겨진다. 주요한 예외는 운수 사고 조사다. 전 세계에 있는 검토위원회는 열린 조사를 하는 경향이 있다. 미국의 국립운수안전위원회(US National Transportation Safety Board: NTSB)는 이에 관한 뛰어난 예이며, 그 보고서는 많은 사고 조사관과 (나를 포함해서) 인간 오류 연구자들에 의해 널리 사용된다.

사회적 압력의 다른 좋은 예는 또 다른 비행기 사고에서 볼 수 있다. 1982년 워싱턴의 국립공항에서 플로리다 항공기가 이륙을 하다가 포토맥 강의 14번가 다리와 충돌하여 다리에 있던 네 사람을 포함해서 78명이 죽었다. 이 비행기는 날개에 얼음이 끼어 있었기 때문에 이륙해서는 안 되었으나, 이미 한 시간 반이나 지체한 상태였다. 이런저런 요인이 "승무원으로 하여금 서두르게 만들었는지도 모른다."고 NTSB가 보고하였다. 일등 항해사가 당시 비행기를 조종하던 기장에게 경고하려고 시도했음에도 그 사고가 발생했다. (기장과 때로는 부조종사로 불리는 일등 항해사는 번갈아가며 비행기 항로의 서로 다른 구간에서 조종한다.) NTSB 보고서는 비행기 조종실 녹음기의 녹취록에서 "일등 항해사가 뭔가 '이상하다.'고 생각하고 이륙하는 동안 기장에게 네 차례나 우려를 표명했으나, 기장은 이륙을 취소하는 아무런 조처를 취하지 않았다."고 인용한다. NTSB는 그 원인을 이렇게 요약했다.

> 국립운수안전위원회는 이 사고에서 가능한 원인은 비행기 승무원들이 지상 운전 및 이륙하는 동안 엔진의 결빙 방지를 쓰지 않았으며, 비행기 날개 표면에 눈/얼음이 낀 채로 이륙 결정을 내리고, 엔진 계기판 눈금의 이상에 대해 기장의 주의가 요청된 초기 단계에서 기장이 이륙을 취소하지 못한 데 있다고 판정한다(NTSB, 1982).

여기에서 다시 시간 및 경제적 영향력과 결합된 사회적 압력을 발견할 수 있다.

사회적 압력은 극복될 수 있지만, 그것은 강력하고 설득력이 있다. 우리는 졸릴 때 혹은 음주 후, 그 위험을 아주 잘 알면서도 자신은 예외라고 믿도록 스스로 설득하며 운전한다. 이런 종류의 사회적 문제를 어떻게 극복할 수 있는가? 좋은 디자인만으로는 충분하지 않다. 우리는 다른 훈련이 필요하다. 우리는 안전에 보상을 주고 그것을 경제적 압력보다 위에 둘 필요가 있다. 만일 장비가 잠재적 위험을 가시적으로 그리고 명백하게 한다면 도움이 되지만, 이것이 언제나 가능한 것은 아니다. 사회적 · 경제적 · 문화적 압력을 제대로 다루고, 회사 정책을 개선하는 것은 안전한 조작과 행동을 보증하는 데에 가장 어려운 부분이다.

점검 목록

점검 목록(checklist)은 강력한 도구이고, 행동의 정확성을 증가시키고, 오류, 특히 실수와 기억 과실을 줄이는 것으로 입증되어 있다. 점검 목록은 여러 복잡한 요구 조건이 있는 상황에서 특히 중요하고, 방해가 있을 때에 한층 더 중요하다. 한 과제에 여러 사람이 개입하고 있을 때, 책임의 구분이 분명히 언급되는 것이 필수다. 두 사람이 함께 한 팀으로 점검하는 것이 항상 더 좋다. 즉, 한 사람은 지시를 읽고, 다른 사람은 그것을 수행한다. 대신에 만일 단 한 사람이 점검 목록을 수행하고 그다음 나중에 두 번째 사람이 그 항목들을 점검한다면, 그 결과는 충분히 믿을 만하지 않다. 점검 목록을 따라가는 사람은 어떤 오류가 있다면 어쨌든 포착될 것이라고 믿는 기분에서 그 단계들을 너무 빨리 처리할 것이다. 그러나 같은 편중이 (두 번째) 점검자에게 영향을 미친다. 첫 번째 사람의 능력을 신뢰해서 점검자는 종종 덜 철저하게 빨리 일을 한다.

집단에 대한 한 가지 역설은 한 과제를 점검하는 데 더 많은 사람을 추가하면 그 일이 제대로 되기가 매우 힘들다는 것이다. 왜? 글쎄, 당신이 한 줄로 배치된 50개의 계측기와 표시기에서 눈금을 바로 점검할 책임이 있지만, 당신 이전에 두 사람이 그것들을 점검했으며 당신 다음에 한두 사람이 당신의 작업을 점검할 것이라는 것을 안다면 당신은 긴장을 풀고 특별히 조심할 필요는 없다고 생각할 것이다. 결국 그렇게 많은 사람이 들여다본다면, 어떤 문제가 탐지되지 않고 계속 존재한다는 것은 불가능할 것이다. 그러나 만일 모든 사람이 이와 같은 식으로 생각한다면, 더 많은 점검을 하는 것은 실제로 오류 확률을 높일 수 있다. 협동해서 준수되는 점검 목록은 이런 자연스러운 인간 경향성에 대응하는 효율적인 방식이다.

민간 비행에서 협동적으로 준수되는 점검 목록은 안전을 위한 필수 도구로 널리 수용되고 있다. 그 점검 목록은 두 사람에 의해 보통 두 명의 비행기 조종사(기장과 부조종사)에 의해 수행된다. 비행에서 점검 목록은 가치를 입증했으며, 이제 모든 미국 민간 비행에서 요구된다. 그러나 그 유용성을 확증하는 강력한 증거에도 불구하고, 많은 산업은 여전히 점검 목록에 맹렬히 저항한다. 그것은 사람들이 자신의 능력이 의심받고 있다고 느끼게 한다. 더욱이 두 사람이 개입될 때, 하급자(비행에서 부조종사)는 상급자의 행위를 지켜보도록 요구받는다. 이것은 여러 문화에서 권위의 경계를 강력하게 위반하는 일이다.

의사들과 다른 의료 전문가들은 점검 목록을 사용하는 데 강력하게 저항해 왔다. 이것은 자신의 전문 능력에 대한 모욕으로 보인다. "다른 사람들은 점검 목록이 필요할지 모르지만, 나는 아니야."라고 그들은 불평한다. 너무 잘못되었다. 오류를 저지르는 것은 인간적이다. 우리는 모두 스트레스를 받을 때 혹은 시간이나 사회적 압력을 받을 때 또는 각각이 그 자체로 필수적인 여러 가지 방해를 받은 뒤에 실수와 착오의 피해자가 될 수 있다. 전문 능력에 대한 위협이 인간적이라는 것이 아니다. 특정한 점검 목록에 대한 정당한 비판은 점검 목록 개념에 반대하는 폐해의 증거로 사용된다. 다행히도 점검 목록은 의료 상황에서 천천히 수용되기 시작하고 있다. 상급 인력이 점검 목록의 사용을 주장할 때, 그것은 실제로 그들의 권위와 전문적 지위를 향상시킨다. 점검 목록이 민간 비행에서 수용되는 데 수십 년이 걸렸다. 의료 및 다른 전문 분야는 더 빨리 변할 것이라고 희망을 갖자.

효과적인 점검 목록을 디자인하는 것은 어렵다. 디자인은 순환적이고 항상 개선될 필요가 있다. 그 방법은 이상적으로 보면 제6장에서 말하는 인간 중심 디자인 원칙을 사용해서 그것이 필수 항목을 포괄하지만 수행하는 데 짐이 되지 않을 때까지 계속 그 목록을 조정해 나가는 것이다. 점검 목록에 반대하는 많은 사람은 실제로는 나쁘게 디자인된 목록에 반대하고 있다. 복잡한 과제를 위한 점검 목록을 디자인하는 것은 해당 분야의 전문가와 함께하는 전문 디자이너에 의해 가장 잘 이뤄진다.

인쇄된 점검 목록은 하나의 중요한 결함이 있다. 그것들은 단계들이 연속된 순서를 따르도록 강제하는데, 이것이 필요하지 않거나 가능하지 않을 때조차 그렇다. 복잡한 과제의 경우에 많은 조작이 수행되는 순서는 그것들이 모두 완수되는 한 중요하지 않을 수 있다. 때때로 목록의 앞에 있는 항목은 점검 목록에서 확인하게 될 그 시점에 수행되지 않을 수 있다. 예를 들어, 비행에서 한 단계는 비행기에 있는 연료의 양을 점검하는 것이다. 그러나 이 점검 목록 항목이 확인될 때 연료 주입 조작이 아직 완료되지 않았다면 어떻게 할 것인가? 조종사들은 그것을 건너뛰고, 비행기에 연료가 재주입된 후에 그 단계로 되돌아오려 할 것이다. 이것은 많은 기억 과실 오류가 발생할 명백한 기회가 된다.

일반적으로 과제 그 자체가 요구하지 않는 한 과제 수행에 순서적 구조를 부과하는 것은 나쁜 디자인이다. 이것은 전자적 점검 목록의 주요한 이점 중 하나다. 그것들은 건너뛴 항목을 추적할 수 있고, 모든 항목이 완료될 때까지 그 목록이 완수된 것으로 표시되지 않는다는 것을 분명히 할 수 있다.

오류의 보고

만일 오류가 포착될 수 있다면, 그것들이 일으킬 만한 문제 중 많은 것이 종종 회피될 수 있다. 그러나 모든 오류를 탐지하기란 쉽지 않다. 더욱이 사회적 압력은 종종 사람들이 자신의 오류를 인정하는 것(혹은 다른 사람들의 오류를 보고하는 것)을 어렵게 한다. 만일 사람들이 자신의 오류를 보고한다면, 그들은 벌금이나 처벌을 받을 수 있을 것이다. 더욱이 친구들은 그들을 조롱할 수도 있다. 만일 한 사람이 누군가가 오류를 범했다고 보고하면, 이것은 심각한 개인적 파급 효과를 불러일으킬 수 있다. 마지막으로, 대부분의 기관은 그 직원들이 저지른 오류를 드러내기를 원하지 않는다. 병원, 법원, 경찰 시스템, 설비 회사 모두는 그 직원들이 오류를 범할 수 있다는 것을 공개 인정하기를 싫어한다. 이것은 모두 불행한 태도다.

오류의 발생을 줄이는 유일한 방법은 그들의 존재를 인정하고, 그것들에 관한 정보를 모으고, 그 발생을 줄이기 위해 적절한 변화를 만드는 것이다. 자료가 없을 때, 개선하는 것은 어렵거나 불가능하다. 오류를 인정하는 사람들을 낙인찍는 것보다 우리는 그들에게 감사하고 보고를 격려해야 한다. 오류 보고를 더 쉽게 할 필요가 있다. 왜냐하면 목표는 처벌하는 것이 아니라 오류가 어떻게 일어났는지를 판정하고 그것이 다시 일어나지 않도록 일을 바꾸는 것이기 때문이다.

사례 연구: 지도카-도요타는 오류를 어떻게 다루는가

도요타 자동차 회사는 제조 과정에서 극히 효율적인 오류 감소 과정을 개발했다.

이는 도요타 생산 시스템이라고 널리 알려져 있다. 그것의 여러 핵심 원칙 중 하나는 '**지도카**(jidoka)'라는 철학인데, 이것은 도요타가 "'인간 손길을 통한 자동화'로 대략 번역된다."고 한 것이다. 만일 한 작업자가 무엇인가가 잘못되었다는 것을 알아차린다면, 그 작업자는 그것을 보고하도록 되어 있고 때때로 불량 부품이 그다음 단계로 넘어가려 한다면 전 조립 라인을 정지시키도록 되어 있다. [안돈(andon)이라 불리는 특별 코드는 조립 라인을 정지시키고 전문가 팀에게 알린다.] 전문가들은 문제 영역에 모여 원인을 판정한다. "왜 그것이 일어났지?" "왜 그렇지?" "왜 그것이 이유가 되지?" 그 철학은 문제의 근본 원인에 도달하는 데 필요한 만큼 여러 번 "왜?"라고 묻고 그것이 다시는 일어나지 않도록 고치는 것이다.

당신이 상상하듯이 이것은 오류를 발견한 사람에게 다소 불편할 수 있다. 그러나 보고하도록 요구된다. 사람들이 오류를 보고하지 못했다는 것이 발견되면, 오로지 작업자가 정직해지도록 하기 위해 그들은 처벌받는다.

포카요케: 오류 정정

포카요케(poka-yoke)는 또 다른 일본식 방법인데, 이것은 도요타 생산 시스템 개발에 주요한 역할을 했던 일본 공학자 중 한 사람인 시게오 신고(Shigeo Shingo)에 의해 고안되었다. **포카요케**는 '오류 입증하기' 또는 '오류 회피'로 번역된다. 포카요케 기법 중 하나는 지그(jig)라는 간단한 고정물(fixture), 즉 조작이 올바르게 되도록 제한하는 장치를 더하는 것이다. 나는 집에서 이 일을 스스로 연습한다. 사소한 예 하나는 내가 사는 아파트에 있는 많은 문에 열쇠를 어떤 방향으로 돌릴지를 기억하는 데 도움을 주는 장치다. 나는 한 더미의 작고 동그란 초록색의 스티커 점을 가지고 돌아다니다가 문마다 열쇠 구멍 옆에 그것을 붙였는데, 초록 점은 열쇠가 회전할 필요가 있는 방향을 나타낸다. 나는 문에 기표를 더한 것이다. 이것*이 주요한 오류인가? 아니다. 그러나 그 오류를 제거하는 것은 편리한 것으로 입증되었다. (이웃들은 누가 거기에

---

* 열쇠를 잘못 돌리는 것.

그것들을 붙였는지 궁금해하면서 효용성에 대해 언급했다.)

제조 시설에서 포카요케는 부품을 제대로 정렬하는 데 도움이 되는 나무 조각이 될 수도 있고 혹은 판이 한 방향으로만 들어맞도록 비대칭적인 나사 구멍으로 디자인된 판일 수도 있다. 긴급 혹은 핵심 스위치를 덮개로 덮어 우연한 작동을 막는 것은 또 다른 포카요케 기법이다. 이것은 명백히 강제 기능이다. 모든 포카요케 기법은 이 책에서 논의된 원칙의 조합과 관련된다. 행위 지원성, 기표, 대응 및 제약, 그중 가장 중요한 것은 아마도 강제 기능일 것이다.

나사의 항공 안전 보고 시스템

미국의 민간 비행은 조종사들에게 오류 보고를 제출하도록 격려하는 데 매우 효과적인 시스템을 오랫동안 가지고 있었다. 그 프로그램은 비행 안전에 수많은 개선을 낳았다. 이 시스템을 확립하는 것은 쉽지 않았다. 조종사들은 오류 인정에 반대하는 스스로 유도한 심각한 사회적 압력을 가지고 있었다. 게다가 누구에게 오류를 보고할 것인가? 분명히 고용주는 아니다. 연방항공국(Federal Aviation Authority: FAA)도 아닌데, 왜냐하면 그러면 그들은 아마 처벌받을 것이기 때문이다. 해결책은 국립항공우주국(National Aeronautics and Space Administration: NASA)이 자발적인 사고 보고 시스템을 설치하게 하는 것이었고, 조종사들은 그들이 했거나 다른 사람에게서 관찰한 오류에 대한 준익명적인 보고서를 여기에 제출할 수 있었다(준익명적인 이유는 조종사들이 이름과 연락 정보를 보고서에 넣기 때문인데 이것은 NASA가 추가 정보를 요구하기 위해 연락할 수 있도록 하기 위한 것이었다). NASA 직원이 필요한 정보를 획득하고 나면 보고서에서 연락처 정보를 분리해서 그것을 조종사에게 다시 보낼 것이다. 이것이 뜻하는 바는 NASA는 누가 그 오류를 보고했는지를 더 이상 모른다는 것이며, 이것은 항공회사나 (오류에 대해 처벌을 강요하는) FAA가 누가 그 보고서를 제출했는지를 알아내는 것이 불가능하게 만들었다. 만일 FAA가 독립적으로 그 오류를 알아채고 벌금이나 면허 정지를 부과하려 했다면, 자기보고의 접수는 자동적으로 조종사에게 (사소한 위반에 대해) 처벌을 면제했다.

충분한 수의 비슷한 오류가 수집될 때, NASA는 그것들을 분석해서 보고서를 내고 항공사와 FAA에 권고하곤 한다. 이런 보고서들은 조종사들이 자신의 오류 보고가 안전을 높이는 데 가치 있는 도구였다는 것을 깨닫도록 도와주었다. 점검 목록의 경우처럼 의료 분야에서도 비슷한 시스템이 필요하지만, 설치하는 것이 아직 쉽지는 않다. NASA는 중립 기관이며, 항공 안전을 높이는 데 책임을 지지만, 어떤 감독 권한이 없으며, 이것은 조종사들의 신뢰를 얻는 데 도움이 되었다. 의료 분야에는 비견할 만한 기관이 없다. 의사들은 자기가 보고한 오류가 면허를 잃거나 법률 소송의 대상이 되게 할지 모른다고 두려워한다. 그러나 우리는 오류가 무엇인지를 알지 못한다면 오류를 제거할 수 없다. 의료 분야는 진보하기 시작하고 있지만, 그것은 어려운 기술적·정치적·법적·사회적 문제다.

오류의 탐지

오류는 빨리 발견된다면 반드시 해를 끼치는 것은 아니다. 오류의 여러 범주는 발견하기 쉬운 정도에서 서로 다르다. 일반적으로 행위 실수가 비교적 발견하기 쉽고, 착오는 훨씬 더 어렵다. 행위 실수가 탐지하기가 비교적 쉬운 이유는 의도된 행동과 수행된 행위 간의 차이를 알아차리기가 보통 더 쉽기 때문이다. 그러나 이런 탐지는 피드백이 있을 때만 일어날 수 있다. 행위의 결과가 보이지 않는다면, 오류가 어떻게 탐지될 수 있을까?

기억 과실 실수는 볼 수 있는 것이 없다는 바로 그 이유로 탐지하기 어렵다. 기억 실수에서 요구되는 행위는 수행되지 않는다. 어떤 행위도 이뤄지지 않으면 탐지할 것이 없다. 기억 과실 실수를 탐지할 희망이 있을 때는 행위의 부재가 어떤 원치 않는 사건이 일어나도록 할 때뿐이다.

착오를 탐지하기 어려운 이유는 부적절한 목표를 신호해 줄 수 있는 것이 거의 없기 때문이다. 잘못된 목표나 계획이 결정되기만 하면, 그 결과로 인한 행위는 잘못된 목표와 일관적이어서 행위를 조심스럽게 주시해도 틀린 목표를 탐지하지 못할 뿐만 아니라 행위는 제대로 되기 때문에 결정에 대한 확신을 부적절하게 추가 제공할 수 있다.

상황에 대한 틀린 진단은 놀랍게도 탐지하기 어려울 수 있다. 진단이 잘못되면, 행위가 비효과적인 것으로 드러나서 그 잘못은 빨리 발견될 것이라고 당신은 기대할지 모른다. 그러나 오진단은 무작위적이지 않다. 보통 그것들은 상당한 지식과 논리에 기반을 둔다. 오진단은 보통 합리적일 뿐 아니라 관찰된 증상을 제거하는 데 관련된다. 그 결과, 최초의 행위는 적절하고 도움이 되는 것처럼 보이기 쉽다. 이것은 발견의 문제를 한층 더 어렵게 만든다. 실제 오류는 수 시간 혹은 수일 동안 발견되지 않을 수도 있다.

기억 과실 착오는 특히 탐지하기 어렵다. 기억 과실 실수의 경우처럼 해야 할 무엇인가의 부재는 하지 않아야 할 무엇인가의 출현보다 탐지하기가 항상 더 어렵다. 기억 과실 실수와 착오 간의 구별은 전자는 계획의 한 성분을 건너뛴 것인 반면에 후자는 전체 계획이 망각되었다는 데 있다. 어느 것이 발견하기가 더 쉬운가? 이 점에서 나는 과학이 이런 질문에 답하기 좋아하는 표준적인 답으로 돌아가야 한다. "경우에 따라 다르다."

착오를 설명해 버리기

착오는 발견되는 데 시간이 오래 걸릴 수 있다. 권총 소리 같은 소음을 듣고 '차 배기가스의 폭발음인 것이 틀림없어.'라고 생각한다. 누군가가 밖에서 소리치는 것을 듣고 '왜 이웃들은 조용하지 않을까?'라고 생각한다. 이런 사건들을 묵살하는 것이 옳을까? 대부분의 경우 우리는 옳겠지만, 우리가 옳지 않을 때 우리의 설명은 정당화하기 어려울 수 있다.

오류를 설명해 버리는* 것은 상업적 사고에서 흔한 문제다. 대부분의 중대한 사고에는 장비의 오작동이나 이상한 사건과 같은 경고 신호가 선행한다. 종종 겉으로 무

---

* 그럴듯한 틀린 설명을 만들어 내어 진정한 문제를 발견하지 못하는 일.

관해 보이는 일련의 고장이나 오류가 겹쳐서 주요 재해에서 정점을 이룬다. 왜 누구도 알아차리지 못했는가? 종종 관계자들은 각각의 문제를 주목했으나 그것을 무시했고, 다른 경우라면 정상적이지 않은 관찰에 대해 논리적 설명을 찾아낸다.

고속도로에서 방향을 잘못 전환한 경우

대개의 운전자가 경험해 보았으리라고 확신하는데, 나도 고속도로 표지를 잘못 해석한 적이 있다. 가족과 샌디에이고에서 400마일 북쪽에 있는 스키장인 캘리포니아, 매머드 레이크스로 여행하고 있었다. 운전을 하면서 네바다 라스베이거스에 있는 호텔과 오락장을 선전하는 광고판이 점점 더 많이 보였다. 우리는 "이상하군, 라스베이거스의 광고는 멀리 떨어진 곳에도 있긴 하지만(샌디에이고에도 광고판이 있다), 매머드로 가는 길에도 광고를 하다니 지나쳐 보이는군." 기름을 넣기 위해 멈춘 다음 여행을 계속했다. 저녁 먹을 곳을 찾으려 했을 때에야 우리가 기름을 넣기 위해 멈추기 전인 거의 두 시간 전에 길을 잘못 들었으며, 우리는 실제로 매머드가 아니라 라스베이거스로 가는 길에 있었다는 것을 깨달았다. 우리는 온전히 2시간 거리를 되돌아가야 했고, 4시간을 허비해야 했다. 지금은 재미있는 일이지만, 그때는 그렇지 않았다.

외현적인 이상을 설명할 수 있으면 그때부터 사람들은 그것을 묵살해도 좋다고 믿는 경향이 있다. 그러나 설명은 과거 경험과의 유추에 기반을 두는데, 그 경험은 현재 상황에 적용되지 않을 수 있다. 앞의 운전 이야기에서 라스베이거스 광고판이 도처에 있다는 것은 주의해야 한다는 신호였으나, 그 사실은 쉽게 설명되는 일처럼 보였다. 우리 경험은 전형적인 것이다. 어떤 주요한 산업 사고는 이례적인 사건에 대한 잘못된 설명에서 생겼다. 그러나 주목하라. 보통 이런 외현적 이례는 무시되어야 한다. 대부분의 경우, 이런 것의 출현에 대한 설명은 맞다. 진정한 이례와 외현적인 이례를 구별하는 것은 어렵다.

후견지명에서 사건들은 논리적으로 보인다

어떤 일이 일어나기 전과 후에 우리의 이해는 극적으로 다를 수 있다. 심리학자 바루흐 피쉬호프(Baruch Fischhoff)는 후견지명(hindsight)으로 주어진 설명을 연구했는데, 이것은 사후에는 아주 명백하고 예측할 수 있어 보이나 사전에는 전혀 예측할 수 없는 현상이다.

피쉬호프는 사람들에게 여러 상황을 제시하고 무슨 일이 일어날 것인지를 예측하도록 했다. 그들의 예언은 단지 우연 수준에서만 들어맞았다. 실제 결과가 그 사람들에게 알려지지 않았을 때, 실제 결과를 맞춘 사람은 거의 없었다. 다음에 그는 다른 집단에게 같은 상황을 실제 결과와 함께 제시하고, 각각의 결과가 얼마나 잘 일어날 법한 것인지를 진술하도록 요청했다. 실제 결과가 알려졌을 때에는 그것이 가장 그럴법하게 보였고, 다른 사건들은 일어날 법하지 않는 것으로 보였다.

후견지명은 사건들이 명백하고 예측 가능한 것처럼 보이게 한다. 예견은 어렵다. 사고가 진행되는 동안 결코 분명한 단서는 없다. 많은 일이 동시에 일어난다. 작업부하가 높고, 감정과 스트레스 수준은 높다. 일어나고 있는 많은 일이 무관한 것으로 드러날 것이다. 그러나 무관해 보이는 일이 결정적인 것으로 드러날 것이다. 사고 조사관들은 후견지명을 가지고 일하면, 즉 어떤 일이 실제로 일어났는지를 알고 있으면 관련 있는 정보에만 초점을 두고 무관한 것들을 무시할 것이다. 그러나 사건이 일어나고 있었던 그 순간에 조작원들은 유관한 것과 무관한 것을 구별할 수 있는 정보를 가지고 있지 않았다.

이것이 가장 좋은 사고 분석은 긴 시간이 걸리는 이유다. 조사관들은 자신이 사고에 개입된 사람들의 입장에 있는 것으로 상상하고, 모든 정보, 모든 훈련 그리고 유사한 과거 사건의 내력이 조작원들에게 가르쳐 줬을 법한 것을 고려해야 한다. 그래서 다음번 주요한 사고가 발생한다면, 실질적 정보를 전혀 가지고 있지 않으면서 어쨌든 말하도록 압박을 받는 저널리스트나 정치인 및 경영진의 최초 보고를 무시하라. 공식 보고서가 신뢰할 만한 출처에서 나올 때까지 기다려라. 불행히도 이것은 사고 후 수개월 혹은 수년이 될 수 있는데, 대중은 보통 틀린 답일지라도 즉각 답을 원한다. 게다가 전체 이야기가 드러날 때, 신문은 그것을 더 이상 뉴스로 다루지 않을 것이며, 보도하지 않을 것이다. 당신은 공식 보고서를 검색해야 할 것이다. 미국에서 국립운수안전위원회(NTSB)는 신뢰할 만하다. NTSB는 모든 주요한 비행기, 자동차와 트럭, 기차, 선박 및 파이프라인 사고에 대해 신중한 조사를 수행한다. (파이프라인? 그렇다. 파이프라인은 석탄, 가스 및 석유를 운송한다.)

오류를 대비한 디자인

모든 것이 잘되고 있는 상황에 대해 디자인하는 것은 비교적 쉽고, 이 경우 사람들은 기기를 의도된 대로 사용하고, 예견되지 않는 사건들은 일어나지 않는다. 힘든 일은 일이 잘되지 않을 때를 위해 디자인하는 것이다.

두 사람 간의 대화를 생각해 보자. 오류가 있는가? 그렇다. 그러나 그것들은 오류로 취급되지 않는다. 한 사람이 이해할 수 없는 무엇을 말하면, 우리는 분명히 하기 위해 묻는다. 한 사람이 우리가 틀렸다고 믿는 무엇을 말하면, 우리는 의심하고 논쟁한다. 우리는 경고 신호를 내지 않는다. 우리는 삐 소리를 내지 않는다. 우리는 오류 메시지를 내지 않는다. 우리는 더 많은 정보를 요청하고 이해하기 위해 상호 대화에 참여한다. 두 친구 간의 정상적 대화에서 잘못 말하는 것도 정상적인 것으로, 실제로 의미한 것의 근삿값으로 받아들인다. 문법적인 오류, 자기 교정 그리고 다시 말한 구절은 무시된다. 사실 그것들은 보통 탐지되지도 않는데, 우리가 피상적 특징이 아니라 의도된 의미에 집중하기 때문이다.

기계들은 우리 행위의 의미를 결정할 정도로 충분히 지능적이지 않지만, 그렇다 하더라도 그것들은 가능한 정도보다 훨씬 덜 지능적이다. 제품들의 경우 우리가 부적절한 무엇인가를 할 때 그 행위가 적절한 명령 형식에 들어맞기라도 하면, 그것이 매우 위험할지라도 그 제품은 그 일을 한다. 이것은 비극적 사고를 낳는데, 특히 건강관리에서 그렇다. 여기에서는 부적절한 약물자동주입기(infusion pumps)나 X선 기계가 과다한 약물이나 방사능이 환자에게 처치될 수 있게 해서 사망에 이르게 할 수 있다. 금융 기관에서는 단순한 자판 오류가 정상 한계를 훨씬 상회하는 엄청난 재정 거래로 이어진다. 타당성에 대한 간단한 점검만 있었더라도 이 모든 오류가 중단되었을 것이다. (이것은 이 장 끝에서 '타당성 점검'이란 제목 아래 논의된다.)

많은 시스템이 쉽게 오류를 범하도록 하지만, 오류를 발견하거나 복구하는 것은 어렵게 또는 불가능하게 하여 문제를 악화시킨다. 하나의 간단한 오류가 광범한 손실을 낳는 것은 가능하지 않아야 하며, 그렇게 하기 위해 해야 할 것이 다음에 있다.

- 오류의 원인을 이해하고, 그 원인을 최소화하도록 디자인하라.
- 타당성을 점검하라. 행위가 '명령어 의미' 검사를 통과하는가?
- 행위를 되돌리는 것, 즉 행위를 '취소'하는 것이 가능하게 하라. 아니면 되돌릴 수 없는 것을 하기가 더 힘들게 하라.
- 일어나는 오류를 사람들이 더 쉽게 발견하도록, 그리고 오류를 더 쉽게 고칠 수 있도록 하라.
- 행위를 오류로 취급하지 마라. 그보다 사람이 행위를 제대로 완수하도록 도와주려 하라. 행위를 바라는 일에 대한 근삿값으로 생각하라.

이 장이 보여 주듯 우리는 오류에 대해 많은 것을 알고 있다. 그래서 초보자들은 실수보다 착오를 저지르기 더 쉬운 반면, 전문가들은 실수를 저지르기 더 쉽다. 착오는 종종 시스템의 현재 상태에 대한 애매하거나 불명확한 정보, 좋은 개념 모형의 부재 그리고 부적절한 절차에서 생긴다. 대부분의 착오는 목표나 계획에 대한 잘못된 선택이나 평가, 해석에 기인한다는 것을 상기하라. 이 모든 것은 목표의 선택과 계획을 달성하는 수단에 대해서 시스템이 제공하는 불량한 정보 그리고 실제 발생한 것에 대한 불량한 피드백 때문에 생긴다.

오류의, 특히 기억 과실 오류에서 주요 출처는 방해다. 한 활동이 어떤 다른 사건에 의해 방해될 때, 방해의 대가는 방해를 처리하는 데 요구되는 시간의 손실보다 훨씬 더 크다. 또한 방해된 활동을 재개하는 비용도 있다. 다시 시작하려면, 목표가 무엇이 었는지, 내가 행위 주기의 어디에 있었는지, 시스템의 관련 상태와 같이 이전 활동 상태를 정확하게 기억할 필요가 있다. 대부분의 시스템에서 방해 후에 재개하는 것은 어렵다. 대부분의 시스템은 핵심 정보를 버리는데, 이것들은 시스템의 현재 상태는 말할 나위도 없이 이미 내려졌던 여러 사소한 결정, 이것은 사용자의 단기 기억에 있었던 일을 사용자가 기억하는 데 필요한 것이다. 무엇이 계속 수행될 필요가 있나? 내가 일을 끝냈는가? 많은 실수와 착오가 방해의 결과라는 것은 놀랄 일이 아니다.

다중 작업(multitasking)은 의도적으로 여러 과제를 동시에 하는 것인데, 많은 일을 하는 효율적인 방법인 것으로 잘못 여겨진다. 이것은 십대나 바쁜 작업자들이 선호하는 것이지만, 사실 모든 증거로 볼 때 수행에서 심각한 저하, 오류의 증가 및 일반적으로 질과 효율성 모두에서 결핍이 있다. 두 과제를 동시에 하는 것은 각각을 따로 하는 데 걸리는 시간의 합보다 더 많이 걸린다. 운전하면서 핸즈프리 휴대전화로 이야기하는 것과 같은 간단하고 흔한 과제조차도 운전 기술에 심각한 저하를 낳는다. 한 연구는 걷는 동안의 휴대전화 사용조차 심각한 결손을 낳는다는 것을 보여 주었다. "휴대전화 사용자들은 더 천천히 걸었으며, 방향을 더 자주 바꾸었으며, 다른 조건에 참가한 사람들보다 다른 사람을 덜 알아차리는 것 같았다. 두 번째 연구에서 휴대전화 사용자들은 걷는 길에서 일어나는 흔치 않은 활동(외발자전거를 타는 어릿광대)을 잘 알아차리지 못한다는 것을 발견했다(Hyman, Boss, Wise, McKenzie, & Caggiano, 2010)."

상당 비율의 의료적 오류는 방해에 기인한다. 비행에서 방해는 비행에서 중요한 국면인 착륙과 이륙 동안 주요한 문제로 역시 판명되었다. 미국연방항공국은 '방해 없는 조종석 환경(Sterile Cockpit Configuration)'이라고 부르는 것을 요구한다. 이것은 조종사들이 이런 중요한 시기에는 비행기의 제어와 직접적으로 관련되지 않는 어떤 주제도 논의해서는 안 된다는 것이다. 게다가 이런 국면에는 승무원들은 조종사에게 말하는 것이 허용되지 않는다(이것은 때때로 그 반대의 오류, 즉 조종사에게 긴급 상황을 알려 주지 못하는 일을 낳는다).

이와 유사한 방해 없는 기간을 설정하는 것은 많은 전문직에 큰 도움이 될 것인데, 여기에는 의료 및 다른 안전 핵심 조작이 포함된다. 아내와 나는 운전할 때 이런 관습을 따른다. 운전자가 고속도로를 들어가거나 나올 때 그 전환이 완료될 때까지 대화를 멈춘다. 방해와 주의산만은 오류, 즉 착오와 실수를 낳는다.

경고 신호는 보통 답이 아니다. 원자력 발전소의 제어실, 민간 항공기 조종실이나 병원 수술실을 생각해 보라. 각각 많은 수의 여러 계기, 계측기와 조절기를 가지고 있는데, 그 모두는 경고를 내기 위해 단순음 생성기를 사용하기 때문에 비슷하게 울리는 경향이 있는 신호를 쓴다. 계기 간에는 어떤 조정 작용이 없는데, 이것은 중요한 긴급 사태에 그것들이 모두 동시에 울린다는 뜻이다. 대부분은 이미 알려진 어떤 것에 대해 조작자에게 알리는 것이므로 어쨌든 무시될 수 있다. 각각은 서로 잘 들리도록 다른 것과 경쟁하며, 문제에 주목하려는 노력에 방해가 된다.

불필요하고 짜증 나는 알람은 여러 상황에서 발생한다. 사람들은 어떻게 대처하는가? 경고 신호 연결을 끊고, 경고등 위에 테이프를 붙이고(혹은 전구를 제거하고), 벨 소리가 나지 않게 하고, 기본적으로 모든 안전 경고를 제거한다. 그런 알람이 작동하지 않을 때, 즉 사람들이 경고 시스템을 복구하는 것을 잊었을 때(여기에도 그런 기억 과실 실수가 있다), 아니면 알람이 연결되지 않을 때 다른 사고가 발생할 때, 문제가 생긴다. 그 지점에서는 아무도 알아차리지 못한다. 경고 및 안전 수단은 그것에 영향을 받는 사람들에 대해 교환 관계를 고려하면서, 조심스럽고도 지능적으로 사용되어야 한다.

경고 신호의 디자인은 놀라우리만치 복잡하다. 그것들은 눈에 띌 정도로 크거나 밝아야 하지만, 짜증 나게 주의산만을 일으킬 정도로 크거나 밝아서는 안 된다. 신호는 주의를 끌면서도(핵심 정보의 기표로서 작용) 표시되고 있는 사건들의 본질에 대한 정보를 제공해야 한다. 여러 계기는 조정된 반응을 해야 하는데, 이것은 때로는 경쟁적인, 여러 회사의 많은 디자인 팀 간에 국제적 표준과 협력이 있어야 한다는 뜻이다. 이런 문제를 향해 경고 관리 시스템을 위한 국제 표준의 개발을 포함해서 상당한 연구가 되고 있지만, 여러 상황에서 문제는 여전하다.

우리 기계 중 점점 더 많은 것이 말을 통해 정보를 제시한다. 그러나 모든 접근이 그렇듯이, 이것은 강점과 약점을 모두 가지고 있다. 그것은 특히 개인의 시각 주의가 다른 데로 돌려져 있을 때, 정밀한 정보가 전달되도록 한다. 그러나 여러 개의 언어적 경고가 동시에 작동한다면 혹은 환경이 소란스럽다면, 말 경고는 이해되지 않을 수 있다. 혹은 사용자나 조작자 간의 대화가 필요하다면, 말 경고는 간섭을 일으킬 것이다. 말 경고 신호는 효과적일 수 있지만 똑똑하게 쓰일 때만 그렇다.

오류 연구에서 얻는 디자인 교훈

오류 연구를 통해서 몇 가지 디자인 교훈을 끌어낼 수 있다. 하나는 오류가 일어나기 전에 그것을 방지하기 위한 것이고, 다른 것은 오류가 일어날 때 그것을 탐지하고 고치기 위한 것이다. 일반적으로 해결책은 선행하는 분석에서 직접 뒤따라 나온다.

오류를 막는 제약을 추가하기

방지는 행위에 특정한 제약을 추가하는 것을 종종 필요로 한다. 물리 세계에서 이것은 모양과 크기를 똑똑하게 사용함으로써 이뤄질 수 있다. 예를 들어, 자동차에는 안전 작동과 유지를 위해 여러 가지 액체가 필요하다. 엔진 오일, 변속 오일, 브레이크액, 유리창 세척액, 라디에이터 냉각액, 배터리 액 및 휘발유 등. 저장고에 엉뚱한 액체를 넣으면 심각한 기계 손상이나 사고까지 일어날 수 있다. 자동차 제작회사들은 이러한 오류를 최소화하려고 주입구를 분리하여 묘사-유사성 오류를 줄인다. 단지 가끔씩 또는 자격 있는 기계공에 의해 추가되어야 하는 액체용 주입구는 더 자주 사용되는 액체용 주입구와 따로 위치하고 있다면, 보통의 운전자는 틀린 주입구를 사용하지 않을 것이다. 엉뚱한 용기에 액체를 넣는 오류는 주입구 모양이나 크기를 다르게 하여 부적절한 주입을 막는 물리적 제약을 제공함으로써 최소화될 수 있다. 여러 액체는 종종 색깔이 달라서 구별될 수 있다. 이 모든 것은 오류를 최소화하는 뛰어난 방법이다. 유사한 기법이 병원이나 산업체에서 널리 쓰인다. 이 모든 것은 제약, 강제 기능 그리고 포카요케를 지능적으로 응용하는 것들이다.

전기 시스템은 오류를 줄일 수 있는 광범위한 방법을 가지고 있다. 그 하나는 조절기들을 분리하여 쉽게 혼동될 수 있는 조절기는 서로 멀리 떨어지게 위치시키는 것이다. 다른 방법은 별개의 모듈을 써서 현재의 작동에 직접 관련되지 않는 조절기는 스크린에 보이지 않고, 접근하려면 추가 노력을 요구하는 것이다.

취소

아마 오류의 영향을 최소화하는 가장 강력한 도구는 현대의 전기 시스템에 있는 취소(undo) 명령인데, 이전 명령에 의해 수행된 조작을 어디에서든지 되돌리는 것이다. 가장 좋은 시스템은 여러 수준의 취소 조작을 가지고 있어서 행위의 전 계열을 취소하는 것이 가능한 것이다.

취소가 언제나 가능한 것은 아니라는 것은 분명하다. 이는 분명한 사실이다. 때때로 행위 직후에 취소될 때만 효과적이다. 그렇다 해도 취소는 오류의 영향을 줄이는 강력한 도구다. 많은 전기 및 컴퓨터 기반 시스템이 바람직하고 가능하다는 것이 분명한 경우에도 취소 수단을 제공하지 않는 것은 나에게 여전히 놀라운 일이다.

확인과 오류 메시지

많은 시스템이 오류를 막기 위해 명령을 수행하기 전에 특히 그 명령이 중요한 무엇을 파괴할 때 확인을 요구한다. 그러나 이런 요구는 보통 때맞지 않는데, 왜냐하면 어떤 조작을 요청한 후에 사람들은 보통 그것을 원한다고 확신하기 때문이다. 그래서 그런 경고에 대한 표준적 조크가 있다.

사람: '나의-가장-중요한-파일'을 지워라.
시스템: 당신은 '나의-가장-중요한-파일'을 지우기를 원합니까?
사람: 예.
시스템: 확실해요?
사람: 물론, 그렇다.
시스템: '나의-가장-중요한-파일'은 지워졌습니다.
사람: 아이쿠, 빌어먹을.

확인 요구는 필수적인 안전 점검이라기보다는 성가신 일처럼 보이는데, 사람은 적용되고 있는 물체보다 행위에 초점을 맞추는 경향이 있기 때문이다. 더 좋은 점검은 취해질 행위와 물체 모두를 '취소' 또는 '실행'과 같은 선택지와 함께 눈에 띄게 보여 주는 것일 것이다. 중요한 점은 그 행위의 함축이 무엇인지를 뚜렷하게 만드는 것이다. 물론 취소 명령이 그렇게 중요한 것은 이런 종류의 오류 때문이다. 컴퓨터의 전통적인 그래픽 유저 인터페이스(graphic user interface)의 경우에 취소는 표준 명령일 뿐만 아니라 파일이 '삭제'되었을 때, 그것들은 단지 시야에서 사라지고 '휴지통'이란 이름의 폴더에 저장될 뿐이어서 예의 그 사람은 휴지통을 열어서 잘못 지워진 파일을 불러올 수 있다.

확인은 실수와 착오에 대해 함축하는 것이 다르다. 내가 글을 쓸 때, 나는 두 개의 매우 큰 디스플레이와 성능 좋은 컴퓨터를 쓴다. 나는 아마 일곱 개나 열 개의 응용 프로그램을 동시에 돌린다. 창(window)을 마흔 개나 열어 놓을 때도 있다. 내가 창 하나를 닫는 명령을 작동시키는데, 이것이 다음과 같은 확인 메시지를 낸다고 가정하자. 내가 그 창을 닫고자 했는가? 내가 이것을 어떻게 다루는가는 내가 창을 닫으라고 요구한 이유에 달려 있다. 그것이 실수였다면 요구된 확인은 유용할 것이다. 그것이 착오였다면 나는 그것을 무시하기 쉽다. 다음의 두 예를 보자.

실수는 내가 엉뚱한 창을 닫게 한다.

내가 We라는 단어를 타이프하려 했는데, 첫째 문자에 Shift+W를 치는 대신에 Command+W(혹은 Control+W), 즉 창을 닫는 자판 명령을 쳤다고 가정하자. 나는 화면이 대문자 W를 보여 주기를 기대했기 때문에 대화상자가 나타나 내가 정말로 그 파일을 지우기를 원했는지를 물었을 때, 나는 놀랄 것이고, 이것은 나에게 즉각 실수를 경고할 것이다. 나는 그 행위(대화상자에서 사려 깊게 제공된 대안)를 취소할 것이고, 이번에는 조심스럽게 Shift+W를 다시 칠 것이다.

착오는 내가 엉뚱한 창을 닫게 한다.

이제 내가 창을 닫기를 의도했다고 가정하자. 나는 종종 내가 작업하고 있는 장(Chapter)에 대한 메모를 위해 창에서 임시 파일을 사용한다. 내가 그 일을 끝냈을 때 나는 그 내용을 저장하지 않고 창을 닫는다. 그러나 나는 보통 여러 개의 창을 열어 놓으니까 엉뚱한 것을 닫기가 매우 쉽다. 컴퓨터는 모든 명령이 활성 창, 즉 최근 작동이 수행된 (그리고 텍스트 커서가 있는) 창에 적용된다고 가정한다. 그러나 창을 닫기 전에 임시 창을 검토했다면 나의 시각 주의는 그 창에 집중되어 있어서 내가 닫으려고 결정할 때 그것이 컴퓨터의 관점에서는 활성 창이 아니라는 것을 잊는다. 그래서 내가 창을 닫는 명령을 내릴 때, 컴퓨터는 나에게 그것의 확인을 요청하는 대화상자를 제시하고, 나는 내 작업을 저장하지 않는 옵션을 선택해서 그것을 수용한다. 대화상자가 제시될 거라고 예상했기 때문에 나는 그것을 구태여 읽지 않았다. 그 결과, 나는 엉뚱한 창을 닫았고 더 나쁜 일은 타이핑한 것을 조금도 저장하지 않았는데, 아마 상당한 작업량을 잃어버렸을 것이다. 경고 메시지는 착오에 대해서는 놀라우리만치 비효과적이다(183페이지, 제4장의 [그림 4-6]에 보이는 것과 같이 멋진 요청도 마찬가지다).

이것이 착오였는가 아니면 실수였는가? 둘 다. 엉뚱한 창이 활성화되어 있었을 때 '닫기' 명령을 내린 것은 기억 과실 실수다. 그러나 대화상자를 읽지 않고 내용을 저장하지 않고 수용한 것은 (실제로 두 개의) 착오다.

디자이너는 어떻게 디자인할 수 있는가? 몇 가지가 있다.

- **적용되고 있는 항목이 더 두드러지게 하라.** 즉, 적용되고 있는 실제 대상의 외관이 더 잘 보이도록 바꾸어라. 확대하라. 혹은 그 색깔을 바꾸어라.
- **조작이 역전 가능하게 하라.** 내용을 저장한다면, 그 파일을 다시 열어야 한다는 불편 외에는 아무 해가 없다. 만일 '저장하지 않기'를 선택한다면 시스템은 그 내용을 비밀스럽게 저장할 수 있고, 그 파일을 다음에 열 때 시스템은 최신 조건으로 그 파일을 복구할 것인지를 묻는 방법이 있다.

타당성 점검

전자 시스템은 기계 시스템에 대해 또 다른 이점이 있다. 그것들은 요청된 조작이 사리에 맞는지를 확실히 하기 위해 점검할 수 있다.

요즘 세상에서 의료 인력이 정상보다 천 배 이상 많은 양의 방사능을 실수로 요청하고 의료 장비는 요구에 순순히 응한다는 것은 놀라운 일이다. 어떤 경우에는 조작원이 오류를 알아차리는 것이 가능하지도 않다.

마찬가지로 금전적 합산을 하는 데에서의 오류는 처참할 수 있다. 그 양을 잠깐 살펴보기만 해도 무엇인가가 잘못 어긋났다는 것을 알아차릴 수 있을 것이다. 예를 들어, 미국 달러화에 대해 대략 한화 1,000원이 대응한다. 내가 1,000달러를 한국의 은행 계좌에 원화로 송금하기를 원했다고 가정해 보자(1,000달러는 대략 1,000,000원이다). 그러나 내가 한화 숫자를 달러 자리에 입력했다고 가정하자. 이런, 나는 백만 달러를 송금하려 하고 있는 것이다. 지능적 시스템은 내 거래 내역의 통상적 규모를 알아챌 것이고, 액수가 보통보다 상당히 큰지를 물을 것이다. 나의 경우 그것은 백만 달러 요청에 대해 물을 것이다. 덜 지능적인 시스템은 내가 계좌에 백만 달러를 가지고 있지 않아도, 맹목적으로 지시를 따를 것이다(아마도 나는 내 계좌에서 초과인출하는 수수료를 부과받을 것이다).

타당성 점검은 물론 이 장 앞에서 논의하였듯이 부적절한 값이 병원 처방과 X선 시스템 또는 금융 거래에서 입력되었을 때 발생하는 심각한 오류에 대한 답이기도 하다.

실수 최소화하기

실수가 가장 흔히 일어날 때는 의식적 마음이 어떤 다른 사건에 의해서나 아니면 수행 중인 행위가 아주 잘 학습되어서 그것이 의식적 주의 없이도 자동적으로 수행된다는 단순한 이유로 산만하게 되었을 때다. 그 결과, 사람은 행위나 그 결과에 대해 충분한 주의를 주지 않는다. 그러므로 실수를 최소화하는 한 가지 방법은 사람들이 항상 수행 중인 행위에 긴밀하고, 의식적인 주의를 확실히 주는 것처럼 보일 수 있다.

나쁜 아이디어다. 숙련된 행동은 잠재의식적인데, 즉 그것이 빠르고, 노력이 들지 않고, 보통 정확하다는 뜻이다. 그것은 매우 자동적이어서 우리는 의식적 마음이 단어를 작문하느라고 몰두하고 있는 동안에도 고속으로 타이프를 칠 수 있다. 이것이 차량과 장애물을 피해 가는 동시에 걷고 말할 수 있는 이유다. 우리가 했던 모든 사소한 일에 의식적 주의를 주어야 했다면, 우리는 삶에서 훨씬 적은 것을 성취했을 것이다. 뇌의 정보처리 구조는 한 과제에 얼마나 많은 의식적 주의가 주어지고 있는지를 자동적으로 조절한다. 대화는 통행이 혼잡한 가운데 길을 건널 때 자동적으로 쉰다. 그렇지만 그것을 믿지 마라. 만일 너무 많은 주의가 어떤 다른 일에 집중되면 교통이 위험해지고 있다는 사실이 주목되지 않을 수 있다.

많은 실수는 행위와 조절기들을 가능한 한 비슷하지 않게 혹은 적어도 가능한 한 물리적으로 멀리 떨어지도록 함으로써 최소화될 수 있다. 모드 오류는 대부분의 모드를 제거하는 단순한 방편에 의해, 이것이 가능하지 않다면 모드들을 매우 가시적이고 서로 독특하게 함으로써 제거될 수 있다.

실수를 줄이는 가장 좋은 방법은 수행 중인 행위의 본질에 대해 지각 가능한 피드백, 즉 새로운 결과 상태를 묘사하는 매우 지각 가능한 피드백을, 오류가 원상회복될 수 있도록 하는 기제와 결합하여 제공하는 것이다. 예를 들어, 기계 판독 코드의 사용은 환자에게 약물을 잘못 전달하는 것을 극적으로 감소시켰다. 약국에 전달된 처방은 전자 코드를 받고, 약사는 처방과 처방된 약물 모두를 스캔하는데, 그것들이 같다는 것을 분명히 하기 위해서다. 그다음 병원에 있는 간호 인력은 약물의 이름표와 환자의 팔뚝에 채워진 태그를 모두 스캔하여 약물이 맞는 사람에게 주어지고 있는지를 확실히 한다. 더욱이 컴퓨터 시스템은 같은 약물의 반복 처치를 표시할 수 있다. 이러한 스캔은 작업 부하를 증가시키지만, 단지 조금이다. 다른 오류가 여전히 가능하지만, 이런 단순한 조치들이 이미 가치 있는 것으로 입증되어 왔다.

흔한 공학 및 디자인 관행은 그것들이 실수를 일으키도록 고의로 의도된 것처럼 보인다. 여러 줄의 똑같은 조절기나 계기들은 묘사-유사성 오류를 일으키는 확실한 조리법이다. 크게 눈에 띄도록 표시되지 않는 내부 모드는 모드 오류의 분명한 동인이다. 여러 번의 방해가 있으면서도 디자인이 분리된 주의가 가능하다고 가정하는 상황은 기억 과실을 일으키는 분명한 인자인데, 오늘날 거의 어떤 장비도 많은 상황에서 동반되는 수차례의 방해를 지원하도록 디자인되어 있지 않다. 그리고 훨씬 더 자주 하는 절차와 유사한, 덜 자주 하는 절차를 수행하는 경우에 지원과 가시적 비망기를 제공하지 않는 것은 포착 오류를 낳는다. 이 경우 그 상황에 맞는 행위보다 더 자주 하는 행위가 수행된다. 절차는 최초의 단계가 가능한 한 비슷하지 않도록 디자인되어야 한다.

중요한 메시지는 좋은 디자인은 실수와 착오를 막을 수 있다는 것이다. 디자인이 생명을 구할 수 있다.

어떻게 오류가 사고로 이어지는가에 대한 스위스 치즈 모형

다행히도 대부분의 오류는 사고로 이어지지 않는다. 사고에는 종종 여러 가지 원인이 관련되어 있으며, 그중에 어느 단일 원인도 사고의 근본 원인이 아니다.

제임스 리즌(James Reason)은 구멍이 숭숭 뚫린 것으로 유명한 스위스 치즈의 여러 조각([그림 5-3] 참조)을 비유로 써서 이 점을 즐겨 설명한다. 만일 각 치즈 조각이 진행 중인 과제의 한 조건을 나타낸다면, 사고는 치즈의 네 조각 모두에 있는 구멍이 똑바로 직선상에 놓일 때만 일어날 수 있다. 잘 디자인된 시스템에서는 많은 장비 고장, 많은 오류가 있을 수 있지만, 그것들이 모두 정확하게 정렬되지 않는다면 사고로 이어지지 않을 것이다. 구멍을 통과하여 지나가는 어떤 누설은 다음 수준에서 차단되기가 매우 쉬울 것이다. 잘 디자인된 시스템은 실패에 탄력적이다.

이것이 사고의 '바로 그' 원인을 찾으려는 시도가 보통 실패로 끝나는 이유다. 사고 조사관들, 언론, 정부 관리들 및 시민은 사고 원인에 대해 간단한 설명을 찾는 것을 좋아한다. "봐, 만일 A 조각에서 구멍이 약간 더 높았더라면 우리는 사고를 겪지 않았을 텐데. 조각 A를 치우고 다른 것으로 바꿔." 물론 같은 말을 조각 B, C, D에 대해 할 수도 있다(그리고 실제 사고에서 치즈 조각의 수는 때때로 수십 혹은 수백 개가 될 것이다). 그것이 달랐더라면 사고를 막았을 수 있는 어떤 행위나 결정을 찾는 것은 비교적 쉽다. 그러나 그것은 이것이 사고의 원인이었다는 것을 의미하지 않는다. 그것은 단지 많은 원인 중 하나다. 모든 항목이 정렬되어야 하기 때문이다.

[그림 5-3] 사고에 대한 리즌의 스위스 치즈 모형 사고에는 흔히 여러 원인이 있으며, 그 원인 중 어느 하나라도 일어나지 않았다면 사고는 일어나지 않았을 수도 있을 것이다. 영국의 사고 연구자인 제임스 리즌은 스위스 치즈 조각을 비유해서 이것을 묘사한다. 구멍들이 모두 완벽하게 직선상에 있지 않으면, 사고가 일어나지 않을 것이다. 이 비유는 두 가지 교훈을 준다. 첫째, 한 사고의 '진정한' 원인을 찾으려 하지 마라. 둘째, 사고를 줄이고 시스템을 더 탄력적으로 만들 수 있다. 그 방법은 시스템이 오류에 대한 추가적인 예방책을 갖고(더 많은 치즈 조각), 실수나 착오, 장비 실패의 기회를 낮추고(더 적은 구멍들), 매우 다른 기제가 시스템의 여러 하위 부문에서 쓰이도록(구멍들이 직선으로 놓이지 않게끔 확실히 함) 디자인하는 것이다. (그림은 Reason, 1990의 것에 기초했다.)

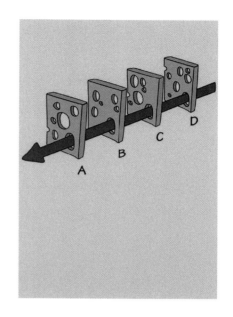

대부분의 사고에서 등장하는 '만약 ~만 했다면'이란 진술에서 이런 점을 볼 수 있다. "지름길을 가려고 결정하지 않았더라면 사고가 나지 않았을 텐데." "비가 오지 않았더라면 브레이크가 작동했을 텐데." "내가 왼쪽을 보기만 했더라면 그 차를 더 일찍 봤을 텐데." 그렇다. 이 모든 진술은 사실이지만, 이것들 중 어느 것도 사고의 '바로 그' 원인은 아니다. 보통 단일 원인은 없다. 그렇다. 저널리스트들과 법률가들은 대중과 마찬가지로 누군가가 비난받고 처벌받도록 하는 원인을 아는 것을 좋아한다. 그러나 명성 있는 조사 기관들은 단일 원인이 없다는 것을 알고 있다. 이것이 조사가 오래 걸리는 이유다. 그들의 책무는 그 시스템을 이해하는 것이고, 미래의 사고에 이르는 동일한 사건 연쇄의 발생 가능성을 낮추는 변화를 만드는 것이다.

스위스 치즈 비유는 사고를 줄이는 몇 가지 방법을 제시한다.

• 더 많은 치즈 조각들을 더하라.
• 구멍의 수를 줄여라(혹은 기존 구멍들을 더 작게 만들어라).

• 여러 개의 구멍이 정렬될 때 인간 조작원에게 경고하라.

이것들 각각에는 조작적 함축이 있다. 더 많은 치즈 조각은 비행이나 다른 산업에서 점검 목록을 요구하는 것과 같이 더 많은 방어선을 의미한다. 점검 목록에서 한 사람이 항목을 읽으면 다른 사람은 조작을 하며, 첫째 사람은 조작이 적절하게 되었는지를 확인하기 위해 조작을 점검한다.

오류가 발생하는 핵심적 안전 점(safety points)의 수를 줄이는 것은 스위스 치즈에서 구멍의 수나 크기를 줄이는 것과 같다. 제대로 디자인된 장비는 실수나 착오의 발생 기회를 줄일 것이고, 이것은 구멍의 수를 줄이는 것 그리고 남아 있는 구멍을 더 작게 만드는 것과 같다. 이것이 민간 비행의 안전이 극적으로 개선된 바로 그 방법이다. 국립운수안전위원회 위원장인 데보라 허스만(Deborah Hersman)은 디자인 철학을 다음과 같이 기술했다.

> 미국 항공사들은 매일 공중으로 약 이백만 명의 사람을 안전하게 나르는데, 이것은 디자인 중복성과 여러 층의 방어를 통해 달성되어 왔다.

디자인 중복성과 여러 층의 방어, 그것이 스위스 치즈다. 그 비유는 사고의 배후 원인(보통 어떤 사람)을 찾고 범인을 처벌하려는 노력의 무익성을 보여 준다. 대신에 우리는 시스템에 대해 생각하고, 인간 오류와 그다음의 사고로 이어지는 모든 상호작용 요인에 대해 생각하고, 그 시스템이 전체로서 더 신뢰할 만하게 만드는 방법을 고안할 필요가 있다.

좋은 디자인으로 충분하지 않을 때

사람들이 정말로 잘못할 때

사람들은 결코 잘못하지 않으며, 문제는 항상 나쁜 디자인이라고 말하는 것이 정말로 옳은지에 관해 가끔 질문받는다. 그것은 할 만한 질문이다. 당연히 가끔은 사람에게 잘못이 있다.

유능한 사람조차 잠이 부족하거나 피로하거나 약물의 영향을 받고 있을 때 유능성을 잃을 수 있다. 이것이 조종사가 어떤 정해진 기간 안에 음주를 했다면 조종을 못하게 하는 법이 있는 이유이며, 휴식 없이 조종하는 시간을 제한하는 이유다. 사망이나 부상의 위험이 있는 대부분의 직종은 음주, 잠 및 약물에 관한 비슷한 규정을 가지고 있다. 그러나 일상적 일에는 이런 제약이 없다. 병원은 종종 직원들에게 항공사의 안전 요구 조건을 훨씬 초과하는 오랜 시간 동안 자지 않고 일을 계속하도록 요구한다. 왜? 잠이 부족한 의사가 당신을 수술한다면 기분이 좋겠는가? 왜 수면 부족은 어떤 상황에서는 위험한 것으로 간주되는데 어떤 상황에서는 무시되는가?

어떤 활동으로는 키, 나이 또는 체력 요구 조건이 있다. 어떤 활동은 상당한 기술이나 전문 지식을 요구한다. 훈련되지 않거나 능력이 없는 사람은 그런 활동을 해서는 안 된다. 이것이 많은 활동이 정부가 승인한 훈련 및 면허를 요구하는 이유다. 몇 가지 예로서 자동차 운전, 비행기 조종 및 의료 실습이 있다. 모두 강습 과정과 시험을 요구한다. 비행에서는 훈련받는 것으로 충분하지 않다. 조종사들은 매달 최소한의 시간 이상을 비행해서 계속 연습을 해야 한다.

음주 운전은 여전히 자동차 사고의 주요 원인이다. 이것은 명백히 음주자의 잘못이다. 수면 부족은 차량 사고의 또 다른 주요 장본인이다. 그러나 사람들에게 가끔 잘못이 있다는 이유로, 사람들에게 항상 잘못이 있다고 가정하는 태도는 정당화되지 않는다. 사고에서 훨씬 더 큰 비율은 장비에서든 또는 산업재해의 경우에서처럼 준수해야 할 절차에서든, 나쁜 디자인의 결과다.

고의적 위반에 대한 논의에서 언급했듯이 사람들은 때때로 고의적으로 절차나 규칙을 위반하곤 한다. 아마 그들은 다른 식으로는 일을 마칠 수 없기 때문에, 아마 그들은 정상 참작이 가능한 상황이라고 믿기 때문에, 때때로 비교적 낮은 실패 확률이 자신에게 적용되지 않는다고 도박을 걸기 때문이다. 불행히도 백만 번 중에 한 번 꼴로 상해나 사망을 낳을 뿐인 위험한 활동을 누군가가 한다면, 그것은 전 세계의 약 70억의 인구에 대해 연간 수백 명의 사망자를 낳을 수 있다. 비행과 관련하여 내가 가장 좋아하는 예 중 하나는 자신의 비행기 엔진 세 개 모두에서 오일 압력 눈금이 낮은 것을 경험한 후, 이 (낮은) 눈금이 사실일 확률은 백만분의 일이기 때문에 그것은 계기 고장임에 틀림없다고 주장한 조종사에 대한 것이다. 그는 자신의 (확률) 평가에서는 옳았지만, 불행히도 그가 바로 그 한 사람이었다. 미국에서만 2012년에 대략 9백만 번의 비행이 있었다. 그래서 백만분의 일 확률은 아홉 번의 사고로 바뀔 수 있다.

때때로 사람들에게 정말로 잘못이 있다.

탄력성 공학

산업적 응용 장면에서 유정, 정유, 화학처리 플랜트, 발전 시스템, 운수 및 의료 서비스와 같은 큰 복합 시스템에서의 사고는 회사 및 주변 공동체에 중요한 충격을 미칠 수 있다. 때때로 문제는 조직체에서 일어나는 것이 아니라 폭풍, 지진이나 해일이 기존의 기반 시설의 상당 부분을 파괴할 때와 같이 외부에서 일어난다. 어느 경우이든 질문은 이런 시스템이 최소한의 혼란과 피해로 서비스를 복구할 수 있도록 이런 시스템을 어떻게 디자인하고 관리하는가다. 중요한 접근의 하나가 **탄력성 공학**(resilience engineering)인데, 문제가 발생할 때 이에 대응할 수 있도록 시스템, 절차, 관리 체계 및 사람들의 훈련을 디자인하려는 목표를 가지고 있다. 이것은 장비, 절차, 작업자들 간의 의사소통 및 경영진과 대중에 대한 외부적 의사소통 등, 이 모든 것의 디자인이 지속적으로 평가되고, 시험되고, 개선되고 있다는 것을 확실히 하려고 애쓴다.

그래서 주요한 컴퓨터 회사들은 회사가 얼마나 잘 대응하는지를 시험하기 위해 자신의 시스템에 고의로 오류를 일으킬 수 있다. 핵심 설비를 일부러 멈추어 백업 시스템과 중복적 장치가 실제로 작동하는가를 확인하는 것이다. 비록 시스템이 온라인에 있고 고객에게 서비스를 제공하는 동안 이런 일을 하는 것은 위험해 보이겠지만, 이런 거대 복합 시스템을 시험하는 유일한 방법은 그렇게 하는 것이다. 소규모 시험과 시뮬레이션은 실제 시스템 고장의 특징이 되는 복잡성, 스트레스 수준 및 예기치 않은 사건을 일으키지 않는다.

이 주제에 관한 초기의 영향력 있는 책들의 저자인, 에릭 홀네이글(Erik Hollnagel), 데이브 우즈(David Woods) 및 낸시 레비슨(Nancy Leveson)은 다음과 같이 내용을 잘 요약했다.

> 탄력성 공학은 안전 관리의 패러다임으로서 사람들이 성공해야 한다는 압박을 받으며 복잡성에 어떻게 대처하는지에 초점을 맞춘다. 그것은 오늘날의 전형적인 것, 즉 오류가 하나의 사물인 것처럼 수표화하고, 이 수를 줄이기 위해 개입하는 패러다임과 크게 대비된다. 탄력성이 있는 조직은 안전을 핵심 가치로 다루며, 셀 수 있는 상품으로 다루지 않는다. 정말로 안전은 일어나지 않는 사건들에 의해서만 자신을 드러낸다! 과거의 성공을 투자를 줄이는 이유로 보는 대신에 그런 조직들은 실패 잠재력의 변화를 예견하면서 계속 투자한다. 왜냐하면 간격들에 대한 자신의 지식이 불완전하고 환경이 계속 변화한다는 것을 인정하기 때문이다. 그러므로 탄력성에 대한 한 척도는 실패와 피해가 발생하기 전에 예견을 생성하는, 즉 위험이 변화하는 모양을 예상하는 능력이다(출판사의 허락 받음. Hollnagel, Woods, & Leveson, 2006, p. 6).

자동화의 역설

기계는 점점 더 똑똑해지고 있다. 점점 더 많은 과제가 완전히 자동화되고 있다. 이런 일이 일어나면서 인간 제어와 관련된 많은 어려움이 사라질 것으로 믿는 경향이 있다. 전 세계에서 자동차 사고로 매년 수천만의 사람이 다치거나 죽는다. 마침내 스스로 운전하는 자동차가 널리 보급될 때, 사고와 사상자 비율은 아마 극적으로 감소할 것이다. 마치 공장과 비행에서 자동화가 오류와 상해율을 낮추는 동시에 효율성을 증가시켰듯이.

자동화가 작동할 때, 그것은 멋지지만 그것이 실패할 때 그 결과적 영향은 흔히 예상하기 힘들고, 결과적으로 위험하다. 오늘날 자동화와 네트워크된 발전 시스템은 집이나 상업 시설에서 전기가 끊어진 시간을 극적으로 줄였다. 그러나 전력망이 다운되면 그것은 한 나라의 거대한 부문에 영향을 미치고 복구하는 데 여러 날이 걸릴 수 있다. 스스로 운전하는 자동차의 경우에 더 적은 수의 사고와 사상자가 생길 것이지만, 사고가 나면 그것은 거대한 것이 될 것이라는 점이 나의 예측이다.

자동화는 점점 더 유능해지고 있다. 자동 시스템은 적절한 온도를 유지하는 것이든, 자동차를 앞 차와 알맞은 거리에서 지정된 차로 안에 자동적으로 유지하는 것이든, 비행기가 이륙에서 착륙까지 스스로 비행하게 하는 것이든 또는 배가 스스로 항해하게 하는 것이든, 사람에 의해 수행되어 왔던 과제를 떠맡을 수 있다. 자동화가 잘 작동할 때 과제는 보통 사람에 의한 것만큼이나 혹은 더 잘 수행된다. 더욱이 그것은 단조롭고, 따분한 반복 과제로부터 사람을 구해 주고, 더 유용하고 생산적인 시간 사용을 가능하게 하고, 피로와 오류를 줄인다. 그러나 과제가 너무 복잡해지면 자동화는 포기되는 경향이 있다. 그런데 이때가 자동화가 가장 필요한 때다. 역설적인 것은 자동화는 단조롭고 지루한 과제를 떠맡을 수 있으나 복잡한 일에서는 실패한다는 것이다.

자동화가 실패할 때 그것은 종종 경고 없이 실패한다. 이런 상황은 안전과 자동화 분야에서 많은 사람이 그러하듯이 내가 여러 책과 많은 논문에서 매우 철저하게 다룬 상황이다. 실패가 발생할 때, 인간은 '고리의 밖'에 있다. 이것은 사람이 그 조작에 많은 주의를 주지 않았으며, 실패가 탐지되고 평가되는 데, 그리고 어떻게 반응해야 할지를 결정하는 데 많은 시간이 걸린다는 것을 의미한다.

비행기에서 자동화가 실패할 때 보통 조종사들이 그 상황을 이해하고 반응하는 데 상당한 시간적 여유가 있다. 비행기는 지상에서 10km 이상 꽤 높이 나므로 비행기가 떨어지기 시작하더라도 조종사는 반응할 시간이 몇 분은 있을 것이다. 게다가 조종사들은 매우 잘 훈련되어 있다. 자동화가 자동차에서 실패할 때 사고를 피하는 데에는 단지 1초의 몇 분의 1의 여유가 있다. 이것은 전문적인 운전자라 하더라도 매우 어려울 것인데, 대부분의 운전자는 잘 훈련되어 있지 않다.

선박과 같이 다른 상황에서는 반응하는 데 더 많은 시간 여유가 있을 수 있다. 그러나 자동화의 실패가 탐지될 때에만 그렇다. 1997년 로열 머제스티(Royal Majesty)라는 크루즈 선박이 좌초되는 극적인 사건의 경우에 실패는 수일간 지속되었으며 배가 좌초하여 수백만 달러의 피해를 입은 뒤 사후 조사에서 겨우 탐지되었다. 무슨 일이 있었는가? 배의 위치가 지구 위치 시스템(Global Positioning System: GPS)에 의해 정상적으로 판정되었으나 어떤 일인지 위성 안테나를 항행(navigation) 시스템에 연결하는 케이블이 연결되어 있지 않았다(어쨌든 아무도 어떻게 됐는지를 발견하지 못했다). 그 결과 항행 시스템이 GPS 신호 사용에서 '추측 항법(dead reckoning)'으로 전환되었다. 이것은 이동의 속도와 방향을 추산하여 배의 위치를 대략적으로 구하는 방법이다. 그러나 항행 시스템의 디자인은 이것을 분명히 표시하지 않았다. 그 결과 배가 버뮤다에서 목적지인 보스턴으로 이동하는 동안, 훨씬 남쪽으로 갔고 보스턴의 남쪽에서 바다쪽으로 튀어나온 반도인 케이프카드에서 좌초했다. 그 자동화는 수년 동안 결함 없이 작동해 와서 그것에 대한 사람들의 신뢰와 의존을 높였기 때문에, 정상적인 수동 위치 점검이나 표시판의 조심스러운 판독('추측 항법' 모드를 표시하는 작은 문자들인 'dr'을 보는 것)이 이뤄지지 않았다. 이것은 거대한 모드 오류 실패다.

오류를 다루는 디자인 원칙

사람들은 융통성 있고, 다재다능하고, 창의적이다. 기계들은 딱딱하고, 정밀하고, 조작이 비교적 고정되어 있다. 그 둘 간에는 부조화가 있는데, 제대로 쓰인다면 향상된 능력을 낳을 수 있다. 전자계산기를 생각해 보라. 그것은 사람처럼 수학을 하지 않지만 사람이 할 수 없는 문제를 풀 수 있다. 게다가 계산기는 오류를 저지르지 않는다. 그래서 인간 더하기 계산기는 완벽한 협동이 된다. 우리 인간은 중요한 문제가 무엇인지 그리고 그것을 어떻게 진술할 것인지를 알아낸다. 그다음 우리는 계산기를 써서 해결책을 계산한다.

어려움은 사람과 기계를 협동적 시스템으로 생각하지 않으면서 자동화될 수 있는 과제들은 무엇이든 기계에 할당하고 그 나머지는 사람에게 할당할 때 일어난다. 이것은 사람들에게 인간 능력과는 다른 방식인, 기계가 좋아하는 방식으로 행동하게끔 요구하는 것으로 끝난다. 우리는 사람들이 기계들을 감시하기를 기대하는데, 이것은 오랜 기간 경계를 유지하는 것으로, 우리가 잘 못하는 것을 의미한다. 우리는 사람들에게 기계가 요구하는 극도의 정밀성과 정확성으로 조작을 되풀이하기를 요구하는데, 이것도 우리가 잘하지 못하는 것이다. 우리가 이런 식으로 한 과제를 기계와 인간의 성분들로 나눌 때, 우리는 인간의 강점과 능력을 이용하지 못하고 그 대신 우리가 유전적으로, 생물적으로 부적합한 영역에 의존한다. 그러나 실패하면 사람 탓이 된다.

'인간 오류'라고 부르는 것은 종종 기술의 필요에 적절하지 않은 인간 행위일 뿐이다. 그 결과, 그것은 우리 기술에서의 결함을 표시한다. 그것은 오류로 생각되어서는 안 된다. 우리는 오류라는 개념을 제거해야 한다. 그 대신 우리는 사람들이 자신의 목표와 계획을 기술장치에 적절한 형식으로 전환하는 데 도움을 받을 수 있다는 것을 깨달아야 한다.

인간 능력과 기술적 요구사항 간의 부조화가 당연하다면, 오류는 피할 수 없다. 그러므로 최선의 디자인은 그 사실을 주어진 것으로 받아들이고 그 결과를 경감시키는 동시에 오류의 기회를 최소화하는 방안을 찾는 것이다. 모든 가능한 불행은 일어날 수 있다고 가정하고, 그것들에 대해 보호하라. 행위가 역전 가능하게 하라. 오류의 대가가 크지 않게 하라. 여기에 핵심 디자인 원칙이 있다.

- 기술을 작동시키기 위해 필요한 지식을 세상 속에 넣어 두어라. 모든 지식이 머릿속에 들어 있기를 요구하지 마라. 그러나 사람들이 모든 요구 조건을 배웠을 때, 그들이 세상 속의 지식 없이도 수행할 수 있는 전문가가 될 때, 효율적으로 조작할 수 있도록 하라. 그러나 비전문가들이 세상 속의 지식을 사용하는 것이 가능하게 하라. 이것은 드문, 자주 수행되지 않는 조작을 수행할 필요가 있거나 오랜 기간 부재했다가 그 기술을 다시 쓰는 전문가들에게도 도움이 될 것이다.
- 자연스럽거나 인공적인 제약, 즉 물리적 · 논리적 · 의미적 · 문화적인 제약의 힘을 이용하라. 강제적 기능과 자연스러운 대응 관계를 활용하라.
- 두 개의 간격, 즉 실행의 간격과 평가의 간격을 이어라. 일들이 실행과 평가 양면에서 가시적이 되게 하라. 실행 면에서는 피드포워드 정보를 주고 선택사항을 곧 알 수 있게끔 하라. 평가 면에서는 피드백을 주고 각 행동의 결과가 명백하게끔 하라. 시스템의 현재 상태를 사용자가 즉시, 쉽게 그리고 정확하게 판정할 수 있게 하되, 사람의 목적, 계획 및 기대와 일치하는 형식으로 하라.

우리는 오류를 포용함으로써, 그 원인을 이해하려 함으로써, 그것들이 다시 일어나지 않도록 분명히 함으로써 오류를 다루어야 한다. 우리는 처벌하거나 꾸짖는 것보다 도와줄 필요가 있다.

제6장
디자인 생각하기

디자인 생각하기

컨설팅에서 내 규칙은 간단하다. 해결해 달라고 요청한 문제를 결코 해결하지 마라. 왜 그런 반직관적인 규칙을 가지고 있는가? 왜냐하면 예외 없이 내가 해결해 달라고 부탁받은 문제는 실재하거나 기본적이거나, 근본적인 문제가 아니기 때문이다. 그것은 보통 증상이다. 제5장에서 사고와 오류에 대한 해결책은 사건에 대한 실재의 배후 원인을 판정하는 것이듯이 디자인에서 성공의 비밀은 실재 문제가 무엇인지를 이해하는 것이다.

얼마나 자주 사람들이 문제에 대해 의심하거나 애를 쓰지 않고 앞에 놓인 문제를 해결하는지는 놀랍다. 공학과 경영학 전공 대학원생 강의에서 나는 강의 첫날에 문제를 주고 다음 주에 학생들의 놀라운 해결책에 대해 듣기를 좋아한다. 그들은 능란한 분석과 그림 및 예시를 보여 준다. MBA 학생들은 잠재적인 고객 기반의 인구통계 자료를 분석한 스프레드시트를 보여 준다. 그들은 많은 숫자, 비용, 판매, 차익 및 이익을 보여 준다. 공학도들은 자세한 그림들과 명세를 보여 준다. 그것들은 모두 잘 되어 있고, 뛰어나게 발표된다.

모든 프레젠테이션이 끝날 때 나는 그들을 칭찬하지만, "당신이 맞는 문제를 해결했다는 것을 어떻게 아느냐?"고 묻는다. 그들은 당황한다. 공학도와 경영인들은 문제를 풀도록 훈련된다. 왜 어떤 사람이 틀린 문제를 그들에게 주겠는가? "문제가 어디에서 생겼다고 생각하는가?"라고 묻는다. 실제 세계는 대학과 다르다. 대학에서 교수는 인위적인 문제를 만든다. 실제 세계에서 문제들은 멋지고, 단정하게 포장되어 오지 않는다. 그것들은 발견되어야 한다. 표면 문제만을 보고 실재 문제를 건드리기 위해 결코 더 깊이 파고들지 않기는 너무 쉽다.

맞는 문제 해결하기

공학도와 경영인은 문제를 풀도록 훈련된다. 그러나 디자이너는 실재 문제를 발견하도록 훈련된다. 틀린 문제에 대한 뛰어난 해결책은 해결책이 전혀 없는 것보다 더 나쁘다. 그러므로 맞는 문제를 풀어라.

좋은 디자이너는 결코 그들에게 주어진 문제를 풀려고 애쓰는 것으로 시작하지 않는다. 그들은 실재 문제가 무엇인지를 이해하려고 애씀으로써 시작한다. 그 결과 한 해결책에 수렴하기보다 그들은 갈라져서 사람들과 그들이 달성하려는 것을 연구해서 아이디어에 아이디어를 잇달아 만들어 낸다. 그것은 운영자들을 미치게 만든다. 운영자는 진전을 보길 원한다. 디자이너는 정확한 문제를 받았을 때 뒤로 돌아가려는 듯이 보이고, 작업에 착수하는 대신에 그것을 무시하고 고려해야 할 새로운 문제들, 탐구할 새로운 방향을 생성한다. 하나만이 아니라 여러 개를. 무엇이 일어나고 있는가?

이 책에서 핵심적으로 강조하는 것은 사람들의 필요와 능력에 들어맞는 제품을 개발하는 것의 중요성이다. 디자인은 여러 다른 관심사에 의해 이끌어질 수 있다. 때때로 그것은 기술에 의해, 때로는 경쟁적인 압력이나 미학에 의해 이끌어진다. 어떤 디자인은 기술적 가능성의 한계를 탐구하고, 어떤 것은 사회의, 예술 혹은 패션의 상상력의 경계를 탐구한다. 공학 디자인은 신뢰도, 비용 및 효율성을 강조하는 경향이 있다. 이 책 및 인간 중심 디자인(human-centered design: HCD)이라 불리는 분야의 초점은 그 결과가 인간 욕망과 필요, 능력에 분명히 들어맞게 하는 것이다. 결국 우리는 왜 제품을 만드는가? 사람들이 쓸 수 있도록 만든다.

디자이너들은 너무 손쉬운 해결책에 의해 붙잡히는 것을 피하기 위해 여러 기법을 발전시켜 왔다. 그들은 원래의 문제를 최종 진술이 아니라 하나의 제안으로 받아들이고, 그다음 이 문제의 진술 배후에 있는 논점이 실제로 무엇일지에 대해 넓게 생각한다(제5장에서 서술했던, 근본 원인에 도달하는 '다섯 가지 이유' 접근을 통해 이루어지듯이). 모든 것 중 가장 중요한 것은 그 과정이 반복적이고 확장적이라는 것이다. 디자이너는 진술된 문제의 해결책으로 즉시 돌입하려는 유혹에 저항한다. 대신에 그들은 처음에 어떤 기본적·근본적 논점에 주목할 필요가 있는지를 결정하는 데에 시간을 보낸다. 그들은 실재 문제를 결정할 때까지 해결책을 찾으려 하지 않으며, 그때에도 그 문제를 해결하는 대신에 그들은 멈추고 넓은 범위의 잠재적 해결책을 고려한다. 오직 그때 그들은 마지막으로 자신의 제안으로 수렴할 것이다. 이 과정은 **디자인 생각하기**(design thinking)라고 불린다.

디자인 생각하기는 디자이너의 배타적 소유물이 아니다. 모든 위대한 혁신가들은 자기도 모르게 그들이 화가이든 시인이든, 작가이든 과학자이든, 공학도이든, 경영인이든, 이것을 실행해 왔다. 그러나 디자이너는 혁신하는, 즉 기본 문제에 대해 창의적 해결책을 찾는 자신의 능력에 대해 자부심을 가지고 있기 때문에 디자인 생각하기는 현대 디자인 회사의 보증표가 되어 왔다. 디자인 생각하기에서 강력한 도구 중 두 가지는 HCD와 이중 다이아몬드 발산-수렴 디자인 모델이다.

HCD는 사람들의 필요가 충족되는 것, 그 결과인 제품이 이해 가능하고 사용성이 있는 것, 그것이 바라는 과제들을 달성하는 것 그리고 사용자의 경험이 긍정적이고 즐거운 것을 보장하는 과정이다. 효과적인 디자인은 많은 제약과 관심을 만족시킬 필요가 있으며, 모양과 형태, 비용과 효율성, 신뢰도와 효과성, 이해 가능성과 사용성, 외관의 즐거움, 소유하는 자부심 그리고 실제 사용의 즐거움이 포함된다. HCD는 이런 요건을 처리하는 절차인데, 여기에서 두 가지를 강조한다. 맞는 문제를 푸는 것과 그 일을 인간 필요와 능력에 어울리는 방식으로 하는 것이다.

시간이 지나면서 디자인에 종사하는 많은 부류의 사람과 산업이 HCD를 하는 일단의 공통 방법에 정착하게 되었다. 모든 사람은 자신이 가장 좋아하는 방법이 있지만, 모든 것은 관찰, 생성, 시제품화(prototyping) 및 시험의 네 단계를 통해 되풀이되는, 공통 주제의 변종이다. 그러나 이 주제에 우선해서 하나의 최우선 원칙이 있는데, 그것은 맞는 문제를 해결하라는 것이다.

디자인의 이 두 성분, 즉 맞는 문제를 찾기와 인간의 필요와 능력에 맞추기에서 디자인 과정의 두 국면이 생긴다. 첫째 국면은 맞는 문제를 찾는 것이며, 둘째는 맞는 해결책을 찾는 것이다. 두 국면은 모두 HCD 과정을 사용한다. 디자인에 대한 이중 국면 접근은 영국디자인위원회(British Design Council)로 하여금 이것을 '이중 다이아몬드'라고 묘사하게 했다. 이것이 우리가 이야기를 시작하는 지점이다.

디자인의 이중 다이아몬드 모형

디자이너는 종종 주어진 문제에 의심을 품는 것으로써 종종 시작한다. 그들은 문제의 범위를 확장하고, 여러 방면으로 배후에 있는 근본적 이슈를 모두 조사한다. 그다음 하나의 단일한 문제 진술로 수렴한다. 그들의 조사에서 해결 단계 동안 처음에는 가능한 해결책의 공간을 확장하는데, 이것이 발산(분기) 국면이다. 마침내 그들은 제안된 해결책([그림 6-1])으로 수렴한다. 이런 이중 발산-수렴(diverge-converge) 패턴은 2005년 영국디자인위원회에 의해 처음 도입되었는데, 이 위원회는 이것을 **이중 다이아몬드 디자인 과정 모형**(double-diamond design process model)이라고 불렀다. 디자인위원회는 디자인 과정을 네 단계로 나누었는데, 그것은 맞는 문제를 찾는 발산 국면 및 수렴 국면을 위해 '발견하라' 및 '정의하라' 단계, 맞는 해결책을 찾는 발산과 수렴 국면을 위해 '발전시켜라' 및 '전달하라' 단계다.

[그림 6-1] 디자인의 이중 다이아몬드 모형
아이디어를 갖고 시작하라. 그리고 최초의 디자인 연구를 통해 그 생각을 확장하여 근본적인 이슈들을 탐험하라. 그다음에만 실재 배후의 문제로 수렴할 때다. 마찬가지로 디자인 연구 도구들을 사용하여 다양한 해결책을 탐구하여 하나로 수렴하라(영국디자인위원회, 2005의 작업에서 약간 수정함).

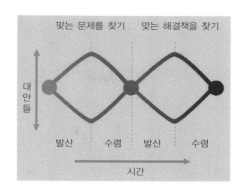

이중 발산-수렴 패턴은 문제와 해결 공간에 대한 불필요한 제약에서 디자이너를 해방시켜 주는 데 꽤 효과적이다. 그러나 디자이너에게 풀어야 할 문제를 주었는데 디자이너가 자신의 과제에 의심을 품으면서 더 깊은 이해를 위해 세계 도처를 돌아다닐 필요가 있다고 주장하는 것을 발견하게 된, 제품 관리자(product manager)에게 당신은 동감할 수 있을 것이다. 디자이너가 그 문제에 집중하기 시작할 때조차 그들은 진전을 이루는 것처럼 보이지 않지만 대신에 아주 다양한 아이디어와 생각을 개발하는데, 그중 많은 것은 얼치기이고, 또 많은 것은 분명히 실제적이지 않은 것이다. 이 모든 것은 제품 관리자에게는 다소 불안하게 보일 수 있는데, 그들은 일정을 맞추는 것에 관심을 두고 즉각적인 수렴을 보기를 원한다. 제품 관리자에게 좌절을 더하는 것은 디자이너들이 한 해결책에 수렴하기 시작하면서, 그들은 문제가 부적절하게 공식화되었으며, 전 과정이 되풀이되어야 한다(비록 이번에는 더 빨리 진행되겠지만)는 것을 깨달을 수 있다는 것이다.

이런 반복된 발산과 수렴은 해결되어야 할 올바른 문제와 최선의 해결 방법을 제대로 결정하는 데 중요하다. 혼란스럽고 잘 구조화되지 않은 것처럼 보이지만, 실제로는 잘 확립된 원칙과 절차를 따른다. 디자이너들이 사용하는, 겉보기에 무작위적이고 발산적인 방법에도 불구하고, 제품 관리자는 어떻게 전체 팀이 일정에 맞추도록 하는가? 그들의 자유로운 탐구를 격려하되, 그들이 일정(그리고 예산)의 제약을 지키도록 하라. 창의적 생각을 얻는 데 그리고 수렴에 도달하는 데 확고한 마감시간이란 것은 없다.

인간 중심 디자인 과정

이 이중 다이아몬드는 디자인의 두 국면을 묘사한다. 올바른 문제를 찾기와 인간 요구를 충족시키기가 그것이다. 그러나 이것들은 실제로 어떻게 수행되는가? 이것이 인간 중심 디자인 과정이 역할을 하는 장면이다. 이 과정은 이중 다이아몬드 발산-수렴 과정 안에서 일어난다.

인간 중심 디자인 과정에는 다음의 네 가지 다른 활동이 있다([그림 6-2] 참조).

① 관찰
② 아이디어 생성(착안)
③ 시제품화
④ 시험

이 네 가지 활동은 되풀이된다. 즉, 그것들은 계속 반복되면서 각 주기가 더 많은 통찰을 낳고, 바라는 해결책으로 더 가까이 간다. 이제 각 활동을 하나씩 살펴보자.

[그림 6-2] 인간 중심 디자인의 순환 주기
대상이 되는 표적 집단에 대해 관찰하고, 아이디어를 생성하고, 시제품을 만들고 그것들을 시험하라. 만족될 때까지 되풀이하라. 이것은 종종 (여기에 묘사된 동그라미보다) **나선형 법**이라 불리는데, 이는 단계들을 통과하는 각 순환이 나아간다는 것을 강조하는 말이다.

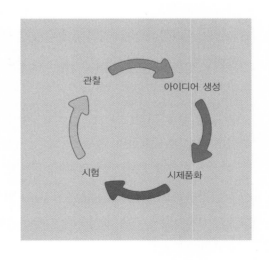

관찰

문제 자체의 본질을 이해하기 위한 최초 연구는 디자인 연구라는 분야의 한 부분이다. 이것은 고객과 고찰되고 있는 제품을 쓸 사람에 대한 연구라는 데 유의하라. 이것은 과학자들이 실험실에서 새로운 자연의 법칙을 찾으려고 할 때의 그런 연구가 아니다. 디자인 연구자들은 잠재 고객들로 가서 그들의 활동을 관찰하고, 그들의 관심, 동기 및 진정한 필요를 이해하려고 한다. 제품 디자인에서 문제의 정의는 사람들이 달성하려 하는 목표와 그들이 경험하는 장애에 대한 이런 깊은 이해에서 나올 것이다. 가장 핵심적인 기법 중 하나는 자연스러운 환경에서, 정상적 생활 속에서 디자인되고 있는 제품 혹은 서비스가 실제로 사용될 곳이면 어디에서든지, 장래의 고객을 관찰하는 것이다. 집, 학교, 사무실 등에서 그들을 관찰하라. 그들이 통근할 때, 파티에서, 식사 시간에 그리고 동네 술집에서 친구들과 있을 때 관찰하라. 필요하다면 샤워실까지 따라가라. 왜냐하면 현장과 분리된 어떤 순수한 경험이 아니라 그들이 직면하는 실제 상황을 이해하는 것이 필수이기 때문이다. 이런 기법은 **응용 민족지학**(applied ethnography)이라 불리는데, 이는 인류학 분야에서 빌려 온 방법이다. 응용 민족지학은 학구적인 인류학자들과 목표가 다르기 때문에 그들의 더 느리고, 더 체계적인 연구 중심의 관행과 다르다. 우선 디자인 연구자들은 새 제품들로 다룰 수 있는 인간 필요가 무엇인지를 결정하려는 목표를 가지고 있다. 다음으로, 제품 주기들은 일정과 예산에 의해 조종되는데, 이 둘은 학구적 연구에서 보통 수년이 걸리는 것보다 더 신속히 평가될 필요가 있다.

관찰되는 사람들이 (제품에서) 의도되는 대상자들과 들어맞는 것이 중요하다. 나이, 교육 및 수입과 같은 사람에 대한 전통적인 측정치들은 항상 중요한 것은 아니라는 것을 유의하라. 가장 중요한 것은 수행되어야 할 활동이다. 우리가 크게 다른 문화들을 살펴볼 때에도 활동은 종종 놀랍도록 유사하다. 그 결과 연구는 지역 환경과 문화가 그런 활동들을 어떻게 수정할 것인가에 민감한 동시에 활동과 그 활동이 어떻게 수행되었는가에 초점을 둘 수 있다. 비즈니스에서 널리 사용되는 제품과 같이 어떤 경우에서는 활동이 주도한다. 그래서 자동차, 컴퓨터 및 전화기들은 전 세계에서 꽤 표준화되어 있는데 그 디자인이 지원받고 있는 활동을 반영하기 때문이다.

어떤 경우에서는 대상 집단에 대한 상세한 분석이 필요하다. 일본의 십대 소녀들은 일본 (성인) 여성과 꽤 다르며, 독일의 십대 소녀들과도 매우 다르다. 제품이 이처럼 하위문화를 위해 의도된 것이라면 정확한 모집단이 연구되어야 한다. 이것을 표현하는 다른 방법은 다른 제품들은 다른 필요에 봉사한다는 것이다. 어떤 제품은 지위 혹은 집단 멤버십의 상징이다. 여기에서 제품은 유용한 기능을 수행하지만, 또한 하나의 패션이기도 하다. 이것이 한 문화의 십대가 다른 문화의 십대와 다르며, 같은 문화에서 더 어린 아동과 더 나이 든 성인과도 다른 이유다. 디자인 연구자들은 관찰의 초점을 그 제품이 의도된 시장과 사람들에게로 신중히 조절해야 한다.

제품이 그것이 디자인된 곳과 다른 나라에서 사용될 것인가? 해결책을 찾는 유일한 방법은 거기에 가 보는 것이다(항상 그 팀에 현지인을 포함시켜라). 지름길을 택해서 자기 나라에 머물면서 그 나라에서 오는 학생이나 방문객과 이야기하지 마라. 여기에서 당신이 배우는 것은 거의 표적 모집단에 대한 정확한 반영도 아니며 제안된 제품이 실제로 사용될 방법을 반영한 것도 아니다. 그 제품을 사용할 사람에 대한 직접 관찰과 그들과의 상호작용을 대체할 수 있는 것은 없다.

디자인 연구는 디자인 과정의 두 개의 다이아몬드를 지원한다. 첫째 다이아몬드는 올바른 문제를 찾는 것인데, 사람의 진정한 필요에 대한 깊은 이해를 요구한다. 한번 문제가 정의되면, 적절한 해결책을 찾기 위해 이 사람들이 자신의 활동을 어떻게 수행하는지, 그들의 능력과 이전 경험 그리고 어떤 문화적 이슈가 영향을 받을 것인지 등 대상 모집단에 대한 깊은 이해가 다시 필요하다.

디자인 연구 대 시장 연구

디자인과 마케팅은 두 개의 중요한 제품 개발 부문이다. 그 두 분야는 상보적이지만, 초점은 각각 다르다. 디자인은 사람들이 실제로 필요로 하는 것과 그들이 고려 중인 제품이나 서비스를 실제로 어떻게 쓸 것인지를 알고자 한다. 마케팅은 어떤 사람이 살 것인지를 알고자 하는데, 여기에는 그들이 어떻게 자신의 구입 결정을 내리는지를 아는 것도 포함된다. 이런 목적의 차이가 이 두 집단으로 하여금 다른 질문법을 개발하도록 이끌었다. 디자이너는 질적인 관찰법을 사용하는 경향이 있고, 이것으로 그들은 사람들을 심도 깊게 연구하고, 사람들이 어떻게 활동하는지, 여기에 개입하는 환경적 요인이 무엇인지를 이해한다. 이런 방법은 시간이 매우 많이 걸리므로, 디자이너는 보통 소수의 사람만을 조사하며, 종종 그 수는 수십 명 정도다.

마케팅은 고객에 관심을 갖는다. 어떤 사람이 이것을 구입할 것인가? 어떤 요인이 그들로 하여금 어떤 제품을 고려하고 구입하도록 유인할 것인가? 마케팅은 전통적으로 대규모의 양적인 연구를 했는데, 심층 집단(focus group) 조사 및 질문지에 크게 의존한다. 심층 집단에 속하는 수백 명의 사람과 대화하며, 질문지와 조사를 통해 수만 명의 사람에게 질문하는 것은 마케팅에서 드문 일이 아니다.

인터넷과 대규모의 자료를 평가할 수 있는 능력의 도래는 형식적·양적 시장 분석이란 새로운 방법이 생겨나게 했다. '빅 데이터(big data)' 또는 '시장 분석학(market analytics)'이라 불린다. 인기 있는 웹사이트의 경우 A/B 시험이 가능한데, 여기에서 한 제안에 대한 두 개의 잠재적 변형이 시험되는데, 무작위로 선택된 어떤 비율(아마 10퍼센트)의 방문객에게 한 종류의 웹 페이지들(A 세트)을 주고, 다른 무작위로 선택된 방문객에게는 다른 대안(B 세트)을 주는 식이다. 몇 시간 후 수십만의 방문객이 각 시험 세트에 노출될 것이며, 어느 것이 더 좋은 결과를 내는지를 쉽게 알게 된다. 더욱이 웹사이트는 사람과 그들의 행동에 대한 풍부한 정보, 즉 나이, 소득, 집과 직장의 주소, 이전 구입 내역 및 방문한 다른 웹사이트 등을 파악할 수 있다. 그런데 시장 연구에서 빅 데이터 사용의 이점은 흔히 과장된다. 결함은 사적 정보의 침해에 대한 관심 이외에 거의 주목되지 않는다. 사적 정보(privacy) 논쟁에 더해서 실제 문제는 수리적 상관관계들이 사람의 실제 필요, 그들의 요구 및 그들의 활동 이유에 대해 아무것도 말해 주지 않는다는 것이다. 그 결과, 이런 수리적 자료는 사람에 대한 잘못된 인상을 준다. 그러나 빅 데이터 및 시장 분석학의 사용은 유혹적이다. 여행도 필요 없고, 지출도 적고, 많은 숫자, 매력적인 도표 그리고 인상적인 통계치, 이 모두는 어떤 신제품을 개발할 것인가를 결정하려고 하는 경영팀에게 매우 설득적이다. 결국 당신은 무엇을 신뢰할 것인가? 멋지게 제시되고, 현란한 차트, 통계치 및 수백만의 관찰에 근거한 유의 수준*을? 아니면 최소한의 위생 시설과 빈약한 기반 시설이 갖춰진 외딴 마을에서 자고 먹고 일한, 잡다한 디자인 연구팀의 주관적인 인상을?

다른 방법들은 다른 목적을 가지고 있고 매우 다른 결과를 낳는다. 디자이너들은 마케팅으로 사용된 방법이 실제 행동을 포착하지 않았다고 불평한다. 즉, 사람들이 자신이 하고 있고 원한다고 말하는 것은 그들의 실제 행동이나 욕망과 상응하지 않는다. 마케팅 분야의 사람들은 비록 디자인 연구 방법이 깊은 통찰을 낳지만, 관찰된 사람의 수가 적은 것은 걱정거리라고 불평한다. 이에 디자이너는 전통적인 마케팅 방법이 많은 수의 사람에 대한 빈약한 통찰을 제공한다는 관찰로 응수한다.

이 논쟁은 유용하지 않다. 모든 집단이 필요하다. 고객 연구에는 교환 관계(tradeoff)가 있다. 작은 집단의 사람에게서 나온 실제 필요에 대한 깊은 통찰 대 넓은 범위와 많은 사람에게서 나온 광범하고 신뢰할 만한 구매 기록, 두 가지 모두 필요하다. 디자이너는 사람들이 실제로 필요로 하는 것을 이해한다. 마케팅은 사람들이 실제로 구입하는 것을 이해한다. 이것들은 같지 않다. 이것이 왜 두 접근이 모두 필요한가의 이유다. 마케팅과 디자인 연구자들은 상보적인 팀이 되어 함께 일해야 한다.

성공적인 제품이 되기 위한 요구 조건은 무엇인가? 첫째, 아무도 그 제품을 사지 않는다면, 그 밖의 모든 것은 무관하다. 제품 디자인은 사람들이 구입 결정을 내리는 데에서 사용하는 모든 요인을 지원해야 한다. 둘째, 한번 그 제품이 구입되고 실제로 사용되면, 그것은 실제의 필요를 지원해서 사람들이 쓰고, 이해하고, 그것에서 즐거움을 느끼도록 해야 한다. 디자인 명세는 두 요인, 즉 마케팅과 디자인, 구입하기와 사용하기를 모두 포함해야 한다. ·

---

* 통계학 용어로서 어떤 통계 값이 평균에서 벗어나 관찰되기 어려운 정도를 말한다. 집단들 간의 차이가 우연적인지 아닌지를 평가하는 데 주로 사용된다.

아이디어 생성

디자인 요구 조건이 한번 결정되면, 디자인 팀이 할 그다음 단계는 잠정적인 해결책을 만들어 내는 것이다. 이 과정은 **아이디어 생성**(idea generation) 혹은 **착안**(ideation)이라고 불린다. 이 일은 이중 다이아몬드에서 맞는 문제를 찾는 국면, 그다음 문제해결 국면 모두에서 이뤄질 것이다.

이것은 디자인에서 재미있는 부분으로 창의성이 핵심 단계다. 아이디어를 생성하는 많은 방법이 있는데, 그중 많은 것이 '브레인스토밍(brainstorming)'이란 제목 아래 들어간다. 사용된 방법이 무엇이든 다음의 두 가지 주요한 규칙을 보통 지킨다.

- **많은 아이디어를 생성하라.** 이 과정에서 너무 일찍 한두 아이디어에 고착되는 것은 위험하다.
- **제약을 고려하지 말고 창의적이 되라.** 아이디어가 자기 것이든 남의 것이든 아이디어를 비판하는 일을 피하라. 말도 안 되는, 종종 명백하게 틀린 아이디어조차 창의적인 통찰을 포함하고 있어서 나중에 추출되어 아이디어의 최종 선택 단계에 잘 사용될 수 있다. 성급한 아이디어 묵살을 피하라.

여기에 세 번째 규칙을 추가하고 싶다.

- **무엇이든 질문하라.** 나는 특히 '멍청한' 질문을 좋아한다. 멍청한 질문은 매우 기본적이어서 모든 사람이 그 답이 명백하다고 생각하는 것에 대해 질문한다. 그러나 그 질문을 심각하게 받아들일 때, 그것은 종종 심오한 것으로 드러난다. 명백한 것이 종종 전혀 명백하지 않게 된다. 우리가 명백하다고 생각하는 것은 단지 일이 항상 되어 온 방식일 뿐이며, 그것이 의심되면 우리는 실제로 그 이유를 모른다. 매우 자주 문제에 대한 해결책이 멍청한 질문을 통해, 명백한 것에 대한 질문을 통해 발견된다.

시제품화

아이디어가 타당한지를 실제로 아는 유일한 방법은 그것을 시험하는 것이다. 각각의 잠정적 해결책에 대해 재빠르게 시제품이나 모형을 만들어라. 이 과정의 초기 단계에서 모형은 연필 스케치나 스티로폼과 마분지 모형 혹은 간단한 그리기 도구들로 만든 단순 이미지가 될 수 있다. 나는 스프레드시트, 파워포인트 슬라이드 그리고 색인카드나 들러붙는 메모지에 그린 스케치로 모형들을 만들어 왔다. 때때로 아이디어는, 특히 당신이 시제품화하기 어려운 서비스나 자동화된 시스템을 개발하고 있다면, 촌극으로 가장 잘 전달된다.

하나의 인기 있는 시제품화(prototyping) 기법은 '오즈의 마법사(Wizard of Oz)'다. 라이먼 프랭크 봄(L. Frank Baum)의 고전(그리고 고전 명화)인 『오즈의 놀라운 마법사(The Wonderful Wizard of Oz)』에 나오는 마법사를 본떠서 지은 것이다. 그 마법사는 실제로는 평범한 사람일 뿐이었지만, 연기와 거울을 써서 신비하고 전능한 것처럼 보이려고 했다. 다른 말로 하면 그것은 모두 가짜였다. 마법사는 어떤 특별한 힘도 없었다.

오즈의 마법사 기법은 거대하고 강력한 시스템을 그것이 만들어지기 훨씬 전에 흉내 내는 데 쓰인다. 이것은 제품 개발의 초기 단계에서 매우 효과적일 것이다. 언젠가 나는 이 방법을 써서 제록스(Xerox)사의 팔로알토 연구센터[오늘날 이것은 간단히 팔로알토 연구소(Palo Alto Research Center) 또는 PARC라고 불린다]의 연구 팀이 디자인한 항공기 예약 시스템을 시험했다. 우리는 사람들을 샌디에이고에 있는 내 실험실로 한번에 한 명씩 데려와 작은 개별적인 방에 앉히고 그들의 여행 요구 조건을 컴퓨터에 타이프하도록 했다. 그들은 자신이 자동화된 여행 지원 프로그램과 대화 중이라고 생각했지만, 사실 내 대학원생 중 하나가 근처의 방에 앉아서 타이프된 질문을 읽고 (적절한 실제 여행 일정을 살펴보면서) 응답을 다시 타이프하여 주었다. 이 시뮬레이션은 그런 시스템에서 필요한 조건에 대해 많은 것을 가르쳐 주었다. 예를 들어, 사람들이 쓰는 문장이 우리가 시스템이 처리하도록 디자인한 것과 매우 다르다는 것을 알았다. 예를 들면, 우리가 시험했던 사람 중 한 명은 샌디에이고와 샌프란시스코 사이의 왕복 표를 요청했다. 시스템이 샌프란시스코로 가는 희망 비행 편을 결정한 뒤, 시스템은 "언제 되돌아오려고 합니까?"라고 물었다. 그 사람은 대답했다. "나는 다음 화요일에 떠나고 싶지만, 오전 9시의 첫째 수업 전에 되돌아와야 합니다." 우리는 곧 그 문장을 이해하는 것으로는 충분하지 않다는 것을 알았다. 우리는 또한 문제 해결도 해야 했는데, 공항과 약속 장소, 교통 패턴, 짐과 렌트카를 찾는 데 걸리는 시간 그리고 주차 등 그런 것에 관한 상당한 지식을 써야 했다. 이것은 우리 시스템이 할 수 있는 것 이상의 것이었다. 우리의 최초 목적은 말을 이해하는 것이었다. 그 연구는 목적이 너무 제한되어 있다는 것을 보여 주었다. 우리는 인간 활동을 이해할 필요가 있다.

문제의 명세 국면에서 시제품화는 주로 그 문제가 잘 이해되는가를 분명히 하기 위해 이뤄진다. 만일 표적 모집단이 이미 새 제품과 관련된 어떤 것을 쓰고 있다면, 그것은 하나의 시제품으로 간주할 수 있다. 그다음 디자인의 문제 해결 국면에 제안된 해결책에 대한 진정한 시제품이 요청된다.

시험

표적 모집단, 즉 제품이 목표로 하는 사람들에게 가능한 한 가깝게 일치하는 작은 집단의 사람들을 모아라. 그들이 시제품을 실제로 사용하는 방식에 가능한 한 가깝게 쓰게 하라. 만일 그 기기가 보통 한 사람에 의해 사용된다면, 한번에 한 사람씩 시험하라. 만일 그것이 보통 집단에 의해 사용된다면, 집단을 시험하라. 유일한 예외는 비록 한 사람이 사용하는 것이라 하더라도 사람들이 쌍으로, 한 사람은 시제품을 작동하고 다른 사람은 그 행위를 안내하고 그 결과를 해석함으로써 (큰 소리로) 함께 그것을 쓰도록 하는 것이 유용하다는 것이다. 이처럼 쌍을 이용하는 것은 그들로 하여금 자신의 생각, 가설 및 좌절 경험을 공개적으로 자연스럽게 토론하게 만든다. 연구 팀은 (그들이 방해받지 않도록) 시험받는 사람들 위에 앉아서 혹은 다른 방에서 비디오를 통해 관찰하면서 (그러나 비디오카메라가 보여야 하며 그 절차를 설명해 준 다음에) 관찰하고 있어야 한다. 시험을 비디오로 기록하는 것은 거기에 참석할 수 없었던 팀원들에게 나중에 보여 주는 데 그리고 검토하는 데 모두 꽤 소중하다.

연구가 끝날 때 그들의 단계를 추적하고, 그들이 자신의 행위를 상기하게 하고, 그들에게 질문함으로써 사람들의 사고 과정에 대한 더 상세한 정보를 얻어라. 때때로 기억을 일깨우기 위해 그들의 활동에 대한 비디오 기록을 그들에게 보여 주는 것이 도움이 된다.

얼마나 많은 사람이 연구되어야 하는가? 의견이 분분하지만, 동료 제이콥 닐센(Jakob Nielsen)은 오랫동안 숫자 5를 옹호해 왔다. 다섯 명의 사람을 개별적으로 연구하는 것이다. 그다음 그 결과를 연구하고 다듬고, 다섯 명의 다른 사람을 시험하는 또 다른 반복을 한다. 다섯은 보통 주요한 발견을 낳는 데 충분하다. 당신이 정말로 아주 많은 사람을 시험하고 싶다면, 다섯 명으로 한번 시험하고 그 결과를 시스템을 개선하는 데 쓰고, 그다음 당신이 원하는 수의 사람을 시험할 때까지 시험–디자인의 주기를 되풀이하는 것이 훨씬 더 효과적이다. 이것은 단 한 번이 아니라 여러 번의 반복된 개선을 이루게 한다.

시제품화와 마찬가지로 시험은 문제가 잘 이해되었는지를 분명히 하기 위해 문제 명세 국면에서 이뤄지며, 그다음 새 디자인이 그것을 사용할 사람들의 필요와 능력에 들어맞는지를 확실히 하기 위해 문제 해결 국면에서 다시 이루어진다.

반복하기

인간 중심 디자인에서 반복(iteration)의 역할은 지속적인 개선과 향상을 가능하게 한다. 이 목표는 신속 시제품화(rapid prototyping)와 시험인데, 스탠퍼드 대학교 교수이자 디자인 회사 IDEO의 공동 설립자인 데이비드 켈리(David Kelly)의 말로 하면 "자주 실패하고, 빨리 실패하라."다.

많은 이성적인 경영진(그리고 정부 관리)은 디자인 과정의 이런 측면을 결코 이해하지 못한다. 왜 실패하기 원하는가? 그들은 필요한 모든 것은 요구 조건을 결정하고, 그다음 그런 요구 조건에 맞게 만드는 것이라고 생각하는 듯이 보인다. 시험들은, 그들이 믿기에는, 그 요구 조건이 충족되는가를 분명히 하는 데 필요할 뿐이다. 바로 이러한 철학이 그렇게 많은 사용 불가능한 시스템을 낳는다. 계획적인 시험과 수정이 일을 더 잘한다. 실패는 격려되어야 하며, 실제로 그것들은 실패로 불러서는 안 된다. 그것들은 학습 경험으로 생각되어야 한다. 모든 것이 완벽하게 작동한다면 배울 수 있는 것이 거의 없다. 학습은 어려움이 있을 때 일어난다.

디자인에서 가장 어려운 부분은 요구 조건을 제대로 처리하는 것이다. 이것은 해결책이 적절할 뿐만 아니라 맞는 문제가 해결되고 있는지를 분명히 하는 것을 의미한다. 추상적인 요구 조건은 예외 없이 잘못된다. 사람들에게 그들이 필요로 하는 것을 질문해서 만들어진 요구 조건은 예외 없이 잘못된다. 요구 조건은 사람들의 자연스러운 환경에서 사람들을 관찰해서 개발된다.

사람들이 그들에게 필요한 것을 질문받을 때 그들은 먼저 일상적으로 부딪히는 문제들을 생각하고, 더 큰 실패, 더 큰 필요는 거의 알아차리지 못한다. 그들은 자신이 쓰는 주요한 방법에 대해 의심하지 않는다. 게다가 그들이 그 과제들을 어떻게 하는지를 조심스럽게 설명하고, 그다음 당신이 거꾸로 보여 줄 때 알아차렸다고 그들이 동의하더라도, 그들을 관찰하면 그들은 종종 자신이 설명한 것에서 벗어날 것이다. "왜?"라고 물으면, "오, 나는 이것을 다르게 해야 했어요." "이것은 특수한 경우예요."라고 응답할 것이다. 대부분의 경우는 '특수한' 것으로 드러난다. 특수한 경우를 허용하지 않는 시스템은 어떤 것이든 실패할 것이다.

요구 조건을 제대로 파악하기 위해서는 되풀이되는 조사와 시험, 즉 반복이 필요하다. 관찰하고 조사하라. 문제가 무엇일지를 결정하고, 시험 결과를 사용하여 디자인의 어떤 부분이 작동하고, 어떤 것이 작동하지 않는지를 판정하라. 그다음 모든 네 과정을 한 번 더 반복하라. 필요하다면 더 많은 디자인 연구를 수집하고, 더 많은 아이디어를 만들어 내고, 시제품을 발전시키고, 그것들을 시험하라.

각 주기를 거치면서 시험과 관찰은 더 초점이 맞추어지고, 더 효율적이 될 수 있다. 각 주기의 반복과 더불어 아이디어는 더 명확해지고, 명세사항은 더 잘 정의되며 시제품은 표적, 즉 실제 제품에 더 가까운 근삿값이 된다. 처음 몇 번의 반복 후에야 해결책에 대한 수렴을 시작할 때가 된다. 몇 개의 다른 시제품 아이디어가 하나로 압축될 수 있다.

그 과정은 언제 끝나는가? 이것은 일정을 맞추면서도 가능한 한 가장 높은 품질을 내놓을 필요가 있는 제품 관리자에 달려 있다. 제품 개발에서 일정과 비용은 매우 강한 제약을 주며, 수용할 수 있는 고품질 디자인에 이르는 동안 이 요구 조건을 충족시키는 것은 디자인 팀에 달려 있다. 디자인 팀에게 얼마나 많은 시간이 할당되든 마지막 결과는 마감시간 전 마지막 24시간 내에 등장하는 것처럼 보인다. (이것은 글쓰기와 비슷하다. 얼마나 많은 시간이 주어지든 마감시간 몇 시간 전에야 끝이 난다.)

활동 중심 디자인 대 인간 중심 디자인

개인에 대한 강한 집중은 제품이 실제 필요에 맞는지, 제품이 사용하기 편하고 이해될 수 있는지를 분명히 하는, 인간 중심 디자인(HCD)의 특징 중 하나다. 그러나 제품이 전 세계 사람을 대상으로 한다면? 많은 제조업체는 모든 사람을 위해 본질적으로 똑같은 제품을 만든다. 비록 자동차는 특정 나라의 요구 조건으로 인해 조금씩 수정되기도 하지만, 그것은 전 세계에 걸쳐 기본적으로 똑같다. 이 동일성이 카메라, 컴퓨터, 전화기, 태블릿, 텔레비전, 냉장고에도 사실이다. 그렇다. 거기에는 어떤 지역적 차이점이 있으나 그 차이는 매우 적다. 제품이, 예컨대 전기밥솥처럼 한 문화를 위해 특정하게 디자인되었을지라도 다른 곳에 있는 다른 문화에 의해 채택된다.

우리는 어떻게 이처럼 매우 다르고 별개인 사람들을 잘 맞추는 것처럼 보일까? 그 답은 개개의 사람이 아니라 활동에 초점을 맞추는 것이다. 나는 이것을 활동 중심 디자인(activity-centered design)이라 부른다. 활동이 제품과 구조를 정의하도록 하라. 제품의 개념 모형이 활동의 개념 모형을 중심으로 만들어지도록 하라.

왜 이것이 작동하는가? 전 세계에 걸쳐 사람들의 활동이 비슷한 경향이 있기 때문이다. 더욱이 비록 사람들은 임의적이고 이해할 수 없는 요구 조건이 있는 것처럼 보이는 시스템을 배우려 하지 않지만, 그들은 그 활동에 필수적인 것처럼 보이는 일을 기꺼이 배우려 할 것이다. 이것이 HCD의 원칙을 위반하지 않는가? 전혀 아니다. 그것을 HCD의 향상이라고 보자. 결국 활동은 사람에 의해, 사람을 위해 이뤄진다. 활동 중심 접근은 인간 중심 접근이며, 비동질적인 큰 모집단에 더 잘 들어맞는다.

기본적으로 전 세계에 걸쳐 동일한 자동차를 다시 살펴보자. 이것은 많은 행위를 요구하는데, 그 행위 중 많은 것은 활동 밖에서는 거의 의미가 없고 게다가 운전에 복잡성을 더하고, 숙달된 운전자가 되는 데 다소 긴 기간을 더한다. 차의 양편과 후방에서 일어나는 사건들을 느끼고, 아마 차에 있는 다른 사람과 대화를 유지하면서도, 발 페달 조작에 숙달하고, 조종하고, 방향 지시등을 사용하고, 조명등을 조절하고, 도로를 살필 필요가 있다. 게다가 패널에 있는 계기들은 지켜볼 필요가 있는데, 특히 냉각수 온도, 오일 압력 및 연료 눈금은 물론 속도계가 그렇다. 후방 및 측면 거울들의 위치는 눈이 상당 시간 동안 전방의 도로에서 떠나 있도록 한다.

　사람들은 그렇게 많은 하위 성분 과제를 숙달할 필요성에도 불구하고, 차 운전을 매우 성공적으로 배운다. 차와 운전 활동의 디자인을 보면 각 과제는 적절한 것처럼 보인다. 그렇다. 우리는 일을 더 잘되게 만들 수 있다. 자동 변속기는 세 번째 페달인 클러치의 필요를 없앤다. 헤드업 디스플레이(heads-up display)는 핵심 계기판과 내비게이션 정보가 운전자 앞의 공간에 표시될 수 있으며, 그것들을 주시하는 데 눈 운동이 필요 없다는 것을 의미한다(비록 이것은 주의전환을 필요로 하여 주의가 길에서 벗어나게 하지만). 어느 날 우리는 세 개의 다른 거울을, 차의 모든 면에 보이는 물체들을 하나의 이미지로 보여 주는 하나의 비디오 디스플레이로 대체할 것인데, 이것 또한 행위를 단순화해 준다. 우리는 어떻게 일이 더 잘되게 만드는가? 운전 중 진행되는 활동에 대한 세심한 연구를 통해서다.

　인간 능력에 민감한 동시에 그 활동을 지원하면 사람들은 그 디자인을 받아들이고 필요한 것은 무엇이든 배울 것이다.

과제와 활동의 차이

　한 가지 촌평을 하자면 과제와 활동 간에는 차이가 있다. 나는 활동을 위한 디자인의 필요성을 강조한다. 과제를 위한 디자인은 보통 너무 제한적이다. 한 활동은 고수준의 구조이며, 아마 '쇼핑하러 가기' 같은 것이다. 한 과제는 더 낮은 수준의 활동 성분이며, '시장으로 운전하기' '쇼핑 바구니 찾기' '구입할 것을 안내할 쇼핑 목록 사용하기' 등과 같은 것이다.

한 활동은 과제들이 모인 집합이지만, 공통의 고수준 목적을 향해 모두가 함께 수행된다. 한 과제는 단일한, 저수준의 목적을 향해 조직화되고 통일된 일단의 조작이다. 제품들은 관계되는 활동과 여러 과제 모두를 지원해야 한다. 잘 디자인된 기기들은 한 활동을 지원하는 데 필요한 여러 과제를 함께 제시하여, 그것들이 서로 매끄럽게 작동하도록 하고, 한 과제를 위해 수행된 일이 다른 과제의 요구 조건과 간섭하지 않도록 확실히 할 것이다.

활동은 위계적이어서 고수준의 활동(일하러 가는 것)에는 그 아래 수많은 저수준 활동이 있을 것이다. 다음 차례로, 저수준의 활동은 '과제'를 낳고, 과제들은 마침내 기본적인 '조작'에 의해 수행된다. 미국의 심리학자인 찰스 카버(Charles Carver)와 마이클 샤이어(Michael Scheier)는 목적은 활동을 제어하는 세 가지 기본 수준을 가지고 있다고 주장한다. 존재-목적(Be-goals)은 최상위의 가장 추상적 수준에 있으며, 한 사람의 존재를 지배하는데, 즉 왜 사람들이 행동하는지를 결정하며, 기본적이고 장기적으로 지속되며, 한 사람의 자기 이미지를 결정한다. 일상 활동에 훨씬 더 실제적인 관심사인 것은 한 수준 아래의 것, 즉 행동-목적(do-goal)인데 이것은 내가 활동의 일곱 단계에서 논의한 목적에 더 가깝다. 행동-목적은 활동을 위해 수행되어야 할 계획과 행위를 결정한다. 이 위계에서 가장 낮은 수준은 운동-목적(motor-goal)인데, 이것은 그 행위가 어떻게 수행되는지를 명시한다. 이것은 활동이라기보다 과제 및 조작의 수준에 해당한다. 독일 심리학자인 마르크 하센잘(Marc Hassenzahl)은 이 세 수준 분석이 제품들과의 상호작용에서 인간 경험[즉, 사용자 경험(user experience), 흔히 UX라 한다]의 개발과 분석에 어떻게 사용될 수 있는지를 보여 주었다.

과제에 집중하는 것은 너무 제한적이다. 음악 재생기인 아이팟(iPod)으로 애플이 성공한 것은 애플이 음악 청취에 관련된 전 활동을 지원했기 때문이다. 음악을 발견하고, 구입하고, 음악 재생기에 넣고, (공유될 수 있는) 플레이리스트를 발전시키고, 음악을 듣는 것 등을 말이다. 애플은 또한 다른 회사들이 그 시스템의 능력에 외부 스피커, 마이크 및 모든 종류의 액세서리를 추가할 수 있도록 허용했다. 애플은 음악을 집

여기저기로 보낼 수 있게 했으며, 다른 회사의 음향 시스템으로 들을 수 있게 했다. 애플의 성공은 두 가지 요인의 결합에 기인하였다. 즉, 뛰어난 디자인 더하기 음악 향유의 전 활동에 대한 지원이다.

개인을 위한 디자인과 그 결과는 대상이 되는 사람에게는 경이적일 수 있지만, 다른 사람에게는 부적합한 것일 수 있다. 활동을 위한 디자인과 그 결과는 모든 사람이 사용할 수 있을 것이다. 주요한 이득은 만약 그 디자인 요구 조건이 자신의 활동과 일치한다면, 사람들은 복잡성과 새로운 것을 배워야 하는 요구 조건을 감내할 것이다. 복잡성 및 배워야 할 새로운 일이 그 과제에 적합하다고 느끼는 한, 그것들은 자연스럽게 느껴지고 타당해 보일 것이다.

반복적 디자인 대 직선적 단계

전통적인 디자인 과정은 선형적이며, 때때로 **폭포법**(waterfall method)이라 불린다. 이는 전개가 단일 방향으로 이뤄지기 때문이며, 한번 결정이 내려지면 되돌아가는 것은 어렵거나 불가능하다. 이것은 인간 중심 디자인의 반복적 방법과 대비되는데, 여기에서 그 과정은 순환적이며, 계속 개선되고, 지속적으로 변하고, 역추적을 격려하고, 초기 결정을 다시 생각한다. 많은 소프트웨어 개발자들은 이 주제에 대한 여러 변형을 가지고 실험하는데, 스크럼(Scrum)이나 애자일(Agile)과 같은 이름으로 다양하게 불린다.

선형적 과정과 폭포법은 논리적으로 타당하다. 디자인 연구가 디자인에 선행하고, 디자인은 공학적 개발에 선행하고, 공학은 제조에 선행하고 등등은 의미가 있다. 반복은 문제의 진술과 요구 조건을 명확히 하는 것을 도와주는 데 의미가 있다. 그러나 프로젝트가 거대해서 상당한 인력과 시간 및 예산이 포함될 때, 반복이 너무 오랫동안 지속되면 비용이 끔찍스럽게 많이 지출될 것이다. 다른 한편, 반복 개발의 지지자들은 너무 많은 프로젝트 팀이 나중에는 잘못된 것으로 밝혀지는 요구 조건을 개발하는 데 돌입하여 그 결과로 막대한 돈을 허비하는 것을 종종 보아 왔다. 수많은 대형 프로젝트는 수십억 달러의 비용을 치르고도 실패하였다.

가장 전통적인 폭포법을 **관문법**이라 부르는데, 이 방법은 직선적인 국면이나 단계의 집합을 가지고 있고, 각 관문은 한 단계에서 다음 단계로 전환하는 것을 차단한다. 관문은 경영진의 검토인데, 여기에서 진전 상황이 평가되며 그다음 단계로 나아가는 결정이 이뤄진다.

어떤 방법이 우월한가? 격렬한 논쟁이 있는 경우에 예외가 없듯이 둘 다 이점이 있고 둘 다 결점이 있다. 디자인에서 가장 어려운 활동 중 하나는 명세 사항을 제대로 하는 것이다. 다른 말로 하면, 맞는 문제가 해결되고 있다고 판정하는 것이다. 반복법은 빡빡한 명세 사항의 형성을 미루도록 디자인되는데, 그 방법은 수렴하기 전에 가능한 요구 조건과 문제 진술로 된 큰 집합에 걸쳐서 확산하고, 그다음 다시 수렴하기 전에 많은 잠정적 해결책에 걸쳐 확산하는 것에서부터 시작하기 때문이다. 초기의 시제품들은 요구 조건을 개선하기 위해 표적 모집단과의 실제 상호작용을 통해 시험되어야 한다.

그러나 반복법은 제품 디자인의 후기 단계들이 아니라 초기 국면에 가장 잘 들어맞는다. 그것은 또한 대형 프로젝트를 다루기 위해 그 절차를 조정하는 데 어려움이 있다. 수백 명 혹은 수천 명의 개발자가 필요하고, 완료하는 데 수년이 걸리며, 수백만 혹은 수십억 달러가 드는 프로젝트에서 성공적으로 사용하는 것은 극히 어렵다. 이런 대형 프로젝트에는 자동차, 컴퓨터 운영 시스템, 태블릿 및 전화기 그리고 문장 편집기 및 스프레드 시트 등과 같은 복잡한 소비재 및 막대한 프로그래밍 일이 포함된다.

결정 관문은 그 과정에 대해 경영진에게 반복법보다 더 좋은 통제를 할 수 있도록 한다. 그러나 그것들은 번거롭다. 관문의 각각에서 경영진의 검토는 그것을 위한 준비와 그다음 프레젠테이션 후 결정 기간 모두에서 상당한 시간을 소요할 수 있다. 발언권을 갖기를 원하는 회사의 여러 부문에서 온 고위 경영진들의 일정을 정하는 어려움 때문에도 여러 주가 낭비될 수 있다.

여러 집단이 제품 개발 과정을 관리하는 여러 방법을 실험하고 있다. 가장 좋은 방법은 반복과 단계 검토 모두의 이점을 결합하는 것이다. 반복은 관문 간, 즉 단계 안에서 일어난다. 목적은 두 세계의 최상 방법을 모두 갖는 것이다. 즉, 문제와 해결책을 개선하기 위한 반복적인 실험법을, 관문에서의 경영진 검토와 짝짓기 하는 것이다.

그 비결은 일정, 예산 및 품질에 대한 엄격한 통제를 계속 유지하면서 신속하게 적용된 시제품에 대해 어떤 반복적인 시험이 이뤄질 때까지 제품 요구 조건에 대한 정밀한 명세를 미루는 것이다. 어떤 대형 프로젝트(예: 대규모 수송 시스템)를 시제품화하는 것은 불가능해 보일 수 있지만 거기에도 상당한 것이 이뤄질 수 있다. 시제품은 모형 제작자 또는 3D 인쇄법에 의해 만들어진 축소된 물체들이 될 수 있다. 잘 연출된 그림과 만화 비디오나 단순한 애니메이션 스케치조차 유용할 수 있다. 가상현실 컴퓨터 보조 장치들은 사람들이 최종 제품을 사용한다고 상상하는 것을, 빌딩의 경우 그 안에서 살고 일한다고 상상하는 것을 가능하게 해 준다. 이런 방법 모두 많은 시간이나 돈이 지출되기 전에 신속한 피드백을 제공할 수 있다.

복잡한 제품의 개발에서 가장 어려운 부분은 관리, 즉 많은 다른 사람들, 집단들 그리고 관리가 일어나게끔 요구하는 여러 부서를 조직하고 의사를 소통시키고 시간을 맞추는 일이다. 대형 프로젝트는 특히 어려운데, 많은 다른 사람들과 집단들을 관리하는 문제 때문이 아니라, 프로젝트의 긴 시간 범위가 새로운 어려움을 도입하기 때문이다. 프로젝트 형성에서 완료까지 가는 데에 걸리는 수년 동안 아마도 요구 조건과 기술이 변화해서, 제안된 일 중 일부는 무관하거나 낡은 것이 될 것이다. 그 결과를 사용할 사람들도 크게 변할 것이다. 그리고 그 프로젝트 수행에 관련된 사람들도 분명히 변할 것이다.

어떤 사람은 질병이나 상해, 은퇴나 승진 때문에 그 프로젝트를 떠날 것이다. 어떤 사람들은 회사를 옮길 것이고, 어떤 사람은 같은 회사의 다른 업무로 옮길 것이다. 그 이유가 무엇이든 대체 인력을 찾고 그다음 그들을 필요로 하는 충분한 지식과 기술 수준에 이르도록 키우는 데 상당한 시간이 손실된다. 때때로 이것은 가능하지도 않은데, 프로젝트 결정과 방법에 관한 핵심 지식은 우리가 암묵 지식(implicit knowledge)이라 부르는 형태로, 즉 작업자의 머리 안에 있기 때문이다. 작업자들이 떠날 때 그들의 암묵 지식도 그들과 함께 간다. 거대한 프로젝트의 관리는 어려운 도전이다.

방금 내가 말한 것?
실제로 그런 식으로 작동하지 않아

이전 절은 제품 개발을 위한 인간 중심 디자인(HCD) 과정을 기술하였다. 그러나 이론과 실천 간의 차이에 대한 오래된 농담이 있다.

> 이론에서는 이론과 실제 사이에 아무 차이가 없다.
> 실제로는, 차이가 있다.

HCD 과정은 이상적인 것을 기술한다. 그러나 비즈니스 내의 삶의 실제는 사람들에게 그 이상과 꽤 다르게 행동하도록 강요한다. 소비자 제품 회사의 디자인 팀에서 환멸을 느낀 사람이, 그의 회사는 사용자 경험을 믿고 HCD를 따른다고 고백하지만, 실제로는 새 제품을 위한 두 가지 동인만이 있을 뿐이라고 나에게 알려 주었다.

① 경쟁(업체)에 맞서기 위해 특징을 추가하기
② 새 기술이 주도하는 어떤 특징을 추가하기

"우리가 인간이 필요로 하는 것을 찾는가?"라고 그는 비꼬듯이 물었다. 그리고 "아니."라고 스스로에게 답했다.

이것이 전형적이다. 시장 주도적인 압력 더하기 공학 주도적인 회사는 늘 증가하는 특징과 복잡성, 혼동을 낳는다. 그러나 인간 필요를 찾으려고 의도하는 회사조차도 제품 개발 과정의 심각한 도전, 특히 불충분한 시간과 돈의 도전에 의해 좌절된다. 나는 많은 제품이 이런 난제에 굴복하는 것을 목격해 왔기에 '제품 개발의 법칙'을 제안한다.

제품 개발에 대한 돈 노먼의 법칙

> 어떤 제품 개발 과정이 시작하는 날, 그것은 이미 일정에 뒤처졌으며 예산을 초과한다.

제품 출시에는 항상 일정과 예산 문제가 수반된다. 보통 일정 결정은 외적 고려사항, 휴일, 특별 제품 발표 기회 및 공장 일정에 의해서도 주도된다. 내가 작업한 적이 있는 한 제품은 4주라는 비현실적인 마감시한이 주어졌다. 왜냐하면 그 후 스페인에 있는 공장이 휴가에 들어갈 것이고 노동자들이 돌아올 때까지 기다리면, 크리스마스 구매 시즌에 맞추어 제품을 출시하기에는 너무 늦기 때문이었다.

게다가 제품 개발은 시작하는 데조차 시간이 든다. 사람들은 할 일도 없이 둘러앉아서 제품과 관련해서 불러 주기를 기다리고 있지 않는다. 그렇다. 그들은 소환되어야 하고, 점검되어야 하고, 그다음 현재 직무에서 전환되어야 한다. 이것 모두가 거의 일정에 잡히지 않는 시간이 잡아먹는다.

그래서 새 제품에 대해 작업할 것이라고 들은 디자인 팀을 상상해 보라. "굉장하군." 하고 팀은 외친다. "곧 표적 고객들을 연구하기 위해 우리 디자인 연구자들을 파견할 거야." 제품 관리자가 묻는다. "얼마나 오래 걸릴까?" "오, 곧 할 수 있어. 약속 잡는 데에 한두 주, 그다음 현장에서 이 주일, 아마 발견을 정리하는 데 일 주일. 그래서 네다섯 주." 제품 관리자는 말한다. "미안해, 우리는 시간이 없어. 그 문제와 관련해서 한 팀을 2주나 현장에 파견할 예산이 없어." "그러나 고객을 정말로 이해하길 원한다면 현장 파견은 꼭 필요해."라고 디자인 팀은 주장한다. "당신 말이 맞아."라고 제품 관리자는 말한다. "그렇지만 우리는 일정에 뒤처졌어. 시간이나 돈을 더 들일 수 없어. 다음번, 다음번엔 제대로 할 거야." 다음번이 결코 없다는 것을 제외하고, 왜냐하면 다음번이 돌아올 때, 같은 논쟁이 반복되기 때문에 제품 개발은 역시나 일정에 뒤처지고 예산을 초과하게 된다.

제품 개발은 디자이너부터 엔지니어들 및 프로그래머들, 제조, 포장, 판매, 마케팅 및 서비스에 이르기까지 여러 분야의 놀라운 혼합을 필요로 한다. 제품은 새로운 고객들로 확장되는 것은 물론 현재의 고객 기반에도 호소력을 가져야 한다. 특허는 디자이너와 엔지니어에게 지뢰밭인데, 오늘날 특허와 충돌하지 않는 어떤 것을 디자인하거나 만드는 것은 거의 불가능하기 때문이다. 즉, 지뢰밭을 헤쳐 나가기 위한 재디자인이 필요하다.

개별 분과 각각은 제품에 대해 견해가 다르며, 각각은 충족해야 할, 다르지만 특정한 요구 조건을 가지고 있다. 종종 각 분과에 의해 제기되는 요구 조건이 모순적이거나 다른 분과들의 요구 조건과 조화될 수 없다. 그러나 그 모든 것이 자기들 각각의 관점에서 보면 옳다. 그러나 대부분의 회사에서 그 분과들은 따로 일하며, 디자인(팀)은 그 결과를 공학과 프로그래밍 분야로 보내며, 이들은 그 요구 조건을 자신의 필요에 맞추어 수정한다. 그다음 그들이 자신의 결과를 제조 분야로 넘기면 여기에서는 추가적인 수정을 하고, 그다음 마케팅 분야는 변경을 요구한다. 엉망진창이다.

해결책은 무엇인가?

시간 부족 사태로 훌륭한 선도적 디자인 연구를 할 수 없는데, 이를 처리하는 방법은 그 과정을 제품 팀과 분리하는 것이다. 디자인 연구자들은 항상 현장에 나가 있도록 하고, 항상 잠정적 제품과 고객을 연구하라. 그다음 제품 팀이 꾸려질 때, 디자이너는 "우리는 이미 이런 사례를 조사했고, 여기 우리의 권고사항이 있다."고 말할 수 있을 것이다. 같은 주장이 시장 연구자에게도 적용된다.

분과의 충돌은 다분야적인(multidisciplinary) 팀들에 의해 해결될 수 있는데, 그 참가자들은 서로의 요구 조건을 이해하고 존중하는 것을 배운다. 좋은 제품 개발 팀은 조화로운 집단으로 일하며, 모든 관련 분과의 대표자들이 항상 참여한다. 만일 모든 관점과 요구 조건이 모든 참가자에 의해 이해될 수 있다면, 이슈의 대부분을 만족시키는 창의적인 해결책을 생각하는 것도 종종 가능하다. 이 팀들과의 작업 또한 하나의 도전이라는 것을 주목하라. 모든 사람이 각기 다른 전문어를 말한다. 각 분과는 그것이 그 과정의 가장 중요한 부분이라고 생각한다. 꽤 자주 각 분과는 다른 분과들은 멍청하며, 어리석은 요구를 하고 있다고 생각한다. 상호 이해와 존경을 만들어 내기 위해서는 숙련된 제품 관리자가 필요하다. 그렇게 될 수 있다.

이중 다이아몬드와 HCD 과정에 의해 묘사된 디자인 실제는 이상적인 것이다. 그 이상은 실제에서 거의 충족되지 않을지라도, 이상을 목표로 하되, 시간과 예산의 도전에 대해 현실적이 되는 것이 좋다. 이것들이 인식되고 그 과정에 포함되어 디자인될 때에만 이런 것들은 극복될 수 있다. 다분야적 팀들은 향상된 의사소통과 협동을 가능하게 하는데, 종종 시간과 돈 모두를 절약하게 해 준다.

디자인 도전

좋은 디자인을 하는 것은 어렵다. 이것이 강력하고 효과적일 수 있는 결과를 다루는 그런 다채롭고, 매력적인 직업이 있는 이유다. 디자이너는 복잡한 일을 어떻게 처리할지, 기술과 사람의 상호작용을 어떻게 다룰지를 알아내라는 요구를 받는다. 좋은 디자이너는 재빠른 학습자들이다. 왜냐하면 그들은 오늘 카메라를 디자인해 달라고 부탁받는다면, 내일은 운송 시스템이나 회사의 조직 구조를 디자인해 달라고 부탁받을 수 있기 때문이다. 한 사람이 그렇게 다른 영역에 걸쳐서 어떻게 일할 수 있는가? 사람을 위한 디자인의 기본 원칙이 모든 영역에 걸쳐 똑같기 때문이다. 사람들은 같으며, 그래서 디자인 원칙도 같다.

디자이너는 제품 생산에 관련된 복잡한 연쇄 과정과 여러 직종 중 단지 한 부분이다. 비록 이 책의 주제가 그 제품을 최종적으로 쓰는 사람들의 필요를 충족시키는 것의 중요성을 보이는 것이지만, 제품의 다른 측면도 중요하다. 예를 들면, 그것의 공학적 효과성인데, 여기에는 성능, 신뢰도 및 내구성(serviceability), 비용 그리고 보통 이익 가능성을 뜻하는 재정적 성공 가능성 등이 포함된다. 사람들이 그것을 살까? 이런 측면 중 각각이 그 자체의 요구 조건을 제기한다. 때때로 이것들은 다른 측면의 요구 조건과 대립하는 것처럼 보인다. 일정과 예산은 종종 가장 심각한 제약이다.

디자이너는 사람들의 진정한 필요를 판정하고 그것들을 충족시키려고 애쓰는 반면, 마케팅은 사람들이 실제로 구입할 것이 무엇인지를 판정하는 데 관심이 있다. 어떤 사람이 필요로 하며 그들이 무엇을 사는지는 두 가지 다른 일이지만, 둘 다 중요하다. 아무도 사지 않는다면 그 제품이 얼마나 훌륭한지는 중요하지 않다. 마찬가지로 한 회사의 제품이 이익을 내지 못하면, 회사가 업계에서 퇴출되는 것은 무리가 아닐 것이다. 역기능적인 회사들에서 회사의 각 부문은 다른 부문에 의해 제품에 더해진 가치에 대해 회의적이다.

제대로 돌아가는 조직에서는 제품 주기(cycle)의 여러 국면과 관련해서 모이는 팀원들이 그들의 요구 조건을 공유하기 위해, 그들을 만족시키는, 아니면 적어도 수용할 만한 타협을 하는 제품을 디자인하고 생산하기 위해 조화롭게 일하기 위해 모인다. 역기능적인 회사들에서는 각 팀이 따로따로 일하고, 종종 다른 팀들과 싸우며, 종종 자신의 디자인과 명세 사항이, 각 팀이 보기에 타당하지 않은 방식으로 다른 팀들에 의해 변경되는 것을 본다. 좋은 제품을 생산하는 것은 좋은 전문 기술보다 한참 그 이상의 것을 필요로 한다. 그것은 조화롭고 부드럽게 기능하며, 협동적이고 존중하는 조직이 필요하다.

디자인 과정은 수많은 제약을 다루어야 한다. 다음 절에서 나는 이와 관련된 여러 요인을 살펴본다.

제품에는 여러 갈등적 요구사항이 있다

디자이너는 고객을 만족시켜야 하는데, 이들 고객이 항상 최종 사용자인 것은 아니다. 난로, 냉장고, 식기세척기, 세탁기, 건조기, 수도꼭지, 난방 및 에어컨의 온도 조절 장치와 같은 주요한 집 안 설비를 생각해 보자. 이것들은 보통 주택업자나 집 주인이 구입한다. 사업체에서는 큰 회사의 경우, 자재부에서 구매를 결정하고 작은 회사에서는 주인이나 관리자가 구매를 결정한다. 어떤 경우이건 구매자는 주로 가격에 관심이 있다. 물론 크기, 외관에도 관심이 있겠지만, 사용(편의)성에는 거의 관심이 없다. 기기들이 구입되어 설치되고 나면, 구매자는 더 이상 그것에 관심이 없다. 제조업자는 주로 이런 의사 결정자의 요구 조건에 주의를 줘야 하는데, 이들이 실제로 제품을 사는 사람들이기 때문이다. 그렇다. 최종 사용자의 필요는 중요하지만, 비즈니스에서는 이차적으로 중요한 듯이 보인다.

어떤 상황에서는 비용이 최우선이 된다. 예를 들어, 당신이 회사 복사기의 디자인 팀원이라고 가정하자. 큰 회사에서 복사기는 인쇄 및 복사 센터에서 구매하여 각 부서에 분배한다. 이 복사기들은 공식적인 '견적서'가 제조업자나 대리점에 발송된 다음 구매된 것이다. 선택 기준은 거의 항상 가격과 요구되는 특징 목록에 기반을 둔다. 사용성? 고려되지 않는다. 훈련 비용? 고려되지 않는다. 유지 비용? 고려되지 않는다. 제품의 이해 가능성이나 사용성과 관련된 어떤 요구 조건도 없다. 비록 결국에는 제품의 그런 측면이 낭비된 시간, 서비스 호출 및 훈련의 증가 필요 및 더 낮아진 직원들의 도덕성과 생산성 등에서 볼 때 회사에 더 많은 돈을 들게 만드는 것으로 끝난다 하더라도 말이다.

판매가에 대한 집중은 우리가 일터에서 사용하기 힘든 복사기와 전화 시스템을 갖게 되는 이유다. 사람들이 충분히 강하게 불평하면, 사용성이 구매의 명세 조건에서 중요한 요건이 될 수 있으며, 그런 요구는 디자이너에게 거꾸로 영향을 미칠 것이다. 그러나 이런 피드백이 없다면, 디자이너는 종종 가능한 한 가장 싼 제품을 디자인할 것인데, 왜냐하면 그것이 팔리는 것이기 때문이다. 디자이너는 고객들을 이해할 필요가 있는데, 많은 경우에 그 고객은 제품을 실제로 쓰는 사람이 아니라 그 제품을 구입하는 사람이다. 그것을 쓰는 사람들을 연구하는 것 못지않게 구입하는 사람들을 연구하는 것도 마찬가지로 중요하다.

문제를 한층 더 어렵게 하는 것은 또 다른 집합의 사람들을 고려해야 한다는 것이다. 디자인 팀의 아이디어를 실제로 옮겨야 하는 엔지니어들, 개발자들, 제조 · 서비스 · 판매 · 마케팅 사람들, 그리고 그다음 제품이 발송된 다음 판매하고 지원하는 사람들이다. 이 집단도 제품 그 자체가 아니라 디자인 팀의 결과물의 사용자다. 디자이너들은 제품 사용자들의 필요에 맞추는 데에는 익숙하지만, 제품 과정에 관련되는 다른 집단의 필요를 거의 고려하지 않는다. 그러나 그들의 필요가 고려되지 않는다면, 제품 개발이 디자인에서 엔지니어링으로, 마케팅으로, 제조로 가는 과정을 거쳐 움직이면서 각 새 집단은 그것이 자신의 필요에 들어맞지 않는다는 것을 발견하고, 그것을 바꿀 것이다. 그러나 부분적인 사후 변화는 예외 없이 제품의 통일성을 약화시킨다. 만일 이 모든 요구 조건이 디자인 과정 처음에 알려졌다면, 훨씬 더 만족스러운 해결책이 고안될 수 있을 것이다.

보통 회사의 여러 부문에는 회사에 가장 좋은 것을 하려고 애쓰는 똑똑한 사람들이 있다. 그들이 디자인에 변화를 주려고 할 때, 그 이유는 그들의 요구 조건이 적절하게 처리되지 않기 때문이다. 그들의 관심사와 필요는 정당하지만, 이런 식으로 도입되는 변화는 거의 항상 해롭다. 이것에 대응하는 가장 좋은 방법은 모든 부서의 대표자들이 디자인의 전 과정, 제품 출시 결정에서 시작해서 고객에게로의 발송, 서비스 요구 조건 및 수리와 환불에 이르기까지 전 과정에 계속 참여하는 것을 분명히 하는 것이다. 이 방법에서는 모든 관심사가 발견되자마자 알려질 수 있다. 디자인의 전 과정, 엔지니어링 및 제조 과정을 감독하는 다분야적 팀이 있어야 하고, 이 팀이 모든 부서의 이슈와 관심사를 첫째 날부터 공유하고, 그래서 모든 사람이 그들을 만족시키도록 디자인할 수 있도록 해야 하며, 갈등이 일어날 때 집단이 함께 가장 만족스러운 해결책을 결정할 수 있어야 한다. 슬프게도, 이런 식으로 조직된 회사는 드물다.

디자인은 복잡한 활동이다. 그러나 이 복잡한 과정이 함께하는 유일한 방법은 모든 관련 당사자들이 한 팀으로 함께 일하는 것이다. 그것은 엔지니어링에 거슬리는, 마케팅에 거슬리는, 제조에 거슬리는 디자인이 아니다. 이 모든 다른 참여자들과 함께하는 디자인이다. 디자인은 판매와 마케팅, 서비스와 헬프 데스크, 엔지니어링과 제조, 비용과 일정을 고려해야 한다. 이것이 디자인이 그렇게 도전적인 이유다. 이것이 성공적인 제품을 만드는 데 모든 것이 함께할 때 디자인이 그렇게 재미있고 보람 있는 이유다.

특정인을 위한 디자인

평균적인 사람이란 없다. 이것은 보통 모든 사람에게 맞는 하나의 디자인을 제안해야 하는 디자이너에게 특별한 문제를 제기한다. 디자이너는 편람에서, 평균적인 팔의 길이, 앉은키, 앉은 채로 얼마만큼 뒤로 젖힐 수 있는지, 평균적인 엉덩이, 무릎, 팔꿈치를 위해 얼마만큼의 공간이 필요한지를 보여 주는 표를 참조할 수 있다. **인체 측정학**(anthropometry)이 이 분야를 부르는 이름이다. 이런 자료를 참고하여 디자이너는 거의 모든 사람, 즉 90 혹은 95퍼센트나 99퍼센트에 해당하는 사람에게 맞는 크기 요구 조건을 충족시키려 할 수 있다. 그 제품이 95퍼센트의 사람들에게, 즉 더 작거나 더 큰 5퍼센트의 사람들을 제외한, 모든 사람에게 맞도록 디자인되었다고 가정해 보자. 이것은 많은 사람을 내버려 둔다. 미국은 대략 3억의 인구를 가지고 있으므로, 5퍼센트는 천오백만 명이다. 디자인이 99퍼센트를 대상으로 하더라도, 여전히 3백만 명이 남겨질 것이다. 이것은 단지 미국의 경우만 따진 것이다. 세계에는 70억의 인구가 있다. 세계의 99퍼센트를 위한 디자인은 7천만 명의 사람을 남기게 된다.

어떤 문제는 조정이나 평균으로 해결되지 않는다. 왼손잡이와 오른손잡이를 평균하면 무엇을 얻는가? 때때로 모든 사람에게 맞는 하나의 제품을 만드는 것은 불가능하므로, 그 답은 그 제품의 여러 버전을 만드는 것이다. 어쨌든 우리는 단지 한 사이즈와 한 종류의 옷을 파는 가게에 만족하지 않을 것이다. 우리는 우리 몸에 맞는 옷을 기대하며, 사람들의 몸 크기는 범위가 매우 넓다. 우리가 옷 가게에서 매우 다양한 상품을 발견하기를 기대하는 것은 모든 사람과 활동에 적용하기 위해서가 아니다. 우리가 광범한 범위의 요리 기구, 자동차 및 도구를 기대하는 것은 우리 요구 조건에 정확하게 어울리는 것을 선택하기 위해서다. 한 기기는 모든 사람을 위해 쓸모 있을 수가 없다. 연필같이 간단한 도구조차 여러 활동과 여러 유형의 사람을 위해 다르게 디자인될 필요가 있다.

노인 및 병약자, 장애인, 맹인이나 준맹인, 농인이나 청력이 약한 사람, 키가 매우 작거나 매우 큰 사람, 다른 말을 쓰는 사람 등의 특수한 문제를 고려해 보라. 흥미와 숙련 수준을 고려해서 디자인하라. 지나치게 일반적인, 부정확한 고정 관념의 덫에 갇히지 마라. 나는 다음 절에서 이 집단들을 다시 다룰 것이다.

낙인 문제

"나는 보호 시설에 들어가고 싶지 않다. 나는 노인들에게 둘러싸여
있어야 할 텐데(95세 노인의 촌평)."

특정 어려움을 가진 사람을 돕기 위해 디자인된 많은 기기가 실패한다. 그것들은 잘 디자인될 수 있고 문제를 해결할 수도 있지만, 의도된 사용자에 의해 거부된다. 왜? 대부분의 사람은 자신의 병약함을 광고하기를 바라지 않는다. 실제로 많은 사람은 병약하다는 것을 인정하고 싶어 하지 않는다.

샘 파버(Sam Farber)가 관절염을 앓고 있는 아내가 쓸 수 있는 일단의 가재도구를 개발하려고 했을 때, 그는 모든 사람에게 좋은 해결책을 찾기 위해 열심히 애썼다. 그 결과로 이 분야를 혁신시킨 일련의 도구들이 나왔다. 예를 들어, 채소 껍질 벗기는 칼은 싸고, 간단한 금속 도구로, [그림 6-3]의 왼쪽에 보이는 형태였다. 이것들은 쓰기에 어색했으며, 쥐기 어려웠고, 껍질 벗기는 데 그렇게 효과적이지도 않았지만, 모든 사람이 이것이 당연한 모양이라고 가정했다.

상당한 연구 후에 파버는 [그림 6-3]의 오른쪽에 보이는 껍질 벗기개로 안착했고, 그것을 제조하고 보급하기 위해 OXO라는 회사를 차렸다. 그 껍질 벗기개는 관절염을 가진 누군가를 위해 디자인되었지만, 그것은 모든 사람을 위해 더 좋은 껍질 벗기개로 광고되었다. 사실 그랬다. 비록 그 디자인이 보통의 껍질 벗기개보다 더 비쌌지만, 대성공이었으며, 오늘날 많은 회사가 이 주제로 여러 변형을 만든다. 당신은 OXO 껍질 벗기개가 혁신적이라고 보기 힘들지 모르겠다. 오늘날 많은 회사가 이런 칼날틀을 따랐기 때문이다. 디자인은 [그림 6-3]의 중앙에 있는 껍질 벗기개가 보여 주듯이 껍질 벗기개와 같은 간단한 도구에서조차 주요한 주제가 되고 있다.

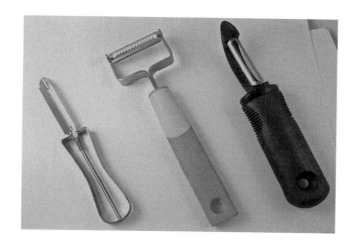

[그림 6-3] 세 가지 껍질 벗기개 채소 껍질 벗기는 전통적인 금속 칼이 왼쪽에 보인다. 싸지만 불편하다. 이 산업을 혁신시킨 OXO 의 껍질 벗기개가 오른 쪽에 보인다. 이 혁명 의 결과는 가운데에 보 이는데, 스위스 회사인 Kuhn Rikon의 껍질 벗 기개로, 색도 화려하고 편하다.

OXO 껍질 벗기개에 대한 특별한 두 가지를 생각해 보자. 비용과 병약한 누군가를 위한 디자인이다. 비용? 원래의 껍질 벗기개는 매우 싼 것이었으므로 그것보다 몇 배로 비싼 껍질 벗기개도 여전히 싸다. 관절염이 있는 사람들을 위한 특별한 디자인은 어떤가? 그들을 위한 이점은 결코 언급되지 않았는데, 그들은 어떻게 이것을 찾았는가? OXO는 옳은 일을 했고 세계가 이것이 더 나은 제품이라는 것을 알렸다. 그리고 세계는 이를 주목했고 이것은 성공을 거두었다. 더 좋은 손잡이가 필요했던 사람들에 관해서는? 세계가 그것을 퍼뜨리는 데에 오랜 시간이 걸리지 않았다. 오늘날 많은 회사가 OXO의 길을 따랐으며, 매우 잘 작동하고 편하고 다채로운 껍질 벗기개를 생산한다. [그림 6-3]을 보라.

당신은 보행기, 휠체어, 목발 또는 지팡이를 쓰는가? 많은 사람은 이것들을 필요로 하면서도 피하는데, 그것들이 주는 부정적인 이미지 때문이다. 왜? 수년 전 지팡이는 유행이었다. 그것들이 필요하지 않은 사람도 빙글빙글 돌리거나 그것으로 가리키거나 브랜디나 위스키를 숨기거나 손잡이 안에 칼이나 총을 숨기면서, 어쨌든 그것들을 쓰곤 했다. 19세기 런던을 묘사하는 어떤 영화이든 보기만 하라. 필요한 사람들이 있는 그런 기기들이 왜 오늘날에는 세련되고 유행하는 것이 될 수 없는가?

노인을 돕기 위해 만들어진 기기 중 가장 기피되는 것은 아마도 보행기일 것이다.

이러한 기기 대부분은 못생겼다. 그것들은 "장애가 여기 있다."고 외친다. 왜 그것들을 자부할 수 있는 제품들로 변형시키지 않는가? 패션이 중요할 것이다. 이런 사고는 어떤 의료 장비에는 이미 시작되었다. 어떤 회사들은 아이들과 성인들을 위해 이 연령 집단에 호소력이 있는 특수한 색과 스타일의 보청기와 안경을 만들고 있다. 패션 액세서리로 말이다. 왜 그러면 안 되는가?

젊다고 이를 비웃지 마라. 신체장애는 이십대 중반에 일찍 시작할 수도 있다. 사십대 중반에 이르면, 대부분의 사람의 눈은 모든 거리에 초점을 맞추기 어려워져 이를 보완할 어떤 것이, 그것이 독서 안경이든, 다초점 안경이든, 특수한 콘택트렌즈이든 혹은 외과적 교정이든 간에 필요하다.

팔십대나 구십대에 있는 많은 사람이 여전히 양호한 정신적·신체적 상태에 있고, 그동안의 세월에 축적된 지혜로 많은 과제에서 우수한 수행을 보일 것이다. 그러나 신체 강도와 민첩성은 떨어지며, 반응 시간은 늦어지고, 시력과 청력은 장애를 보이며, 이와 더불어 주의 분할하는 능력과 경쟁하는 과제 간에 빨리 전환하는 능력이 떨어진다.

나이가 드는 것에 대해 생각 중인 사람에게 내가 일깨워 줄 수 있는 것은 비록 신체 능력은 나이와 더불어 감소하지만, 많은 정신적 능력, 특히 경험의 전문적인 축적, 깊은 숙고 및 향상된 지식에 의존하는 능력은 계속 향상된다는 것이다. 더 젊은 사람은 더 민첩하고, 더 실험해 보고 위험을 택하려 한다. 더 나이 든 사람은 더 많은 지식과 지혜를 가지고 있다. 세계는 (둘의) 혼합을 통해 이익을 얻는데, 디자인 팀도 마찬가지다.

특수한 필요를 가진 사람들을 위해 디자인하는 것은 종종 **포괄적인**(inclusive) 또는 **보편적인 디자인**(universal design)이라고 불린다. 그런 이름은 알맞은 것인데, 왜냐하면 종종 모든 사람이 이득을 보는 것이 사실이기 때문이다. 글자를 더 크게, 고대비형으로 하면, 모든 사람이 더 잘 읽을 수 있다. 흐린 조명에서는 세상에서 시력이 가장 좋은 사람도 그런 글자로부터 득을 볼 것이다. 일들을 조절 가능하게 하면 더 많은 사람이 그것을 쓸 수 있고, 전에 그것을 좋아한 사람도 그것을 더 좋아할 수 있다는 것을 알게 될 것이다. 내가 [그림 4-6]의 소위 오류 메시지를 프로그램을 종료하는 정상적 방법으로 사용하듯이, 그것이 소위 올바른 방법보다 더 쉽기 때문인데, 특수한 필요를 가진 사람을 위해 만들어진 특수한 특징이 종종 매우 다양한 사람에게 유용한 것으로 드러난다.

모든 사람을 위해 디자인하는 문제에서 가장 좋은 해결책은 융통성이다. 컴퓨터 화면에서 이미지 크기의 융통성, 탁자와 의자의 크기, 높이 및 각도에서의 융통성 등이 있다. 사람들이 자신의 의자, 탁자 및 일하는 기기들을 조절하도록 하라. 그들이 조명, 글자 크기 및 대비를 조절하게 하라. 고속도로에서의 융통성은 제한 속도가 다른, 대안 경로가 있다는 것을 확실히 하는 것을 의미할 것이다. 고정된 해결책으로 실패하는 사람이 반드시 있을 것이다. 융통성 있는 해결책은 적어도 다른 필요를 가진 사람들에게 어떤 기회를 제공한다.

복잡성은 좋다, 나쁜 것은 혼란이다

일상의 부엌은 복잡하다. 음식을 제공하고 먹는 것만으로 여러 도구가 필요하다. 전형적인 부엌에는 모든 종류의 절단 도구, 가열기 및 요리 도구가 있다. 그 복잡성을 이해하는 가장 쉬운 방법은 친숙하지 않은 부엌에서 요리해 보는 것이다. 뛰어난 요리사라 하더라도 새로운 환경에서는 일하기가 어렵다.

다른 사람의 부엌은 복잡하고 혼란스러워 보이지만, 자신의 부엌은 그렇지 않다. 이런 혼란감은 실제로 지식의 느낌이라는 것을 유의하라. 내 부엌은 당신에게 혼란스러워 보이지만, 나에게는 아니다. 그 반대로 당신의 부엌은 나에게 혼란스러워 보이지만, 당신에게는 아니다. 그래서 혼란은 부엌에 있지 않다. 그것은 마음속에 있다. "왜 일이 간단해지지 않는가?" 하는 외침이 들린다. 글쎄, 한 가지 이유는 삶이 우리가 직면하는 과제처럼 복잡하다는 것이다. 우리 도구가 그 과제와 어울려야 한다.

나는 이러한 점에 대한 강한 문제의식으로 이 주제에 대한 책, 『심플은 정답이 아니다(Living with Complexity)』를 썼고, 여기에선 복잡성이 필수적이라고 주장했다. 바람직하지 않은 것은 혼란이다. 나는 우리가 참여하는 활동에 어울릴 필요가 있는 '복잡성'과 내가 '혼란스럽다'는 뜻으로 정의한 '복잡해진 것(complicated)' 사이를 구별하였다. 어떻게 우리는 혼란을 피하는가? 여기가 바로 디자이너의 기술이 개입하는 지점이다.

복잡성을 길들이는 가장 중요한 원칙은 좋은 개념 모형을 제공하는 것인데, 이 주제는 이 책에서 이미 잘 다루었다. 부엌의 외현적인 복잡성을 기억하는가? 그것을 사용하는 사람은 왜 각 항목이 그곳에 보관되어 있는지를 이해한다. 흔히 겉으로 무질서하게 보여도 구조가 있다. 예외도 들어맞는다. 그 이유가 "서랍에 넣기에는 너무 크고 어디에 둬야 할지를 몰랐다."와 같은 어떤 것이라 할지라도 그것은 그 물건을 거기에 둔 사람에게 구조와 이해를 주기에 충분한 이유다. 복잡한 일도 한번 이해되기만 하면 더 이상 복잡해지지 않는다.

표준화와 기술

모든 기술 분야에서 진보의 역사를 조사해 보면, 어떤 진보는 기술 그 자체를 통해 자연스럽게 이루어졌으며 어떤 것은 표준화를 통해 이루어졌음을 알 수 있다. 자동차의 초기 역사가 좋은 예가 된다. 처음 나온 자동차들은 운전하기가 매우 어려웠다. 운전에는 보통 사람이 할 수 있는 능력 이상의 힘과 기술이 필요했다. 몇몇 문제는, 즉 초크, 점화장치 그리고 시동엔진 등의 자동화를 통해 해결되었다. 차와 운전의 다른 측면은 국제표준위원회의 오랜 논의를 통해 표준화되었다.

- 길의 어느 편으로 차를 몰아야 할 것인가(한 나라 안에서는 일정하지만, 나라 간에는 다르다)?
- 차의 어느 편에 운전사가 앉아야 할 것인가(길의 어느 쪽으로 차를 모는가에 달려 있

다)?

- 필수 장치, 운전대, 브레이크, 클러치 페달 그리고 가속 페달 등의 위치(차의 왼편 혹은 오른편 측면에 있든, 동일하다)

표준화는 일종의 문화적 제약이다. 표준화 덕분에 한번 어떤 차를 운전하는 것을 배우면 어떤 차든 세계의 어느 곳에서든 운전할 수 있다고 당연히 자신할 수 있다. 표준화는 사용성에서 중요한 돌파구를 제공한다.

표준의 설정

나는 국립 및 국제 표준위원회에 친구가 많은 덕분에 국제적으로 수용되는 표준을 결정하는 과정이 힘들다는 것을 깨달았다. 모든 당사자가 표준화의 이점에 동의할 때조차 표준을 선정하는 과제는 장황하고도 정치적인 논쟁거리가 된다. 작은 회사는 큰 어려움 없이 자사 제품을 표준화할 수 있지만, 산업체, 국립 혹은 국제기구는 표준에 동의하기가 훨씬 더 어렵다. 국립 및 국제 표준을 확립하는 표준 절차까지 있다. 일단의 국립 및 국제 조직이 표준에 대해 작업한다. 새 표준이 제안되면, 그것은 조직적인 위계를 통해 일을 해야 한다. 각 단계는 복잡한데, 어떤 일을 하는 세 가지 방식이 있다면, 세 방식 각각에 대한 강력한 지지자들과 이에 더해 표준화하는 것이 너무 이르다고 주장할 사람이 분명히 있기 때문이다.

각 제안은 그것이 제시된 표준위원회 회의에서 논의된 다음 후원 조직으로 되돌려지는데, 이 조직은 때때로 회사이기도 하고 때때로 전문가 단체이기도 한데, 여기에서 이의와 반대-이의가 수집된다. 그다음 표준위원회는 그 이의를 논의하기 위해 다시 만난다. 그리고 다시 만나고 또다시 만나고 또 만난다. 제안된 표준을 충족하는 제품을 이미 시장에 내놓은 회사는 큰 경제적인 이득을 볼 것이므로, 그 논쟁은 종종 실제의 기술적인 중요성만큼이나 그 이슈의 경제 및 정치에 의해 크게 영향을 받는다. 그과정은 5년이 걸리는 것은 거의 분명한 일이고, 꽤 자주 더 오래 걸린다.

그 결과로 얻은 표준화는 보통 여러 경쟁하는 입장 간의 타협인데, 종종 열등한 타

[그림 6-4] 비표준 시계 몇 시인가? 이 시계는 바늘들이 반대 방향으로 움직이고 '12'가 흔히 있는 곳에 있지 않은 점만 제외한다면 표준시계만큼 논리적이다. 그런데 읽기가 왜 그렇게 어려운가? 몇 시가 표시되고 있는가? 물론 7시 11분이다.

협이다. 때때로 그 답은 여러 개의 비호환적인 표준에 동의하는 것이다. 미터법과 영국식 단위 모두의 존재, 왼편 및 오른편으로 운전하는 자동차들이 중인이다. 전기의 전압과 주파수 및 전기 플러그와 소켓(콘센트)의 여러 종류에 대한 몇 가지 국제 표준이 있는데, 이것들은 호환되지 않는다.

왜 표준이 필요한가: 간단한 예시

이 모든 어려움과 기술의 지속적인 진보에도 불구하고, 표준은 정말로 필요한가? 그렇다. 필요하다. 흔히 쓰는 시계를 예로 들어 보자. 시계는 표준화되어 있다. 거꾸로 가는, 즉 바늘이 '반시계 방향으로' 도는 시계를 보고 시각을 읽는 것이 얼마나 힘들지를 생각해 보라. 그런 시계들이 몇 개 있는데, 주로 재미있는 이야깃거리일 뿐이다. 시계가 정말로 표준을 위반할 때, [그림 6-4]에 있는 것처럼 어떤 시각이 표시되어 있는지를 아는 것은 어렵다. 왜 그럴까? 시각 표시 배후의 논리는 전통적인 시계의 그것과 동일하다. 단지 두 가지 차이점이 있는데, 바늘이 반대 반향(반시계 방향)으로 돈다는 것과 흔히 맨 위에 있는 '12'의 위치가 옮겨졌다는 것이다. 이 시계는 표준 시계만큼이나 논리적이다. 그것이 우리를 귀찮게 하는 것은 우리가 이와는 다른 틀로, 즉 '시계 방향'이란 용어의 정의에 근거해서 표준화해 왔기 때문이다. 그런 표준화가 없었다면,

시계 읽기는 더 어려웠을 것이다. 늘 대응을 알아내야 했을 것이기 때문이다.

오랜 시간이 걸린 표준을 기술이 뒤엎는다

나는 고화질 텔레비전의 미국 표준을 설정하는, 믿을 수 없으리만치 길고 복잡한 정치적 과정의 막바지에 참여했다. 1970년대에 일본은 당시 사용되던 표준보다 훨씬 더 해상도가 높은 국립 텔레비전 시스템을 개발했다. 그들은 그것을 '고화질 텔레비전(HDTV)'이라고 불렀다.

1995년, 20년 후에 미국의 텔레비전 산업은 자체의 고화질 TV 표준(HDTV)을 연방 통신위원회(Federal Communications Commission: FCC)에 제안했다. 그러나 컴퓨터 산업은 그 제안이 컴퓨터가 이미지를 보여 주는 방식과 호환되지 않는다는 것을 지적했으며, 그래서 FCC는 제안된 표준을 기각했다. 애플사는 산업체의 다른 회원들을 동원했는데, 나는 고등기술 담당 부회장으로서 애플의 대변인으로 선정되었다. (다음의 묘사에서 전문용어는 무시하라. 중요하지 않다.) TV 산업은 매우 다양한, 허용 형식을 제안했는데, 이에는 직사각형 픽셀을 가진 것과 인터레이스 스캔(interlaced scan)도 포함된다. 1990년대의 기술적 한계 때문에 최고 화질은 인터레이스된 1,080주사선(1080i)을 가져야 한다고 제안되었다. 우리는 프로그레시브 스캔(progressive scan)만을 원했으므로, 스캔의 점진적 성질이 더 적은 수의 주사선을 보충한다고 주장하면서, 점진적으로 표시되는 720주사선(720p)을 고집했다.

싸움이 가열되었다. FCC는 모든 경쟁 단체들이 방에 들어가 합의할 때까지 나오지 않도록 명령했다. 그 결과, 나는 법률가의 사무실에서 몇 시간을 보냈다. 우리는 표준의 여러 변형을 인정하는 말도 안 되는 동의를 하였다. 즉, (**표준 화질**이라 불리는) 480i 및 480p, (**고화질**로 불리는) 720p 및 1080i 해상도와 두 가지 다른 화면 비율(폭 대 높이의 비율)인, 이전의 표준인 4:3(=1.3) 비율과 새 표준인 16:9(=1.8) 비율까지 말이다. 게다가 다수의 프레임 속도(기본적으로 초당 이미지가 전송되는 횟수)도 지원되었다. 그렇다. 그것이 표준이었다. 더 정확히 말하면 많은 수의 표준이었다. 사실 허용된 전송 방법 중 하나는 어떤 방법이든 쓰는 것이었다(그것이 신호에 자체의 명세사항을 전달하는 한). 엉망진창이었지만, 우리는 동의했다. 그 표준이 1996년 공식화된 이후, HDTV(표준)가 크고 얇고, 비싸지 않은 새로운 세대의 텔레비전에 의해 마침내 수용되고, 지원 받기까지 대략 10년이 더 걸렸다. 전체 과정은 일본의 첫 방송으로부터 대략 35년이 걸렸다.

이것이 싸울 가치가 있었을까? 그렇기도 하고 아니기도 하다. 표준에 이르는 데 걸린 35년 동안 기술은 계속 진보하였고, 그 결과로 다음 표준은 오래전 제안된 처음 표준보다 훨씬 우수하였다. 더욱이 오늘날의 HDTV는 우리가 전에 가졌던(이제 '표준 화질'로 불리는) 것에 비해 엄청나게 발전한 것이다. 그러나 컴퓨터와 TV 회사들 간의 싸움의 초점이었던 세부사항은 어리석었다. 우리 회사의 기술 전문가들은 1080i에 대한 720p의 우수성을 나에게 계속 보여 주려고 하였다. 하지만 인터레이스된 이미지의 결함을 보기 위해서는 전문가의 지도 아래 수 시간 동안 특수한 이미지들을 봐야 했다(그 차이는 복잡하게 움직이는 이미지의 경우에만 드러난다). 그렇다면 왜 그것을 염려했는가?

텔레비전 화면과 압축 기법은 매우 발전하여 인터레이싱은 더 이상 필요하지 않다. 한때 불가능하다고 생각되던 1080p의 이미지들은 이제 흔하다. 세련된 알고리즘과 고속 처리기들은 한 표준을 다른 표준으로 변형할 수 있게 한다. 직사각형 픽셀도 더 이상 문제가 아니다.

이 이야기를 쓰는 동안 주요 문제는 화면 비율의 불일치다. 영화는 매우 다른 화면 비율로 만들어지므로(그것 중 어느 것도 새 표준이 아니다) TV 화면이 영화를 보여 줄 때, 그것들은 이미지의 어떤 부분을 잘라먹든지 아니면 화면의 일부분을 검게 버려두든지 해야 한다. 만일 어떤 영화도 그 비율을 쓰지 않았다면, 왜 HDTV 화면 비율은 16:9(혹은 1.8)로 설정되었는가? 엔지니어들이 그것을 좋아했기 때문이다. 4:3이라는 이전 화면 비율을 제곱하면 새 비율 16:9를 얻는다.

오늘날 우리는 TV에 대한 또 다른 표준 투쟁을 시작하려 하고 있다. 첫째, 삼차원 TV, 즉 3D가 있다. 그다음 초고화질, 즉 2160주사선(수평 해상도도 마찬가지로 두 배인)에 대한 제안이 있다. 현재 가장 좋은 TV(1080p) 해상도의 네 배다. 한 회사는 그 해상도의 여덟 배를 원하며, 한 회사는 21:9(=2.3)의 화면 비율을 제안하고 있다. 이런 이미지들을 보았는데, 놀라웠다. 비록 그 이미지는 큰 화면(적어도 대각선상으로 60인치, 즉 1.5미터)에서만 그러하고 시청자가 화면에 가까이 있을 때만 중요하지만 말이다.

표준은 확립하는 데 매우 오래 걸려서 그것이 널리 실행될 때에는 그것이 무관한 것이 될 수 있다. 그럼에도 표준은 필요하다. 그것은 우리 삶을 단순하게 만들고 다른 브랜드의 장비들이 함께 조화롭게 작동하게 한다.

결코 정착되지 않은 표준: 디지털 시간

표준화하면 삶이 간단해진다. 누구나 한번만 시스템을 배우면 된다. 그러나 너무 빨리 표준화하지 마라. 초보적인 기술 수준에 갇히거나 전체적으로 볼 때 비효율적이고 오류를 유발하기도 하는 규칙을 도입하게 될 수도 있다. 너무 늦게 표준화를 하면 이미 여러 방식의 일처리가 있어서 어떤 국제적인 표준도 합의될 수 없을 것이다. 또 낡은 기술에 근거한 합의가 있다고 해도, 모든 사람이 새 표준에 맞게 바꾸는 것은 많은 비용이 들 것이다. 미터법이 좋은 예다. 거리, 무게, 부피, 온도를 표시하는 데 미터법은 피트, 파운드, 초(seconds), 화씨온도라는 낡은 영국식 체계보다 훨씬 더 간편하고 더 유용한 제도다. 그러나 옛 도량형에 깊이 관여한 산업 국가들은 척도 전환에 드는 막대한 비용과 혼란을 감내할 수 없다고 주장한다. 그래서 우리는 적어도 몇십 년 동안 두 가지 표준에 매여 있다.

시간을 표시하는 방법을 바꾸는 것을 생각해 보았는가? 현재의 체계는 임의적이다. 하루는 임의적이지만 표준 단위인 시간으로 24개로 나뉘어 있다. 그러나 실제 우리는 24가 아니라 12의 단위로 시각을 말하며, 그래서 각각 12시간인 두 주기가 있고, 이에 더해 오전과 오후라는 특별한 관습적 표시가 있어서 어느 주기를 말하고 있는지를 안다. 그다음 우리는 각 시간을 육십 분으로, 각 분을 육십 초로 나눈다.

시간을 미터법적인 분할로 바꾸면, 즉 초를 십 분의 1(tenths)로, 천 분의 1초(milliseconds)로, 백만 분의 1초(microseconds)로 나눈다면, 어떻게 될 것인가? 또 우리는 하루, 천 분의 1일, 백만 분의 1일을 갖게 될 것이다. 그때에는 새로운 시와 분과 초가 있어야 할 것이다. 그것을 디지털 시(digital hour), 디지털 분(digital minute), 디지털 초(digital second)라고 부르자. 십 디지털 시가 모여 하루가 되고, 백 디지털 분이 디지털 시가 되고, 백 디지털 초가 디지털 분이 된다.

각 디지털 시는 이전 시의 정확하게 2.4배, 이전 분으로 144분 지속될 것이다. 그래서 현재의 한 시간의 수업이나 텔레비전 프로그램은 반디지털 시간 혹은 50 디지털 분으로 바뀔 것이며, 이전보다 단지 20% 정도 더 길어진다. 우리는 기간의 차이에 비교적 쉽게 적응할 수 있을 것이다.

어떻게 생각하는가? 나는 그것이 훨씬 좋다. 결국 대부분의 세계에서 숫자와 산수의 기초인 십진법은 10을 밑(base)으로 삼는 산수를 쓰는데, 그 결과 산수 연산은 미터법에서 훨씬 더 간단하다. 많은 사회는 12 및 60이 흔히 쓰이는 다른 시스템을 써 왔다. 그래서 더즌(dozen)이 되는 항목 수에는 12를, 피트에는 인치를, 하루에는 시간을, 일 년에는 달을, 일 분 속의 초의 숫자에는 60을, 각도에는 초를, 한 시간에는 분을 쓴다.

프랑스인은 프랑스 혁명 중인 1792년에 미터법으로 주요한 전환이 일어났을 때, 시간이 십진법으로 표시되어야 한다고 주장했다. 무게와 길이에 대한 십진법은 주도권을 잡았지만 시간은 그렇지 않았다. 십진 시간은 십진 시계가 제조될 만큼 오랫동안 사용되었지만, 결국에는 폐기되었다. 너무 안됐다. 잘 확립된 습관을 바꾸는 것은 매우 어렵다. 우리는 여전히 QWERTY 자판을 쓰며, 미국은 여전히 인치와 피트, 야드와 마일, 화씨온도, 온스 및 파운드로 측량을 한다. 세계는 여전히 시간을 12 및 60의 단위로 재며, 원을 360도로 나눈다.

1998년 스위스 시계 회사인 스와치(Swatch)는 십진 시계를 도입하려는 자체적인 시도를 했는데, '스와치 국제 시간'이라 불리는 것이다. 스와치는 하루를 1,000.beat로 나누었고, 각 .beat는 90초보다 약간 더 적었다(각 .beat는 일 디지털 분에 상응한다). 이 시스템은 시간대를 쓰지 않았으므로 전 세계의 사람들이 자신의 시계와 동기화되어 있을 것이다. 그러나 이것은 예정된 대화(회의)를 동기화하는 문제를 간단하게 만들지는 않는데, 해가 어떤 상태인지를 제대로 아는 것이 힘들기 때문이다. 사람들은 여전히 해 뜰 무렵 깨어나기를 원할 것인데, 이것은 세계 도처에서는 다른 스와치 시간에서 일어날 것이다. 그 결과, 사람들이 자신의 시계를 동기화한다 하더라도, 그들이 일어나야 할 때, 일하러 가고 올 때, 그리고 잠에 들 때를 아는 것이 여전히 필요할 것이며, 이 시간은 세계 곳곳에서 다를 것이다. 스와치가 그것을 심각하게 제안했는지 아니면 하나의 거대한 광고 기법이었는지는 분명하지 않다. 공개 후 수년 동안 스와치는 .beat로 시간을 표시하는 디지털 시계를 생산했지만, 그 후 그것은 모두 흐지부지되었다.

표준화에 대해 말하면, 스와치는 그것의 기본 시간 단위를 첫 자가 마침표로 시작하는 '.beat' 단위로 불렀다. 이 비표준적인 철자법은 구두점으로 시작하는 단어를 처리하도록 설정되어 있지 않은 철자 교정 시스템에 큰 혼란을 일으켰다.

일부러 일을 어렵게 만들기

좋은 디자인(사용이 용이하고 이해하기 쉬운 디자인)이 '비밀'이나 사생활 혹은 정보 보호의 필요성과 어떻게 조화를 이룰 수 있는가? 즉, 디자인의 응용 중 어떤 것은 민감한 영역과 관련되고 그것을 사용하고 이해하는 사람들을 엄밀히 통제해야 한다. 아마도 우리는 아무개가 시스템을 충분히 이해해서 보안을 위태롭게 하는 것을 원하지 않는다. 어떤 것은 디자인이 잘 되어서는 안 된다고 주장할 수 있지 않을까? 일들이 암호화되어 있어서 신원이 확실하거나 특별한 교육을 받은 사람들만이 그 시스템을 사용하게 해서는 안 될까? 물론 비밀번호, 열쇠 또는 다른 형태의 보안 점검 수단이 있으나 이것은 전용 사용자에게는 귀찮은 일이다. 따라서 어떤 상황에서는 좋은 디자인이 무시되지 않는다면, 그 시스템의 존재 목적은 무력화될 것으로 보인다. (커억치라는 학생이 나에게 보낸 컴퓨터 메일 질문. 이것이 바로 옳은 문제다.)

영국 스테이플포드에서 열기가 매우 어려운 학교 문을 만났는데, 문의 꼭대기에 있는 빗장과 아래쪽 낮은 데에 있는 다른 빗장을 동시에 조작해야 하는 것이었다. 빗장들이 찾기도 어렵고 손이 닿기도, 사용하기도 어려웠다. 이 어려움은 의도적인 것이었다. 이것은 좋은 디자인이었다. 이 문은 장애아를 위한 학교에 있었으며, 학교는 아이들이 성인을 동반하지 않고 거리로 나가는 것을 원하지 않았다. 성인만이 두 빗장을 조작할 수 있었다. 사용 편의성의 원칙을 어기는 것이 필요한 것이다.

대부분의 물건은 쓰기 쉽게 하려고 의도되었으나, 실제로는 그렇지 않다. 그러나 어떤 것은 의도적으로 쓰기 어렵게 되어 있고, 또 그렇게 되어야 한다. 쓰기가 어려워야만 하는 것의 수는 놀라우리만치 많다.

- 사람들을 안에 가두거나 혹은 들어오지 못하게끔 디자인된 문
- 단지 허가된 사람만이 사용할 수 있도록 디자인된 보안 시스템
- 이용이 제한되어야 하는 위험한 장치
- 우발적이거나 오류로 작동된다면, 사상자를 낳을 수 있는 위험한 조작
- 비밀문, 캐비닛, 금고. 다른 사람들이 그것을 여는 것은 말할 것도 없이 그것이 거기에 있는 것을 아는 것도 원하지 않는다.
- 일상의 정상적인 행동을 (제5장에서 논의했듯이) 중단하게끔 의도된 경우. 예를 들면, 컴퓨터에 저장되어 있는 파일을 완전히 지우기 전에 필요한 확인 절차라든가 권총이나 총의 안전장치, 소화기의 핀 등이 있다.
- 시스템이 작동하기 전에 두 개의 동시 행위를 요구하는 조절기들. 그 조절기들은 분리되어 있어서 그것을 작동시키기 위해 두 사람이 필요하고, 한 사람만은 승인되지 않은 행위를 하지 못하게 한다(보안 시스템이나 안전에 결정적인 조작에 쓰인다).
- 약품이나 위험 물질이 들어 있는 캐비닛이나 병은 아이들로부터 안전하게 보관하기 위해 일부러 열기 어렵게 만든다.
- 게임들. 이것은 디자이너들이 이해 가능성이나 사용 편의성의 법칙을 의도적으

로 어기는 범주다. 게임은 어렵게 만들어지는 것이 당연하다. 어떤 게임에서는, 무엇을 해야 하며 어떻게 해야 하는지를 알아내는 것이 도전의 일부다.

이해하거나 사용하기 어렵게 하는 것이 의도적인 경우에도, 두 가지 이유 때문에 이해 가능하고 사용이 편리한 디자인의 규칙을 아는 것이 여전히 중요하다. 첫째, 의도적으로 어려운 디자인조차도 철저하게 어려워서는 안 된다. 보통 한 부분은 어렵고, 승인받지 않은 사람이 그 기기를 쓰지 못하도록 디자인되어 있지만, 그 나머지는 좋은 디자인의 정상 원칙을 따라야 한다. 둘째, 당신의 일이 어떤 것을 하기 어렵게 만드는 것일지라도, 당신은 그것과 관련해서 어떻게 해야 할지를 알 필요가 있다. 이 경우에도 규칙이 유용하다. 왜냐하면 그 규칙들은 그 과제를 어떻게 할지를 역으로 말하는 것이기 때문이다. 다음처럼 체계적으로 그 규칙들을 어길 수 있다.

- 핵심을 숨기고, 일이 비가시적이게 만들어라.
- 행위 주기의 실행 측면에 자연스럽지 않은 대응을 사용해서 조절기와 조절되는 일 간의 관계성이 부적절하거나 위험하게 하라.
- 행위를 하기가 물리적으로 어렵게 하라.
- 시간을 엄밀하게 맞추게 하고 정밀한 물리적 조작을 요구하라.
- 피드백을 전혀 주지 마라.
- 행위 주기의 평가 측면에 자연스럽지 않은 대응 관계를 사용해서 시스템 상태를 해석하기 어렵게 하라.

안전 시스템은 디자인에서 특수한 문제를 제기한다. 종종 안전을 보장하기 위해 추가된 디자인 특징이 한 가지 위험을 제거하지만 다른 위험을 만드는 것으로 끝나는 경우가 있다. 작업자들이 거리에서 구멍을 팔 때, 그들은 차나 사람들이 구멍에 빠지는 것을 막기 위해 차단벽을 설치해야 한다. 차단벽은 문제 하나를 해결하지만, 그 자체가 다른 위험을 제기한다. 그 위험은 차단벽을 경고하는 표지나 경광등을 추가해야 경감된다. 비상문과 조명, 알람은 종종 언제, 어떻게 그것들이 사용되는지를 제어하는 경고 표지나 차단벽이 함께 있어야 한다.

디자인: 사람을 위한 기술 개발

디자인은 놀라운 분야이며, 기술과 인간, 비즈니스와 정치, 문화와 상업을 묶는다. 디자인에 대한 여러 압력은 심각하며, 디자이너에게 엄청난 난제를 준다. 동시에 디자이너는 제품이 사람이 사용해야 한다는 것을 항상 가장 중요하게 명심해야 한다. 이것이 디자인을 보람 있는 분야로 만드는 것이다. 이것은 한편으로 극복해야 할, 지독히 복잡한 제약이며, 다른 한편으로 사람들의 삶을 도와주고 풍부하게 하며, 이익과 향유를 주는 것들을 개발하는 기회다.

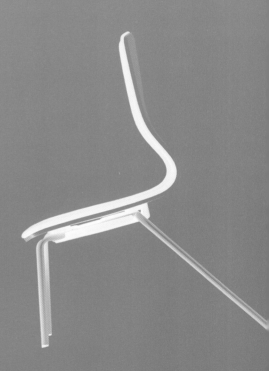

제7장
비즈니스 세계의 디자인

제7장

비즈니스 세계의 디자인

세상 현실은 제품들의 디자인에 심각한 제약을 부과한다. 지금까지 나는 이상적인 경우를 서술하면서 인간 중심 디자인(human-centered design: HCD) 원칙이 진공 속에서 지켜질 수 있는 것처럼 가정했다. 즉, 경쟁, 비용 및 일정의 실제 세계에 관심을 주지 않았다. 갈등적인 요구 조건은 여러 출처에서 올 것인데, 그것 모두는 정당하고, 그 모두는 해결되어야 한다. 타협은 관련된 모두에 의해 이루어져야 한다.

이제 HCD 밖에서 제품 개발에 영향을 주는 관심사를 조사할 때다. 가외의 특징을 종종 지나치게 도입하도록 이끄는 경쟁적인 힘의 영향에서부터 이야기를 시작할 것이다. 그것은 주요 증상이 '은밀한 특징주의(creeping featurism)'인 '특징 병(featuritis)'이라고 이름 붙은 질병의 원인이다. 거기에서 나는 기술적인 동인에서 시작해서 변화의 동인을 살펴본다. 새로운 기술이 출현할 때, 즉각 새 제품을 개발하려는 유혹이 있다. 그러나 급진적으로 새로운 제품이 성공하게 되는 시간은 연(年), 십 년 혹은 어떤 경우에는 세기 단위로 재어진다. 그래서 나는 디자인과 관련된 제품 혁신의 두 가지, 즉 점진적(덜 화려하지만, 가장 흔한) 그리고 급진적(가장 화려하지만, 거의 성공적이지 않

313

은) 형태를 조사한다.

나는 이 책의 역사와 미래 전망에 대한 성찰과 더불어 결론을 내릴 것이다. 이 책의 초판은 길고 유익한 수명을 가졌다. 25년은 기술에 중점을 둔 어떤 책이 적절한 것으로 계속 남아 있기에는 놀랍도록 오랜 시간이다. 만일 이 개정판이 똑같이 긴 시간을 이어 간다면, 그것은 『디자인과 인간 심리(The Design of Everyday Things)』의 50년을 의미한다. 이 다음 25년이 지나면, 어떤 새로운 발전이 일어날 것인가? 우리 삶에서, 책의 미래에서 기술의 역할은 무엇이 될 것이며, 디자인이란 직종의 윤리적 의무는 무엇일까? 마지막으로 이 책의 원칙들은 얼마나 오랫동안 적절할 것인가? 그 원칙들이 25년 전과 마찬가지로 지금도 적절하듯이, 앞으로 항상 그럴 것이라고 내가 믿는다고 해도 놀라운 일이 아니다. 그 이유는 간단하다. 인간 필요와 능력에 들어맞는 기술의 디자인은 사람의 심리에 의해 결정된다. 그렇다. 기술은 변하지만, 사람은 그대로 있다.

경쟁적인 힘

오늘날 전 세계에 있는 제조 회사들은 서로 경쟁하는데, 경쟁적인 압력은 극심하다. 결국 한 제조 회사가 경쟁할 수 있는 기본 방법으로는 몇 가지가 있다. 가장 중요한 세 가지는 가격, 특징 및 품질인데, 불행히도 종종 이 순서는 중요성에 따른 순서다. 속도는 어떤 다른 회사가 시장 출시를 위해 돌진하는 데 앞서지 않도록 하는 것이 중요하다. 이 압력은 지속적인 제품 향상이라는, 반복적인 과정을 충분히 따르는 것을 어렵게 한다. 비교적 안정적인 가정 제품, 예컨대 자동차, 부엌 기구, 텔레비전 세트, 컴퓨터 등도 경쟁 시장에서 여러 힘에 직면하는데, 이는 충분한 시험과 개선 없이 변화를 도입하는 것을 부추긴다.

여기 간단한 실례가 있다. 나는 혁신적인 계열의 요리 기구들을 개발 중인 신생 회사와 함께 일하고 있다. 창업자들은 독특한 아이디어를 가지고, 집에서 가능한 어떤 것보다 훨씬 앞서는 요리 기술을 추진하고 있다. 우리는 수차례 현장 시험을 했으며, 여러 개의 시제품을 만들었으며, 세계적인 산업 디자이너를 고용했다. 잠재적인 사용자들의 초기 피드백과 산업 전문가들의 조언을 기반으로, 우리는 원래의 제품 개념을 여러 차례 수정했다. 그러나 우리가 잠재적인 투자자들과 고객들에게 보일 수 있도록 수공으로 제작한, 작동 가능한 몇 개의 시제품을 처음으로 생산하도록 의뢰하려 하였을 때(작은 자기자본 회사에서는 값비싼 제의였다), 다른 회사들이 무역 박람회에서 비슷한 개념을 전시하기 시작했다. 뭐? 그들이 그 아이디어를 훔쳤나? 아니, 그것이 '시대정신'을 의미하는 독일 단어인, 소위 자이트가이스트(Zeitgeist)라고 불리는 것이다. 다른 말로 하면, 시대가 무르익었고, 그 아이디어는 '공중에 떠다니고' 있었다. 경쟁은 우리가 첫 제품을 출시하기도 전에 나타났다. 막 시작한 작은 회사가 무엇을 할 것인가? 큰 회사들과 경쟁할 돈도 없다. 경쟁에 앞서며 잠재 고객들을 흥분시키고, 잠재적 투자자들과 더 중요한, 그 제품의 잠재적 배급사들을 열광시킬 시범(demonstration)을 찾아내기 위해 그 아이디어를 수정해야 했다. 실제 고객은 배급업자들로, 최종적으로 가게에서 그 제품을 사고 집에서 그것을 쓰는 사람들이 아니다. 이 예는 회사에 주어지는 비즈니스의 실제 압력을 보여 준다. 그 압력은 속도의 필요성, 비용에 대한 관심, 제안을 바꾸도록 회사에 강제하기도 하는 경쟁, 여러 종류의 고객, 투자자, 배급자 및 당연히 실제로 그 제품을 쓸 사람을 만족시킬 필요성이다. 회사는 그 제한된 자원을 어디에 집중해야 하는가? 더 많은 고객 연구? 더 빠른 개발? 새롭고 독특한 특징?

　스타트업 회사가 직면한 동일한 압력은 이미 자리 잡은 회사에도 영향을 준다. 그러나 그들은 다른 압력도 받는다. 대부분의 제품은 한두 해의 개발 주기를 가지고 있다. 매년 새 모델을 출시하기 위해 새 모델을 위한 디자인 과정이 이전 모델이 고객들에게 공개되기 훨씬 전에 시작되어야 한다. 게다가 고객들의 경험을 수집하고 피드백하는 기제는 거의 존재하지 않는다. 이전 시대에는 디자이너들과 사용자들 간에 긴밀한 연결이 있었다. 오늘날 그들은 장벽에 의해 분리되어 있다. 어떤 회사들은 디자이너들이 고객들과 함께 일하는 것을 금지하는데, 기이하고 무감각한 제한이다. 왜 그들은 이렇게 하는가? 부분적으로는 새 개발 제품이 경쟁사에 누설되는 것을 막기 위해서이고, 또 부분적으로는 고객들이 새롭고 더 진보된 것이 곧 나올 것이라고 믿게 된다면 현재 제품을 구입하지 않을 수도 있기 때문이다. 그러한 제한이 없다 하더라도, 큰 조직의 복잡성은 제품을 마무리해야 하는 가차 없는 압력과 결합되어 이런 상호작용을 어렵게 한다. 제6장에서 말한 노먼의 법칙을 기억하라. 한 제품 개발 과정이 시작하는 날, 그것은 이미 일정에 뒤처졌으며 예산을 초과한다.

특징 병: 치명적인 유혹

모든 성공적인 제품에는 '특징 병'이라는 은밀한 질병의 전달자가 숨어 있는데, 그 주요 증상은 '은밀한 특징주의(creeping featurism)'다. 이 질병은 1976년에 처음 확인되어서 그런 이름이 붙었지만, 그 기원은 아마 가장 초기의 기술부터 시작되고, 역사 시대 이전부터 오랜 세월 동안 묻혀 있었다. 이것은 불가피한 것처럼 보이고, 방지 대책도 없다. 설명하겠다.

우리가 놀라운, 인간 중심 제품을 위해 이 책에 있는 모든 원칙을 따른다고 가정하자. 이 제품은 모든 디자인 원칙을 지킨다. 이것은 사람들의 문제를 해결하고 어떤 중요한 필요를 만족시킨다. 이것은 매력적이고 이해하고 사용하기가 쉽다. 그 결과, 그 제품은 성공적이라고 가정하자. 많은 사람이 그것을 사고 친구들에게 그것을 사라고 권한다. 여기에 무엇이 잘못될 것인가?

문제는 제품이 한동안 구할 수 있게 된 다음 여러 요인이 불가피하게 등장해서 회사로 하여금 새 특징을 추가하도록, 즉 은밀한 특징주의 쪽으로 강요한다는 것이다. 이 요인들에는 다음 사항이 포함된다.

- 기존 고객이 그 제품을 좋아하지만, 더 많은 특징, 더 많은 기능, 더 많은 능력에 대한 바람을 표현한다.
- 경쟁 회사가 그 제품에 새 특징을 추가해서, 그 출시품에 대응하고 그 경쟁에 앞서가기 위해 한층 더 많은 것을 추가하도록 하는 경쟁적인 압력을 낳는다.
- 고객은 만족하지만, 판매는 떨어진다. 왜냐하면 시장이 포화되었기 때문이다. 제

품을 원하는 모든 사람이 이미 그것을 가지고 있다. 사람들이 새 모델을 원하게 할, 놀라운 개량을 할 때다. 즉, 업그레이드할 때다.

특징 병은 매우 잘 전염된다. 새 제품은 예외 없이 첫 출시 제품보다 더 복잡하고, 더 강력하고, 크기도 다르다. 음악 플레이어, 휴대전화 및 컴퓨터, 특히 스마트폰, 태블릿 등에서 그런 긴장을 볼 수 있다. 휴대용 기기들은 출시될 때마다 점점 더 많은 특징을 추가하는데도 (그것들을 조작하기가 한층 더 어려워진다.) 점점 더 작아진다. 자동차, 가정용 냉장고, 텔레비전 세트 그리고 부엌 레인지와 같은 제품은 출시될 때마다 점점 더 커지고 더 강력해지면서 복잡성 또한 증가한다.

제품이 더 커지든 더 작아지든 각각의 새 판(모델)은 예외 없이 이전 것보다 더 많은 특징을 가지고 있다. 특징 병은 은밀한 병이고, 제거하기 어렵고, 그것에 대해 예방접종하기는 불가능하다. 마케팅 압력이 새 특징을 추가할 것을 고집하는 것은 쉽지만, 오래된 필요 없게 된 것을 제거하라는 요청이나 관련 예산은 없다.

특징 병을 만나게 된 것을 어떻게 아는가? 그 중요 증상, 즉 은밀한 특징주의에 의해서다. 예가 필요한가? 이 책의 초판에서 그것을 처음 본 이후로 간단한 레고 오토바이에 닥쳐 온 변화를 보여 주는 [그림 7-1]을 보라. 원래의 오토바이([그림 4-1] 및 [그림 7-1]의 A)는 단지 15개의 성분이 있었고 어떤 설명서 없이도 조립할 수 있었다. 모든 조각이 독특한 위치와 방향을 가지고 있어서 제약이 충분했다. 그러나 이제 [그림 7-1]의 B가 보여 주듯이 같은 오토바이가 29개의 조각으로 부풀어졌다. 나는 설명서가 필요했다.

은밀한 특징주의는 제품의 특징 수를 더하는 경향이고, 종종 이치에 맞지 않는 수로 늘어난다. 제품이 긴 시간에 걸쳐 더해진 특수 목적의 특징 모두를 가지고 있을 때, 그 제품이 계속 사용이 용이하고 이해될 수 있도록 하는 방법은 없다.

[그림 7-1] 특징 병이 레고를 습격하다 그림 A는 내가 이 책의 초판에 사용했던 1988년에 구할 수 있었던 원래의 레고 오토바이(왼쪽)와 2013년 판(오른쪽)을 보여 준다. 이전 판은 조각이 단지 15개였다. 조립하는 데에는 어떤 설명서도 필요하지 않았다. 새 판의 상자는 '29조각'이라고 자랑스럽게 선포한다. 나는 원래 판을 설명서 없이 조립할 수 있었다. 그림 B는 새 판에서 내가 포기하고 설명서를 참조해야 할 때까지 얼마나 많이 시도했는가를 보여 준다. 왜 레고는 오토바이를 바꾸어야 한다고 믿었는가? 아마 특징 병이 실제의 경찰 오토바이를 공격하여, 그것들이 더 크고 더 복잡해지므로 레고는 그 장난감도 세상에 맞출 필요가 있다고 느꼈기 때문일 것이다(저자의 사진).

　하버드 대학교 교수인 영미 문(Youngme Moon)은 그녀의 책 『디퍼런트(Different)』에서 모든 제품이 똑같아지는 것은 이처럼 경쟁에 대응하는 시도라고 주장했다. 회사들이 경쟁자들의 모든 특징에 대응하면서 판매를 증가하려고 할 때, 그들은 스스로를 해치는 것으로 끝난다. 결국 두 회사에서 나온 제품들이 특징 대 특징으로 대응할 때, 고객이 다른 것에 대해 하나만 선호해야 할 어떤 이유가 더 이상 없다. 이것이 경쟁 주도적인 디자인이다. 불행히도 경쟁자들의 특징 목록에 대응하려는 마음가짐이 많은 조직에 만연해 있다. 제품의 첫째 버전이 잘 되어 있고, 인간 중심적이고, 실제 필요에 초점을 두었을지라도 좋은 제품을 손대지 않고 내버려 두는 데 만족하는 조직은 드물다.

　대부분의 회사는 그들의 약점이 어디에 있는가를 판단하기 위해 경쟁사들과 특징을 비교하는데, 이 때문에 그런 영역은 강화된다. 이를 '틀렸다'고 문 교수는 주장한다. 더 좋은 전략은 그들이 강점이 있는 영역에 집중하고, 그것들을 한층 더 강화하는 것이다. 그다음 강점을 주목하도록 이에 모든 마케팅과 광고를 집중한다. 이것은 제품들이 아주 생각이 없는 무리 속에서 두드러지게 한다. 약점에 관해서는 무관한 것을 무시하라고 문 교수는 말한다. 교훈은 간단하다. 맹목적으로 따르지 마라. 약점이 아니라 강점에 집중하라. 제품이 실제 강점을 가지고 있다면 그것은 다른 영역에서 바로 '충분히 좋을' 수 있다.

좋은 디자인은 경쟁적인 압력에서 한걸음 물러서서 전체 제품이 일관성 있고, 통일적이고, 이해 가능한지를 확실히 하는 것을 필요로 한다. 이런 입장은 어떤 세분 시장에는 각각이 필수적이라고 생각되는 이런저런 특징을 추가하도록 계속 애걸하는 마케팅 세력에 저항하기 위해 회사의 지도력을 필요로 한다. 가장 좋은 제품은 이런 경쟁적인 목소리를 무시하고 대신에 그 제품을 사용하는 사람들의 진정한 필요에 집중하는 데에서 나온다.

아마존의 창립자이자 CEO인 제프 베조스(Jeff Bezos)는 이런 접근을 '소비자 강박(consumer obsessed)'이라 부른다. 모든 것이 아마존 소비자들의 요구 조건에 집중되어 있다. 경쟁과 전통적 마케팅 요구 조건은 무시된다. 초점은 간단한, 소비자-주도적인 질문에 있다. 고객들이 무엇을 원하며, 그 필요성이 어떻게 만족될 수 있는가? 고객 서비스와 고객 가치를 높이기 위해 무엇을 더 잘할 수 있는가? 고객에 집중하라. 그 나머지는 알아서 된다고, 베조스는 주장한다. 많은 회사는 이 철학을 열망한다고 주장하지만, 이것을 따를 수 있는 회사는 거의 없다. 이런 것은 보통 회사의 사장이나 CEO가 창업자인 곳에서만 가능하다. 한번 회사가 다른 사람들, 특히 고객 관심사보다 이익을 중시하는 전통적인 MBA 격언을 따르는 사람들에게 통제권을 넘기면, 이야기는 내리막으로 접어든다. 이익은 단기적으로 늘어날 수 있지만, 마침내 제품의 질은 고객이 달아나는 지점까지 악화된다. 품질은 중요한 사람, 즉 고객에 대한 지속적인 집중과 관심에서 비롯된다.

새로운 기술은 변화를 강요한다

오늘날 새로운 요구 조건이 있다. 이제 완전한 글자판을 넣을 공간이 없는 작은 휴대용 기기들에 타이프할 필요가 있다. 터치 및 제스처 감응 스크린은 새로운 형태의 타자를 가능하게 한다. 필기 인식과 말소리 이해를 통해 타자를 아예 우회할 수도 있다.

[그림 7-2]에 보이는 네 개의 제품을 보자. 그것들의 외관과 조작 방법은 그동안 급격히 변했다. [그림 7-2]의 A에 있는 것과 같은 초기 전화기에는 자판이 없었다. 인간 교환원이 전화를 연결하기 위해 중간에 끼어들었다. 교환원이 자동 교환 시스템에 의해 처음 대체되었을 때도 '자판'은 각 숫자별로 하나씩, 열 개의 구멍이 있는 회전식 다이얼이었다. 다이얼이 누름단추 키로 대체되었을 때, 특징 병의 약한 증상을 겪었다. 다이얼의 열 개 위치가 열두 개의 키, 즉 열 개의 숫자와 *, #로 대체되었다.

훨씬 더 흥미로운 것은 기기들의 합병이다. 인간 컴퓨터*가 랩탑, 즉 작은 휴대용 컴퓨터를 낳았다. 전화기는 작은 휴대전화[많은 나라에서 모바일(mobiles)이라 불린다]로 옮겨갔다. 스마트폰은 제스처로 작동되는, 큰 터치 감응 스크린을 가지게 되었다. 곧 컴퓨터는 휴대전화가 그랬듯이 태블릿으로 병합되었다. 카메라는 휴대전화와 병합되었다. 오늘날 전화하기, 비디오 회의, 글쓰기, (정물 및 비디오) 사진 찍기 및 모든 종류의 협동적 상호작용 등이 점점 더 광범한 종류의 스크린 크기, 계산 능력 및 휴대성이 가능한 하나의 단일 기기에 의해 이루어지고 있다. 그것을 컴퓨터, 전화기 또는 카메라라고 부르는 것은 중요하지 않다. 그것을 '스마트 스크린'이라 부르자. 22세기에 우리는 여전히 전화기를 쓸 것인가? 내 예측은 우리가 먼 거리에 떨어진 사람과 여전히 통화할 것이지만, 우리는 전화기라 부르는 어떤 기기도 갖지 않게 될 것이다.

더 큰 화면으로의 압력이 (하나의 손가락이나 엄지로 작동하는 작은 자판을 만들려는 시도에도 불구하고) 물리적 자판의 몰락을 가져오면서 자판들은 필요할 때에는 언제나 스

---

* 계산(computation) 분야에 종사하는 사람.

[그림 7-2] 전화기와 자판의 100년. 그림 A와 B는 오른쪽에 있는 크랭크를 돌리면 교환수에게 알리는 신호가 발생하는 1910년대의 웨스턴 일렉트릭의 크랭크 전화기에서부터 2010년대의 전화기까지 전화기의 변화를 보여 준다. 그림 C와 D는 1910년대의 자판을 2010년대의 것과 대비시켜 보여 준다. 자판은 여전히 같은 방식으로 놓여 있다. 하지만 먼저 것은 각 키를 물리적으로 눌러야 하지만, 다음 것은 적절한 문자들 위로 손가락을 빨리 추적하면 된다(이미지는 many라는 단어가 입력되고 있음을 보여 준다). 크레딧: A, B, C는 저자의 사진이다. A와 C의 물건은 캘리포니아 팔로알토에 있는 미국 유산박물관(Museum of American Heritage)의 허가를 받음. D는 누앙스의 'Swype' 자판을 보여 준다[사용된 이미지는 누앙스 커뮤니케이션(Nuance Communications, Inc)의 허가를 받음].

크린에 표시되었으며 각 문자는 한번에 하나씩 두드려진다. 이 방법은 느린데, 시스템이 두드리고 있는 단어를 예측해서 바른 단어가 나타나자마자 입력을 멈출 수 있을 때조차 그렇다. 손가락이나 스타일러스(펜)가 단어의 철자 간의 경로를 추적하도록 하는 몇 개의 시스템이 곧 개발되었다. 즉, 단어-제스처 시스템이다. 이 제스처들은 서로 서로 충분히 다르기 때문에 모든 문자를 터치하는 것조차 필요하지 않았다. 올바른 경로에 대한 근삿값에 의해 생성되는 패턴이 원하는 것과 충분히 가까운가 하는 것만이 중요했다. 이것은 타이프하기에 빠르고 쉬운 방법으로 드러났다([그림 7-2]의 D 참조).

제스처 기반 시스템과 더불어 주요하게 재고해야 할 것이 있다. 왜 문자들을 동일한 QWERTY 배열로 만들어야 하는가? 패턴 생성은 문자들이 한 손가락이나 스타일러스를 써서 추적할 때 속도가 최고가 되도록 재배열된다면 더 빠를 것이다. 좋은 아이디어이지만, 이 기법들의 개발에서 선구자들 중 한 사람이었던 당시 IBM에 있었던 슈민 짜이(Shumin Zhai)는 이것을 시도했을 때, 유산 문제에 부딪혔다. 사람들은 QWERTY는 이미 알고 있지만 다른 체제를 배워야 하는 데에는 망설였다. 오늘날 단어-제스처 타이핑 방법은 널리 쓰이지만, QWERTY 자판과 더불어서 그런 것이다([그림 7-2]의 D에서처럼).

기술은 우리가 일하는 방식을 바꾸지만 근본적인 필요는 변하지 않은 채로 있다. 생각을 글로 쓰는 필요, 이야기하는 필요, 비평을 하는 필요 또는 소설이나 실화를 쓰는 필요는 그대로일 것이다. 새 기술적인 기기조차 전통적인 자판을 쓸 것인데, 이는 자판이 단어들을 어떤 — 종이이든 전자 문서이든, 물리적이든 가상적이든—시스템에 넣는, 여전히 가장 빠른 방법일 것이기 때문이다. 어떤 사람은 자신의 생각을 말하는 것, 즉 불러 주는 것을 선호할 것이다. 그러나 말해진 단어들은 여전히 (인쇄가 단순히 디스플레이 기기 위에 되는 것일지라도) 인쇄된 단어들로 전환될 것인데, 이는 읽기가 듣기보다 훨씬 더 빠르고 우수하기 때문이다. 읽기는 빨리 될 수 있다. 분당 약 300단어를 읽고, 훑어보며, 앞뒤로 건너뛰며, 분당 수천 단어의 속도로 정보를 효과적으로 획득할 수 있다. 듣기는 느리고 순차적이며, 보통 분당 60단어의 속도이며, 비록 이 속도는 말소리 압축 기술과 훈련으로 두 배나 세 배로 빨라질 수 있지만, 읽기보다 여전히 더 느리고 훑어 듣기가 쉽지 않다. 그러나 새 매체와 새 기술이 낡은 것을 대체할 것이고, 그러면 글쓰기가 과거에 널리 구할 수 있었던 유일한 매체였을 때처럼 더 이상 지배적이지 않을 것이다. 이제 누구나 타자하고 불러 주고, 사진이나 비디오를 찍고, 동영상 장면을 그리는 등 (20세기에는 엄청난 양의 기술과 많은 전문 인력을 필요로 했던 일인) 경험을 창의적으로 생산하는 것이 가능하기 때문에, 이런 일을 가능하게 하는 기기의 종류와 기기를 제어하는 방식은 크게 늘어날 것이다.

문명에서 쓰기의 역할은 쓰기가 존재해 온 오천 년 동안 변해 왔다. 오늘날 쓰기는 비록 점점 더 짧고 비형식적인 메시지가 되지만 점점 더 흔해졌다. 우리는 이제 매우 다양한 매체, 즉 육성, 비디오, 손글씨 및 타자, 그리고 때때로 열 손가락을 모두 써서, 때때로 엄지만으로, 때때로 제스처를 써서 의사소통한다. 시간이 지나면 상호작용하고 의사소통하는 방식이 기술과 더불어 변할 것이다. 그러나 인간 존재의 근본적인 심리는 변하지 않은 채로 있을 것이기 때문에 이 책의 디자인 규칙은 계속 적용될 것이다.

물론 변하는 것은 의사소통과 글쓰기만이 아니다. 기술 변화는 우리 삶의 모든 영역에, 교육이 행해지는 방식에서부터 약물, 음식, 옷 및 운송에 이르기까지 영향을 미쳤다. 우리는 이제 집에서 3D 프린터를 써서 물건들을 만들 수 있다. 우리는 세계 도처에 있는 파트너들과 게임을 할 수 있다. 차는 스스로 운전할 수 있으며, 그 엔진은 내연기관에서 여러 가지 순수 전기 엔진 혹은 하이브리드 엔진으로 변했다. 어떤 산업이나 어떤 활동의 이름을 대보라. 만일 그것이 새 기술에 의해 이미 변형되지 않았다면 변할 것이다.

기술은 변화의 강력한 동인이다. 때때로 더 좋은 변화를 위해, 때때로 더 나쁜 변화를 위해, 때때로 중요한 필요를 충족시키기 위해, 때때로 단지 기술이 그 변화를 가능하게 하기 때문이다.

새 제품을 도입하는 데 얼마나 오래 걸리는가

한 아이디어가 제품으로 만들어지는 데 얼마나 오래 걸리는가? 그 후 제품이 장기적인 성공을 이루는 데 얼마나 오래 걸리는가? 스타트업 회사들의 투자자들과 창업자들은 아이디어에서 성공까지 가는 기간이 몇 달로 계산되는 단일 과정이라고 생각하기를 좋아한다. 사실 그것은 다중 과정이고, 전체 기간은 수십 년, 때때로 수 세기로 계산된다.

기술은 빨리 변하지만 사람과 문화는 천천히 변한다. 그러므로 변화는 빠른 동시에 느리다. 발명에서 제품으로 가는 데에는 몇 달이 걸릴 수 있지만, 제품이 수용되는 데에는 수십 년, 때로는 그 이상이 걸린다. 더 오래된 제품이 이미 낡은 것이 되고, 사라졌으리라 생각되는 한참 후에도 남는다. 일상생활의 많은 것은 수 세기나 된 관습에 의해 좌우되는데, 그것들은 더 이상 의미가 없으며 그 기원도 역사가를 제외하고 모두 잊었다.

가장 현대적인 기술조차 이 시간 주기를 따른다. 발명되는 데에는 빠르지만, 수용되는 데에는 느리고, 사라지고 없어지는 데에는 더 느리다. 2000년대 초기 휴대전화, 태블릿 및 컴퓨터를 위한 제스처 제어의 상업적 도입은 기기와 상호작용하는 방식을 급격히 바꾸었다. 이전의 모든 전자기기는 외부에 여러 개의 손잡이와 단추가 있고, 물리적 자판이 있고, 여러 명령어 메뉴를 불러오고 그것들을 스크롤하고 원하는 명령을 선택하는 방식이었던 반면, 새로운 기기에는 거의 모든 물리적 조절기와 메뉴가 제거되었다.

제스처에 의해 제어되는 태블릿의 발달은 혁명적이었던가? 많은 사람에게는 그렇지만, 기술 전문가들에게는 아니다. 손가락의 동시 누름 위치를 (여러 사람에 의한 것이라도) 탐지할 수 있는 터치 감응 디스플레이는 거의 30년 동안 연구소에 있었다(이것들은 멀티터치 디스플레이라고 불린다). 최초의 기기들은 1980년대 초기에 토론토 대학교에서 개발하였다. 미츠비시(Mitsubishi)는 제품을 개발하여 디자인 학교와 연구소에 팔았는데, 여기에서 오늘날의 여러 제스처 및 기법이 탐구되고 있었다. 이런 멀티터치 기기들이 성공적인 제품이 되는 데 왜 그렇게 오래 걸렸는가? 연구 기술을 일상 제품에 충분할 만큼 싸고 신뢰성 있는 성분들로 바꾸는 데 수십 년이 걸렸기 때문이다. 여러 개의 작은 회사가 스크린을 제조하려고 했지만, 멀티터치를 다룰 수 있었던 첫 기기들은 매우 비쌌거나 아니면 신뢰성이 없었다.

또 다른 문제도 있다. 큰 회사들의 보수주의다. 대부분의 급진적인 아이디어는 실패한다. 큰 회사들은 실패에 관대하지 않다. 작은 회사들은 새롭고 흥분시키는 아이디어를 가지고 뛰어들 수 있는데, 이는 그들이 실패하더라도 그 비용이 비교적 낮기 때문이다. 고급 기술의 세계에서, 많은 사람은 새로운 아이디어를 얻고, 몇몇 친구와 초기의 위험 추구 직원들을 끌어 모으고, 자신의 비전을 개척하기 위해 새 회사를 시작한다. 이 회사 중 대부분은 실패한다. 단지 소수만이 더 큰 회사로 성장하거나 아니면 큰 회사가 사들여서 성공할 것이다.

당신은 높은 실패 비율에 놀랐겠지만, 그 놀람은 실패가 공개되지 않았기 때문이다. 우리는 단지 성공적이었던 작은 소수에 대해서만 듣는다. 대부분의 스타트업 회사들은 실패하지만, 캘리포니아의 고급 기술(high-tech) 세계에서 실패는 나쁘게 생각되지 않는다. 사실 그것은 명예 훈장으로 생각되는데, 그것은 그 회사가 미래의 잠재력을 보았고, 위험을 택했으며, 시도했다는 것을 의미하기 때문이다. 회사가 실패했더라도, 직원들은 다음 시도를 더 성공적으로 만들어 줄 교훈을 배웠다. 실패는 여러 이유로 일어날 수 있다. 아마 시장이 준비되어 있지 않거나, 기술이 상업화에 이르거나, 회사가 힘을 얻기 전에 자금이 동났을 것이다.

초기 스타트업 회사 중 하나인 핑거웍스(Fingerworks)가 여러 손가락을 구별하는, 알맞은 가격의 신뢰성 있는 터치 표면을 개발하려고 애쓰고 있었을 때, 돈이 떨어지려 했기 때문에 회사는 거의 포기했다. 그러나 이 시장에 진입하려는 열망에서 애플은 핑거웍스를 샀다. 그것이 애플의 한 부분이 되면서 재정적 필요는 충족되었고, 핑거웍스 기술은 애플의 신제품 배후의 추진력이 되었다. 오늘날 제스처에 의해 제어되는 기기들은 어디에나 있으며, 이런 상호작용은 자연스럽고 명백해 보인다. 그러나 그때에 그것은 자연스럽지도 명백하지도 않았다. 멀티터치의 발명에서부터 거의 삼십 년이 걸려서야 요구되는 견실성(robustness), 다재다능성 및 (아이디어가 가정용 소비자 시장에 보급되는 데 필요한) 매우 낮은 비용의 기술장치를 회사들이 제조할 수 있었다. 아이디어가 개념에서 성공적인 제품 간의 거리를 지나가는 데에는 긴 시간이 걸린다.

비디오폰: 1879년에 인식되었으나 아직 나오지 않았다

[그림 7-3]은 비디오폰에 대한 위키피디아(wikipedia) 글에서 가져온 것이다. 여기에서는 "'전기 카메라'에 대한 게오르그 뒤 모리에(George du Maurier)의 만화는 종종 텔레비전의 초기 예측으로 인용되며, 넓은 스크린 형식과 편평한 스크린의 비디오폰을 예측했다."고 말한다. 비록 그림의 제목은 토머스 에디슨(Thomas Edison)을 언급하지만, 그는 이것과 전혀 관계가 없다. 이것은 때때로 슈티글러의 법칙(Stigler's law)이라 불린다. 유명한 사람들의 이름이 그들과 아무 관계가 없는 아이디어에 종종 붙는다.

제품 디자인의 세계는 슈티글러 법칙의 많은 사례를 제공한다. 제품들은 그 아이디어를 처음 시작한 회사가 아니라 그것을 가장 성공적으로 활용한 회사의 발명으로 생각된다. 제품들의 세상에서 독창적인 아이디어는 쉬운 부분이다. 그 아이디어를 성공적인 제품으로 실제 생산하는 것이 어렵다. 비디오 대화라는 아이디어를 생각해 보라. 그 아이디어를 생각하는 것은 매우 쉬워서 [그림 7-3]에서 보듯이, 「펀치(Punch)」라는 잡지는 텔레비전이 발명된 후 단지 2년 후에 어떻게 될 것인지에 대한 그림을 뒤모리에가 그릴 수 있었다고 설명한다. 그가 이것을 할 수 있었다는 사실은 아마 그 아이디어가 이미 돌고 있었다는 것을 의미한다. 1890년대 후반에 알렉산더 그레이엄 벨(Alexander Graham Bell)도 여러 개의 디자인 이슈를 충분히 검토했다. 그러나 뒤 모리에가 보여 준 그 놀라운 시나리오는 백오십 년이 지난 후에도 아직 현실이 되지 않았다. 오늘날 비디오폰은 일상적인 의사소통 수단으로 거의 확립되어 있지 않다.

충분한 양, 신뢰성 및 적정 가격으로 제조될 수 있는 부품을 찾는 것은 말할 것도 없이 새로운 아이디어가 쓸모 있다는 것을 확실히 하는 데 요구되는 모든 세부사항을 개발하는 것은 극히 어렵다. 아주 새로운 개념이 있어도 대중이 그것을 받아들이기까

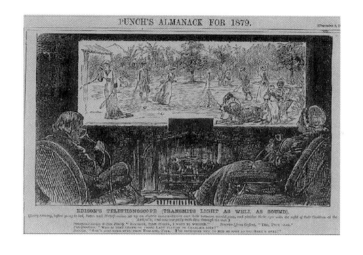

[그림 7-3] 미래를 예측하기: 1879년의 비디오폰 그림 아래의 설명은 다음과 같다. '에디슨의 텔레포노스코우프'(Telephonoscope: 소리는 물론 빛도 전달한다). 매일 저녁 잠자리에 들기 전에 아버지와 어머니는 침실의 벽난로 위에 전기 카메라를 설치하고, 지구 반대편에 있는 자녀들의 모습으로 눈을 즐겁게 하며, 전화선을 통해 그들과 즐겁게 대화한다. 「펀치(Punch)」의 1878년 12월 9일자 발행 호에서 발간되었다. 위키피디아의 'Telephonoscope'에서.

지 수십 년이 걸릴 수도 있다. 투자자들은 종종 그들의 새로운 아이디어가 세계를 몇 달 안에 혁신시킬 것이라고 믿지만, 현실은 더 가혹하다. 대부분의 새로운 발명은 실패하고, 성공하는 소수조차 그렇게 되는 데 수십 년이 걸린다. 우리가 '빠르다'고 하는 것조차 그러하다. 어떤 기술이 세계의 여러 연구소에 퍼지거나 성공적이지 못한 몇 개의 스타트업 회사 혹은 모험적인 얼리어답터에 의해 시도되는 기간의 대부분, 그것은 대중에게 알려지지 않는다.

너무 이른 아이디어는 다른 사람들이 그 아이디어를 결국에는 성공적으로 도입하더라도, 종종 실패한다. 나는 이런 일을 여러 번 보았다. 처음 애플에 들어갔을 때 나는 애플이 최초의 상업용 디지털 카메라 중 하나인 애플 퀵테이크(Apple QuickTake)를 출시한 것을 보았다. 그것은 실패했다. 아마 당신은 애플이 카메라를 만든 적이 있었다는 것을 알지 못할 것이다. 그것이 실패한 이유는 기술이 제한되었고, 가격이 비쌌고, 세상은 사진술의 필름과 화학 처리를 내보낼 준비가 되어 있지 않았기 때문이었다. 나는 세계 최초의 디지털 사진액자를 생산한 스타트업 회사의 고문이었다. 그 것도 실패했다. 기술은 이번에도 그것을 잘 지원하지 못했으며 제품은 비교적 비쌌다. 오늘날 디지털 카메라와 디지털 액자는 매우 성공한 제품이라는 것이 명백하지만 내가 같이 일한 애플이나 스타트업 회사는 그 이야기의 일부가 아니다.

　디지털 카메라가 사진술에서 발판을 마련하기 시작하는 데에도 그것들이 정물 사진에서 필름을 대체하기까지 몇십 년이 걸렸다. 필름에 기초한 영화를 디지털 카메라에서 생산된 것으로 대체하는 데에는 한층 더 오래 걸리고 있다. 내가 이 글을 쓰는 동안에도 매우 적은 수의 영화만 디지털로 만들어지고 있으며, 매우 적은 수의 극장만 디지털로 상영한다. 그 노력이 얼마나 오랫동안 계속되어 왔는가? 그 노력이 시작한 때를 알기는 어렵지만, 매우 오래되었다. 고화질 텔레비전이 이전 세대의 표준인 저화질(미국의 NTSC, 그밖의 곳에서의 PAL 및 SECAM)을 대체하는 데 수십 년이 걸렸다. 훨씬 더 좋은 소리와 더불어 훨씬 더 좋은 화질을 얻는 데 왜 그렇게 오래 걸렸는가? 사람들은 매우 보수적이다. 방송국은 그들의 모든 장비를 바꾸어야 할 것이다. 집주인들은 새 (가전제품) 세트가 필요해질 것이다. 전반적으로 이런 변화를 지지하는 유일한 사람들은 기술 열광자들과 장비 제조업자들이다. 각각 다른 표준을 원했던 텔레비전 방송 회사들과 컴퓨터 산업 간의 격렬한 싸움도 그 채택을 연기시켰다(제6장에서 논의되었다).

　[그림 7-3]에 보이는 비디오폰의 경우 예시는 놀랍지만 세부사항은 이상하게도 부족하다. 비디오카메라는 놀고 있는 아이들의 놀라운 파노라마를 보여 주기 위해 어디에 놓여 있는가? '아버지와 어머니'는 어둠 속에 앉아 있다는 것을 유의하라[비디오 이미지는 출력이 매우 약한 '카메라(camera obscura)'에 의해 투영되고 있기 때문이다]. 부모를 찍는 비디오카메라는 어디에 있는가? 그들이 어두운 데 앉아 있다면 그들은 어떻게 보일 수 있는가? 비록 비디오 질은 우리가 오늘날 도달할 수 있는 것보다 한층 더 좋아 보이지만, 소리는 여전히 사용자들이 말하는 관을 얼굴에 대고 (아마도 크게) 말해야 하는 트럼펫 모양의 전화기로 수집되고 있다는 것도 흥미롭다. 비디오 연결이란 개념을 생각하는 것은 비교적 쉽다. 그러나 세세한 것을 모두 생각하는 것은 매우 어려웠으며, 그다음 그것을 만들고 실행되도록 해야 한다. 그 그림이 그려진 이후 이제 한 세기를 상당히 넘었는데 우리는 겨우 그 꿈을 실현할 수 있을 뿐이다, 겨우.

최초의 작동하는 비디오폰이 (1920년대에) 만들어지는 데 40년이 걸렸으며, 그다음 최초의 제품이 나오는 데 다시 10년이 걸렸다(독일에서 1930년대 중반). 그리고 그것은 실패했다. 미국은 독일 이후 30년 후, 1960년까지 상업적 비디오폰 서비스를 시도하지 않았다. 그 서비스도 실패했다. 비디오폰 전용 장치, 집에 쓰는 텔레비전 세트를 쓰는 기기, 가정용 PC를 쓰는 비디오 회의, 대학이나 회사의 특수한 비디오 회의실 및 작은 비디오 전화기 등을 포함해서 모든 아이디어가 시도되었는데, 그것들 중 일부는 손목에 찰 수도 있는 것이었다. 21세기가 시작돼서야 그런 용도를 찾게 되었다.

비디오 회의는 마침내 2010년대 초기에 통용되기 시작했다. 극히 비싼 비디오 회의 세트가 회사와 대학에 설치되기 시작했다. 가장 상업적인 시스템은 당신이 멀리 떨어진 참가자들과 같은 방에 있는 것처럼 보이게 하는데, 고품질의 이미지 전송 기술과 탁자 건너편에 앉아 있는 사람들의 실물 크기 이미지를 보여 주기 위해 여러 개의 큰 모니터를 사용한다[시스코(Cisco)라는 회사는 그 탁자를 팔기도 한다]. 최초로 출판된 개념으로부터 여기까지 140년, 최초의 실제 시범으로부터 90년이며, 최초의 상업적 출시 이후 80년이 걸렸다. 더욱이 각 위치에 있어야 하는 장비부터 자료 전송 요금까지 비용은 보통 사람이나 업체가 감당할 수 있는 것보다 훨씬 더 비싸다. 지금 그것들은 사무실에서 주로 사용된다. 오늘날 많은 사람이 자신의 스마트 디스플레이 기기들로 비디오 회의에 참여하지만, 그 경험은 가장 좋은 상업용 시설이 제공하는 것만큼 그렇게 만족스럽지는 않다. 아무도 이런 경험을, 참여자들과 같은 방에 있는 것과 혼동하지 않을 것이다. (놀라운 성공과 더불어) 고품질 상업용 설비들이 열망하는 것이지만.

모든 현대의 혁신은, 특히 삶을 크게 바꾸는 것들은 개념으로부터 회사의 성공으로 가는 데 수십 년이 걸린다. 경험칙으로 보면, 연구소의 최초의 시범에서 상업용 제품까지 이십 년 그리고 최초의 상업용 출시에서 널리 채택되기까지 다시 십 년 또는 이십 년이 걸린다. 실제로 대부분의 혁신은 완전히 실패하여 대중에게 도달하지 못한다는 것을 제외하고도 말이다. 뛰어나며 마지막에는 성공할 아이디어조차도 처음 도입되었을 때에는 대부분 실패한다. 도입될 때 실패했지만, 다른 회사에 의해 다시 도입된 나중에는 매우 성공적이었던 여러 제품에 나는 연관되어 왔는데, 실질적인 차이는 때맞춤(timing)이다. 최초의 상업적인 도입에서 실패한 제품에는 최초의 미국 자동차 (Duryea), 최초의 타자기, 최초의 디지털 카메라, 최초의 가정용 컴퓨터[예컨대, 1975년의 알테어(Altair) 8800 컴퓨터] 등이 있다.

타자기 자판의 긴 개발 과정

타자기는 비록 개발도상국에서 여전히 사용되고 있지만, 오래된 기계 장치이며, 이제 주로 박물관에서 발견된다. 대단히 흥미로운 역사를 가지고 있는 것 외에도, 그것은 새 제품들을 사회에 도입하는 것의 어려움, 디자인에 대한 마케팅의 영향 그리고 새 제품의 수용에 이르는 길고 어려운 경로를 보여 준다. 그 역사는 우리 모두에게 영향을 주는데, 그 타자기가 오늘날 자판에서 키의 배치를, 그것이 가장 효율적인 배치가 아니라는 증거에도 불구하고 세상에 제공했기 때문이다. 기존의 틀에 이미 익숙해져 있는 다수의 사람과 결합된 전통과 관습은 변화를 어렵거나 거의 불가능하게 만든다. 이것은 다시 한 번 등장하는 유산 문제다. 유산의 여세가 변화를 방해한다.

최초의 성공적인 타자기를 개발하는 것은 종이 위에 철자를 찍는 믿을 만한 기계장치를 단순히 생각해 내는 것 훨씬 이상이다. 물론 그것조차 자체로는 어려운 과제이지만. 한 가지 문제는 사용자 인터페이스였다. 문자들이 타자수에게 어떻게 제시되어야 하는가? 다른 말로 하면, 자판의 디자인 문제다.

타자기의 자판을 보면, 문자 키가 임의로 대각선으로 경사지게 배열되어 있으며, 문자들의 배치는 한층 더 임의적이다. 크리스토퍼 래썸 숄스(Christopher Latham Sholes)가 1870년대에 현재의 표준 자판을 디자인했다. 이상하게 조직된 자판을 가진, 그의 타자기 디자인은 마침내 최초의 성공적인 타자기인 레밍턴 타자기가 되었다. 그 자판 배치는 곧 모든 사람에게 채택되었다.

자판 디자인은 길고 특이한 역사를 가지고 있다. 초기 타자기들은 세 가지 기본 방식을 사용해서 매우 다양한 배치가 실험 되었다. 하나는 원형 배열로, 문자들은 알파벳 순서로 놓여 있었다. 조작자는 맞는 곳을 찾아서 지렛대를 누르고, 막대기를 올리거나 기기가 필요로 하는 기계적 조작을 하는 것이었다. 인기 있는 다른 방식은 피아

노 건반과 비슷했는데, 문자들이 하나의 긴 줄로 배치되어 있었다. 초기 자판들의 일부는 숄스의 초기 버전을 포함해서 검은 키와 흰 키를 가지고 있기도 했다. 그러나 원형 배치와 피아노 건반 모두 곤란한 것으로 드러났다. 마지막으로 타자기 자판은 모두 여러 줄의 키가 장방형 형태로 배치된 것을 쓰는 것으로 마무리되었는데, 회사마다 문자의 배열은 달랐다. 키들로 조작되는 레버들은 컸고 볼품없었으며, 키들의 크기와 간격, 배치는 사람 손의 특성에 의해서가 아니라 기계적인 고려에 의해 정해졌다. 그래서 자판은 경사지고 키들은 기계적인 연결에 필요한 공간을 제공하기 위해 대각선 패턴으로 놓였다. 우리가 더 이상 기계적 연결을 쓰지 않지만, 자판 디자인은 가장 현대적인 전자 기기에서도 변하지 않는다.

키들을 알파벳 순서로 배치하는 것이 논리적이고 타당한 것으로 보인다. 그것은 왜 바뀌었을까? 그 이유는 자판에 관한 초기 기술에 뿌리를 두고 있다. 초기 타자기들은 키에 부착된 긴 레버를 가지고 있었다. 그 레버들은 개별적인 글쇠 막대를 움직여 보통 뒤에서 타자하는 종이에 닿게 했다(타이프되는 문자들을 타자기 앞에서 볼 수 없었다). 이런 긴 타이프 팔은 종종 충돌하여 서로 얽히곤 해서 타자수가 그것들을 손으로 분리해야 했다. 이런 얽힘을 피하기 위해 숄스는 연이어 자주 치게 되는 문자들이 인접하는 글쇠 막대로부터 나오지 않도록 키들과 글쇠 막대들을 배치했다. 몇 번의 반복과 실험 후에 표준이 등장했는데, 이것이 오늘날 자판을 지배하고 비록 지역적 변형은 있지만 전 세계에서 사용되는 것이다. 미국 자판의 맨 윗줄은 Q W E R T Y U I O P 키들을 가지고 있는데, 이것이 이 배치의 이름, QWERTY*를 낳았다. 세계는 이 기본적인 배치를 채택했다. 비록 유럽에서, 예컨대 QZERTY, AZERTY, QWERTZ 배치를 발견할 수는 있지만. 다른 언어들은 다른 알파벳을 쓰므로, 명백히 여러 자판은 추가 문자들을 위한 공간을 만들기 위해 키들을 이리저리 옮겨야 한다.

속설에 따르면 키들은 타자가 느려지도록 배치되었다고 한다. 하지만 이것은 사실이 아니다. 목표는 기계적인 글쇠 막대들이 서로 큰 각도를 이루어서 접근하게 하여 충돌

---

* '쿼티'라고 읽는다.

[그림 7-4] 1872 숄즈 타자기 레밍턴은 최초의 성공적인 타자기의 제조 회사였는데, 재봉틀도 만들었다. 그림 A는 최종적으로는 'return' 키가 된 발판을 사용하는 디자인에서 재봉틀의 영향을 보여 준다. 틀에 달려 있는 무거운 추가, 각 문자가 쳐진 후 혹은 타자수의 왼손 아래에 있는 직사각형의 판(이것이 '스페이스바'다)이 눌러졌을 때 이동 쇠(carriage)를 앞으로 가게 했다. 발판을 누르는 것은 추를 위로 올렸다. 그림 B는 자판의 확대 그림을 보여 준다. 둘째 줄이 R 대신 마침표(.)를 보이는 것을 주목하라. Scientific American의 'The Type Writer'(Anonymous, 1872)에서.

가능성을 최소화하는 것이었다. 사실 QWERTY 배치가 빠른 타자 속도를 보장한다는 것을 이제는 알고 있다. 자주 이어지는 쌍을 이루는 문자들을 비교적 멀리 떨어지게 놓음으로써 타자는 속도가 나는데 이것이 문자 쌍이 다른 손으로 타자되도록 하는 경향이 있기 때문이다.

둘째 줄에서 typewriter란 단어를 치는 것이 가능하도록 판매원이 자판을 재배치했다는 확인되지 않은 이야기가 있는데, 이런 변화는 연속으로 타자되는 문자들을 분리하는 디자인 원칙을 위반한 것이다. [그림 7-4]의 B는 초기의 숄스 자판이 QWERTY가 아니었다는 것을 보여 준다. 둘째 줄의 키들은 마침표(.)를 가지고 있는데, 그곳에 오늘날에는 R이 있다. P와 R키는 맨 아랫줄에 있다(다른 차이도 있다). P와 R을 넷째 줄에서 둘째 줄로 옮기면, 둘째 줄에 있는 키만을 써서 typewriter라는 단어를 칠 수 있다.

이 이야기의 타당성을 확인할 방법은 없다. 게다가 나는 그 이야기가 P키에 대한 논의 없이 마침표와 R키가 교환되었다고 서술하는 것을 들었을 뿐이다. 잠시 동안 그 이야기가 사실이라고 가정하자. 나는 공학적인 사람들이 화를 내는 것을 상상할 수 있다. 이것은 실리적이고 논리적인 공학자들과 이를 이해하지 못하는 판매 및 마케팅 부서 간의 전통적인 충돌같이 들린다. 판매원이 틀렸을까? (오늘날 우리는 이것을 마케팅 결정이라 부르곤 하지만, 그때 마케팅 직종은 존재하지 않았다.) 한쪽을 편들기 전에 그때까지 모든 타자기 회사가 망했다는 것을 기억하라. 레밍턴은 키들이 이상하게 배치된 타자기를 가지고 나오고 있었다. 판매 직원들은 걱정되는 것이 당연했다. 그들은 판매 행동을 향상시킬 법한 모든 일을 당연히 시도하였다. 그리고 그들은 성공했다. 레밍턴은 타자기의 선두주자가 되었다. 실제로 그 첫 모델은 성공하지 않았다. 대중이 그 타자기를 수용하기까지 한동안의 시간이 걸렸다.

자판은 단어 typewriter가 한 줄로 타자되도록 실제로 바뀌었는가? 나는 어떤 확실한 증거를 찾을 수 없다. 그러나 R과 P의 위치가 둘째 줄로 이동된 것은 분명하다. [그림 7-4]의 B를 오늘날의 자판과 비교해 보라.

자판은 진화 과정을 통해 디자인되었지만, 주요 동인은 기계적인 그리고 마케팅의 힘이었다. 타자기의 얽힘은 전자 자판과 컴퓨터에는 가능하지도 않고 타자 스타일이 변했음에도 우리는 이 자판에 헌신적이고 영원히 그것에 매여 있다. 실망하지 마라. 실제로 그것은 좋은 배열이다. 당연히 관심을 가져야 할 한 영역은 타자수에게 매우 자주 닥치는 일종의 상해, 즉 손목터널증후군(carpal tunnel syndrome)이다. 이 병은 자주 그리고 지속되는 손과 손목의 반복 운동의 결과이며, 타자수, 음악가, 손글씨, 바느질, 어떤 종류의 스포츠, 조립 작업을 많이 하는 사람들 사이에서 흔하다. [그림 7-2]의 D에 보이는 것과 같은 제스처 자판은 이런 일의 발생을 줄일 것이다. 미국 국립건강원(US National Institute of Health)은 "분리된 자판, 자판 받침대, 타이핑 판 및 손목 버팀대와 같은 인간공학적 보조기구들이 타자하는 동안의 손목 자세를 개선하는 데 사용될 수 있다. 타자할 때 자주 쉬고 따끔거림이나 통증이 있을 때 항상 멈추어라."고 권고한다.

오거스트 드보락(August Dvorak)은 교육심리학자인데, 1930년대에 더 좋은 자판을 애써 만들었다. 드보락 자판 배치는 QWERTY 자판보다 우수한 건 맞지만 주장된 정도만큼은 아니다. 내 실험실에서의 연구는 QWERTY에서의 타자 속도는 드보락에서의 속도보다 약간만 더 느렸으며, 그 유산(qwerty)을 뒤집을 만할 정도로 차이가 나지 않았다. (자판이 바뀌면) 수백만의 사람이 새로운 방식의 타자를 배워야 할 것이다. 수백만 개의 타자기가 바뀌어야 할 것이다. 한번 표준이 자리 잡으면 기존의 현장에 투자된 관심이 변화를 가로막으며, 변화가 개선되는 경우에조차 그렇다. 더욱이 QWERTY 대 드보락의 경우에 그 이익은 그 고통을 감당할 만하지 않다는 것이 분명하다. '충분히 좋은 것'이 다시 승리한다.

알파벳 순서의 자판은 어떻겠는가? 이제 자판 순서에는 기계적인 제약이 더 이상 없으므로, 알파벳 순서는 최소한 배우기가 더 쉽지 않을까? 아니다. 문자들이 몇 줄로 나뉘어 배치되어야 하기 때문에 알파벳 순서를 아는 것만으로는 충분하지 않다. 당신은 각 줄이 어디서 끊어지는지도 알아야 하는데, 오늘날 모든 알파벳 자판은 다른 지점에서 줄이 끊어진다. QWERTY에서 한 가지 큰 이득인 자주 이어지는 문자 쌍이 반대 손으로 타이프된다는 것은 여기에서 더 이상 들어맞지 않게 될 것이다. 다른 말로 그것을 잊어라. 내 연구에서 QWERTY와 드보락 타자 속도는 알파벳 자판의 속도보다 상당히 더 빨랐다. 그리고 알파벳 키 배치는 무선적 배치보다 더 빠르지 않았다.

한번에 한 개의 손가락 이상을 누르면 더 잘할 수 있을까? 그렇다. 법정 속기사는 어떤 사람도 능가한다. 그들은 코드 자판을 쓰는데, 개별 문자가 아니라 음절들을 종이 위에 직접 친다. 각 음절은 키들을 동시에 눌러 표시되는데, 각 조합은 '코드(chord)'라고 불린다. 미국의 법정 기록자들에게 가장 흔한 자판은, 숫자들, 구두점 및 영어의 음성을 부호화하는 데 둘에서 여섯 개의 키를 동시에 눌러야 한다.

비록 코드 자판은 매우 빠르지만(분당 300 단어 이상이 보통이다), 코드는 배우고 유지하기가 힘들다. 모든 지식이 머릿속에 들어 있어야 한다. 보통의 자판이라면 당신은 즉시 사용할 수 있다. 치고자 하는 문자를 찾아 누르면 된다. 코드 자판에서는 여러 키를 동시에 눌러야 한다. 여러 키를 제대로 이름 붙일 방법도 없고, 그냥 봐서는 무얼 할지를 알 수 있는 방법이 없다. 우연히 타자하는 사람은 운이 없다.

두 가지 형태의 혁신: 점진적 그리고 급진적

두 가지 중요한 형태의 제품 혁신이 있다. 하나는 자연스럽고 느린 진화 과정을 따르는 것이고, 다른 것은 급진적인 새 개발을 통해 성취된다. 일반적으로 사람들은 혁신을 급진적이고 중요한 변화라고 생각하는 경향이 있으나, 실제로 혁신의 가장 흔하고 강력한 형태는 작고 점진적이다.

비록 점진적인 진화의 각 단계는 대단하지는 않지만, 느리고 꾸준한 지속적인 개량이 시간에 걸쳐 다소 중요한 변화를 낳을 수 있다. 자동차를 생각해 보라. 증기로 움직이는 차(최초의 자동차)는 1700년대 후반에 개발되었다. 최초의 상업용 자동차는 1888년에 독일인 칼 벤츠(Karl Benz)에 의해 만들어졌다[그의 회사, 벤츠와 치(Benz & Cie)는 나중에 다임러(Daimler)와 합병되었고, 오늘날 메르세데스-벤츠(Mercedes-Benz)로 알려져 있다].

벤츠의 자동차는 급진적인 혁신이었다. 비록 그의 회사는 살아남았지만, 대부분의 경쟁자는 그렇지 않았다. 최초의 미국 자동차 회사는 두리예이(Duryea)였는데, 몇 년만 유지되었을 뿐이다. 최초가 되는 것은 성공을 보장하지 않는다. 비록 자동차 자체는 급진적 혁신이었지만, 도입 이후 그것은 해마다 지속적으로 느리고 꾸준한 개량을 통해, 한 세기 이상의 점진적인 혁신을 통해 진보해 왔다(그 부품에는 몇 가지 급진적 변화가 있었다). 점진적 향상의 세기 때문에 오늘날의 자동차는 초기 자동차들보다 훨씬 더 조용하고, 더 빠르고, 더 효율적이고, 더 안락하고, 더 안전하고, 덜 비싸다(인플레이션을 고려할 때).

급진적 혁신은 패러다임을 바꾼다. 타자기는 사무실과 집에서의 글쓰기에 극적인 영향을 미친 급진적 혁신이었다. 그것은 사무실에서 여성에게 타자수와 비서의 역할을 주도록 도와주었는데, 이것은 비서 직무를 이사가 되기 위한 첫 단계라기보다는 막다른 길로 재정의하도록 만들었다. 마찬가지로 자동차는 가정생활을 바꾸어서 사람들이 직장에서 멀리 떨어진 곳에 살 수 있도록 했으며 비즈니스 세계에 급진적인 영향을 미쳤다. 또한 대규모의 공기 오염원으로 드러났다(비록 도시의 거리에서 말똥을 없애긴 했지만). 그것은 사고사의 주요 원인이며, 매년 백만 명 이상의 세계적인 치사율을 기록한다. 전기 조명, 비행기, 라디오, 텔레비전, 가정용 컴퓨터 및 사회적 네트워크의 도입은 모두 막대한 사회적 영향을 미쳤다. 휴대전화는 전화 산업을 변화시켰으며, 패킷 전송(packet switching)이라는 전문적인 통신 시스템의 사용은 인터넷이 생기게 했다. 이것들은 급진적 혁신이다. 급진적 혁신은 삶과 산업을 바꾼다. 점진적 혁신은 일을 더 좋게 한다. 우리는 둘 다 필요하다.

점진적 혁신

대부분의 디자인은 점진적 혁신을 통해 지속적인 시험과 개선으로 진화한다. 이상적인 경우에 디자인은 시험되고, 문제 영역이 발견되고, 수정되고, 다시 제품이 지속적으로 재시험되고 재수정된다. 만일 변화가 일을 더 나쁘게 만들면, 그것은 다음의 재순환 단계에서 다시 변화된다. 마침내 나쁜 특징은 좋은 것으로 수정되고, 좋은 것은 유지된다. 이 과정을 가리키는 전문어가 **언덕 오르기**(hill climbing)인데, 눈가리개를 하고 언덕을 오르는 것과 유사하다. 어느 한 방향으로 발걸음을 옮겨라. 만일 내리막길이면 방향을 바꾸어라. 만일 오르막길이면 한 걸음 내딛어라. 어느 쪽으로 내딛어도 내리막인 지점에 도달할 때까지 이 일을 계속하라. 그러면 당신은 언덕의 꼭대기, 적어도 그 지역에서의 정상에 도달한 것이다.

언덕 오르기. 이 방법은 점진적 혁신의 비밀이다. 이것은 제6장에서 논의한 HCD 과정의 핵심이다. 언덕 오르기가 항상 작동하는가? 비록 그 디자인이 언덕의 꼭대기에 도달할 것이라는 것을 보장하지만, 그 디자인이 가능한 한 가장 좋은 언덕이 아니면 어떻게 되는가? 언덕 오르기는 더 높은 언덕을 찾을 수 없다. 그것은 그것이 출발한 언덕의 정상을 찾을 뿐이다. 다른 언덕을 시도하고 싶은가? 급진적 혁신을 시도하라. 비록 이것이 더 좋은 언덕만큼이나 더 나쁜 것을 찾을 가능성이 있지만.

급진적 혁신

점진적 혁신은 기존 제품에서 시작해서 그것들을 더 좋게 만든다. 급진적 혁신은 참신하게 시작하는데, 새로운 능력을 가능하게 하는 새 기술에 의해 종종 주도된다.

진공관의 발명은 급진적 혁신이었으며, 라디오와 텔레비전의 신속한 진보를 가능하게 하는 길을 열었다. 마찬가지로 트랜지스터의 발명은 전자기기, 계산력, 향상된 신뢰성 그리고 더 낮은 비용 등에서 극적인 진보를 가능하게 했다. GPS 위성의 개발은 장소 기반 서비스가 우후죽순으로 생기게 했다.

둘째 요인은 기술의 의미 재고다. 현대의 데이터 네트워크가 한 예다. 신문, 잡지 및 책은 한때 출판 산업 부문으로, 라디오나 텔레비전 방송과 매우 다르게 생각되었다. 이 모든 것은 영화나 음악과도 달랐다. 그러나 인터넷이 한번 장악하자 향상되고 비싸지 않은 컴퓨터 성능과 디스플레이와 더불어 이 별개의 산업 모두가 실제로는 정보 제공자의 다른 형태에 불과하였으며, 그 모두가 단일 매체로 고객에게 전달될 수 있었다는 것이 분명해졌다. 이 재정의는 출판, 전화, 텔레비전 및 케이블 방송 그리고 음악 산업을 함께 붕괴시킨다. 우리는 여전히 책, 신문 및 잡지, 텔레비전 쇼 및 영화, 음악가와 음악을 가지고 있지만, 그것들이 배급되는 방식은 변화했으며 그래서 해당 산업 각각의 대규모 재구조화가 필요하다. 다른 급진적 혁신인 전자 게임은 한편으로는 영화, 비디오와 다른 한편으로는 책과 결합되고 있으며 새로운 종류의 상호작용적인 결합을 이루고 있다. 산업은 계속 붕괴되고 있으며, 그것들을 대체할 것은 아직 분명하지 않다.

급진적 혁신은 많은 사람이 찾는 것인데, 그것이 거대하고 극적인 형태의 변화이기 때문이다. 그러나 대부분의 급진적인 아이디어는 실패하며, 성공하는 것들조차 수십 년이 걸릴 수 있으며, 이 장이 이미 보여 주었듯이 그것들은 성공하는 데 수 세기가 걸릴 수도 있다. 점진적인 제품 혁신은 어렵지만, 이 어려움은 급진적인 혁신이 직면하는 도전과 비교할 때 중요하지 않은 것으로 빛이 바랜다. 점진적인 혁신은 일 년에 수백만 명에 의해 일어나며, 급진적인 혁신은 훨씬 덜 자주 일어난다.

어떤 산업이 급진적 혁신을 위해 준비되어 있는가? 교육, 수송, 의료 및 주택을 보라. 이 모든 것에서 주요한 변화가 이미 나왔어야 한다.

일상용품 디자인: 1988~2038년

기술은 빨리 변하며, 사람과 문화는 천천히 변한다. 혹은 프랑스인이 말했듯이,

더 많은 것이 변할수록, 그것들은 더 많이 똑같다.

사람에 대한 진화적인 변화는 항상 일어나지만, 인간의 진화적 변화의 속도는 수천 년 단위로 재어진다. 인간 문화는 다소 더 빨리 변하는데, 그 기간은 수십 년 혹은 수 세기 단위로 재어진다. 십대가 성인과 차이 나는 식과 같은, 미소 문화(microcultures)는 한 세대 만에 변할 수 있다. 이것이 의미하는 것은 비록 기술은 점진적으로 새로운 일 처리 수단을 도입하지만, 사람들은 그들이 일하는 방식의 변화에 저항한다는 것이다.

세 개의 간단한 예, 사회적 상호작용, 의사소통 및 음악을 생각해 보라. 이것들은 세 가지 다른 인간 활동을 대표하지만, 각각이 인간의 삶에서 매우 근본적이어서 이 세 가지는 역사 시대를 통틀어 계속되어 왔으며, 이런 활동을 지원하는 기술의 중요한 변화에도 불구하고 계속될 것이다. 이것들은 식사와 비슷하다. 새로운 기술은 우리가 먹는 음식의 종류와 그것이 준비되는 방식을 바꿀 것이지만, 먹을 필요를 결코 없애지는 않을 것이다. 사람들은 종종 나에게 '그다음의 위대한 변화'를 예측해 달라고 요구한다. 내 대답은 그들에게 사회적 상호작용, 의사소통, 스포츠와 놀이, 음악이나 오락과 같은 몇 가지 근본적인 것을 조사하라는 것이다. 그 변화는 이런 활동과 영역 안에서 일어날 것이다. 이것들이 유일한 근본적인 것들인가? 물론 아니다. 교육(과 학습), 비즈니스(와 상업), 운송, 자기표현, 예술 그리고 성(sex)을 더해야 한다. 특히 중요한 유지 활동, 건강, 음식과 음료, 옷 및 주택의 필요 같은 것을 잊지 마라. 근본적인 필요도, 비록 그것들이 급진적으로 다른 방식으로 충족되더라도 그대로 있을 것이다.

이 책 『디자인과 인간 심리(The Design of Everyday Things)』는 1988년에 처음 출간되었다(그때 이 책은 The Psychology of Everyday Things로 불렸다). 출간 이후 기술은 크게 변화해서 그 원칙들은 그대로 남아 있지만 1988년의 예들의 상당수는 더 이상

적절하지 않다. 상호작용의 기술이 바뀌었다. 그렇다. 문과 스위치, 수도꼭지는 여전히 이전에 그랬던 것과 같은 어려움을 일으키지만, 이제 우리는 새로운 어려움과 혼란의 출처를 가지고 있다. 전에 작용했던 같은 원칙이 여전히 적용되지만, 이번에는 그것들이 지능적인 기계에도, 거대 데이터 출처들과의 지속적인 상호작용에도, 사회적 네트워크에도, 전 세계에 있는 친구와 지인과 평생 동안의 상호작용을 가능하게 하는 의사소통 시스템과 제품에도 적용되어야 한다.

우리는 기기들과 상호작용하기 위해 제스처를 취하고 춤을 추는데, 그다음에는 기계들이 소리와 촉각으로, 여러 크기의 다중 디스플레이를 통해, 즉 우리가 입는 것, 일부는 바닥에, 벽에 또는 천장에 있으며, 일부는 우리 눈에 바로 투영되는 것을 통해 우리와 상호작용한다. 우리가 기계에 말하면 그것들은 대꾸한다. 기계들이 점점 더 똑똑해지면서, 그것들은 사람만 할 수 있다고 생각했던 활동의 상당수를 넘겨받는다. 인공지능은 우리 삶과 기기에 온도 조절기에서부터 자동차에 이르기까지 널리 퍼져 있다. 기술은 항상 변화를 겪고 있다.

기술이 변하는데 사람은 그대로일까

우리가 새로운 형태의 상호작용과 의사소통을 개발하는 과정에는 어떤 새로운 원칙이 요구되는가? 우리가 증강 현실* 안경을 쓰거나 점점 더 많은 기술을 우리 몸 안에 내장할 때 무슨 일이 일어날까? 제스처와 몸의 움직임은 재미있지만, 매우 정밀하지는 않다.

수천 년 동안 기술은 급격히 변화했지만, 사람들은 그대로 있다. 이것이 미래에도 사실일까? 우리가 인간 신체 안에 점점 더 많은 개량 장치를 더하면 무슨 일이 일어날까? 사지에 보철기구를 단 사람은 보통 선수보다 더 빠른, 더 강한, 더 좋은 달리기 선수나 스포츠 선수가 될 것이다. 이식된 보청기와 인공 렌즈와 각막은 이미 사용되고

---

* 증강 현실(augmented reality)은, 예컨대 눈으로 보는 장면에 겹쳐서 사물의 구조, 배치, 속성, 특징 등을 제시하는 기법으로, 산업, 교통, 군사 장면에 응용된다.

있다. 이식된 기억과 의사소통 기기들은 어떤 사람은 결코 정보가 결핍되지 않는, 영구적으로 향상된 현실을 가질 것임을 의미할 것이다. 이식된 계산 기기들은 사고, 문제해결 및 의사결정을 향상시킬 것이다. 사람은 — 부분적으로는 생물체이며, 부분적으로는 인공기술체인— 사이보그가 될 수도 있다. 다음 차례로 기계는 유사 신경적인 계산 능력을 가지고 인간과 비슷한 행동을 함으로써 사람과 더 비슷해질 것이다. 게다가 생물학의 새로운 발전으로 사람에 대한 유전적 수정과 기계용 생물학적 처리기와 여러 기기가 더해져서 인공적인 보철물의 목록이 더 늘어날 것이다.

이 모든 변화는 상당한 윤리적인 이슈를 제기한다. 기술이 변하더라도 사람은 그대로라는 오랫동안 유지된 견해는 더 이상 유지되지 않을 수 있다. 게다가 새로운 종이 등장하고 있는데, 동물과 인간의 능력 중 상당수를 가지며 때때로 더 우수한 능력을 가지고 있는 인공 기기다. (기계가 어떤 일에서 사람보다 더 잘할 수 있다는 것은 오랫동안 사실이었다. 그것들은 분명히 더 강하고 더 빠르다. 간단한 탁상용 계산기조차 우리보다 산수를 더 잘할 수 있고, 이것이 우리가 그것을 쓰는 이유다. 많은 컴퓨터 프로그램은 고급 수학을 우리가 할 수 있는 것보다 더 잘할 수 있는데, 이 때문에 그것들은 값비싼 보조 도구들이 된다.) 사람들은 변하고 있고, 기계도 변하고 있다. 이것은 또한 문화도 변하고 있다는 것을 뜻한다.

인간 문화가 기술의 도래에 의해 크게 영향을 받아 왔다는 것은 의심의 여지가 없다. 우리 삶, 우리 가족의 크기와 동거 형태 그리고 우리 삶에서 비즈니스와 교육이 하는 역할은 모두 시대 기술에 의해 지배된다. 현대의 의사소통 기술은 협동 작업의 본질을 바꾼다. 어떤 사람들은 이식 장치 덕분에 고급 인지 기술을 갖게 되고, 그동안 어떤 기계는 진보된 기술, 인공지능 및 아마 생체공학 기술을 통해 향상된 인간-질을 얻게 되면서 우리는 한층 더 많은 변화를 기대할 수 있다. 기술과 사람, 문화, 모두가 변할 것이다.

우리를 똑똑하게 만드는 것들

소리와 장면 위에 중첩되어서 증폭시킬 수 있고 설명이나 주석을 추가할 수 있는, 고품질 청각 및 시각 디스플레이어들에 몸 전체의 운동과 제스처를 결합하면 지금까지 알려진 어떤 것도 능가하는 능력을 사람에게 줄 수 있다. 정보가 필요한 바로 그 정확한 시점에, 전에 일어났던 모든 것에 관한 정보를 기계가 알려 줄 수 있을 때 인간 기억의 한계는 무슨 의미가 있을까? 한 가지 주장은 기술이 우리를 똑똑하게 만든다는 것이다. 우리는 전보다 훨씬 더 많은 것을 기억하며, 인지 능력은 한층 향상된다.

다른 주장은 기술이 우리를 멍청하게 만든다는 것이다. 분명히 기술을 가지고 있을 때 우리는 똑똑해 보이지만, 그것을 빼앗기면 우리는 그 전보다 더 못하게 된다. 우리는 세상을 돌아다니고, 지적인 대화를 하고, 지적으로 쓰고, 그리고 기억하는 데 우리 기술에 의존하게 되었다.

한번 기술이 우리 대신 산수를 하고, 우리를 위해 기억하고, 어떻게 행동해야 할지를 우리에게 알려 주면, 그다음 우리는 이런 일을 배울 필요가 없다. 그러나 기술이 사라지는 즉시 우리는 무력해지고, 어떤 기본적인 기능을 할 수 없다. 우리는 이제 기술에 매우 의존하고 있어서 기술이 박탈될 때 고통을 겪는다. 우리는 식물이나 동물 피부로 옷을 만들 수 없고, 작물을 기르고 수확하거나 동물을 붙잡을 수 없다. 기술이 없다면 우리는 굶어 죽거나 얼어 죽을 것이다. 인지 기술이 없다면, 우리가 무지와 같은 상태에 빠질 것인가?

이러한 두려움은 오랫동안 있어 왔다. 고대 그리스에서 플라톤은 소크라테스가 책의 영향에 대해 불평하면서 적힌 내용에 의존하는 것은 기억을 약화시킬 뿐 아니라 생각하고 논의하고 토론을 통해 배울 필요를 줄인다고 주장했다고 말한다. 어쨌든 한 사람이 당신에게 무엇인가를 말할 때 당신은 그 진술에 의문을 제기하고, 토론하고, 논쟁하고, 그럼으로써 그 내용과 이해를 향상시킬 수 있다고 소크라테스는 말한다. 글쎄, 책에 대해서 당신은 무엇을 할 수 있는가? 당신은 반박할 수 없다.

그러나 오랜 세월에 걸쳐서 인간 두뇌는 거의 그대로였다. 인간 지능은 분명히 줄지 않았다. 사실 우리는 광대한 양의 내용을 어떻게 외워야 할지를 더 이상 배우지 않는다. 우리는 더 이상 산수에 완벽하게 능숙할 필요가 없다. 그 일에 전문 기기인 계산기나 아니면 거의 모든 컴퓨터나 전화기에 있는 계산기(프로그램)가 그 일을 대신하기 때문이다. 그러나 그것이 우리를 멍청하게 만드는가? 내가 전화번호들을 더 이상 기억할 수 없다는 사실이 내가 점점 더 머리가 나빠진다는 것을 뜻하는가? 아니다. 그 반대로, 그것은 사소한 것에 신경 쓰는 사소한 압제로부터 마음을 해방시키고, 중요하고 핵심적인 것에 집중할 수 있게 한다.

기술에의 의존은 인류에 이득이다. 기술로 인해서 인간의 뇌는 더 좋아지지도 더 나빠지지도 않는다. 대신에 변하는 것은 과제다. 인간 더하기 기계가 인간이나 기계 혼자보다 더 강력하다.

가장 좋은 체스 시합 기계는 가장 잘하는 체스 선수를 물리칠 수 있다. 그러나 보라. 인간 더하기 기계의 조합은 가장 잘하는 인간과 가장 잘하는 기계를 물리칠 수 있다. 더욱이 이 승리하는 조합은 가장 잘하는 인간이거나 기계일 필요가 없다. MIT 교수인 에릭 브린욜프슨(Erik Brynjolfsson)은 국립공학원(National Academy of Engineering) 모임에서 다음과 같이 설명했다.

> 오늘날 세계에서 가장 잘하는 체스 선수는 컴퓨터나 사람이 아니라 인간과 컴퓨터가 함께 일하는 팀이다. 인간들과 기계들의 팀이 경합하는, 프리스타일 체스 시합에서 우승자들은 가장 강력한 컴퓨터나 가장 잘하는 체스 선수들을 보유한 팀들이 아닌 경향이 있다. 승리하는 팀은 인간과 컴퓨터의 독특한 기술이 함께 작용하도록 조정할 수 있다. 이것이 우리가 앞으로 나아갈 방향에 대한 비유다. 즉, 사람과 기술이 새로운 방식으로 협동하여 가치를 창출하는 것이다(Brynjolfsson, 2012).

왜 그런가? 브린욜프슨과 앤드류 맥아피(Andrew McAfee)는 "최근의 프리스타일 토너먼트에서 우승자가 대체로 가장 잘하는 인간 선수도 아니고 가장 강력한 컴퓨터도 아닌" 이유를 설명하면서 세계 챔피언인 인간 체스 선수 개리 카스파로브(Gary

Kasparov)의 말을 인용했다. 카스파로브는 다음과 같이 구성된 팀을 묘사했다.

> 아마추어 미국 체스 선수 2인조는 세 대의 컴퓨터를 동시에 사용한
> 다. 컴퓨터가 매우 깊은 수(手)를 보게끔 '지도'하는 그들의 기술은, 상대
> 편 그랜드 매스터의 우수한 체스 이해력과 다른 참가자들의 월등한 계산
> 력을 맞받아쳤다. '약한 인간 + 기계 + 더 좋은 처리'가 단독의 강한 컴
> 퓨터보다 더 우수했으며, 더 놀랍게도 '강한 인간 + 기계 + 약한 처리'보
> 다 우수했다(Brynjolfsson & McAfee, 2011).

더욱이 브린욜프슨과 맥아피는 이 같은 패턴이 비즈니스와 과학을 포함한 많은 활
동에서 발견된다고 주장한다. "경기를 이기는 핵심은 기계에 대해서 경쟁하는 것이
아니라 기계와 더불어 경쟁하는 것이다. 다행히도 인간은 컴퓨터가 약한 바로 그곳에
서 가장 강하며, 잠재적으로 아름다운 파트너십을 만들어 낸다."

캘리포니아 대학교 샌디에이고 분교의 인지과학자(그리고 인류학자)인 에드윈 허친
스(Edwin Hutchins)는 분산 인지의 힘을 옹호해 왔는데, 여기에서 어떤 성분은 사람들
에 의해 발휘되고(사람들도 시간과 장소에 걸쳐 분산될 수 있다), 다른 성분들은 기술에 의
해 발휘된다. 이 조합이 우리를 얼마나 강력하게 만들어 주는가를 가르쳐 준 사람이
바로 그였다. 이것은 앞의 질문, 새 기술이 우리를 멍청하게 만드는가에 대한 답을 준
다. 아니다. 그 반대로 새 기술은 우리가 하는 과제를 바꾼다. 가장 우수한 체스 선수
가 인간과 기술이 조합된 것이듯 우리는 기술과 결합함으로써 그 어느 때보다 더 똑
똑해진다. 내 책 『생각 있는 디자인(Things that make us smart)』에 표현했듯이 도움받
지 않는, 마음의 힘은 지나치게 과대평가되어 있다. 새 기술은 우리를 똑똑하게 만드
는 것이다.

> 도움받지 않는 마음의 힘은 지나치게 과대평가되어 왔다. 외부 보조
> 물 없이는 깊고 지속적인 추리가 어렵다. 도움받지 않는 기억, 사고 및

추리는 모두 한계가 있다. 인간 지능은 매우 융통성이 있고 적응적이어서 그 자체의 한계를 극복하는 절차나 사물을 발명하는 데 탁월하다. 진정한 힘은 인지 능력을 향상시키는 외적 보조물을 고안하는 데에서 나온다. 우리는 어떻게 기억, 사고 및 추리를 향상시켜 왔는가? 외적 보조물의 발명을 통해서다. 그것이 우리를 똑똑하게 만드는 것들이다. 어떤 도움은 협동적·사회적 행동을 통해서 나오며, 어떤 것은 환경에 있는 정보를 활용하여 나오고, 어떤 것은 인간 능력을 보충하고 정신력을 강화하는 사고의 도구, 즉 인지적 인공물(cognitive artifacts)의 개발을 통해서 나온다(*Things that make us smart*, 1993의 제3장의 여는 글).

책의 미래

관습적인 책을 쓰는 데 도움을 주는 도구를 갖는 일은, 책을 극적으로 바꾸는 도구를 갖는 일과 완전히 다른 문제다.

왜 책은 앞에서 뒤로 직선적으로 읽도록 된 단어들과 어떤 삽화들과 타협해야 하는가? 왜 그것은, 원하는 어떤 순서로든 읽을 수 있는 작은 절들로 구성되면 안 되는가? 왜 그것은 동적이면 안 되는가? 즉, 비디오와 오디오 부분을 갖고 있고, 아마 누가 읽고 있느냐에 따라 변화하며, 다른 독자들 혹은 시청자들에 의한 주석도 포함하거나 저자의 최근 생각도 통합하고, 혹시라도 읽히고 있는 동안에도 변화하면 안 되는가? 여기에서 텍스트라는 단어는 목소리, 비디오, 이미지, 도표 및 단어, 그 어느 것도 의미할 수 있게 되지 않을까?

어떤 작가들, 특히 소설가들은 여전히 선형적인 이야기하기를 선호할지 모른다. 작가들은 이야기꾼이며, 이야기에서 등장인물이나 사건이 소개되는 순서가 긴장을 만들고, 독자들을 전율하게 하고, 위대한 이야기를 특징짓는 감정적인 기복을 관리하는 데 중요하기 때문이다. 그러나 이 책과 같은 실화의 경우 순서는 그렇게 중요하지 않

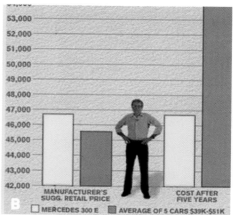

[그림 7-5] 보이저 상호작용 전자책 왼쪽에 있는 그림 A는 『디자인과 인간 심리(The Design of Everyday Things)』(초판)의 한 페이지로 들어가는 나를 보여 준다. 오른쪽에 있는 그림 B는 『생각 있는 디자인(Things That Makes Us Smart)』에서 그래프 디자인에 관한 요점을 설명하는 나를 보여 준다.

다. 이 책은 당신의 감정을 조작하거나 당신을 긴장 속에 놓거나 혹은 극적인 절정을 만들려고 애쓰지 않는다. 원하는 순으로, 순서에서 벗어나서 항목을 읽거나 당신의 필요와 무관한 것은 무엇이든 건너뛰며 이 책을 경험할 수 있다.

이 책이 상호작용적이라고 가정한다면? 당신이 무엇인가를 이해하는 데 어려움이 있다면, 그 페이지를 클릭하면 내가 튀어나와 그것을 설명한다고 가정해 보자. 나는 내 책 중 세 권 모두를 결합하여 하나의 상호작용적인 전자책을 만들면서 그런 것을 시도했다. 그 시도는 제품 디자인 악마의 먹잇감이 되었다. 너무 일찍 등장하는 좋은 아이디어는 실패할 것이다.

그 책을 생산하는 데 상당한 노력이 들었다. 나는 보이저북스(Voyager Books)의 사람들로 구성된 대규모 팀과 일했는데, 캘리포니아 산타모니카로 날아가서, 발췌 부분을 찍고 내 역할을 녹화하기 위해 거의 일 년 동안 그곳을 방문했다. 보이저 사장인 로버트 슈타인(Robert Stein)은 재능 있는 편집자들, 프로듀서들, 비디오 촬영가들, 상호작용 디자이너들 및 삽화가들로 된 팀을 모았다. 아아, 그 결과는 하이퍼카드

(HyperCard)라 불리는 컴퓨터 시스템으로 출판되었는데, 이것은 애플이 개발한 똑똑한 도구였지만, 실제로는 결코 충분한 (고객) 지원을 받지 못했다. 결과적으로 애플은 지원을 포기했으며, 오늘날 나는 디스크 원본의 복사본을 여전히 몇 개 가지고 있지만, 그것들은 현재 쓰는 기계 중 어느 것에도 돌아가지 않을 것이다. (그럴 수 있더라도 비디오 해상도가 오늘날 기준에서 보면 너무 떨어진다.)

"그 책을 생산하는 데 상당한 노력이 들었다."는 구절을 주목하라. 나는 얼마나 많은 사람이 관련되었는지를 기억조차 하지 못하지만, 크레딧(credit)에는 다음이 포함된다. 편집자-프로듀서, 미술감독-그래픽 디자이너, 프로그래머, 인터페이스 디자이너 (나를 포함해 네 사람), 프로덕션 팀(27명) 그리고 그다음 17명에 대한 특별한 감사.

그렇다. 오늘날 누구나 음성이나 비디오 에세이를 녹화할 수 있다. 누구나 비디오를 찍고 간단한 편집을 할 수 있다. 그러나 전 세계 사람들이 읽고 즐길 수 있는, 대략 삼백 페이지 혹은 두 시간 분량의 비디오(혹은 약간의 결합)로 된, 전문가 수준의 멀티미디어 책을 만드는 것은 막대한 양의 재능과 다양한 기술을 필요로 한다. 아마추어들은 5분 내지 10분짜리 비디오를 만들 수 있지만, 그것을 넘는 어떤 것은 뛰어난 편집 기술을 필요로 한다. 더욱이 작가, 카메라맨, 녹음기사 및 조명기사가 있어야 한다. 이런 활동을 조정하고 각 장면(챕터)에서 최선의 접근을 하기 위해 감독이 있어야 한다. 부분을 끼워 맞추는 데 숙련된 편집자가 필요하다. 환경에 관한 전자책인 앨 고어(Al Gore)의 상호작용 미디어 책인 『우리의 선택(Our Choice)』(2011)은 이 한 권의 책에 책임지는 사람들에 대해 다수의 직명을 열거한다. 출판자(두 사람), 편집자, 제작 감독, 제작 편집자 및 제작 총감독, 소프트웨어 설계자, 사용자 인터페이스 엔지니어, 엔지니어, 상호작용 그래픽, 애니메이션, 그래픽 디자인, 사진 편집자, 비디오 편집자(둘), 비디오 예술가, 음악 및 표지 디자이너. 무엇이 책의 미래인가? 매우 비싸다.

새 기술의 도래는 책, 상호작용 미디어, 온갖 종류의 교육 및 오락 내용을 더 효과적이게, 그리고 즐길 수 있게 만들고 있다. 많은 도구 각각은 창조를 더 쉽게 만든다. 그 결과 우리는 자료의 급증을 보게 될 것이다. 대부분은 아마추어적이고, 불완전하고, 다소 앞뒤가 안 맞는 것일 것이다. 그러나 아마추어 제작도 우리 삶에서 가치 있는 기능을 할 수 있다. 인터넷에서 구할 수 있는 자가 제작 비디오의 엄청난 급증이 보여 주듯이, 한국의 '파전'을 요리하는 방법에서부터 수도꼭지를 수리하고 또는 전자기파에 대한 맥스웰의 공식을 이해하는 데까지 모든 것을 우리에게 가르쳐 줄 수 있다. 그러나 믿을 수 있는 방식으로 일관성 있는 이야기를 하는, 사실이 확인되고 메시지가 권위 있고 자료가 술술 이어지는 고품질의 전문 자료를 만들려면, 전문가들이 필요하다. 기술과 도구의 혼합은 빠르고 대략적인 창조를 더 쉽게 하지만, 세련되고 전문적인 수준의 자료의 창조는 훨씬 더 힘들다. 미래의 사회는 즐거움, 유혹 그리고 두려움으로 기대하는 무엇이다.

디자인의 윤리적 의무

디자인이 사회에 영향을 미친다는 것은 디자이너에게 새로운 주장은 아니다. 많은 디자이너가 그들의 작업이 함축하는 바를 심각하게 받아들이고 있다. 그러나 사회를 의식적으로 조작하는 것은 중대한 문제점이 있는데, 그중 무시 못할 것은 모든 사람이 적절한 목표에 대해 동의하는 것은 아니라는 것이다. 따라서 디자인이 정치적인 중요성을 띨 수 있다. 정말로 디자인 철학은 정치 체제에 따라 중요하게 달라진다. 서구 문화에서 디자인은 시장의 자본주의적인 중요성을 반영한다. 따라서 구입자에게 매력적이라 생각되는 외적 특징을 강조한다. 소비 경제에서 맛은 비싼 음식이나 음료 마케팅의 기준이 아니며, 사용성은 가정이나 사무실 기기의 마케팅에서 일차 기준이 아니다. 우리는 사용의 대상이 아니라, 욕망의 대상들로 둘러싸여 있다.

불필요한 특징, 불필요한 모델: 사업에는 좋지만, 환경에는 나쁜

음식이나 뉴스와 같이 소비재 제품의 세상에서는 항상 더 많은 음식과 뉴스에 대한 필요가 있다. 제품이 소비될 때, 그 고객이 다음 고객이 된다. 결코 끝나지 않는 순환이다. 서비스의 세상에서도 같은 일이 적용된다. 어떤 사람은 식당에서 요리를 하고 음식을 제공하고, 우리가 아플 때 보살피고, 우리 모두가 필요로 하는 일상적 거래를 해야 한다. 필요가 항상 있기 때문에 서비스는 자립적일 수 있다.

그러나 견실한 상품을 만들고 파는 비즈니스는 한 가지 문제에 직면한다. 그 제품을 원하는 모든 사람이 그것을 갖자마자 더 이상 필요로 하지 않는다는 것이다. 판매는 중단될 것이다. 회사는 폐업할 것이다.

1920년대 제조사들은 제품이 쓸모없는 것이 되게 하는 방법을 교묘하게 계획했다(비록 그런 관행은 오래전부터 있었지만). 제품은 수명이 제한되도록 만들어진다. 자동차는 부서지도록 디자인되었다. 헨리 포드(Henry Ford)에 대한 이야기에 따르면, 그는 폐기된 포드 차를 사서 엔지니어들에게 그것을 해체하여 어느 부품이 망가졌고 어느 것이 아직 좋은 상태인지를 확인하게 했다고 한다. 엔지니어들은 이 일이 약한 부품을 찾고 더 튼튼하게 만들기 위한 것이라고 생각했다. 아니다. 포드는 여전히 좋은 상태에 있었던 부품을 알아내려고 했다고 설명했다. 회사는 이 부품이 다른 것과 동시에 고장 나도록 재디자인한다면 돈을 절약할 수 있을 것이다.

일이 실패하게 하는 것이 판매를 지속하는 유일한 길은 아니다. 여성 의류 산업이 한 예다. 올해 유행인 것은 다음 해에는 유행이 아니므로, 여성은 자신의 옷을 철마다, 해마다 바꾸도록 조장된다. 같은 철학이 곧 자동차 산업에 확장되었는데, 정기적으로 하는 극적인 스타일 변화는 어떤 사람이 최신의 차를 몰고 어떤 사람이 낡은 유행의 차를 모는 느림보였는지를 명백히 보여 준다. 이와 같은 것이 스마트 스크린, 카메라 및 TV 세트에도 들어맞는다. 기기들을 수십 년 동안 오래 쓰곤 했던 부엌과 세탁실조차 유행의 영향을 받고 있다. 이제 시대에 뒤떨어진 특징, 시대에 뒤떨어진 스타일 그리고 시대에 뒤떨어진 색깔조차 집주인들로 하여금 바꾸도록 유도한다. 약간의 성차가 있지만 남자는 옷의 유행에 여자만큼 민감하지 않다. 그들은 자동차와 다른 기술 제품의 최신 유행에 대한 관심으로 그 차이 이상을 보충한다.

그러나 전의 것이 완벽하게 잘 작동하는데 왜 새 컴퓨터를 구입하는가? 왜 새 레인지 혹은 냉장고, 새로운 전화기 혹은 카메라를 구입하는가? 우리는 정말로 냉장고 문에 있는 얼음 조각 배출기, 오븐 문 위의 디스플레이 화면, 3차원 이미지를 쓰는 내비게이션 시스템이 필요한가? 낡은 것을 안전하게 폐기하는 문제점은 말할 것도 없이 새 제품을 제조하는 데 쓰인 모든 재료와 에너지로 인해 환경에 지우는 비용은 얼마나 되는가?

지속 가능성(sustainability)에 대한 다른 모형은 구독(subcription) 모형이다. 당신은 전자 독서 기기 또는 음악이나 비디오 플레이어를 가지고 있는가? 기사와 뉴스, 음악과 오락, 비디오와 영화를 제공하는 서비스를 구독하라. 이것들은 모두 소비재이므로, 스마트 스크린이 고정된 내구적인 상품이지만 구독은 서비스에 대한 보답으로 안정적인 돈의 흐름을 보장한다. 물론 이것은 내구재의 제조사들이 서비스의 공급자일 때만 작동한다. 그렇지 않으면 어떤 대안이 있는가?

모델 연식을 보라. 매년 새 모델이 소개되기도 하는데, 전년도 모델만큼 좋지만, 그보다 더 좋다고 주장한다. 성능이나 특징이 항상 증가한다. 모든 새로운 특징을 보라. 그것들 없이 전에 당신은 어떻게 존재했을까? 그런 동안 과학자들과 공학자들, 발명가들은 더 새로운 기술을 개발하느라고 바쁘다. 당신은 당신의 텔레비전을 좋아하는가? 그것이 삼차원이라면 어떨까? 다중 채널의 입체 배경음을 가지고 있다면? 가상현실 안경으로 당신이 360도에 해당하는 이미지에 둘러싸여 있다면? 머리와 몸을 돌려 당신 뒤에서 무엇이 일어나는지를 보라. 당신이 스포츠를 볼 때, 당신은 팀 안에 있을 수 있고 팀이 하듯이 게임을 경험할 수 있다. 차는 당신을 더 안전하게 하기 위해 스스로 운전할 뿐만 아니라 목적지로 가는 동안 많은 오락거리를 제공한다. 비디오 게임은 레이어와 챕터, 새 스토리 라인과 등장인물 그리고 당연히 3D 가상 환경을 계속 추가할 것이다. 가정용 기기들은 서로에게 말하며, 멀리 떨어진 가정기기에게 우리의 사용 패턴의 비밀을 알려 줄 것이다.

일상용품의 디자인은 과잉하고, 과부하되고, 불필요한 일의 디자인이 되는 큰 위험에 빠져 있다.

디자인 생각하기와 디자인에 대해 생각하기

디자인은 최종 제품이 성공적일 때만, 사람들이 그것을 사고, 쓰고, 즐길 때, 그래서 그 단어를 퍼뜨릴 때 성공적이다. 사람들이 구입하지 않는 디자인은 디자인 팀이 그것을 아무리 훌륭하게 생각하더라도 실패한 디자인이다.

디자이너는 기능이란 면에서 이해될 수 있고 사용이 편리하다는 면에서, 그리고 정서적인 만족, 자부심과 기쁨을 전달하는 능력이란 면에서 사람들의 필요를 만족시키는 것을 만들 필요가 있다. 다른 말로 하면, 디자인은 하나의 전체적 체험으로 생각되어야 한다.

그러나 성공적인 제품은 훌륭한 디자인 이상의 것을 필요로 한다. 그것들은 신뢰성 있게, 효율적으로, 일정에 맞추어 생산될 수 있어야 한다. 만일 디자인이 공학적 요구 조건을 매우 복잡하게 해서 그 조건들이 정해진 비용과 일정의 제약 안에 실현될 수 없다면, 그 디자인은 결함이 있다. 마찬가지로 제조 과정이 제품을 생산하지 못한다면, 그때에도 디자인에 결함이 있다.

마케팅 고려는 중요하다. 디자이너는 사람들의 필요를 만족시키길 원한다. 마케팅은 사람들이 그 제품을 실제로 사고, 사용한다는 것을 분명히 하기를 원한다. 이것들은 두 가지 다른 집합의 요구 조건이다. 디자인은 둘 다 만족시켜야 한다. 사람들이 사지 않는다면 디자인이 얼마나 훌륭한지는 중요하지 않다. 사람들이 어떤 것을 사용하기 시작할 때 그것을 싫어하기 시작한다면, 얼마나 많은 사람이 그것을 사는가는 중요하지 않다. 디자이너는 판매와 마케팅 그리고 비즈니스의 재정 부문에 관해 점점 더 많이 배우면서 더 효과적이 될 것이다.

끝으로, 제품들은 복잡한 생명 주기를 가지고 있다. 많은 사람은 기기를 쓰는 데 도움이 필요할 것이다. 디자인이나 사용 설명서가 분명하지 않기 때문이거나 아니면 그들이 제품 개발에서 고려하지 않았던 어떤 일을 하고 있기 때문에 혹은 여러 다른 이유가 있을 것이다. 만일 이 사람들에게 제공된 서비스가 부적합하다면, 그 제품은 어려움을 겪을 것이다. 마찬가지로 그 기기가 유지되고, 수리되고 업그레이드되어야 한다면, 이것이 어떻게 관리되는지는 그 제품에 대한 사람들의 평가에 영향을 준다.

오늘날 환경적으로 민감한 세상에서 제품의 완전한 생명 주기가 고려되어야 한다. 재료, 제조 과정, 배급, 서비스, 수리의 환경 비용은 무엇인가? 부품을 교체해야 할 때가 될 때, 낡은 것을 재생하거나 다른 식으로 재사용하는 것의 환경적 영향은 무엇인가?

제품 개발 과정은 복잡하고 어렵다. 그러나 이것이 나에게 디자인이 그렇게 보람 있는 이유다. 훌륭한 제품은 험난한 도전을 통과해야 한다. 무수한 필요를 만족시키는 것은 인내는 물론 기술을 필요로 한다. 고급 전문 기술, 훌륭한 비즈니스 기술, (각자 고유한 현안이 있고 그 모두 자신의 요구 조건이 결정적이라 믿는) 많은 관계 집단과 상호작용하기 위한 개인적인 사회적 기술이 상당히 필요하다.

디자인은 각각이 하나의 기회가 되는, 일련의 놀라운, 흥분시키는 도전으로 이루어진다. 모든 훌륭한 드라마처럼 디자인은 감정적인 기복, 절정과 골짜기를 가지고 있다. 훌륭한 제품은 약점을 극복하고 고지를 차지한다.

이제 당신이 나설 차례다. 당신이 디자이너라면 사용성을 위해서 싸워라. 당신이 사용자라면 사용이 용이한 제품을 요구하는 사람들과 목소리를 같이하라. 제조사들에게 편지를 써라. 사용하기 어려운 디자인을 거부하라. 좋은 디자인이라면 비록 그것이 당신의 방식과는 다르더라도, 돈을 좀 더 쓰는 것일지라도, 그것을 구입하여 지지하라. 그 제품을 파는 가게에 당신의 관심을 말하라. 제조사들은 고객에게 귀를 기울인다.

과학 박물관이나 기술 박물관을 들렀을 때 이해하는 데 어려움이 있으면 질문을 하라. 전시품에 대해 그리고 그들이 잘하고 있는지 아닌지에 대해 피드백을 줘라. 박물관이 더 좋은 사용 편의성과 이해 가능성을 향해 나아가도록 격려하라.

스스로 즐겨라. 디자인의 세세한 점도 살피면서 여기저기 다녀보아라. 어떻게 관찰할지를 배워라. 도움이 되는 작은 것에 자부심을 가져라. 그렇게 사려 깊게 만든 사람을 좋아하라. 세세한 것들조차 중요하며, 디자이너는 도움되는 어떤 것을 넣기 위해 싸웠을지도 모른다는 것을 깨달아라. 어려움을 겪는다면, 그것이 당신 잘못이 아니라는 것을 기억하라. 그것은 나쁜 디자인 때문이다. 좋은 디자인을 만드는 사람에게 상을 주자. 그렇지 않은 사람에게는 야유를 보내고, 꽃 대신 잡초를 보내자.

기술은 계속 변한다. 많은 변화는 좋은 쪽이고 또 많은 것은 그렇지 않다. 모든 기술은 발명가에 의해 결코 의도되지 않은 방식으로 사용될 수 있다. 하나의 흥미로운 발전은 내가 '작은 것의 등장'이라고 부르는 것이다.

작은 것의 등장

나는 개인들이, 혼자든 작은 집단으로든, 넓은 범위의 혁신을 발전시키는 데 창의적 정신, 상상력 및 재능을 터뜨릴 힘을 꿈꾼다. 새 기술은 이것이 가능하다고 약속한다. 이제 역사상 처음으로 개인은 자신의 아이디어와 생각, 꿈을 공유할 수 있다. 그들은 자신의 제품과 서비스를 생산할 수 있고, 이것을 세계 누구에게나 제공할 수 있다. 모두가 자신이 가지고 있는 특수한 재능이나 관심이 무엇이든지 발휘하면서 자신의 주인이 될 수 있다.

무엇이 이 꿈을 주도하는가? 개인에게 권한을 주는, 작은, 효율적인 도구의 등장이다. 그 목록은 길고 점점 늘어난다. 관습적인, 전자적인 그리고 가상적인 기기를 통한 음악적인 탐색(장치)의 등장을 생각해 보라. 전통적인 출판사, 인쇄소 및 배급사를 건너뛰고, 이것들을 (전자책 판독기로 다운로드하여 세계의 누구에게나 제공될 수 있는) 비싸지 않은 전자 출판으로 대체하는 자가 출판의 등장을 생각해 보라.

누구나 구할 수 있는, 수십억 개의 작은 비디오의 등장을 보라. 어떤 것은 단순히 자기만족적이고, 어떤 것은 믿을 수 없으리만치 교육적이고, 어떤 것은 재미있고, 어떤 것은 심각하다. 그것들은 슈페츨레를 요리하는 방법부터 수학의 이해 혹은 단순히 춤을 어떻게 추는가 혹은 악기를 어떻게 연주하는가에 이르기까지 포괄적이다. 어떤 영화는 순수하게 오락용이다. 대학도 이런 활동에 참여하여 강의 비디오를 포함하여 전체 교과과정을 공유한다. 대학생은 자신의 강의 과제를 비디오나 텍스트로 게시하여 자신의 노력으로 인해 전 세계가 득을 보도록 한다. 글쓰기, 사건의 보고 및 음악과 예술의 창작에서도 이 같은 현상이 일어난다고 생각해 보라.

이런 능력에 쉽게 구할 수 있는 싼 모터, 센서, 계산 및 의사소통을 더해 보라. 3D 프린터가 성능이 좋아지면서 가격이 떨어져, 개인이 필요할 때엔 언제나 맞춤식 물품을 제조할 수 있게끔 해 주는 잠재력을 생각해 보라. 전 세계에서 디자이너는 자신의 아이디어와 계획을 출판하여 맞춤식 대규모 생산이라는 완전히 새로운 산업을 가능하게 할 것이다. 작은 양도 많은 양만큼이나 싸게 만들 수 있으며, 개인도 자신의 물품을 디자인하거나 프리랜스 디자이너에 의존할 수도 있다. 꾸준히 증가하는 많은 프리랜스 디자이너는 근처의 3D 프린터 가게나 집 안에서 주문 제작할 수 있고 인쇄할 수 있는 설계도를 출판할 것이다.

식사 계획이나 요리를 도와주고, 필요와 상황에 맞게 디자인을 고쳐 주고, 매우 다양한 주제를 가르쳐 주는, 전문가의 등장을 생각해 보라. 전문가들은 모두 이타주의에서 블로그와 위키피디아에 자신의 지식을 공유하는데, 독자들의 감사로 보답을 받는다.

나는 재능의 르네상스를 꿈꾼다. 여기에서 사람들은 창조하고, 자신의 기술과 재능을 사용하도록 권한을 부여받는다. 어떤 사람은 조직을 위해서 일하는 것의 안전과 보안을 원할 것이다. 어떤 사람은 새로운 기업을 시작하기를 원할 것이다. 어떤 사람은 이것을 취미로 할 것이다. 어떤 사람은, 현대 기술에 요구되는 여러 기술을 모으고, 지식을 공유하는 것을 도와주고, 서로 가르치고, 작은 프로젝트에도 항상 필요하게 될 결정적인 양(규모)을 모으는 일을 더 잘하기 위해, 함께 무리를 이루어 작은 집단들과 협업체를 만들 것이다. 어떤 사람은 자기 자신의 자유와 권한을 계속 지키면서도 대형 프로젝트에서 요구되는 필요한 기술을 제공하는 사업을 시작할 것이다.

과거에 혁신은 산업화된 나라에서 일어났으며, 시간이 지나면서 각 혁신은 더 강력해지고, 더 복잡해지고, 종종 여러 특징으로 부풀어졌다. 더 오래 된 기술은 개발도상국에 주어졌다. 환경 비용은 거의 고려되지 않았다. 그러나 작은 것의 등장과 더불어, 융통성 있고 비싸지 않은 기술과 더불어, 권력이 이동하고 있다. 오늘날 누구든지 만들어 내고, 디자인하고, 제조할 수 있다. 새로운 선진국들은 자기 힘으로, 자기를 위해 디자인하고 만들면서 기회를 활용하고 있다. 더욱이 필요상 그들은 더 적은 힘으로 작동되며, 만들고 유지하고, 사용하기가 더 간단한, 진보된 기기들을 개발한다. 그들은 냉장고나 계속되는 전력 소비가 필요하지 않는 의료 절차를 개발한다. 물려받은 기술을 쓰는 대신 그들의 결과는 우리 모두에게 가치를 더해 준다. 그것을 넘겨 준 (handed-up) 기술이라 부르자.

세계적인 상호 연결, 세계적인 의사소통, 강력한 디자인 그리고 모든 사람이 쓸 수 있는 제조 방법의 등장과 더불어 세계는 급속히 변하고 있다. 디자인은 평등을 이루는 데 강력한 도구다. 필요한 모든 것은 관찰과 창의성 그리고 열심이며, 누구나 할 수 있다. 오픈 소스 소프트웨어, 싼 오픈 소스 3D 프린터 그리고 또 오픈 소스 교육과 더불어 우리는 세계를 바꿀 수 있다.

세상이 변하면 무엇이 그대로 있을까

대규모 변화에도 많은 근본 원칙은 그대로 남아 있다. 인간은 항상 사회적인 존재였다. 사회적 상호작용 그리고 세계 도처에 다른 시간에 있는 사람들과 연락하는 능력은 우리와 함께 남아 있을 것이다. 이 책의 디자인 원칙은 변하지 않을 것이다. 발견 가능성, 피드백, 행위 지원성과 기표의 힘, 대응 및 개념 모형은 항상 들어맞을 것이기 때문이다. 완전히 자율적이고 자동적인 기계조차 그것들의 상호작용을 위해 이 원칙을 따를 것이다. 우리 기술은 변할 수 있지만 상호작용의 근본 원칙은 영구적이다.

일반적 읽을거리와 주

다음의 주에서 먼저 일반적 읽을거리를 제시하고, 그다음 각 장별로 이 책에서 사용되거나 인용된 특정한 출처를 제시한다.

정보에 신속한 접근이 가능한 세상이므로 여기에서 논의된 주제에 관한 정보를 당신 스스로 찾을 수 있다. 여기에 한 예가 있다. 제5장에서 나는 근본 원인 분석을 다섯 가지 이유라고 불리는 일본식 방법과 더불어 논의했다. 비록 제5장에서 이들 개념에 대한 내 묘사가 대부분의 목적에 충분하지만, 더 많은 것을 알고 싶어 하는 독자들은 인용된 핵심 구절과 자신이 가장 좋아하는 검색 엔진을 사용할 수 있다.

관련 정보의 대부분은 온라인으로 찾을 수 있다. 문제는 주소들(URLs)이 오래가지 않는다는 것이다. 귀중한 정보에 대한 오늘의 위치는 내일 같은 곳에 있지 않을 수 있다. 제 기능을 못하고 믿을 수 없는 인터넷이 오늘날 우리가 가지고 있는 모든 것인데, 마침내 고맙게도 더 우수한 계획으로 대체될지도 모른다. 그 이유가 무엇이든 내가 제공하는 인터넷 주소들은 더 이상 도움이 되지 않을 수 있다. 좋은 소식은 이 책의 출간 이후 수년이 지나면, 새롭고 향상된 검색 방법이 분명히 등장할 것이라는 것이다. 이 책에서 논의된 개념 중 어느 것이라도 더 많은 정보를 찾는 것이 한층 더 쉬워질 것이다.

이 주들은 훌륭한 출발점을 제공한다. 나는 이 책에서 논의된 개념들에 대한 핵심 참고문헌을, 그것들이 논의된 장별로 조직하여 제시한다. 인용은 두 가지 목적에 이바지한다. 첫째, 그것은 그 아이디어들의

355

창안자들을 인정하는 것이다. 둘째, 그것들은 그 개념들에 대한 더 깊은 이해를 얻는 출발점으로 기여한다. 더 많은 고급 정보를 위해서(더 새롭고, 더 발전한 것은 물론), 나가서 검색하라. 향상된 검색 기술이 21세기에서 성공을 위한 중요한 도구다.

일반적 읽을거리

이 책의 초판이 발간되었을 때, 상호작용 디자인이라는 분과는 없었으며, 인간-컴퓨터 상호작용이라는 분야는 초보 단계에 있었으며, 대부분의 연구는 '사용성(usability)' 혹은 '사용자 인터페이스(user interface)'라는 겉모습으로 이뤄졌다. 몇 가지 매우 다른 학문이 이 기획을 명료하게 하기 위해 노력하고 있었지만, 종종 그 학문 간에는 상호작용이 거의 혹은 전혀 없었다. 컴퓨터 과학, 심리학, 인간 요인 및 인간공학이라는 학문들은 모두 서로의 존재를 알았고 종종 함께 일했지만 디자인은 포함되지 않았다. 왜 디자인은 아닌가? 방금 열거된 모든 학문이 과학과 공학, 다른 말로 하면 기술의 영역에 속한다는 것을 유의하라. 그때 디자인은 주로 예술 혹은 건축 학교에서 연구 기반의 학문이라기보다는 전문 직업으로서 가르쳤다. 디자이너는 과학과 공학과는 놀라우리만치 거의 접촉을 하지 않았다. 이것이 의미하는 것은 많은 뛰어난 실천가들이 훈련되었지만, 본질적으로 아무 이론이 없었다는 것이다. 디자인은 견습 방식, 멘토 방식, 경험을 통해 학습되었다.

학술 분야에서 디자인의 존재를 심각한 분야로 의식하고 있는 사람은 거의 없으며, 그 결과 디자인, 특히 그래픽, 의사소통 및 산업디자인은 새로 등장하는 분야인 인간-컴퓨터 상호작용과 기존의 분야인 인간 요인 및 인간공학과 완전히 독립적으로 일했다. 몇몇 제품 디자인은 기계 공학과에서 가르쳤지만, 디자인과의 상호작용은 거의 없었다. 디자인은 그냥 학술 분야가 아니었으며, 그래서 상호적 관심이나 협동이 거의 혹은 전혀 없었다. 이런 구별의 흔적이 오늘날까지 남아 있다. 이제 디자인은 점점 더 연구 기반 분과가 되어 가고 있어서 교수들은 실제 경험뿐 아니라 박사 학위도 갖고 있지만 말이다. 경계가 사라지고 있다.

독립적이고 이질적이지만 모두 비슷한 이슈에 대해 작업하는 여러 집단의 기이한 역사로 인해 상호작용과 경험 디자인의 학술적 측면과 디자인의 응용적 측면을 모두 다루는 참고문헌을 제공하는 것은 어렵다. 인간-컴퓨터 상호작용, 경험 디자인 및 사용성에 관한 책, 텍스트 그리고 학술지들은 거대한데, 인용하기에 너무 많다. 다음 자료에서 나는 매우 제한된 수의 예를 제시한다. 내가 처음 중요하다고 생각한

업적의 목록을 모았을 때, 그것은 너무 길었다. 배리 슈바르츠(Barry Schwartz)가 그의 책, 『선택의 역설: 왜 더 많은 것이 더 적은가(The Paradox of Choice: Why More is Less)』(2005)에서 묘사한 (선택의) 문제에 빠졌다. 그래서 나는 더 적은 것을 제공함으로써 단순화하기로 결정했다. 이 책 이후에 출판될 중요한 것을 포함해서 다른 업적을 찾는 것은 쉽다. 그러는 동안 그들의 중요하고 유용한 업적이 내 목록에서 잘려 나가야 했던 많은 친구에게 사과한다.

산업디자이너인 빌 모그리지(Bill Moggridge)는 디자인계에서 상호작용을 설립하는 데 매우 영향력이 있었다. 그는 최초의 휴대용 컴퓨터의 디자인에 매우 중요한 역할을 했다. 그는 세계에서 가장 영향력 있는 디자인 회사 중 하나인 IDEO의 세 명의 창립자 중 한 사람이었다. 그는 그 분야의 초기 발달에서 핵심적인 인물과 한 인터뷰를 두 권의 책으로 썼는데, Designing Interactions(2007)과 Designing Media(2010) 가 그것이다. 디자인 분야의 논의에서 전형적이듯이 그의 작업은 디자인의 실제에 거의 전적으로 초점을 맞추고, 과학에는 거의 주의를 주지 않는다. 배리 캣츠(Barry Katz)는 샌프란시스코의 캘리포니아 예술대학, 스탠퍼드의 d.school의 교수이며 IDEO의 펠로우인데, 캘리포니아 실리콘밸리의 회사들 공동체 안의 디자인 실제에 대한 뛰어난 역사서인 Ecosystem of Innovation: The History of Silicon Valley Design(2014) 을 썼다. 제품 디자인 분야에 대한 뛰어나고, 매우 포괄적인 역사는 번하드 뷔르덱(Bernhard Bürdek)의 Design: History, Theory and Practice of Product Design(2005)에서 제공된다. 뷔르덱의 책은 처음 독일어로 출판되었으나 뛰어난 영어 번역으로, 내가 찾을 수 있었던 제품 디자인에 관한 가장 포괄적인 역사서다. 역사적 기초를 이해하고자 하는 사람에게 나는 이 책을 매우 추천한다.

현대 디자이너들은 자신의 작품을, 디자인을 예쁘게 하는 것으로 보는 대중적인 개념을 훨씬 뛰어넘어서 문제의 근본에 대해 깊은 통찰을 제공하는 것으로 특징짓는 것을 좋아한다. 디자이너는 그들이 문제에 접근하는 특정한 방식, 즉 그들이 '디자인 생각하기'로 특징지어 온 방법을 논의함으로써 자기 직업의 이런 측면을 강조한다. 이에 대한 좋은 소개는 팀 브라운(Tim Brown)과 배리 캣츠의 Change by Design(2009)이다. 브라운은 IDEO의 CEO이며 캣츠는 IDEO의 펠로우다(앞 문단을 보라).

디자인 연구에 대한 뛰어난 소개는 잰 칩체이스(Jan Chipchase)와 사이먼 슈타인하르트(Simon Steinhardt)의 Hidden in Plain Sight(2013)다. 이 책은 사람들을 가정에서, 이발소에서, 세계 도처의 거주 구역에서 관찰하여 연구한 디자인 연구자들의 생애를 연대순으로 다룬다. 칩체이스는 프로그 디자인(Frog Design)에서 '세계적 통찰(Global Insight)'의 전무이사인데, 상해 사무소에 나가서 일하고 있다. 휴 바이어

(Hugh Beyer)와 캐런 홀츠블랫(Karen Holtzblatt)이 *Contextual Design: Customer-Centered Systems*(1998)에서 한 작업은 강력한 행동 분석법을 제시한다. 그들은 또한 유용한 워크북을 만들었다(Holtzblatt, Wendell, & Wood, 2004)

많은 뛰어난 책이 있다. 여기에 몇 개 더 예를 들면 다음과 같다.

- Buxton, W. (2007). *Sketching user experience: Getting the design right and the right design*. San Francisco, CA: Morgan Kaufmann. (그리고 자매서인 워크북, Greenberg, Carpendale, Marquardt, & Buxton, 2012를 보라.)
- Coates, D. (2003). *Watches tell more than time: Product design, information, and the quest for elegance*. New York: McGraw-Hill.
- Cooper, A., Reimann, R., & Cronin, D. (2007). *About face 3: The essentials of interaction design*. Indianapolis, IN: Wiley Pub.
- Hassenzahl, M. (2010). *Experience Design: Technology for all the right reasons*. San Rafael, California: Morgan & Claypool.
- Moggridge, B. (2007). *Designing interactions*. Cambridge, MA: MIT Press. http://www.designinginteractions.com. 제10장은 상호작용 디자인의 방법을 서술한다. http://www.designinginteractions.com/chapters/10

두 권의 편람서는 이 책의 주제들을 포괄적이고 상세하게 다룬다.

- Jacko, J. A. (2012). *The human-computer interaction handbook: Fundamentals, evolving technologies, and emerging applications* (3rd edition). Boca Raton, FL: CRC Press.
- Lee, J. D., & Kirlik, A. (2013). *The Oxford handbook of cognitive engineering*. New York: Oxford University Press.

당신은 어느 책을 봐야 하는가? 둘 다 뛰어나며, 비록 비싸지만 이 분야에서 일할 뜻이 있는 누구에게나 그 값어치를 할 것이다. *Human-computer interaction handbook*은 제목이 시사하듯이 컴퓨터로 향상된 기술과의 상호작용에 주로 초점을 두는 반면, *Handbook of cognitive engineering*은 다루는 범위가 한층 더 넓다. 어느 책이 더 좋은가? 그것은 당신이 어떤 문제에 대해 일하는가에 달려 있다. 내 일에는 둘 다 필수다. 마지막으로 웹사이트 두 개를 추천한다.

- Interaction Design Foundation: 백과사전식 항목을 특히 유의하라. www.interaction-design.org
- SIGCHI: The Computer-Human Interaction Special Interest Group for ACM. www.sigchi.org

제1장 생활용품의 정신병리학

23 **마조히스트를 위한 커피 주전자:** 이것은 프랑스 화가인 자끄 까렐만(Jacques Carelman, 1984)에 의해 만들어졌다. 사진은 까렐만에 영감을 받았지만, 내 소유인 커피 주전자를 보여 준다. 저자를 위한 아민 샴마(Aymin Shamma)의 사진이다.

32 **행위 지원성:** 지각심리학자인 깁슨(J. J. Gibson)이 사람들이 세상을 어떻게 돌아다니는지를 설명하기 위해 행위 지원성(affordances)이란 단어를 만들었다. 나는 이 책의 초판(Norman, 1988)에서 상호작용 디자인의 세계에 이 용어를 도입했다. 그 이후, 행위 지원성에 관한 저작의 수가 아주 많아졌다. 이 용어를 적절하게 쓰는 법에 대한 혼란으로 인해 나는 내 책 『심플이 정답이 아니다(Living with Complexity)』(Norman, 2010)에서 '기표(signifier)'라는 개념을 소개하게 되었는데, 이 책 내내 특히 제1장과 제4장에서 논의된다.

제2장 일상 행위의 심리학

65 **실행과 평가의 간격:** 실행과 평가의 간격과 다리에 관한 이야기는 에드 허친스(Ed Hutchins)와 홀

랜(Jim Hollan), 그리고 해군 인사 연구 및 개발센터(Naval Personnel Research & Development Center)와 캘리포니아 대학교 샌디에이고 분교의 공동 연구 팀과 수행한 연구에서 나왔다(홀랜과 허친스는 이제 캘리포니아 대학교 샌디에이고 분교의 인지과학 교수다). 그 연구는 배우고 사용하기가 더 쉬운 컴퓨터 시스템, 특히 소위 직접 조작 컴퓨터 시스템을 개발하기 위한 것이었다. 초기 연구는 우리 실험실에서 나온 책인, *User Centered System Design: New Perspectives on Human-Computer Interaction*(Hutchins, Hollan, & Norman, 1986)의 'Direct manipulation interfaces' 장에 서술되어 있다. 또한 Hollan, Hutchins 및 David Kirsh의 논문인 「Distributed Cognition: A New Foundation for Human-Computer Interaction Research」 (2000)를 보라.

71 **레빗**: "사람들은 1/4인치 드릴을 사기를 원하지 않는다. 그들은 1/4인치 구멍을 원한다." Christensen, Cook과 Hal(2006)의 저서를 보라. 하버드 대학교 경영대학원의 마케팅 교수인 테오도르 레빗(Theodore Levitt)이 드릴과 구멍에 관한 인용의 원작자로 인정받는다는 사실은 슈티글러(Stigler)의 법칙, 즉 "어떤 과학적 발견도 원 발견자의 이름을 따서 붙이지 않는다."는 것의 좋은 예다. 즉, 레빗 자신은 드릴과 구멍에 관한 진술을 레오 맥기네버(Leo McGinneva)에게로 출처를 돌렸다(Levitt, 1983). 슈티글러의 법칙은 그 자체로 그 법칙의 예다. 슈티글러는 통계학 교수인데, 그 법칙을 사회학자인 로버트 머튼(Robert Merton)에게서 배웠다고 썼다. 위키피디아(Wikipedia)의 'Stigler's Law of eponymy'에서 더 많은 것을 찾아보라(Wikipedia contributors, 2013c).

74 **문손잡이**: '이전에 살았던 세 번째 전의 집에서 현관문으로 들어갈 때, 문고리가 왼쪽에 있었는가, 오른쪽에 있었는가?'라는 질문은 내 논문 「Memory, knowledge, and the answering of questions」 (Norman, 1973)에서 나왔다.

79 **본능적, 행동적, 숙고적**: Daniel Kahneman의 책 『생각에 관한 생각(Thinking Fast and Slow)』 (Kahneman, 2011)은 의식적 및 잠재의식적 처리의 역할에 대한 현대적 개념을 뛰어나게 소개한다. 본능적, 행동적, 숙고적 처리 간의 구별은 내 책, 『감성 디자인(Emotional Design)』(Norman, 2002, 2004)의 기초를 이룬다. 인간 인지 및 정서 시스템에 대한 이 모형은 내가 Andrew Ortony와 William Revelle과 쓴

과학 논문 「The Role of Affect and Proto-affect in Effective Functioning」(2005)에 더 전문적으로 상세히 서술되어 있다. 또한 「Designers and users: Two perspectives on emotion and design」(Norman & Ortony, 2006)을 보라. 「감성 디자인」에는 모든 세 수준에서 디자인의 역할에 대한 수많은 예가 있다.

87 **온도 조절기**: 온도 조절기에 관한 밸브 이론은 Cognitive Science(1986)란 학술지에 발간된 켐톤 (Kempton)의 연구에서 채택되었다. 지능적인 온도 조절기는 언제 그것들이 필요하게 될지를 예측하여, 제 2장에서 예시된 간단한 조절기가 명시할 수 있는 것보다 더 일찍 켜거나 꺼서 목표 지점을 지나치거나 미달하는 일 없이 희망하는 온도가 희망하는 시간에 도달하는 것을 보장하려 한다.

92 **긍정 심리학**: Mihaly Csikszentmihalyi의 몰입(flow)에 대한 업적은 이 주제에 대한 그의 여러 책 (1990, 1997)에서 찾을 수 있다. Martin Seligman은 학습된 무기력 개념을 발전시켰으며, 그다음 그것을 우울증에 적용했다(Seligman, 1992). 그러나 그는 어려움과 비정상적인 것들에 계속 초점을 맞추는 것은 잘 못되었다고 판단했고, 그래서 Csikszentmihalyi와 팀을 이루어 긍정 심리학 운동을 일으켰다. 이에 대한 뛰어난 소개는 American Psychologist라는 학술지에 실린 두 사람의 논문(Seligman & Csikszentmihalyi, 2000)에 제시되어 있다. 그 이후, 긍정 심리학은 확장되어 여러 책과 학술지 및 회의가 생겨났다.

96 **인간 오류**: 사람들은 자신을 탓한다. 불행히도 사용자 탓으로 돌리는 것은 사법 시스템에 내포되어 있다. 중대한 사고가 일어나면, 공식적 조사 법정이 설치되어 책임을 평가한다. 점점 더 자주 그 책임은 '인간 오류' 탓으로 돌려진다. 그러나 내 경험으로 인간 오류는 보통 나쁜 디자인의 결과다. 왜 그 시스템은 단 한 사람에 의한 단일 행위가 참사를 일으킬 수 있도록 그렇게 디자인되었는가? 이 주제에 대한 중요한 책은 Charles Perrow의 Normal accidents(1999)다. 이 책의 제5장은 인간 오류에 대해 상세히 검토한다.

102 **피드포워드**: 피드포워드는 제어이론에서 나온 오래된 개념이지만, 나는 Jo Vermeulen, Kris Luyten, Elise van den Hoven 및 Karin Coninx(2013)의 논문에서 그것이 행위의 일곱 단계에 적용되는 것을 처음 발견했다.

제3장 머릿속의 지식과 세상 속의 지식

108 **미국 동전**: David Rubin과 Theda Kontis은 물론 Ray Nickerson과 Marilyn Adams가 사람들이 미국 동전에 있는 그림과 단어를 정확하게 회상하지도 재인하지도 못한다는 것을 보여 주었다(Nickerson & Adams, 1979; Rubin & Kontis, 1983).

113 **프랑스 동전**: 프랑스 정부의 10프랑 동전 발행과 관련된 인용은 Stanley Meisler(1986)의 기사에 나온다. *Los Angeles Times* 허락으로 재인쇄했다.

114 **기억에서 묘사**: 기억 저장과 인출이 부분적인 묘사를 통해 중개된다는 주장은 Danny Bobrow와 함께 쓴 논문에서 제기되었다(Norman & Bobrow, 1979). 일반적으로 묘사에서 요구되는 구체성은 한 사람이 구별하려고 하는 항목들의 집합에 달려 있다고 주장했다. 기억 인출은 그러므로 계속되는 일련의 시도를 필요로 하는데, 그동안에 최초의 인출 묘사는 불완전하고 잘못된 결과를 낳기도 하므로 사람은 계속 시도를 해야 하며, 각 인출 시도는 그 답에 점점 더 가까워지면서 그 묘사가 더 정확해지도록 돕는다.

116 **운율의 제약**: 의미의 단서(첫째 과제)만을 주면, David C. Rubin과 Wanda T. Wallace가 시험한 사람들은 이 예에서 사용된 세 개의 표적 단어를 각각 시행 중에 단지 0퍼센트, 4퍼센트 그리고 0퍼센트 정도로만 추측할 수 있다. 마찬가지로 같은 표적 단어들이 운율 단서만 주어졌을 때, 그들은 여전히 못했는데 표적들을 시행 중에 각각 0퍼센트, 0퍼센트 및 4퍼센트만을 정확하게 추측했다. 그래서 각 단서만으로는 거의 도움이 되지 않았다. 의미 단서를 운율 단서와 결합하는 것이 완벽한 수행을 이끌었다. 이때 사람들은 시행 중에 표적 단어들을 100퍼센트 맞혔다(Rubin & Wallace, 1989).

120 **알리바바**: Alfred Bates Lord의 업적은 그의 책, *The Singer of Tales*(1960)에 요약되어 있다. 『알리바바와 40인의 도적』에 관한 인용은 *The Arabian Nights: Tales of Wonder and Magnificence*에 나오는데, Padraic Colum이 편찬하고, Edward William Lane이 번역한 것이다(Colum & Ward, 1953). 여기에 있

는 이름들은 친숙하지 않은데, 우리 대부분은 그 주문을 '열려라 참깨(Open Sesame)!'로 알고 있지만, Colum에 따르면, 'Simsim'이 정확한 음역이다.

121 **비밀번호**: 사람들이 어떻게 비밀번호(문제)에 대처하는가? 많은 연구가 있다(Anderson, 2008; Florêncio, Herley, & Coskun, 2007; National Research Council Steering Committee on the Usability Security and Privacy of Computer Systems, 2010; Norman, 2009; Schneier, 2000).

가장 흔한 비밀번호를 찾으려면, 'most common passwords'와 같은 구절을 가지고 검색해 보라. 보안에 대한 나의 논문은 보안 관련 많은 신문사 칼럼의 참고문헌이 되었는데, 내 웹사이트에서 얻을 수 있고 인간-컴퓨터 상호작용에 관한 잡지인 *Interactions*에도 출판되었다(Norman, 2009).

123 **숨기는 장소**: 사람들이 어떻게 물건을 숨기는가에 대한 전문 도둑의 지식에 대한 인용은 Winograd와 Soloway의 연구 *On Forgetting the Locations of Things Stored in Special Places*(1986)에 나온다.

127 **기억술**: 기억술은 나의 책 *Memory and Attention*에서 다루었다. 그 책은 낡았지만, 기억술 기법은 한층 더 낡았으며 여전히 변하지 않았다(Norman, 1969, 1976). 나는 *Learning and memory*(Norman, 1982)에서 인출 노력을 논의했다. 기억술 기법은 찾기 쉽다. 웹에서 'mnemonics'라고 검색해 보라. 마찬가지로 단기 및 장기 기억의 속성은 인터넷 검색에서 혹은 실험심리학, 인지심리학 혹은 (임상심리학과는 달리) 신경심리학에 관한 어떤 글에서도 혹은 인지과학에 관한 글에서 쉽게 발견된다. 다른 방법으로는 온라인에서 'human memory' 'working memory' 'short-term memory'나 'long-term memory'를 검색하라. 또한 하버드 대학교 심리학자인 Daniel Schacter의 책 *The Seven Sins of Memory*(2001)를 보라. Schacter의 일곱 가지 죄는 무엇인가? 일시성(transience), 방심(absent-mindedness), 차단(blocking), 오귀인(misattribution), 암시성(suggestibility), 집착(persistence) 및 편중(bias)이다.

135 **화이트헤드**: 자동화된 행동에 관한 Alfred North Whitehead의 인용은 그의 책 *An Introduction to Mathematics*(1911) 제5장에 나온다.

142 **미래계획기억**: 미래계획기억 및 미래에 관한 기억에 관한 상당한 연구는 미래계획기억에 관한 Dismukes의 논문과 미래 기억 혹은 그들이 '일화적 미래 사고(episodic future thinking)'라고 부르는 것에 관한 Cristina Atance와 Daniela O'Neill의 개관에 요약되어 있다(Atance & O'Neill, 2001; Dismukes, 2012).

147 **교류적 기억**: 교류적 기억이란 용어는 하버드 대학교 심리학 교수인 Daniel Wegner에 의해 만들어졌다(Lewis & Herndon, 2011; Wegner, D. M., 1987; Wegner, T. G., & Wegner, 1995).

149 **레인지 조절기**: 레인지 조절기를 화구에 대응시키는 일의 어려움은 인간 요인 전문가들에 의해 50년 이상이나 알려져 온 것이다. 왜 레인지는 여전히 그렇게 나쁘게 디자인되는가? 이 이슈는 1959년에 *Human Factors Journal*의 첫해 간행물에 제기되었다(Chapanis & Lindenbaum, 1959).

154 **문화와 디자인**: 대응에 대한 문화의 영향에 관한 나의 논의는 당시 스탠퍼드 대학교에 있었으며, 지금은 캘리포니아 대학교 샌디에이고 분교 인지과학과에 있는 Lera Boroditsky와의 토론으로 크게 도움을 받았다. 그녀 책의 'How languages construct time'(2011) 챕터를 보라. 호주 원주민에 관한 연구는 Núñez와 Sweetser(2006)에 의해 보고되었다.

제4장 할 일을 알기: 제약, 발견 가능성, 피드백

165 **인스타로드(InstaLoad)**: 배터리 접점에 관한 마이크로소프트의 인스타로드 기술에 대해서는 다음 웹사이트에서 정보를 얻을 수 있다. http://www.microsoft.com/hardware/enus/support/licensing-instaload-overview

168 **문화적 틀**: Roger Schank와 Robert Abelson의 *Scripts, Pans, Goals, and Understanding*(1977) 혹은 고전이며 매우 영향력 있는 책인 Erving Goffman의 *The Presentation of Self in Everyday Life*(1959) 그리고 *Frame Analysis*(1974)를 보라. 나는 그의 업적 중 *Presentations*를 가장 적절하다고 (또 가장 읽기 쉽

다고) 추천한다.

170 **사회적 관습을 위반하기**: "문화적 규준을 위반하려고 해 보고 그것이 당신과 다른 사람들을 얼마나 불편하게 만드는지를 보라." Jan Chipchase와 Simon Steinhardt의 *Hidden in Plain Sight*은 문화가 어떻게 작동하는지를 이해하기 위해 디자인 연구자들이 사회적 관습을 고의로 위반하는 방법에 관한 많은 예를 제공한다. Chipchase는 신체 건장한 젊은 사람이 지하철에 앉아 있는 승객들에게 자신에게 자리를 양보하라고 요구하는 실험을 보고한다. 실험자들은 두 가지에 놀랐다. 첫째, 높은 비율의 사람이 따랐다. 둘째, 가장 영향을 받은 사람은 실험자 그 자신이었다. 그들은 그 요구를 하도록 스스로를 강요해야 했으며 그다음 오랫동안 그 일에 기분이 안 좋았다. 사회적 제약의 의도적 위반은 위반자와 위반을 당한 사람 모두에게 불편할 수 있다(Chipchase & Steinhardt, 2013).

178 **전등 스위치 판**: 내 집의 전등 스위치 판을 제작하기 위해 나는 Dave Wargo의 전기적 및 기계적 재능에 크게 의존했다. 그는 실제로 그 스위치를 디자인하고 제작, 설치했다.

197 **자연스러운 소리**: Bill Gaver는 영국 런던 대학교의 골드스미스(Goldsmiths) 대학의 뛰어난 디자인 연구자다. 그는 박사학위 논문과 그 이후 출판물(Gaver, W., 1997; Gaver, W. W., 1989)에서 처음으로 자연스러운 소리의 중요성을 나에게 일깨워 주었다. 초기 이후에 소리에 대한 상당한 연구가 있었다. 예를 들어 Gygi와 Shafiro(2010)를 보라.

198 **전기 차**: 전기 차용 소리에 대한 미국 정부의 규칙 인용은 운수성(Department of transportation) 웹사이트(2013)에서 찾을 수 있다.

제5장 인간 오류? 아니, 나쁜 디자인

오류. 인간 신뢰성과 탄력성의 연구에 대한 많은 업적이 있다. 좋은 출처는 다음에 언급된 것들 외에도 인간 오류에 관한 과학 논문의 위키(wiki)다(Wiki of Science, 2013). 또한 *Behind Human Error*(Woods, Decker, Cook, Johannesen, & Sarter, 2010)라는 책을 보라.

인간 오류에 관한 가장 중요한 연구자 중 두 사람은 영국 심리학자인 James Reason과 덴마크 공학자인 Jens Rasmussen이다. 또한 스웨덴 연구자인 Sidney Dekker와 MIT 교수인 Nancy Leveson을 보라(Dekker, 2011, 2012, 2013; Leveson, N., 2012; Leveson, N. G., 1995; Rasmussen, Duncan, & Leplat, 1987; Rasmussen, Pejtersen, & Goodstein, 1994; Reason, J. T., 1990, 2008).

따로 표시되지 않았다면, 이 장에서 실수의 모든 예는 주로 나 자신, 연구 동료, 동료 교수 및 내 학생들의 오류에서 수집한 것이다. 모든 사람이 즉시 기록된 것만이 수집 목록에 포함될 것이라는 조건 아래 자신의 실수를 성실하게 기록했다. 많은 예가 노먼(Norman, 1981)에서 처음 출판되었다.

208 **F-22 충돌**: 미공군 F-22의 충돌에 관한 분석은 정부 보고서에 나온다(Inspector General United States Department of Defense, 2013). (이 보고서는 원래의 공군 보고서를 부록 C로 포함하고 있다.)

214 **실수와 착오**: 기술 기반, 규칙 기반 및 지식 기반 행동은 이 주제에 대한 Rasmussen(1983)의 논문에서 채택되었다. 이 논문은 여전히 가장 좋은 소개 중 하나다. 오류를 실수와 착오로 분류하는 것은 나와 Reason이 공동으로 한 것이다. 착오를 규칙-기반과 지식-기반으로 분류하는 것은 Rasmussen의 업적을 따른다(Rasmussen, Goodstein, Andersen, & Olsen, 1988; Rasmussen, Pejtersen, & Goodstein, 1994; Reason, J. T., 1990, 1997, 2008). 기억 과실 오류(실수 및 착오)는 원래 다른 오류들과 구별되지는 않았다. 그것들은 이후에 별개 범주에 들어갔는데, 여기에서 내가 한 것과 아주 같은 방식은 아니었다.

216 **김리 글라이더(Gimli Glider)**: 소위 김리 글라이더 사고는 캐나다 항공의 보잉 767기의 연료가 떨어져 폐쇄된 캐나다 공군기지인 김리에 착륙하기 위해 활강해야 했던 사고였다. 수많은 착오가 있었다. 'Gimli Glider accident'를 검색해 보라(위키피디아의 글을 추천한다.).

219 **포착 오류**: '포착 오류'라는 범주는 James Reason(1979)에 의해 고안되었다.

223 **에어버스(Airbus)**: 에어버스와 모드에 관한 어려움은 Aviation Safety Network(1992)와 Wikipedia contributors(2013a)에 서술되어 있다. 에어버스에 관한 다른 디자인 문제, 즉 두 명의 조종사(기장과 부조종사)가 모두 조이스틱을 제어할 수 있지만, 어떠한 피드백도 없어서 한 조종사는 다른 조종사가 하는 일을 모른다는 것에 대한 충격적인 서술에 대해서는 영국 신문인 「The Telegraph」(Ross & Tweedie, 2012)에 실린 기사를 보라.

226 **브라질, 산타 마리아의 키스 나이트클럽 화재**: 이것은 수많은 브라질 및 미국 신문에 서술되어 있다(웹에서 'Kiss nightclub fire'를 검색하라). 나는 *New York Times*(Romero, 2013)에서 그것에 대해 처음 알았다.

232 **테네리페 충돌**: 테네리페 충돌에 관한 정보의 출처는 미국항공조종사연합회(American Airline Pilots Association)에서 발행한 Roitsch, Babcock과 Edmunds의 보고서다(Roitsch, Babcok, & Edmunds, undated). 그것이 스페인 정부의 보고서(Spanish Ministry of Transport and Communications, 1978)의 해석과 다르다는 것은 그렇게 놀랍지 않으며, 후자는 다시 네델란드 항공기 사고 조사위원회(Dutch Aircraft Accident Inquiry Board)의 보고서와 다르다. 1977 테네리페 사고―그것의 장기적인 중요성을 보여 주는―에 대한 뛰어난 개관은 2007년에 작성되었는데, 웹사이트 Salon.com을 위해 Patrick Smith에 의해 쓰였다(Smith, 2007, Friday, April 6, 04:00 AM PDT).

233 **플로리다 항공 충돌**: 플로리다 항공의 충돌에 관한 정보와 인용은 국립운수안전위원회(National Transportation Safety Board, 1982)에서 나왔다. 또한 *Pilot Error*라는 제목의 두 권의 책(Hurst, 1976; Hurst, R., & Hurst, L. R., 1982)을 보라. 그 두 책은 매우 다르다. 두 번째 책이 첫 번째 책보다 더 나은데, 부분적으로 첫 번째 책이 쓰였을 때 과학적 증거를 많이 얻을 수 없었기 때문이다.

236 **의료에서 점검 목록**: 지식 기반 착오에 대한 듀크 대학교의 예들은 Duke University Medical Center(2013)에서 찾을 수 있다. 의료에서 점검 목록 사용에 대한 뛰어난 요약과 그것의 채택을 늦춘 많은 사회적 압력은 Atul Gawande(2009)에 의해 제공된다.

237 **지도카(jidoka)**: 지도카 및 도요타 생산 시스템에 대한 도요타의 인용은 자동차 회사의 웹사이트 (Toyota Motor Europe Corporate Site, 2013)에서 나온다. 포카요케(poka-yoke)는 많은 책과 웹사이트에 서술되어 있다. 귀중한 전망을 주는 것으로, 창안자인 시게오 신고(Shigeo Shingo)가 쓰거나 그의 도움으로 쓴 두 권의 책을 발견했다(Nikkan Kogyo Shimbun, 1988; Shingo, 1986).

239 **항공 안전**: NASA의 항공안전보고시스템(Aviation Safety Reporting System)은 보고의 역사와 더불어 그 시스템의 상세사항을 제공한다(NASA, 2013).

242 **후견지명**: Baruch Fischhoff의 연구는 '후견지명 ≠ 예견: 불확실 상황에서의 판단에 결과 지식이 미치는 효과(Hindsight ≠ Foresight: The effect of Outcome Knowledge on Judgment Under Uncertainty)'(1975)라고 불린다. 그것을 읽는 동안 그의 최근 작업을 보라(Fischhoff, 2012; Fischhoff & Kadvany, 2011).

244 **오류를 대비한 디자인**: 나는 오류를 대비한 디자인의 아이디어를 *Communications of the ACM*에 실린 논문에서 논의하는데, 여기에서 나는 컴퓨터 시스템의 사용에서 사람들이 저지르는 여러 실수를 분석하고, 그런 오류를 최소화할 시스템 디자인 원칙을 제안한다(Norman, 1983). 이 철학은 우리 연구 팀이 함께 만든 책, *User Centered System Design*(Norman & Draper, 1986)에도 배여 있다. 두 개 장이 이 논의에 특히 관련이 있다. 나의 'Cognitive engineering' 장과 Clayton Lewis와 함께 쓴 'Designing for error' 장이다.

246 **다중 작업(multitasking)**: 다중 작업의 위험과 비효율성에 관한 많은 연구가 있다. 부분적인 개관은 Spink, Cole과 Waller(2008)에 의한 것이다. 유타 대학교의 David Strayer와 동료들은 운전하면서 휴대전화를 쓸 때의 다소 심각한 손실을 보여 주는 수많은 연구를 했다(Strayer & Drews, 2007; Strayer, Drews, & Crouch, 2006). 보행자들조차 휴대전화 때문에 방해를 받는데, 웨스트 워싱턴 대학교 연구 팀에 의해 입증되었다(Hyman, Boss, Wise, McKenzie, & Caggiano, 2010).

246 **외발자전거 광대**: 외발자전거를 타는 보이지 않는 광대에 대한 교묘한 연구인 '당신은 외발자전거 타는 광대를 보았나요? 휴대전화로 통화하면서 걷는 동안의 무주의 맹시(Did you see the unicycling clown? Inattentional blindness while walking and talking on a cell phone)'는 Hyman, Boss, Wise, McKenzie와 Caggiano(2010)에 의해 수행되었다.

255 **스위스 치즈 모형**: James Reason은 1990년에 매우 영향력 있는 스위스 치즈 모형을 소개했다 (Reason, J., 1990; Reason, J. T., 1997).

256 **Hersman**: 비행기의 디자인 철학에 관한 Deborah Hersman의 묘사는 2013년 2월 7일의 강연에서 나왔다. 이때 NTSB가 보잉 787 비행기의 배터리 칸에서의 화재 원인을 이해하려는 시도를 논의했다. 비록 화재로 비행기는 비상 착륙을 했지만, 승객이나 승무원 아무도 다치지 않았다. 여러 층의 중복적인 보호가 안전을 유지했다. 그럼에도 화재와 그로 인한 손상은 예기치 않았고 충분히 심각하였기 때문에 모든 보잉 787 비행기는 지상에 계류되어 관련된 모든 당사자가 사고 원인에 대한 철저한 조사를 완수하고 연방항공국의 새로운 인증 과정을 거쳤다. (다른 나라에서는 연방항공국에 상응하는 기관을 거쳤다.) 비록 이는 비용이 많이 들고 매우 불편하였지만, 훌륭한 전향적 실천의 예다. 사고가 사상자를 내기 전에 조치를 취하라(National Transportation Safety Board, 2013).

258 **탄력성 공학**: *Resilience Engineering*(Hollnagel, Woods, & Leveson, 2006)이란 책의 '도입: 탄력성 공학 개념(Prologue: resilience engineering concepts)'에서 발췌한 것인데, 출판사의 승인 후 재인쇄했다.

260 **자동화**: 많은 내 연구와 글이 자동화 이슈를 다루었다. 초기 논문 「Coffee cups in the cockpit」은 이 문제를 다루는데, 큰 나라에서 혹은 세계적으로 일어나는 사고에 대해 말할 때 '백만 분의 일의 확률'은 충분히 좋은 우연이 아니라는 사실도 다룬다(Norman, 1992). 내 책 『미래 세상의 디자인(The Design of Future Things)』(Norman, 2007)은 이 문제를 광범하게 다룬다.

261 **로열 머제스티(Royal Majesty) 사고**: 크루즈 선박인 Royal Majesty와 관련된 모드 오류 사고에 대한 뛰어난 분석은 자동화에 대한 Asaf Degani의 책 *Taming Hal: Designing Interfaces Beyond 2001*(Degani, 2004)에 포함되어 있으며, Lützhöft와 Dekker의 분석 및 NTSB의 공식 보고서에도 있다 (Lützhöft & Dekker, 2002; National Transportation Safety Board, 1997).

제6장 디자인 생각하기

'일반적 읽을거리' 절에서 지적했듯이, 디자인 생각하기에 대한 좋은 소개는 Tim Brown과 Barry Katz(2009)의 *Change by Design*이다. Brown은 IDEO의 CEO이며 Katz는 캘리포니아 예술대학의 교수이며, 스탠퍼드 d.school의 객원 교수이며 IDEO의 펠로우다. 여러 개의 인터넷 출처가 있는데, 나는 designthinkingforeducators.com을 좋아한다.

270 **이중 발산-수렴 과정**: 이중 발산-수렴 패턴은 영국디자인위원회에 의해 2005년 처음 소개되었는데, 이것을 '이중 다이아몬드 디자인 과정 모형'이라고 불렀다(Design Council, 2005).

270 **HCD 과정**: HCD 과정은 많은 변종을 가지고 있는데, 각각은 정신에서는 비슷하나 세부사항들은 다르다. 내가 묘사하는 방법에 대한 멋진 요약은 디자인 회사 IDEO의 HCD 책과 툴킷(toolkit)에서 제공된다(IDEO, 2013).

278 **시제품화**: 시제품화에 관해서는 스케칭(sketching)에 관한 Buxton의 책과 편람을 보라(Buxton, 2007; Greenberg, Carpendale, Marquardt, & Buxton, 2012). 디자이너가 문제의 본질을 이해하고 잠정적 해결책에 이르는 데 사용되는 여러 방법이 있다. Vijay Kumar의 *101 Design Methods*(2013)도 그것들을 모두 다루지 않는다. Kumar의 책은 디자인 연구 방법을 뛰어나게 다루지만, 그것의 초점은 혁신에 있지 제품 생산이 아니므로 실제 개발 주기를 다루지는 않는다. 물리적 시제품화, 시험, 순환은 그 영역 밖에 있다. 시장의 실제 관심사, 이 장의 마지막 부분과 제7장 전체의 주제도 이와 마찬가지다.

278 **오즈의 마법사 기법**: 오즈의 마법사 기법은 L. Frank Baum의 책 *The Wonderful Wizard of Oz*(Baum & Denslow, 1900)를 따서 이름 지었다. 내가 사용한 기법은 당시 Xerox Palo Alto Research Center로 불리던 곳에 있었던, 인공지능 연구자 Danny Bobrow가 책임을 맡았던 그룹에서 나온 논문 (Bobrow et al., 1977)에 묘사되어 있다. 다른 방에 앉아 있었던 '대학원생'은 Allen Munro였는데, 그 뒤 뛰어난 연구 경력을 이루었다.

280 **Nielsen**: 다섯 명의 사용자가 대부분의 시험에서 이상적인 숫자라는 Jakob Nielsen의 주장은 Nielsen Norman group의 웹사이트(Nielsen, 2013)에서 발견할 수 있다.

284 **세 가지 목적**: 세 가지 수준의 목적(존재-목적, 행동-목적, 운동-목적)에 대한 Marc Hassenzahl의 사용은 많은 곳에서 묘사되었는데, 나는 그의 책 *Experience Design*(Hassenzahl, 2010)을 강력하게 추천한다. 세 가지 목적은 Charles Carver와 Michael Scheier의 작업에서 나오는데, 그들의 획기적인 책 (Carver & Scheier, 2003)은 많은 인간 행동을 설명하기 위해 피드백 모형, 혼돈(chaos) 및 역동 이론의 사용에 대한 것이다.

298 **나이와 수행**: 인간 요인에 나이의 영향에 대한 좋은 개관은 Frank Schieber(2003)에 의해 제공된다. Igo Grossman과 동료들의 보고는 사려 깊은 연구를 통해 나이 든 사람이 우수한 수행을 보인다는 것을 보여 주는 대표적인 예다(Grossmann et al., 2010).

306 **스와치 국제 시간**: 스와치의 .beat 시각의 개발과 프랑스의 십진법 시각은 십진법 시각에 대한 위키피디아 글에 논의되어 있다(Wikipedia contributors, 2013b).

제7장 비즈니스 세계에서 디자인

316 **은밀한 특징주의**: 기술 역사가들을 위한 메모. 나는 이 용어의 기원이 1976년 John Mashey의 강

연(Mashey, 1976)이라고 추적했다. 그때 Mashey는 벨 연구소에서 컴퓨터 과학자였는데, 그곳에서 그는 잘 알려진 컴퓨터 운영 시스템인 UNIX의 초기 개발자 중 한 사람이었다(UNIX는 여전히 Unix, Linus 및 애플의 Mac OS 배후의 핵심으로 작동하고 있다.).

318 **영미 문(Youngme Moon)**: 문영미의 책 『디퍼런트(Different: Escaping the Competitive Herd)』 (Moon, 2010)는 "만일 모든 산업계의 모든 회사에 배여 있는 한 줄기의 관습적인 지혜가 있다면, 그것은 당신 자신을 경쟁에서 차별화하기 위해 열심히 경쟁하는 것의 중요성이다. 그리고 특징, 제품 강화 등과 관련해서 경쟁자들과 머리를 나란히 해서 가는 것은 당신을 다른 모든 사람과 마찬가지로 만드는 비뚤어진 효과를 갖는다."고 주장한다. (그녀 책의 커버에서. http://youngmemoon.com/Jacket.html 참조)

322 **단어-제스처 시스템**: 스크린 자판 위의 낱자들을 추적함으로써 작동하고 (비록 전통적인 열 손가락 자판만큼은 아니지만) 빨리 그리고 효율적으로 타자하는 단어-제스처 시스템은 이 타자법의 개발자 중 두 사람인 Shumin Zhai와 Per Ola Kristensson에 의해 상당히 자세하게 묘사되어 있다(Zhai & Kristensson, 2012).

324 **멀티터치 스크린**: 삼십 년 이상이나 다중터치 스크린이 실험실에 있는 동안 여러 회사가 제품을 출시했지만 실패했다. Nimish Mehta는 멀티터치의 발명자로 인정받는데, 그의 토론토 대학교 석사 논문(1982)에서 그것이 논의되었다. Bill Buxton(2012)은 이 분야의 선구자 중 한 사람인데, 귀중한 개관을 제공한다. (그는 토론토 대학교에서 1980년대 초기에 멀티터치 디스플레이를 연구하고 있었다.) 멀티터치와 제스처 시스템 (디자인 원칙은 물론) 일반에 대한 다른 뛰어난 개관은 Dan Saffer가 그의 책 *Designing Gestural Interfaces*(2009)에서 제공한다. 핑거웍스(Fingerworks)와 애플의 이야기는 웹에서 'Fingerworks'를 검색하면 곧 발견할 수 있다.

326 **슈티글러의 법칙:** 제2장의 주에서 이에 대한 코멘트를 보라.

327 **텔레포노스코우프:** 텔레포노스코우프(Telephonoscope)의 삽화는 영국 잡지 *Punch*의 1878년

12월 9일자 발행에서 처음 출간되었다(그것의 1879년 연감 참조). 이 그림은 위키피디아에서 따온 것인데 (Wikipedia contributors, 2013d), 오래된 것이어서 위키의 대중(public) 영역에서 찾을 수 있다.

331 **QWERTY 자판**: QWERTY 자판의 역사는 여러 글에서 논의된다. 나는 이메일 연락과 그의 논문 「Rerun the Tape of History and QWERTY Always Wins」(2013)에 대해 스트라쓰클라이드 대학교의 Neil Kay 교수에게 감사한다. 이 논문은 나를 일본인 연구자들인 Koichi와 Motoko Yasuoka의 'QWERTY People Archive' 웹사이트로 이어 주었는데, 여기에 자판, 특히 QWERTY 구성의 역사에 관심을 가진 사람들을 위한 놀랍도록 상세하고 귀중한 자료가 있다(Yasuoka & Yasuoka, 203). 1872년 *Scientific American*에 실린 타자기에 대한 글은 재미있게 읽을 수 있다. 그 이후 *Scientific American*의 스타일은 철저하게 바뀌었다(Anonymous, 1872).

333 **드보락 자판**: 드보락(Dvorak)이 QWERTY보다 더 빠른가? 그렇다. 하지만 크게는 아니다. Diane Fisher와 나는 여러 자판 배치를 연구했다. 우리는 알파벳순으로 조직된 키들이 초보자에게 우수할 것이라고 생각했다. 그게 아니었다. 알파벳에 대한 지식은 키를 찾는 데 유용하지 않았다. 알파벳 자판과 드보락 자판에 대한 우리 연구는 *Human Factors*라는 학술지에 발표되었다(Norman & Fisher, 1984).

드보락 자판의 예찬자들은 더 빠른 학습 속도와 더 적은 피로는 물론 속도가 10퍼센트 이상 빠르다고 주장한다. 그러나 나는 나의 연구와 주장을 지킬 것이다. 타자기의 역사를 포함해서 더 많은 것을 읽고 싶다면, William Cooper가 편집한 *Cognitive Aspects of Skilled Typewriting*을 보라. 여기에 내 실험실의 연구가 여러 장에 언급되어 있다(Cooper, W. E., 1963; Norman & Fisher, 1984; Norman & Rumelhart, 1963; Rumelhart & Norman, 1982).

333 **자판 인간공학**: 자판의 건강 측면은 National Institute of Health(2013)에 보고되어 있다.

335 **점진적 혁신과 급진적 혁신**: 이탈리아 경영학 교수인 Roberto Verganti와 나는 점진적 혁신과 급진적 혁신의 원칙을 논의한다(Norman & Verganti, 2014; Verganti, 2009, 2010).

336 **언덕 오르기**: Christopher Alexander의 책 *Notes on the Synthesis of Form*(1964)과 Chris Jones 의 책 *Design Methods*(1992; Jones, 1984 참조)에서 디자인의 언덕 오르기 과정에 대한 매우 훌륭한 서술 이 있다.

341 **인간 대 기계**: MIT 교수인 Erik Brynjolfsson의 언급은 제조, 디자인 및 혁신에 관한 National Academy of Engineering의 2012년 6월 심포지엄에서 있었다(Brynjolfsson, 2012). Andrew McAfee와 공저 인 그의 책 *Race Against the Machine: How the Digital Revolution Is Accelerating Innovation, Driving Productivity, and Irreversibly Transforming Employment and the Economy*은 디자인과 혁신을 뛰어나게 서 술하고 있다(Brynjolfsson & McAfee, 2011).

346 **상호작용적 매체**: Al Gore의 상호작용 매체인 책은 *Our Choice*(2011)다. 나의 초기 상호작용 책 에 있는 비디오 중 일부는 여전히 구할 수 있다. 노먼(Norman, 1994, 2011b) 참조.

352 **작은 것의 등장**: '작은 것의 등장' 절은 스틸케이스사의 백주년을 위해 쓴 에세이에서 나온 것인 데, 스틸케이스의 허락을 받고 여기에 재인쇄하였다(Norman, 2011a).

참고문헌

Alexander, C. (1964). *Notes on the synthesis of form.* Cambridge, England: Harvard University
 Press.

Anderson, R. J. (2008). *Security engineering-A guide to building dependable distributed systems*
 (2nd edition). New York, NY: Wiley. http://www.cl.cam.ac.uk/~rja14/book.html

Anonymous. (1872). The type writer. *Scientific American, 27*(6, August 10), 1.

Atance, C. M., & O'Neill, D. K. (2001). Episodic future thinking. *Trends in Cognitive*
 Sciences, 5(12), 533-537. http://www.sciencessociales.uottawa.ca/ccll/eng/
 documents/15Episodic futurethinking_000.pdf

Aviation Safety Network. (1992). Accident description: Airbus A320-111. Retrieved February 13,
 2013, from http://aviation-safety.net/database/record.php?id=19920120-0

Baum, L. F., & Denslow, W. W. (1900). *The wonderful wizard of Oz.* Chicago, IL; New York,
 NY: G. M. Hill Co. http://hdl.loc.gov/loc.rbc/gen.32405

Beyer, H., & Holtzblatt, K. (1998). *Contextual design: Defining customer-centered systems.* San

Francisco, CA: Morgan Kaufmann.

Bobrow, D., Kaplan, R., Kay, M., Norman, D., Thompson, H., & Winograd, T. (1977). GUS, *a frame-driven dialog system. Artificial Intelligence, 8*(2), 155-173.

Boroditsky, L. (2011). How Languages Construct Time. In S. Dehaene & E. Brannon (Eds.), *Space, time and number in the brain: Searching for the foundations of mathematical thought.* Amsterdam, The Netherlands; New York, NY: Elsevier.

Brown, T., & Katz, B. (2009). *Change by design: How design thinking transforms organizations and inspires innovation.* New York, NY: Harper Business.

Brynjolfsson, E. (2012). Remarks at the June 2012 National Academy of Engineering symposium ON Manufacturing, Design, and Innovation. In K. S. Whitefoot & S. Olson (Eds.), *Making value: Integrating manufacturing, design, and innovation to thrive in the changing global economy.* Washington, DC: The National Academies Press.

Brynjolfsson, E., & McAfee, A. (2011). *Race against the machine: How the digital revolution is accelerating innovation, driving productivity, and irreversibly transforming employment and the economy.* Lexington, MA: Digital Frontier Press (Kindle Edition). http://raceagainstthemachine.com/

Bürdek, B. E. (2005). *Design: History, theory, and practice of product design.* Boston, MA: Birkähauser-Publishers for Architecture.

Buxton, W. (2007). *Sketching user experience: Getting the design right and the right design.* San Francisco, CA: Morgan Kaufmann.

Buxton, W. (2012). Multi-touch systems that I have known and loved. Retrieved February 13, 2013, from http://www.billbuxton.com/multi-touchOverview.html

Carelman, J. (1984). *Catalogue d'objets introuvables: Et cependant indispensables aux personnes telles que acrobates, ajusteurs, amateurs d'art.* Paris, France: Editions Balland.

Carver, C. S., & Scheier, M. (1998). *On the self-regulation of behavior.* Cambridge, UK; New

York, NY: Cambridge University Press.

Chapanis, A., & Lindenbaum, L. E. (1959). A reaction time study of four control-display linkages. *Human Factors, 1*(4), 1-7.

Chipchase, J., & Steinhardt, S. (2013). *Hidden in plain sight: How to create extraordinary products for tomorrow's customers.* New York, NY: HarperCollins.

Christensen, C. M., Cook, S., & Hal, T. (2006). What customers want from your products. *Harvard Business School Newsletter: Working Knowledge.* Retrieved February 2, 2013, from http://hbswk.hbs.edu/item/5170.html

Coates, D. (2003). *Watches tell more than time: Product design, information, and the quest for elegance.* New York, NY: McGraw-Hill.

Colum, P., & Ward, L. (1953). *The Arabian nights: Tales of wonder and magnificence.* New York, NY: Macmillan. (Also see http://www.bartleby.com/16/905.html for a similar rendition of *Ali Baba and the Forty Thieves.*)

Cooper, A., Reimann, R., & Cronin, D. (2007). *About face 3: The essentials of interaction design.* Indianapolis, IN: Wiley.

Cooper, W. E. (Ed.). (1963). *Cognitive aspects of skilled typewriting.* New York, NY: Springer-Verlag.

Csikszentmihalyi, M. (1990). *Flow: The psychology of optimal experience.* New York, NY: Harper & Row.

Csikszentmihalyi, M. (1997). *Finding flow: The psychology of engagement with everyday life.* New York, NY: Basic Books.

Degani, A. (2004). Chapter 8: The grounding of the Royal Majesty. In A. Degani (Ed.), *Taming HAL: Designing interfaces beyond 2001.* New York, NY: Palgrave Macmillan. http://ti.arc.nasa.gov/m/profile/adegani/Grounding%20of%20the%20Royal%20Majesty.pdf

Dekker, S. (2011). *Patient safety:A human factors approach.* Boca Raton, FL: CRC Press.

Dekker, S. (2012). *Just culture: Balancing safety and accountability.* Farnham, Surrey, England; Burlington, VT: Ashgate.

Dekker, S. (2013). *Second victim: Error, guilt, trauma, and resilience.* Boca Raton, FL: Taylor & Francis.

Department of Transportation, National Highway Traffic Safety Administration. (2013). Federal motor vehicle safety standards: Minimum sound requirements for hybrid and electric vehicles. Retrieved from http://www.federalregister.gov/articles/2013/01/14/2013-00359/federal-motor-vehicle-safety-standards-minimum-sound-requirements-for-hybrid-and-electric-vehicles-p-79

Design Council. (2005). The "double-diamond" design process model. Retrieved February 9, 2013, from http://www.designcouncil.org.uk/designprocess

Dismukes, R. K. (2012). Prospective memory in workplace and everyday situations. *Current Directions in Psychological Science 21*(4), 215-220.

Duke University Medical Center. (2013). Types of errors. Retrieved February 13, 2013, from http://patientsafetyed.duhs.duke.edu/module_e/types_errors.html

Fischhoff, B. (1975). Hindsight ≠ foresight: The effect of outcome knowledge on judgment under uncertainty. *Journal of Experimental Psychology: Human Perception and Performance, 104,* 288-299. http://www.garfield.library.upenn.edu/classics1992/A1992HX83500001. pdf is a nice reflection on this paper by Baruch Fischoff, in 1992. (The paper was declared a "citation classic.")

Fischhoff, B. (2012). *Judgment and decision making.* Abingdon, England; New York, NY: Earthscan.

Fischhoff, B., & Kadvany, J. D. (2011). *Risk: a very short introduction.* Oxford, England; New York, NY: Oxford University Press.

Florêncio, D., Herley, C., & Coskun, B. (2007). Do strong web passwords accomplish anything?

Paper presented at Proceedings of the 2nd USENIX workshop on hot topics in security, Boston, MA. http://www.usenix.org/event/hotsec07/tech/full_papers/florencio/floren cio.pdf and also http://research.microsoft.com/pubs/74162/hotsec07.pdf

Gaver, W. (1997). Auditory Interfaces. In M. Helander, T. K. Landauer, & P. V. Prabhu (Eds.), *Handbook of human-computer interaction* (2nd, completely rev. ed., pp. 1003-1041). Amsterdam, The Netherlands; New York, NY: Elsevier.

Gaver, W. W. (1989). The SonicFinder: An interface that uses auditory icons. *Human-Computer Interaction, 4*(1), 67-94. http://www.informaworld.com/10.1207/s15327051hci0401_3

Gawande, A. (2009). *The checklist manifesto: How to get things right.* New York, NY: Metropolitan Books, Henry Holt and Company.

Gibson, J. J. (1979). *The ecological approach to visual perception.* Boston, MA: Houghton Mifflin.

Goffman, E. (1959). *The presentation of self in everyday life.* Garden City, NY: Doubleday.

Goffman, E. (1974). *Frame analysis: An essay on the organization of experience.* New York, NY: Harper & Row.

Gore, A. (2011). *Our choice: A plan to solve the climate crisis* (ebook edition). Emmaus, PA: Push Pop Press, Rodale, and Melcher Media. http://pushpoppress.com/ourchoice/

Greenberg, S., Carpendale, S., Marquardt, N., & Buxton, B. (2012). *Sketching user experiences: The workbook.* Waltham, MA: Morgan Kaufmann.

Grossmann, I., Na, J., Varnum, M. E. W., Park, D. C., Kitayama, S., & Nisbett, R. E. (2010). Reasoning about social conflicts improves into old age. *Proceedings of the National Academy of Sciences.* http://www.pnas.org/content/early/2010/03/23/1001715107.abstract

Gygi, B., & Shafiro, V. (2010). *From signal to substance and back: Insights from environmental sound research to auditory display design* (Vol. 5954). Berlin & Heidelberg, Germany: Springer. http://link.springer.com/chapter/10.1007%2F978-3-642-12439-6_16?LI=true

Hassenzahl, M. (2010). *Experience design: Technology for all the right reasons.* San Rafael, CA: Morgan & Claypool.

Hollan, J. D., Hutchins, E., & Kirsh, D. (2000). Distributed cognition: A new foundation for human-computer interaction research. *ACM Transactions on Human-Computer Interaction: Special Issue on Human-Computer Interaction in the New Millennium,* 7(2), 174-196. http://hci.ucsd.edu/lab/hci_papers/JH1999-2.pdf

Hollnagel, E., Woods, D. D., & Leveson, N. (Eds.). (2006). *Resilience engineering: Concepts and precepts.* Aldershot, England; Burlington, VT: Ashgate. http://www.loc.gov/catdir/toc/ecip0518/2005024896.html

Holtzblatt, K., Wendell, J., & Wood, S. (2004). *Rapid contextual design: A how-to guide to key techniques for user-centered design.* San Francisco, CA: Morgan Kaufmann.

Hurst, R. (1976). *Pilot error: A professional study of contributory factors.* London, England: Crosby Lockwood Staples.

Hurst, R., & Hurst, L. R. (1982). *Pilot error: The human factors* (2nd edition). London, England; New York, NY: Granada.

Hutchins, E., J., Hollan, J., & Norman, D. A. (1986). Direct manipulation interfaces. In D. A. Norman & S. W. Draper (Eds.), *User centered system design; New perspectives on human-computer interaction* (pp. 339-352). Mahwah, NJ: Lawrence Erlbaum Associates.

Hyman, I. E., Boss, S. M., Wise, B. M., McKenzie, K. E., & Caggiano, J. M. (2010). Did you see the unicycling clown? Inattentional blindness while walking and talking on a cell phone. *Applied Cognitive Psychology, 24*(5), 597-607. http://dx.doi.org/10.1002/acp.1638

IDEO. (2013). Human-centered design toolkit. IDEO website. Retrieved February 9, 2013, from http://www.ideo.com/work/human-centered-design- toolkit/

Inspector General United States Department of Defense. (2013). *Assessment of the USAF aircraft accident investigation board (AIB) report on the F-22A mishap of November 16, 2010.* Alexandria, VA: The Department of Defense Office of the Deputy Inspector General for Policy and Oversight. http://www.dodig.mil/pubs/documents/DODIG-2013-041.pdf

Jacko, J. A. (2012). *The human-computer interaction handbook: Fundamentals, evolving technologies, and emerging applications* (3rd edition.). Boca Raton, FL: CRC Press.

Jones, J. C. (1984). *Essays in design.* Chichester, England; New York, NY: Wiley.

Jones, J. C. (1992). *Design methods* (2nd edition.). New York, NY: Van Nostrand Reinhold.

Kahneman, D. (2011). *Thinking, fast and slow.* New York, NY: Farrar, Straus and Giroux.

Katz, B. (2014). *Ecosystem of innovation: The history of Silicon Valley design.* Cambridge, MA: MIT Press.

Kay, N. (2013). Rerun the tape of history and QWERTY always wins. *Research Policy.*

Kempton, W. (1986). Two theories of home heat control. *Cognitive Science, 10,* 75-90.

Kumar, V. (2013). *101 design methods: A structured approach for driving innovation in your organization.* Hoboken, NJ: Wiley. http://www.101designmethods.com/

Lee, J. D., & Kirlik, A. (2013). *The Oxford handbook of cognitive engineering.* New York: Oxford University Prees.

Leveson, N. (2012). *Engineering a safer world.* Cambridge, MA: MIT Press. http://mitpress.mit.edu/books/engineering-safer-world

Leveson, N. G. (1995). *Safeware: System safety and computers.* Reading, MA: Addison-Wesley.

Levitt, T. (1983). *The marketing imagination*. New York, NY; London, England: Free Press; Collier Macmillan.

Lewis, K., & Herndon, B. (2011). Transactive memory systems: Current issues and future research directions. *Organization Science, 22*(5), 1254-1265.

Lord, A. B. (1960). *The singer of tales*. Cambridge, MA: Harvard University Press.

Lützhöft, M. H., & Dekker, S. W. A. (2002). On your watch: Automation on the bridge. *Journal of Navigation, 55*(1), 83-96.

Mashey, J. R. (1976). Using a command language as a high-level programming language. Paper presented at *Proceedings of the 2nd international conference on Software engineering*, San Francisco, California, USA.

Mehta, N. (1982). *A flexible machine interface*. M.S. Thesis, Department of Electrical Engineering, Unversity of Toronto.

Meisler, S. (1986, December 31). Short-lived coin is a dealer's delight. *Los Angeles Times*, 1-7.

Moggridge, B. (2007). *Designing interactions*. Cambridge, MA: MIT Press. http://www.designinginteractions.com-Chapter 10 describes the methods of interaction design: http://www.designinginteractions.com/chapters/10

Moggridge, B. (2010). *Designing media*. Cambridge, MA: MIT Press.

Moon, Y. (2010). *Different: Escaping the competitive herd*. New York, NY: Crown Publishers.

NASA, A. S. R. S. (2013). NASA Aviation Safety Reporting System. Retrieved February 19, 2013, from http://asrs.arc.nasa.gov

National Institute of Health. (2013). PubMed Health: Carpal tunnel syndrome. From http://www.ncbi.nlm.nih.gov/pubmedhealth/PMH0001469/

National Research Council Steering Committee on the Usability Security and Privacy of Computer Systems. (2010). *Toward better usability, security, and privacy of information technology: Report of a workshop*. The National Academies Press. http://www.nap.

edu/openbook.php?record_id=12998

National Transportation Safety Board. (1982). *Aircraft accident report: Air Florida, Inc., Boeing 737-222, N62AF, collsion with 14th Street Bridge near Washington National Airport(Executive Summary).* NTSB Report No. AAR-82-08. http://www.ntsb.gov/investigations/summary/AAR8208.html

National Transportation Safety Board. (1997). *Marine accident report grounding of the Panamanian passenger ship ROYAL MAJESTY on Rose and Crown Shoal near Nantucket, Massachusetts June 10, 1995* (NTSB Report No. MAR-97-01, adopted on 4/2/1997): National Transportation Safety Board. Washington, DC. http://www.ntsb.gov/doclib/reports/1997/mar9701.pdf

National Transportation Safety Board. (2013). NTSB Press Release: NTSB identifies origin of JAL Boeing 787 battery fire; design, certification and manufacturing processes come under scrutiny. Retrieved February 16, 2013, from http://www.ntsb.gov/news/2013/130207.html

Nickerson, R. S., & Adams, M. J. (1979). Long-term memory for a common object. *Cognitive Psychology, 11*(3), 287-307. http://www.sciencedirect.com/science/article/pii/0010028579900136

Nielsen, J. (2013). Why you only need to test with 5 users. Nielsen Norman group website. Retrieved February 9, 2013, from http://www.nngroup.com/articles/why-you-only-need-to-test-with-5- users/

Nikkan Kogyo Shimbun, Ltd. (Ed.). (1988). *Poka-yoke: Improving product quality by preventing defects.* Cambridge, MA: Productivity Press.

Norman, D. A. (1969, 1976). *Memory and attention: An introduction to human information processing* (1st, 2nd editions). New York, NY: Wiley.

Norman, D. A. (1973). Memory, knowledge, and the answering of questions. In R. Solso (Ed.),

Contemporary issues in cognitive psychology: The Loyola symposium. Washington, DC: Winston.

Norman, D. A. (1981). Categorization of action slips. *Psychological Review, 88*(1), 1-15.

Norman, D. A. (1982). *Learning and memory.* New York, NY: Freeman.

Norman, D. A. (1983). Design rules based on analyses of human error. *Communications of the ACM, 26*(4), 254-258.

Norman, D. A. (1988). *The psychology of everyday things.* New York, NY: Basic Books. (Reissued in 1990 [Garden City, NY: Doubleday] and in 2002 [New York, NY: Basic Books] as *The design of everyday things.*)

Norman, D. A. (1992). Coffee cups in the cockpit. In *Turn signals are the facial expressions of automobiles* (pp. 154-174). Cambridge, MA: Perseus Publishing. http://www.jnd. org/dn.mss/chapter_16_coffee_c.html

Norman, D. A. (1993). *Things that make us smart.* Cambridge, MA: Perseus Publishing.

Norman, D. A. (1994). *Defending human attributes in the age of the machine.* New York, NY: Voyager. http://vimeo.com/18687931

Norman, D. A. (2002). Emotion and design: Attractive things work better. *Interactions Magazine, 9*(4), 36-42. http://www.jnd.org/dn.mss/Emotion-and-design.html

Norman, D. A. (2004). *Emotional design: Why we love (or hate) everyday things.* New York, NY: Basic Books.

Norman, D. A. (2007). *The design of future things.* New York, NY: Basic Books.

Norman, D. A. (2009). When security gets in the way. *Interactions, 16*(6), 60-63. http://jnd.org/ dn.mss/when_security_gets_in_the_way.html

Norman, D. A. (2010). *Living with complexity.* Cambridge, MA: MIT Press.

Norman, D. A. (2011a). The rise of the small. *Essays in honor of the 100th anniversary of Steelcase.* From http://100/steelcase.com/mind/don-norman/

Norman, D. A. (2011b). Video: Conceptual models. Retrieved July 19, 2012, From http://www. interaction-design. org/tv/conceptual_models. html

Norman, D. A., & Bobrow, D. G. (1979). Descriptions: An intermediate stage in memory retrieval. *Cognitive Psychology, 11,* 107-123.

Norman, D. A., & Draper, S. W. (1986). *User centered system design: New perspectives on human-computer interaction.* Mahwah, NJ: Lawrence Erlbaum Associates.

Norman, D. A., & Fisher, D. (1984). Why alphabetic keyboards are not easy to use: Keyboard layout doesn't much matter. *Human Factors, 24,* 509-519.

Norman, D. A., & Ortony, A. (2006). Designers and users: Two perspectives on emotion and design. In S. Bagnara & G. Crampton-Smith (Eds.), *Theories and practice in interaction design* (pp. 91-103). Mahwah, NJ: Lawrence Erlbaum Associates.

Norman, D. A., & Rumelhart, D. E. (1963). Studies of typing from the LNR Research Group. In W. E. Cooper (Ed.), *Cognitive aspects of skilled typewriting.* New York, NY: Springer-Verlag.

Norman, D. A., & Verganti, R. (in press, 2014). Incremental and radical innovation: Design research versus technology and meaning change. *Design Issues.* http://www.jnd. org/dn. mss/incremental_and_radi. html

Núñez, R., & Sweetser, E. (2006). With the future behind them: Convergent evidence from Aymara language and gesture in the crosslinguistic comparison of spatial construals of time. *Cognitive Science, 30*(3), 401-450.

Ortony, A., Norman, D. A., & Revelle, W. (2005). The role of affect and proto-affect in effective functioning. In J.-M. Fellous & M. A. Arbib (Eds.), *Who needs emotions? The brain meets the robot* (pp. 173-202). New York, NY: Oxford University Press.

Oudiette, D., Antony, J. W., Creery, J. D., & Paller, K. A. (2013). The role of memory reactivation during wakefulness and sleep in determining which memories endure.

Journal of Neuroscience, 33(15), 6672.

Perrow, C. (1999). *Normal accidents: Living with high-risk technologies.* Princeton, NJ: Princeton University Press.

Portigal, S., & Norvaisas, J. (2011). Elevator pitch. *Interactions, 18*(4, July), 14-16. http://interactions.acm.org/archive/view/july-august-2011/elevator-pitch1

Rasmussen, J. (1983). Skills, rules, and knowledge: Signals, signs, and symbols, and other distinctions in human performance models. *IEEE Transactions on Systems, Man, and Cybernetics,* SMC-13, 257-266.

Rasmussen, J., Duncan, K., & Leplat, J. (1987). *New technology and human error.* Chichester, England; New York, NY: Wiley.

Rasmussen, J., Goodstein, L. P., Andersen, H. B., & Olsen, S. E. (1988). *Tasks, errors, and mental models: A festschrift to celebrate the 60th birthday of Professor Jens Rasmussen.* London, England; New York, NY: Taylor & Francis.

Rasmussen, J., Pejtersen, A. M., & Goodstein, L. P. (1994). *Cognitive systems engineering.* New York, NY: Wiley.

Reason, J. T. (1979). Actions not as planned. In G. Underwood & R. Stevens (Eds.), *Aspects of consciousness.* London: Academic Press.

Reason, J. (1990). The contribution of latent human failures to the breakdown of complex systems. *Philosophical Transactions of the Royal Society of London. Series B, Biological Sciences 327*(1241), 475-484.

Reason, J. T. (1990). *Human error.* Cambridge, England; New York, NY: Cambridge University Press.

Reason, J. T. (1997). *Managing the risks of organizational accidents.* Aldershot, England; Brookfield, VT: Ashgate.

Reason, J. T. (2008). *The human contribution: Unsafe acts, accidents and heroic recoveries.*

Farnham, England; Burlington, VT: Ashgate.

Roitsch, P. A., Babcock, G. L., & Edmunds, W. W. (undated). *Human factors report on the Tenerife accident.* Washington, DC: Air Line Pilots Association. http://www. skybrary.aero/bookshelf/books/35.pdf

Romero, S. (2013, January 27). Frenzied scene as toll tops 200 in Brazil blaze. *New York Times,* from http://www.nytimes.com/2013/01/28/world/americas/brazil-nightclub-fire.html?_r=0 Also see: http://thelede.blogs.nytimes.com/2013/01/27/fire-at-a-nightclub-in-southern-brazil/?ref=americas

Ross, N., & Tweedie, N. (2012, April 28). Air France Flight 447: "Damn it, we're going to crash." *The Telegraph,* from http://www.telegraph.co.uk/technology/9231855/Air-France-Flight-447-Damn-it-were-going-to-crash.html

Rubin, D. C., & Kontis, T. C. (1983). A schema for common cents. *Memory & Cognition, 11*(4), 335-341. http://dx.doi.org/10.3758/BF03202446

Rubin, D. C., & Wallace, W. T. (1989). Rhyme and reason: Analyses of dual retrieval cues. *Journal of Experimental Psychology: Learning, Memory, and Cognition, 15*(4), 698-709.

Rumelhart, D. E., & Norman, D. A. (1982). Simulating a skilled typist: A study of skilled cognitive-motor performance. *Cognitive Science, 6,* 1-36.

Saffer, D. (2009). *Designing gestural interfaces.* Cambridge, MA: O'Reilly.

Schacter, D. L. (2001). *The seven sins of memory: How the mind forgets and remembers.* Boston, MA: Houghton Mifflin.

Schank, R. C., & Abelson, R. P. (1977). *Scripts, plans, goals, and understanding: An inquiry into human knowledge structures.* Hillsdale, NJ: L. Erlbaum Associates; distributed by the Halsted Press Division of John Wiley and Sons.

Schieber, F. (2003). Human factors and aging: Identifying and compensating for age-related deficits in sensory and cognitive function. In N. Charness & K. W. Schaie (Eds.), *Impact of technology on successful aging* (pp. 42-84). New York, NY: Springer Publishing Company. http://sunburst.usd.edu/~schieber/psyc423/pdf/human-factors.pdf

Schneier, B. (2000). *Secrets and lies: Digital security in a networked world.* New York, NY: Wiley.

Schwartz, B. (2005). *The paradox of choice: Why more is less.* New York, NY: HarperCpllins.

Seligman, M. E. P. (1992). *Helplessness: On depression, development, and death.* New York, NY: W. H. Freeman.

Seligman, M. E. P., & Csikszentmihalyi, M. (2000). Positive psychology: An introduction. *American Psychologist, 55*(1), 5-14.

Sharp, H., Rogers, Y., & Preece, J. (2007). *Interaction design: Beyond human-computer interaction* (2nd edition). Hoboken, NJ: Wiley.

Shingo, S. (1986). *Zero quality control: Source inspection and the poka-yoke system.* Stamford, CT: Productivity Press.

Smith, P. (2007). Ask the pilot: A look back at the catastrophic chain of events that caused history's deadliest plane crash 30 years ago. Retrieved from http://www.salon.com/2007/04/06/askthepilot227/ on February 7, 2013.

Spanish Ministry of Transport and Communications. (1978). *Report of a collision between PAA B-747 and KLM B-747 at Tenerife, March 27, 1977.* Translation published in *Aviation Week and Space Technology,* November 20 and 27, 1987.

Spink, A., Cole, C., & Waller, M. (2008). Multitasking behavior. *Annual Review of Information Science and Technology, 42*(1), 93-118.

Strayer, D. L., & Drews, F. A. (2007). Cell-phone-induced driver distraction. *Current Directions in Psychological Science, 16*(3), 128-131.

Strayer, D. L., Drews, F. A., & Crouch, D. J. (2006). A Comparison of the cell phone driver and the drunk driver. *Human Factors: The Journal of the Human Factors and Ergonomics Society, 48*(2), 381-391.

Toyota Motor Europe Corporate Site. (2013). Toyota Production System. Retrieved February 19, 2013, from http://www.toyota.eu/about/Pages/toyota_production_system.aspx

Verganti, R. (2009). *Design-driven innovation: Changing the rules of competition by radically innovating what things mean.* Boston, MA: Harvard Business Press. http://www.designdriveninnovation.com/

Verganti, R. (2010). User-centered innovation is not sustainable. *Harvard Business Review Blogs* (March 19, 2010). http://blogs.hbr.org/cs/2010/03/user-centered_innovation_is_no.html

Vermeulen, J., Luyten, K., Hoven, E. V. D., & Coninx, K. (2013). Crossing the bridge over Norman's gulf of execution: Revealing feedforward's true identity. Paper presented at CHI 2013, Paris, France.

Wegner, D. M. (1987). Transactive memory: A contemporary analysis of the group mind. In B. Mullen & G. R. Goethals (Eds.), *Theories of group behavior* (pp. 185-208). New York, NY: Springer-Verlag. http://www.wjh.harvard.edu/~wegner/pdfs/Wegner Transactive Memory.pdf

Wegner, T. G., & Wegner, D. M. (1995). Transactive memory. In A. S. R. Manstead & M. Hewstone (Eds.), *The Blackwell encyclopedia of social psychology* (pp. 654-656). Oxford, England; Cambridge, MA: Blackwell.

Whitehead, A. N. (1911). *An introduction to mathematics.* New York, NY: Henry Holt and company

Wiki of Science (2013). Error (human error). Retrieved from http://wikiofscience.wikidot.com/quasiscience:error on February. 6, 2013.

Wikipedia contributors. (2013a). Air Inter Flight 148. *Wikipedia, The Free Encyclopedia.* Retrieved February 13, 2103, from http://en.wikipedia.org/w/index.php?title=Air_ Inter_Flight_148&oldid=534971641

Wikipedia contributors. (2013b). Decimal time. *Wikipedia, The Free Encyclopedia.* Retrieved February 13, 2013, from http://en.wikipedia.org/w/index.php?title=Decimal_ time&oldid=501199184

Wikipedia contributors. (2013c). Stigler's law of eponymy. *Wikipedia, The Free Encyclopedia.* Retrieved February 2, 2013, from http://en.wikipedia.org/w/index. php?title=Stigler%27s_law_of_eponymy &oldid=531524843

Wikipedia contributors. (2013d). Telephonoscope. *Wikipedia, The Free Encyclopedia.* Retrieved February 8, 2013, from http://en.wikipedia.org/w/index.php?title=Telephonoscope &oldid=535 002147

Winograd, E., & Soloway, R. M. (1986). On forgetting the locations of things stored in special places. *Journal of Experimental Psychology: General, 115*(4), 366-372.

Woods, D. D., Dekker, S., Cook, R., Johannesen, L., & Sarter, N. (2010). *Behind human error* (2nd edition). Farnham, Surry, UK; Burlington, VT: Ashgate.

Yasuoka, K., & Yasuoka, M. (2013). QWERTY people archive. Retrieved February 8, 2013, from http://kanji.zinbun.kyoto-u.ac.jp/db-machine/~ yasuoka/QWERTY/

Zhai, S., & Kristensson, P. O. (2012). The word-gesture keyboard: Reimagining keyboard interaction. *Communications of the ACM, 55*(9), 91-101. http://www.shuminzhai. com/shapewriter-pubs.htm

찾아보기

 인명

저자 소개

Donald A. Norman

노먼(Don Norman)은 「비즈니스 위크」(2010)가 꼽은 세계에서 가장 영향력 있는 27명의 디지이너 중 한 사람이다. 그는 캘리포니아 대학교 샌디에이고 분교 인지심리학과 인지과학 교수로서 뛰어난 연구를 수행하였으며, '인간 중심 디자인'을 제창하였다. 노먼은 학계를 떠나 닐센(J. Nielsen)과 함께 닐센 노먼 그룹(Nielsen Norman Group)을 설립하고 애플사의 부회장, 휴렛 패커드사의 이사를 역임했다. 현재 IDEO의 임원, 캘리포니아 대학교 샌디에이고 분교 디자인 랩의 소장, 일리노이 공과대학 디자인 연구소 및 여러 회사의 이사 혹은 부이사로 일하고 있다.

캘리포니아 대학교 샌디에이고 분교 및 노스웨스턴 대학교 명예 교수이며, 미국 예술 및 과학학술원, 국립공학원 및 여러 단체의 회원이다. SIGCHI로부터 '종신 업적상'을 받았으며, 컴퓨터 및 인지과학 분야의 벤저민 프랭클린 메달을 받았다. www.jnd.org에서 노먼에 관한 많은 정보를 얻을 수 있다. 그의 많은 저서 중 국내에는 『디자인과 인간 심리(The Psychology of Everyday Things)』(초판), 『생각 있는 디자인(Things that make us Smart)』(1993), 『감성 디자인(Emotional Design)』(2004), 『심플은 정답이 아니다(Living with Complexity)』(2011), 『미래 세상의 디자인(The Design of Future Things)』(2007) 등이 소개되어 있다.

역자 소개

박창호(Park Chang ho)

  사물이나 형태를 알아보고 주의를 주는 심리 과정에 관심을 두고 있다. 인지 학습, 인간 오류 및 디자인과 같은 인지심리학의 응용 문제도 종종 다룬다. 현재 전북대학교 심리학과 교수이며, 한국인지 및 생물심리학회의 편집위원장과 학회장을 역임했다. 그동안 여러 동료 학자와 함께 『인지학습심리학』(2011), 『인지심리학』(2009), 『인지공학심리학』(2007), 『실험심리학 용어사전』(2008) 등을 저술했으며, 노먼(Norman)의 책 중『디자인과 인간 심리』(공역), 『생각 있는 디자인』(공역), 『미래 세상의 디자인』을 번역하였다.

디자인과 인간 심리

THE DESIGN OF EVERYDAY THINGS
(Revised & Expanded Edition)

2016년 9월 20일 1판 1쇄 발행
2019년 7월 10일 1판 4쇄 발행

지은이 • Don Norman
옮긴이 • 박 창 호
펴낸이 • 김 진 환
펴낸곳 • (주) **학지사**

　　　　04031 서울특별시 마포구 양화로 15길 20 마인드월드빌딩 5층

대표전화 • 02) 330-5114　　　팩스 • 02) 324-2345

등록번호 • 제313-2006-000265호

홈페이지 • http://www.hakjisa.co.kr
페이스북 • https://www.facebook.com/hakjisabook

ISBN 978-89-997-0886-2 03180

정가 **17,000**원

이 도서의 국립중앙도서관 출판시도서목록(CIP)은 서지정보유통지원시스템
홈페이지(http://seoji.nl.go.kr)와 국가자료공동목록시스템(http://www.nl.go.kr/kolisnet)
에서 이용하실 수 있습니다.
(CIP제어번호: CIP2016017272)

출판 · 교육 · 미디어기업 **학지사**

간호보건의학출판 **학지사메디컬** www.hakjisamd.co.kr
심리검사연구소 **인싸이트** www.inpsyt.co.kr
학술논문서비스 **뉴논문** www.newnonmun.com
원격교육연수원 **카운피아** www.counpia.com